De l'Assignat à l'Euro

Gérard Conreur

De l'Assignat à l'Euro

Deux siècles d'histoire du Franc

L'Harmattan
5-7, rue de l'École-Polytechnique
75005 Paris
FRANCE

L'Harmattan Hongrie
Könyvesbolt
Kossuth L. u. 14-16
1053 Budapest

L'Harmattan Italia
Via Degli Artisti, 15
10124 Torino
ITALIE

DU MÊME AUTEUR

Les années Lumière. De l'âge de pierre à l'âge d'or du cinéma en France, Editions France-Empire.

www.gerard-conreur.com

ISBN : 2-7475-8350-3
EAN : 9782747583503

I

Une histoire du Franc

« Vous voulez du roman ? Lisez l'histoire !»

Pierre Guillaume François Guizot
1787-1874

Il y avait plusieurs façons d'écrire une histoire du Franc mais en fait, il suffisait de le remettre dans le porte-monnaie des Français. Refaire du franc ce fidèle compagnon aux billets pliés en quatre et dont les pièces s'entrechoquaient au fond de nos poches à longueur de journée.

C'est en 1803, sous le Consulat, de la volonté de Bonaparte qu'est né le Franc de Germinal, véritable géniteur de cette monnaie que nous avons tous connue. Deux siècles d'une passionnante saga dont nous aurons été les derniers acteurs. Cette histoire est donc aussi notre histoire à l'époque du franc comme on aurait pu écrire celle d'une grande famille ou d'une vieille connaissance aujourd'hui disparue.

Le Franc a disparu mais est-il oublié ?

Les experts étaient formels et tous les médias leur emboîtaient le pas : nous passerions du franc à l'euro comme on glisse une lettre à la poste. De bonnes âmes nous indiquaient même le mode d'emploi : il suffisait de ne plus penser en Franc. Rien n'était plus simple.

Six mois plus tard, au beau milieu de l'année 2002, résultat mitigé. Les radios et les télévisions, la presse quotidienne, nos politiques à peine remis d'une élection présidentielle invraisemblable dont chacun pensait qu'elle serait terne et sans relief, suivie elle-même de législatives dont personne n'aurait pu deviner l'issue, partout le constat était le même : la difficulté de passer d'une monnaie à une autre n'est pas une mince affaire.

En 2005, certains ont encore du mal avec l'euro et les plus vaillants n'hésitent pas à lâcher enfin qu'ils ne peuvent échapper à la traditionnelle conversion : combien cela ferait-il en francs ?

Bref, pas si facile de jeter le franc aux orties mais revenons plutôt à son histoire. Au bout du compte, l'histoire d'une monnaie n'est-ce pas avant tout de l'histoire tout court ? Celle d'un peuple, de ses difficultés, de ses espoirs ? L'argent n'est-il pas la sève d'une nation ?

André Neurrisse écrit dans La monnaie et l'histoire[1] : *...d'une façon générale la vie de la monnaie épouse la vie de la Nation et, pour une large part, l'histoire du franc est l'histoire de la France.* (...)

---

[1] Histoire du Franc (P.U.F., 1967)

En effet, bon nombre des événements historiques qu'a traversés la France plongent leurs racines aux confins de notre économie. La prise de la Bastille éclate dans un pays ruiné traversé par des conditions climatiques exécrables qui ont engendré la famine. La chute de Louis-Philippe, l'échec du Front populaire ou la naissance de la Ve République interviennent dans une France en plein désarroi économique et les exemples sont à ce point multiples que le bon sens et l'évidence s'opposent à l'idée de vouloir concevoir une histoire du franc détachée de sa base populaire, de ses acteurs de premier plan évoluant sur un fond de scène précis.

A l'origine de tout, le troc de nos lointains ancêtres. Une écuelle de sel contre une peau de bête, permettant au chasseur de la forêt de conserver sa viande et à l'homme des plaines maritimes de se protéger contre le froid rigoureux des hivers.

Vinrent ensuite ces petits cailloux comportant des signes distinctifs qu'ils finirent par s'échanger lorsqu'une denrée venait à manquer et qu'il fallait se faire crédit (du latin *credere* ; croyance, confiance). Ce fut là l'invention de la monnaie qui ne tient pas dans la *main* mais doit son origine à Junon Moneta, déesse prévenante, à proximité du temple de laquelle les Romains frappaient monnaie.

Revenons à ce troc, cet échange marchandise que des hommes se mirent en quête d'aller chercher toujours plus loin. Route des épices ou de la soie mais dont ils rapportèrent également la poudre, l'arithmétique, des fruits et des légumes inconnus, une pharmacopée et des remèdes, le caractère d'imprimerie et même le billet de banque ou les pâtes alimentaires.

Ces hommes tracèrent les premiers chemins qui devinrent des routes sur lesquelles surgirent des abris, des relais, des bourgs, des villages et bientôt des villes ou des ports lorsqu'il fallait franchir l'obstacle de mers hostiles.

Ces hommes qui marchaient à longueur de siècle vers la civilisation, on les appela naturellement les « marchands ». Caravaniers du désert, hommes d'affaires en jets privés ou jeunes loups de nos start up à la conquête du monde, on les rencontre encore de nos jours de la même façon que l'on croise d'autres marchands, d'illusion cette fois, qui voudraient nous faire croire que ces routes ne mènent nulle part et qu'il conviendrait d'en stopper les migrations alors que vue du ciel notre planète n'a jamais été aussi minuscule au point que l'on n'y distingue aucune frontière.

Bancs de Naples sur lesquels s'échangeaient des valeurs d'or ou d'argent, ces *banco* de la cité napolitaine, ou de nos foires lointaines, nous donnèrent la Banque, bien sûr, et les premières règles du Change, *cambio* qui est à l'origine de nos cambistes, car à l'époque les valeurs sont mondialistes avant la lettre. Tout est accepté pourvu que la pièce soit *de bon aloi*, autrement dit d'un alliage honnête.

Lorsque les affaires tournent mal, le banc de bois qui est un tréteau ou une table, est fracassé, symboliquement rompu. C'est la *banca rotta*, la banqueroute, et la honte pour celui qui ayant failli, a entraîné une faillite.

Les pièces s'appelèrent des Florins lorsqu'elles venaient de Florence tandis que plus tard le Thaler, né entre Saxe et Bohême, nous donnerait le Talar polonais, le Daler scandinave, le Dolera espagnol et bien sûr le Dollar américain.

Lire italienne héritée de la Livre romaine, Livre sterling à la mode duodécimale importée de Gaule du nord-ouest où 12 pence valaient un shilling mais aussi notre Livre royale, la Livre parisis puis la Livre tournois d'avant la Révolution française, tout comme le Mark, sont des unités de poids puisqu'il fallait bien peser les monnaies.

Ainsi à la Livre de Charlemagne de 436 grammes, Louis VI, élégamment désigné « le Gros », va substituer au XIIe siècle, une *livre française* plus lourde de 53 g où il est question de 2 marcs[2] ou 16 onces. L'embonpoint présumé du monarque a-t-il laissé une mesure supplémentaire de poids puisqu'il faut 128 gros pour faire une livre, laquelle se rapproche de notre demi kilo ? Toujours est-il qu'il restera le premier des Capétiens à s'être inquiété de la bonne santé de la monnaie de son royaume.

C'est sous son règne, de 1108 à 1137, que se déroule l'action du film *Les visiteurs* puisque Jacquouille se *pochetrone de vinasse* « à la bonne santé de not' bon roi Louis VI le gros. »

Notre vocabulaire reste marqué par l'aventure monétaire des origines ; à Athènes, six cent ans avant notre ère, une drachme valait six oboles. Quant à l'as de nos jeux de cartes, il désignait sous la Rome antique une monnaie de bronze dont l'un des multiples de dix as formera le célèbre denier. Faut-il rappeler que Juda en perçut trente pour avoir trahi Jésus ? La somme, exprimée en pièces d'argent, (Mt. 26:15) usuelle en matière de justice récompensait la dénonciation d'un hors-la-loi.

Les monnaies romaines et d'autres encore, avaient cours en Terre sainte occupée, à condition qu'elles ne portent aucune effigie conformément à la Loi que Dieu avait dicté à Moïse (Ex. 20:4-) qui interdit la reproduction de toute image du vivant, fût-il empereur de Rome. Parmi les troupes d'occupation romaine, on trouvait de nombreux soldats de diverses origines, des Gaulois notamment.

Bien plus tard, notre Franc précisément, pourrait évoquer la liberté car il aurait vu le jour pour payer la rançon exorbitante exigée par l'Anglais : *« nous avons été délivré à plein de prison et sommes franc »* dit une ordonnance de Compiègne. Il n'est pas sûr que le franc soit né de cette libération. A moins qu'il s'agisse d'une pièce frappée pour la circonstance

---

[2] 1 marc = 244,753 g ou 8 onces – 1 once = 30,594 g ou 8 gros – 1 livre française = 16 onces ou 489,506 grammes

car à cette époque on compte toujours en écu et encore en denier qui vient de Rome et donnera le dinar et le dirham. Notre sou, sol, solidus, est aussi romain. Que dire de la thune encore employée dans notre jargon et qui valait cinq francs à la Belle époque ? La Thune ou Tune, probablement par allusion à Tunis, signifiait par dérision l'aumône au XVIIe siècle ; le roi de Tune étant le chef des gueux.

Le Juif de la Diaspora – la dispersion – pouvait gagner de l'argent sur l'argent, ce qui n'était pas permis au chrétien selon la formule : *pecunia pecuniam non parit.*[3] Grâce au premier, la civilisation prospéra enfin et fit reculer les ténèbres du second.

Le banquier des origines est avant tout un changeur, expert en usure ; celle toute naturelle des pièces de métal qui ayant trop voyagé, se sont *usées* ou dont quelque gredin voudrait rogner l'or ou frauder l'aloi, l'alliage ou le titre. Il lui faut être instruit des autres langues et autres mœurs, tisser un réseau de correspondants : *le savoir, c'est le pouvoir*. Dès lors, trop informé pour la bonne tenue de ses comptes, il deviendra suspect, hérétique, usurier.

Persécution, bannissement, spoliation pour les Juifs et les Lombards, ces derniers désignant par amalgame les Italiens, Siennois ou Piémontais, faisant commerce de l'argent. Les Templiers, habiles argentiers et fins comptables, parfois dévorés d'orgueil, ne seront pas plus épargnés par un pouvoir jaloux de leur puissance.

Pour retrouver les premières traces de notre franc national, nous devrions donc remonter environ six cents ans en arrière à une époque certes passionnante mais qui pour la plupart d'entre nous, reste méconnue. Encore faudrait-il prendre des précautions de style comme il est d'usage lorsque plusieurs hypothèses se confrontent à la légende et nous inclinent à n'être sûrs de rien. Saluons donc Jean II le bon, l'an de grâce 1360 et la bonne ville de Compiègne où notre franc aurait vu le jour et passons directement à la Révolution française où les événements monétaires se précisent dans les premières pages de la grande aventure du franc et de notre histoire.

---

[3] *L'argent ne fait pas d'argent*

II

L'addition de la Révolution

« On peut dire avec certitude que notre pays a souffert de la faim jusqu'aux premiers jours du dix-neuvième siècle. »

Maxime Du Camp
(1822-1894)

La France de l'ancien régime a été comparée à une *Chine de l'Europe*. C'est le pays le plus peuplé du continent. Paris est la seconde ville du monde après Londres. Sur le plan industriel, si la France n'occupe pas le premier rang, elle rayonne sur les plans scientifique et culturel. Parler le français est une marque de goût ; il est enseigné dans les grandes familles du vaste continent européen bien au-delà de nos frontières.

Pays de raffinement que l'on envie, où il fait bon vivre pour les nantis mais aussi pour une classe moyenne voire bourgeoise :

« Qui n'a pas vécu dans les années voisines de 1780, n'a pas connu le plaisir de vivre » disait Talleyrand vers 1820.

Le pays a progressé plus qu'on ne l'imagine. Si l'eau gelait dans les carafes à Versailles en hiver, le Français sous Louis XVI se lave bien plus que ne le faisait le Roi soleil. Terminé le ridicule des médecins de Molière, le praticien se flatte aujourd'hui d'abandonner la saignée au profit de cette nouvelle médecine *électrique* dont on parle tant.

Pour toutes ces raisons, la France est ainsi la *Grande Nation* et l'on pourrait penser que la Révolution éclate dans l'un des pays qui, en Europe, en avait le moins besoin.

Bien sûr, cela choque de nos jours, l'idée que l'on peut se faire de cette France du déclin de la monarchie où le régime apparaît plus libéral que despotique.

« C'est à cette époque que nos mœurs étaient les plus douces, que la société avait le plus de charmes, que toutes les classes qui la composent jouissaient le plus de la liberté que comporte un État monarchique. » écrit Gabriel Sénac de Meilhan.

Ainsi parle-t-on des réformes en une époque où l'Etat lui-même ne cesse de se réformer avec plus ou moins de bonheur et le peuple crie à la réforme alors que dans une certaine mesure, le règne de Louis XVI se caractérise par cet esprit de réforme, mais n'est-ce pas dans les pays où fleurissent les libertés qu'elles sont le plus souvent revendiquées ?

De fait et selon une formule directe ; la Révolution n'a été ni évitée, ni guidée par la monarchie. Louis XVI aura perdu lui, outre la tête sur l'échafaud, la possibilité d'être le roi le plus populaire et peut-être le plus réellement puissant de sa dynastie en prenant en main la destinée d'une nation rénovée.

Philosophes des Lumières, de la Raison, des sciences, du progrès. Tel est le legs de l'ancien régime. L'anglomanie, phénomène de mode, on parle de *club*, de *pamphlet*, de *whisky*, de *jockey*, permet d'entrevoir un autre système politique ; exaltation après la révolution américaine, influence de la franc-maçonnerie qui, plus tard, paiera un lourd tribut sur l'échafaud, intrigues du duc d'Orléans, maître d'œuvre d'une machination suicidaire de captation du pouvoir qui finira par le détruire, mêmes inconséquences des comtes de Provence ou d'Artois sont autant de paramètres politiques parmi les plus évidents.

La faiblesse de Louis XVI, ses maladresses héritées d'une éducation coupée des réalités du temps et un piètre entourage expliquent que le moment viendra où tous les coups seront permis. L'affaire du collier de la Reine en témoigne, minant l'édifice de la monarchie ; Marie-Antoinette longtemps aimée des Français y compris dans les moments les plus sombres, deviendra *l'Autrichienne qui vampirise les finances de la France*, puis *Madame Déficit* ou *Madame Veto* lorsqu'elle aura plus que son penaud de mari le courage de dire non à ce qui anime ses convictions pour le bonheur, croit-elle, de son peuple car la généalogie s'y attarde ; Marie-Antoinette, *la Louve* ou la *Chienne autrichienne*, avait autant sinon plus de sang français dans les veines que son royal époux.

Sur le plan géopolitique, la France fait des envieux à l'extérieur du royaume. Sur le plan intérieur, on retrouve les mêmes faisceaux d'intérêts qui parfois se conjuguent ou s'associent.

Nous verrons enfin combien la situation économique d'une France en banqueroute mais dont Louis XVI était bien plus l'impuissant légataire que l'unique responsable, comment des conditions climatiques désastreuses enfin ont finalement apporté la Révolution en France.

Dans le plateau des actifs de la Révolution, des acquis certains, des changements plus ou moins importants, parfois dus à l'humeur du temps et que le pays aurait engrangé de toutes manières si l'Histoire avait eu un tout autre sens. Des symboles aussi pour ne pas dire des légendes.

Premier exemple, la prise de la Bastille de nos manuels scolaires.

Cette forteresse est prise en 1789 mais sept ans plus tôt, Louis-Sébastien Mercier, écrivain fécond et bouillonnant, qui plus tard député à la Convention votera contre la mort de Louis XVI, en demandait déjà la démolition et Necker, Directeur général du trésor royal après la chute de Turgot puis Directeur général des finances, n'était pas hostile à ce projet : la

Bastille était une vieille forteresse aux coûts d'entretien élevés. Pour des raisons budgétaires, d'urbanisme - la croissance de la ville vers l'est - et de salubrité de la capitale, on songeait à raser cet édifice qui n'avait plus sa place au cœur de Paris. D'autant qu'il n'abritait plus que quelques détenus, certains de bonne famille, dont la pension coûtait chaque jour à la couronne six fois ce que gagnait un journalier pour son pain quotidien.

La Bastille fut prise par les hommes de Louis Philippe Joseph d'Orléans, prince de sang descendant en ligne directe de Monsieur, frère de Louis XIV, détesté de la famille royale et en particulier de Marie-Antoinette, et qui élu député se faisant appeler Philippe Egalité, n'hésitera pas à voter la mort du roi.

Lâcheté qui fera blêmir les Montagnards et choquera Robespierre en personne. C'est dire toute la complexité du personnage, père du futur Louis Philippe, premier roi des Français et dernier roi de France.

Mis à part son armurerie, cette forteresse ne présentait aucun intérêt. *Il y avait déjà bien longtemps,* disait-on à l'époque, *que la Bastille ne faisait plus peur aux Parisiens.* Ils seront pourtant près de six cent cinquante hommes à inquiéter une modeste garnison coupable dans l'affolement du premier coup de canon qui provoqua de nombreuses victimes parmi la foule des Parisiens.

Sept captifs seront délivrés : quatre faussaires qui seront réincarcérés le lendemain, deux faibles d'esprit et un débauché condamné pour inceste alors que le but de l'opération était de se saisir d'armes. Le gouverneur Launay qui dirigeait la Bastille, six des siens et le prévôt des marchands Flesselles seront exécutés et l'on promènera leurs têtes au bout de piques dans les rues de Paris. Une partie des hommes de la garnison sera épargnée.

Dans les jours qui suivent le 14 juillet 1789, on laisse au peuple de Paris, ouvriers et artisans du faubourg Saint Antoine en majorité, le soin de dépecer la Bastille. Trop heureux d'abattre l'infâme bâtisse dont les hauts murs cachent le soleil et dont les douves empestent l'atmosphère en ces chaleurs de juillet, il s'exécute dans la bonne humeur, d'autant que les matériaux ; pierre, ferraille et bois, coûtent cher et que l'on peut ici se servir à volonté.

L'ardeur des Parisiens suffit-elle à démolir la Bastille ? L'imagerie populaire nous a légué l'illusion d'une forteresse invincible aux dimensions démesurées. L'édifice était plus modeste : une soixantaine de mètres sur trente environ et pourtant il faudra plusieurs mois avant d'achever sa démolition, preuve que les Parisiens se détachèrent vite de l'événement.

A la page du 14 juillet 1789, Louis XVI écrit dans son journal : « Rien. » et ce mot a fait sourire. Comme ses ancêtres, Louis XVI était passionné de chasse au point de s'y adonner fréquemment. C'est sur un carnet de chasse qu'il écrivit ce mot et non dans son journal. Ce carnet ne permettant d'inscrire qu'une ligne par jour, le « Rien. » du 14 juillet 1789 correspond à un jour sans chasse et ne présente aucun rapport avec les événements que traversait le pays.

Un volume serait-il suffisant pour dénoncer les faux mots historiques ? *« Allez dire à votre maître que nous sommes ici par la volonté du peuple et que nous n'en sortirons que par la force des baïonnettes »* : la plupart des historiens doutent de la fameuse réplique de Mirabeau au marquis de Dreux-Brézé qui ordonnait à l'Assemblée de se dissoudre. Nous sommes le 23 juin 1789 et le ton sied mal à la fois au contexte car deux ans plus tard la devise de l'Assemblée nationale sur les cartes jeton des députés était toujours : « La nation, la loi, le roi » et à l'orateur, noble d'origine, royaliste de surcroît, mais dont le talent de plume suffisait à inventer l'apostrophe après coup.

Les députés du Tiers Etat avaient été introduits sans empressement, pataugeant avant cela dans la boue car dehors il pleuvait à verse. Aussi hésitaient-ils à quitter les lieux sous la pluie. Dès lors, le roi aurait soupiré au marquis de Dreux-Brézé sans plus d'importance : *« Ils veulent rester ? Eh bien, foutre, qu'ils restent ! »*

Pour le système métrique, la Révolution n'a fait qu'adopter une idée dans l'air du temps et à laquelle d'autres avaient pensé bien avant elle sous la monarchie. En 1735-1736, Maupertuis et La Condamine au cours d'une expédition scientifique, parviennent à calculer le méridien terrestre or c'est cette même dix millionième partie du quart du résultat obtenu qui soixante ans plus tard, en 1795, donnera sa définition au mètre.

Le système métrique fut longtemps boudé avant de remplacer les mesures archaïques. Les abandonner du jour au lendemain, connaissant leurs particularismes régionaux, eut été impensable et dans un manuel scolaire publié en 1832, on trouve des problèmes de calcul utilisant les anciennes mesures avec cette excuse de l'éditeur : *puisque malheureusement l'usage des anciennes mesures est encore toléré dans la plupart de nos départements*.

Les hommes naissent et demeurent libres et égaux en droit.

S'il est question des Droits de l'Homme et du citoyen, combien de ceux-ci furent supprimés par la Révolution ? La loi Le Chapelier du 14 juin 1791 interdisait les associations de métiers et la grève et pèsera lourdement bien après que les Français aient tourné la page de la Révolution, devenant une véritable charte du Patronat jusqu'en 1864 contre le droit de grève et jusqu'en 1884 contre le droit syndical. Ce siècle, à quelques années près, de musellement de la classe ouvrière reste bel et bien le fait de la Révolution française.

Dans le plateau du passif de la Révolution et de l'Empire, une France qui s'achemine vers l'isolement et la régression avec ce sentiment d'un immense gâchis. Les Français qui n'en demandaient pas tant se détacheront des événements, d'autres encore périront sur l'échafaud. Car le *saut de la carpe*, mains attachées dans le dos n'est pas le privilège de la noblesse ou des ennemis de la Révolution.

Sur 14 000 condamnés à mort sur lesquels on possède des renseignements précis, note le Malet et Isaac réédité de nos jours, *6.5% étaient des ecclésiastiques, 8.25% des nobles, 25% des bourgeois, 28% des paysans, 31% des ouvriers.*

Ainsi les plus modestes de nos ancêtres ont-ils payé bien plus l'abolition des privilèges que ceux qui en profitaient.

La France ne rayonne plus sur le plan des arts et des lettres mais vivote au profit d'œuvrettes théâtrales opportunistes qui mettent en scène, par exemple, la déesse de la Raison, mais cette grand messe profane donnée à Notre Dame soulèvera le courroux de Robespierre et la mémoire des arts gommera vite l'épisode malheureux.

En France, si les théâtres fleurissent et prospèrent, la farce est au goût du jour tant les livrets sont minces et pas plus que la musique, cette dramaturgie n'élève l'âme. Exemple d'une comédie de mœurs : *l'Epoux Républicain* : un mari, peu satisfait de sa femme, la dénonce au Comité révolutionnaire qui la fait guillotiner. Plus sérieux ce *Nicodème dans la lune ou la Révolution pacifique* où le domestique d'un vieux savant part en ballon dans la lune pour y découvrir des peuples souffrant des mêmes injustices que celles de la France de l'ancien régime. Cette fois, l'auteur téméraire imagine une révolution qui aboutirait au bonheur de tous sans qu'une seule goutte de sang n'ait été versée. Œuvre hardie en un temps où la Terreur est à l'ordre du jour.

La création musicale végète sous la Révolution. Pourtant, il y a peu encore, en 1786, Mozart s'inspirait de la culture française, de ce valet de Beaumarchais dont il fit *Les noces de Figaro.* Mozart, mort en 1791, aurait-il trouvé dans les événements de France, dans cette culture et ce raffinement qu'il appréciait tant chez nous, de quoi écrire un aussi bel opéra ? Son œuvre maçonnique de *la Flûte enchantée* laisse concevoir, comme un symbole bien sûr, une reine de la nuit couvrant de son voile la Grande Nation. Qui seraient les Papageno aux chapeaux de plumes tricolores s'agitant dans une France dévastée et conduisant le pays vers son Requiem ?

La France dont l'influence culturelle en Europe était considérable, se recroqueville et se tait. Bientôt, elle deviendra un ennemi commun dont il faudra briser la hargne.

Avec des sciences qui ne peuvent qu'être révolutionnaires, des utopies naissent avec une telle énormité qu'elles s'avéreront, malgré ces temps de grand péril, incapables de persuader les plus radicaux.

On n'adoptera jamais un système métrique horaire. Le calendrier républicain restera impossible à exporter dans l'Hémisphère sud où

Thermidor correspondrait au mois le plus froid. Adopté en 1793, on sera heureux de le voir disparaître en 1806 mais pendant deux siècles, il continuera de terroriser nos chères têtes blondes sur les bancs de la Communale et reste, aujourd'hui encore, un clou dans la chaussure de la plupart des historiens.

Des inventions plus solides restent, par contre, inexploitées sous la Révolution tel le fardier, l'ancêtre de l'automobile à vapeur, inventé par le Lorrain Joseph Cugnot. Plus tard, Napoléon ne s'en souciera pas davantage, pas plus qu'il ne s'intéressera au bateau à vapeur de l'Américain Fulton.

De l'autre côté de la Manche, on reprendra l'idée du Français en plaçant l'engin sur rail.

En 1813, le fardier français est devenu une puissante locomotive britannique qui permettra à l'Angleterre de se hisser à la première place du rail dans le monde et d'entamer sa propre révolution, industrielle cette fois, qui elle, va changer la face du monde.

La République n'a pas besoin de savants [4], rétorquera le tribunal révolutionnaire à un brillant mais bien naïf Lavoisier qui ne demandait rien d'autre qu'un peu de temps pour achever ses travaux prometteurs en chimie mais la guillotine n'attendra pas.

La science, elle, prendra quelques années de retard.

Les grandes envolées lyriques sur la nécessité d'éduquer et d'instruire le peuple ne persuaderont que les orateurs. Si l'idée est généreuse, elle se heurte à une cruelle absence de moyens et sombre dans l'oubli : un bon siècle d'ignorance avant de revoir la question.

Aux champs, le paysan n'est pas plus heureux ; la Révolution s'acharne à vouloir lui faire parler le français sans prendre le soin de le lui apprendre mais pour qu'il comprenne l'esprit des lois sur lequel repose l'essentiel de la répression. On oublie que la monarchie avait eu une politique linguistique unificatrice soutenue par les académies de province.

Les langues régionales sont décrétées suspectes, résurgences de l'ancien régime qui a plongé le peuple dans les ténèbres et les superstitions avec la complicité de l'Eglise, puissante armée noire de la monarchie. Comment pourrait-on comprendre à Paris, pourtant si proche, l'infinie richesse d'une langue comme le picard ?

En 1794, l'abbé Grégoire estimera que le français doit être *révolutionné* car *« il est lui-même un outil fabriqué par les dominants sous l'ancien régime pour mieux véhiculer leur idéologie ».*

Dans tous les cas, la révolution des bourgeois, pavée des bonnes intentions de Liberté, d'Egalité et de Fraternité, n'ira au peuple que pour mieux l'asservir.

---

[4] « Nous n'avons pas besoin de chimistes », est plus proche de la réalité.

Les guerres de Vendée, insurrections fédéralistes, sont d'une horreur dont on parvient mal à dresser le bilan. La répression s'abattra aussi sur le Lyonnais avec une férocité telle qu'il sera question de rayer de la carte la cité des canuts; Lyon la rebelle selon Collot d'Herbois, rebaptisée *Commune Affranchie*, mais Vendée et Lyonnais, ne seront pas les uniques provinces martyres sous la Révolution ; Marseille ou Toulon, rebaptisée Port La Montagne. Provinces du Nord ; Flandre, Hainaut, Artois, Picardie... La liste serait longue.

Il y aura aussi les guerres de l'Empire mais quelle place accorder à ces montées ininterrompues sur la guillotine de la Terreur dont le rendement est, par ailleurs, jugé médiocre : 1300 têtes tranchées à Paris en moins d'un mois et demi dont celle du poète André Chénier. *Les têtes tombaient comme des ardoises* affirmera l'effrayant Fouquier-Tinville qui en 1795 goûtera lui-même au couperet vengeur du *Rasoir national*.

En attendant, si la guillotine ou la *Louison* du nom de son véritable inventeur ; Antoine Louis, chirurgien à la Salpetrière, ne suffit plus en France et particulièrement en Vendée, il y a ces *déportations verticales* où les prisonniers sont enfermés par groupes dans ces embarcations aux issues barricadées et que l'on coule ou ces *mariages républicains* où homme et femme sont attachés ensemble dénudés avant d'être jetés à l'eau. Ce sadisme nautique vaudra à la Loire d'être promue au rang de *Baignoire Nationale*.

D'autres procédés n'épargnent eux non plus, ni femmes, ni enfants, ni vieillards. Ainsi, à la suite d'une délation ou à titre préventif, on séquestre toute la population d'un village dans l'église à laquelle on met le feu. Les exécutions massives peuvent se faire au sabre ou à coups de canon tirés dans la foule. Bientôt le sang des massacres ne suffit plus, il faut faire place nette et effacer jusqu'au souvenir que ces terres ont porté.

Au commencement, on se contentait de démonter les croix des clochers et des calvaires ou de passer le burin sur une fleur de lys qui ornait une pierre et des artisans avisés y tirèrent grand profit, il en reste des factures.

Ensuite, on abattit les clochers des églises car pour la Révolution, le clocher restait un symbole de hauteur sinon de domination.

Dorénavant, on brûle les églises, les cloîtres et couvents avec leurs bibliothèques et leurs archives, les châteaux avec leurs mobiliers, tapisseries, meubles, vaisselles, toiles de maîtres mais aussi des villages complets, des fermes, des récoltes, des auberges. Le bétail est abattu. Les cimetières eux-mêmes n'échappent pas aux saccages. Tout est prétexte à terre brûlée. Suivra ensuite la grande vague des profiteurs du nouveau régime qui tels des nuages de sauterelles rafleront ce qui peut l'être encore, à l'image du citoyen Palloy qui s'est octroyé la récupération des gravats de la Bastille pour les revendre sous forme de souvenirs de tous styles.

Les profiteurs se porteront acquéreurs pour une bouchée de pain de châteaux dont ils revendront les portes et fenêtres, boiseries et parquets, plancher et charpentes, les grilles et les fers forgés, les pierres, tuiles ou ardoises, dont ils récupéreront le plomb des canalisations, le zinc ou même le salpêtre des caves. Après leur passage, il ne subsiste plus une seule pierre sur l'autre. Le terrain a été rasé ainsi que des siècles d'histoire.

La vision d'une France dévastée consterne les visiteurs étrangers ; ce ne sont que ruines calcinées, murs abattus ou noircis sur lesquels parfois on peut encore lire : *Liberté Egalité Fraternité ou la Mort.*

En 1794, l'abbé Grégoire, que la Convention a chargé d'établir un bilan des dégâts, parle de "vandalisme" et déclare : *"Il y a de quoi verser des larmes de sang sur la perte d'autant de chefs-d'œuvre."*

Par décret, l'Assemblée placera toutes les œuvres d'art sous la protection de la Nation mais en vain et les destructions se poursuivront jusque sous l'Empire.

Alors que la province est dévastée, la capitale subit des pertes irréparables mais Notre Dame et la Sainte Chapelle sont épargnées : la première est transformée en entrepôt, la seconde en dépôt de farines. De Saint-Germain-L'Auxerrois, on fera un magasin de fourrage. D'autres lieux de culte deviendront des tripots ou des cabarets.

De telles affectations sauvent ces édifices de la destruction ou de l'incendie, plus rarement du pillage et des déprédations de toutes sortes : vitraux brisés, statues décapitées ou abattues, peintures saccagées, boiseries et ouvrages d'art en ébénisterie précieuse transformées en bois de chauffage, tapisseries et tentures arrachées et brûlées pour tenter de récupérer l'or de certains fils de tissage.

Saint-Denis sera saccagé, cinquante et un sépulcres royaux seront profanés par le vandalisme de la rue. La Révolution a besoin d'argent et fondra l'or des reliquaires, des couronnes et des chasses.

"Il faut raser le château où la louve autrichienne avait juré la perte de la France" (La grande colère du père Duchesne) et Hébert d'ajouter dans la foulée des destructions : Trianon, Rambouillet, Saint-Cloud, Fontainebleau, Chantilly mais Versailles, très abîmé et dépouillé échappera à la pioche. Des meubles seront détruits, d'autres quitteront la France à jamais. La vente des biens de Versailles constituera l'une des grandes attractions durant une bonne année.

La cathédrale de Chartres est vouée à la démolition mais comment démolir un tel édifice sans paralyser toute la ville avec des tonnes de gravats ? Devant cet argument d'un architecte de la ville, qui non sans risque, entend ainsi défendre secrètement sa cathédrale, on s'incline et finalement on renonce. L'édifice est sauvé.

Il faut raser Chambord mais face au devis des démolisseurs et à l'importance du chantier, la décision reste sans suite. Ailleurs, la conscience professionnelle s'exerce avec zèle : Beauvais se voit débarrasser de douze églises, Arras en perd sept ainsi que Chalons tandis que Troyes bat un record : une quinzaine s'envole en poussière.

Si les pierres peuvent avoir une âme, si la patience et le génie peuvent redresser des ruines, on ne peut rebâtir une existence brisée, faire se relever du tombeau une jeunesse fauchée par les guerres civiles ou étrangères.

Dans un premier temps, la *Patrie est en danger* mais par la suite les pompiers deviennent pyromanes et portent le feu hors de nos frontières.

La France subit alors l'hémorragie de ses forces vives, les ateliers de l'industrie naissante se vident. Dans les campagnes, on manque de bras pour les récoltes ou les vendanges. La pénurie, le marché noir et la misère, le brigandage se développent. Lorsque la paix reviendra, les soldats d'hier se retrouveront sur le pavé des villes par milliers, sans ressources et sans avenir.

De la Révolution à l'Empire, le pays va payer la facture la plus lourde de tous les conflits les plus meurtriers de son histoire dans un hexagone comptant deux fois moins d'habitants qu'aujourd'hui. Catastrophe dont les incidences pèseront sur l'avenir car le pays qui a perdu ses hommes aux combats, condamnera les femmes au veuvage ou au célibat. La France n'aura plus d'enfants. Il faudra du temps pour que les chiffres des berceaux et des cercueils s'équilibrent mais entre-temps le pays aura vieilli et entamé son déclin.

De 1789 à 1815, la population s'est accrue de 23% au Royaume Uni contre à peine 9% en France[5]. Entre les deux pays, le fossé ne cesse de s'élargir au profit de l'Angleterre.

Sur les vingt sept millions d'habitants que compte la France de 1789, près de 80% peuplent les campagnes et 55% d'entre eux vivent uniquement de la terre, soit quinze millions d'âmes. C'est dire l'importance capitale de l'agriculture.

Avant la Révolution, les droits féodaux, corvées, dîmes et autres taxes condamnaient le peuple à de fréquentes disettes. La tradition pénalisait les progrès de l'agriculture. Les exploitations restaient de petites superficies et la vulgarisation du savoir par les Sociétés d'Agriculture se heurtait à la coutume. Ce n'était pas une généralité et certaines régions apparaissaient en avance sur d'autres.

La terre n'appartenait pas qu'à la noblesse ou au clergé. Il fallait aussi compter sur la bourgeoisie mais surtout la propriété paysanne n'avait cessé de progresser tout au long du siècle.

La Révolution entreprend la confiscation des terres appartenant au clergé, à la noblesse, aux émigrants qu'elle revendra ensuite, non à ceux qui

[5] Le coût de la Révolution Française, René Sedillot, Ed Perrin, 1986

la travaillent mais à ceux qui veulent l'acquérir. Des paysans seront alors chassés de leurs terres devenant les métayers de fermiers sans compétence que seule la spéculation motive. De plus, au nom de l'égalité, chacun pourra se porter acquéreur de quelques arpents morcelant plus encore les parcelles et ruinant ainsi toute volonté d'optimiser les rendements en organisant la paysannerie.

L'Angleterre connaît une situation inverse à celle de la France. Elle possède une agriculture moins importante mais les exploitations sont en général plus vastes que sur le continent. Par contre, elle souffre d'un déficit en hommes ; les campagnes sont moins peuplées au profit des villes qui se développent. Outre des méthodes de culture qui lui assurent des rendements supérieurs à ceux de la France, elle va donc se tourner vers une mécanisation des travaux des champs.

En France, il y a tant de monde vivant dans les campagnes, qu'il ne semble nécessaire à personne de suivre la voie anglaise du développement de la mécanisation et du progrès. Curieux paradoxe lorsque l'on se souvient que la grande colère de 1789 a éclaté dans nos campagnes. Car c'est bien dans le monde rural que les causes de la Révolution plongent leurs racines.

Sous Louis XV et jusqu'au début du règne de Louis XVI, la France traverse une longue période de prospérité agricole. Les épidémies et les cas de famine se font moins nombreux, la mortalité y compris infantile régresse tandis que la natalité reste forte. Les gens se nourrissent mieux et du coup, l'espérance de vie s'allonge de près de dix ans.

Durant cette période et pour tout ce qui va suivre jusqu'au début du XXe siècle, il faut comprendre ce que signifie ce terme de *prospérité agricole.* Cette spécificité rurale de la France transparaîtra longtemps dans le comportement et la mentalité de ses habitants. Ainsi coexisteront deux pays ; Paris, ville industrieuse aux idées avancées et une France profonde, laborieuse mais conservatrice et « raisonnable » ; il faut du temps et ne pas ménager sa peine pour que germe la semence et porte à son tour un épi.

A plusieurs reprises dans l'Histoire de France, la province marquera ainsi sa différence refusant de se mettre au diapason d'une capitale jugée trop lointaine ou mal informée de ses réalités. Ce sera le cas sous la Révolution mais aussi lors de l'insurrection de 1848, sous le second Empire ou la Commune de Paris avec cette assemblée de Bordeaux puis de Versailles.

Sous l'ancien régime, la paysannerie revêt une importance vitale pour la France. C'est aussi, en comparaison avec l'Angleterre, son point faible, son talon d'Achille déterminant dans la chute de la monarchie et l'échec de la Révolution.

Prospérité de l'agriculture et par induction, essor de la natalité et du développement en général car cette nouvelle population qui apparaît et vit plus longtemps va augmenter les besoins. On l'observe par l'augmentation de la population des villes où il faut bâtir, nourrir, vêtir. Cet artisanat urbain à qui l'ouvrage ne manque pas sera le berceau d'une bourgeoisie qui s'affirmera chaque jour un peu plus et bientôt nombreux seront les notables à penser que dans un tel contexte économique, ils peuvent être amenés à jouer un rôle politique. C'est toute l'importance, notamment, des parlements.

Ils le penseront d'autant plus que la France s'est formée au long de son histoire sans qu'une cohésion nationale ne voie le jour. Au profit d'une guerre, lorsque les rois de France annexaient une province, ils n'en modifiaient pas ou peu l'administration. Elle conservait ses us, coutumes et multiples particularismes : langue, droit, poids et mesures. L'un des premiers cahiers de doléances de 1789 ne réclame-t-il pas un même poids et une même mesure dans tout le royaume ?

Agrégat inconstitué de peuples désunis, tel était le royaume inachevé de France selon la formule de Mirabeau qui évoquait le grand dessein d'un pays aux provinces unifiées sous l'autorité royale face à ce conglomérat complexe de provinces dont les coutumes remontaient au Moyen-âge.

Certaines régions apparaissent privilégiées par rapport à d'autres qui connaissent des impôts plus lourds ou des taxes inexistantes dans d'autres provinces. Comment dans de telles conditions, le commerce pourrait-il se développer et cette bourgeoisie prospérer ?

Si rien ne bougeait, le pays demeurait ingouvernable. Bateau ivre dont Versailles qui ne régnait que sur une cour déjà sous Louis XIV, ne tenait pas la barre.

C'est bien cette absence de politique du royaume qui incite les notables à se lever pour que les choses évoluent. Pas question pour eux de payer plus d'impôts pour combler le déficit du budget tandis que les privilégiés en sont préservés, d'autant que les guerres entreprises sous Louis XV sont ruineuses. Première crise politique sévère qui voit le parlementarisme porter atteinte à la monarchie absolue par le biais des *remontrances*.

Lorsque Louis XV disparaît en 1774, son impopularité est telle qu'on attendra la nuit pour l'enterrer. Louis XVI, s'il est un roi aimé de son peuple, fera preuve d'une cruelle faiblesse vis à vis des privilégiés, en congédiant Turgot favorable aux réformes et cinq ans plus tard, en 1781, Necker sera à son tour écarté sous la pression des mêmes privilégiés. Ce qui fera dire à Chateaubriand :

Les plus grands coups portés à l'antique Constitution de l'Etat le furent par des gentilshommes. Les patriciens commencèrent la Révolution.

L'inquiétude s'installe puis la colère gronde car depuis le milieu de la décennie, la France traverse de graves difficultés économiques, les caisses de l'Etat se vident dans une France où abonde la richesse. Le budget va prévoir plus de dépenses que de recettes. Par ailleurs, l'industrie naissante, celle des manufactures, du fait de la baisse des droits de douanes sur les produits anglais dès 1786 à la suite d'un traité de commerce, subit une concurrence écrasante, mais surtout le paramètre de crise le plus redouté va se produire ; des conditions climatiques désastreuses vont s'abattre sur tout le pays.

1787 : mauvaise année pour la terre, 1788 ne vaut guère mieux : l'année a été très sèche, les récoltes mauvaises. Une grêle épouvantable va marteler le bassin parisien, la Normandie et la Champagne, soit un large périmètre du grenier à blé de la France. Les dégâts sont considérables. L'hiver est le plus rude que l'on ait connu depuis près d'un siècle. Le thermomètre tombe à près de moins 20° et la Seine gèle du Havre à Paris. En Provence, un tiers des oliviers meurt et le reste a tant souffert qu'on le juge hors d'état de porter du fruit pendant deux ans. Le désastre s'étend au Languedoc, dans le Vivarais et les Cévennes. Le Rhône, enfin, sort de son lit durant près de deux mois.

Au printemps 1789, la France a faim. La dernière grande famine remonte à 1709 - quatre-vingt ans plus tôt - et l'on n'imaginait pas que l'on puisse encore périr de faim. Pourtant, il n'y a plus de pain. On tente d'en faire avec ce que l'on peut encore trouver.

"Presque tous les habitants, sans en excepter les fermiers et les propriétaires, mangent du pain d'orge et boivent de l'eau". "Bien des malheureux mangent du pain d'avoine, et d'autres du son mouillé, ce qui a causé la mort de plusieurs enfants".

"Avant tout, écrit encore le Parlement de Rouen, *"qu'on subvienne à un peuple qui se meurt... Sire, la majeure partie de vos sujets ne peut atteindre au prix du pain, et quel pain on donne à ceux qui en achètent !"*

En Lorraine, le peuple est à moitié mort de faim.

A Paris, le nombre des indigents a triplé : il y en a plus de trente mille dans le seul faubourg Saint-Antoine, non loin de la Bastille. Sur 650 000 Parisiens, on compte 100 000 indigents. Chiffre considérable et la colère de ces affamés ne connaît pas de bornes. Dans les villes moyennes, le tableau est identique ; les ressources des familles ont été consacrées essentiellement à l'achat du pain ajournant toute autre dépense vers le textile en particulier. Dès lors, le chômage gagne et une ville comme Le Mans voit près du quart de sa population réduite à la misère.

Les seuls grains que l'on trouve encore parfois, sont le seigle et l'orge qui *"sont de la plus mauvaise qualité, pourris, et dans le cas d'occasionner des maladies dangereuses. Ils ont un goût de relent, l'orge est germée et d'odeur infecte"*. Le pain obtenu *est en général noirâtre, terreux, amer, donnant des inflammations à la gorge ou causant des douleurs d'entrailles"*.

Et nous serons bientôt en juillet 1789 alors que la faim ne cesse de s'étendre.

Les dates peuvent avoir une double signification. Ainsi celle du 14 juillet 1789, date de la Prise de la Bastille correspond très précisément, au jour qui vit la crise céréalière atteindre son apogée, point culminant absolu de la hausse des prix au XVIIIe siècle.

Necker est resté très populaire, mais lorsqu'il revient aux finances huit ans après son renvoi par le roi, il est trop tard. Entre-temps, Calonne a diagnostiqué la même catastrophe budgétaire ; le pays court à la banqueroute. Le recours à l'impôt qui heurte tant l'aristocratie, n'a plus aucun sens et il interviendrait de toute façon trop tard.

Le seul remède reste la convocation des Etats Généraux. Ainsi se joue le premier acte de la Révolution qui vit la révolte nobiliaire jeter les premières braises qui allaient, par la suite, incendier toute la France.

Chacun respecte la monarchie, nul ne la menace. Louis XVI est un roi aimé. Dix ans auparavant, en 1779, suivant l'exemple du royaume de Savoie et de la Prusse, il a aboli le servage paysan.

Monarque passionné par la mécanique, les travaux de serrurerie qui en feraient un bon ouvrier mais piètre roi que des conditions climatiques exécrables, un déficit budgétaire considérable, des coûts de guerre ruineux - celle d'Amérique laisse une facture de deux milliards – une faiblesse légendaire, l'exaltation occasionnée dans certains milieux par la révolution américaine, vont transformer en un de ces *tyrans* qui descendront *aux cercueils*.

Agriculture chancelante, industrialisation timorée, effort de guerre ruineux, destruction massive, désorganisation et anarchie, la France de la Révolution, à son tour, n'est qu'un épisode pratiquement identique à celui qui a vu la fin de la monarchie en France. Mais où en est-elle de son économie ?

Depuis les vingt premières années du siècle et jusqu'à la Révolution, le pays baignait dans une relative stabilité. Certes, en 1781, dans son *compte rendu au Roi*, Necker préconisait un train de mesures pour assainir les finances de l'Etat, ce qui provoqua la colère de Louis XVI et valut à Necker, son renvoi.

On comptait alors en Livres et cette *livre tournois* (originaire de Tours) semblait inflexible. Il y avait aussi d'autres particularismes monétaires mais c'en était fini ou presque des monnaies de papier et de l'aventure de Law. Rien ne valait une monnaie de métal correspondant à 4 grammes et demi d'argent.

La Livre or avait été réajustée en 1785. Le métal jaune étant en hausse, on avait baissé de 20 milligrammes la teneur de la pièce pour assurer son équilibre par rapport à l'argent. Logique même si le maître d'œuvre de cette retouche était le roi Louis XVI. D'ailleurs, cette réforme ne concernait que les possédants, les négociants.

En 1789, la masse monétaire n'atteint pas 2 300 millions de livres. Ce qui semble insuffisant pour un pays en crise mais ouvert au monde et qui doit pouvoir faciliter et accroître le volume de ses échanges, assurer la solidité de ses créances.

Certes, il y a bien la Caisse d'Escompte qui émet des billets dont la circulation est limitée à la capitale - environ 80 millions - mais on évite encore le papier ou plutôt l'évitait-on avant la Révolution car à présent tout va changer et le vent de l'histoire va souffler à perdre haleine, jusqu'à faire virevolter des tonnes de papier sans valeur.

La Révolution croit que la France est riche mais elle ne l'est plus. L'ancien régime lui a cédé une situation de crise financière majeure. Après sa prise du pouvoir, les choses ont empiré et le pays a toujours aussi faim.

Plus tard, les capitaux prendront le large. Ceux des émigrés d'abord, puis ceux des banques étrangères qui ferment leurs guichets et rapatrient leurs fonds en attendant des jours moins troubles. Enfin, on a détruit les octrois, brûlé les registres du fisc mais du coup, les impôts ne rentrent plus.

De plus, l'Etat couvrant les dépenses que n'assument plus les provinces et le clergé, se montre dépensier et par son centralisme ouvre toutes grandes les voies du gaspillage et des abus en tous genres. Le pays est bien vaste, les distances trop grandes et, de Paris, la connaissance de la France profonde bien illusoire. Combien de jours faut-il pour aller de Paris à Bordeaux ou de Paris à Lyon ? Là encore, la situation s'est détériorée. Le réseau routier, l'un des plus modernes d'Europe, a été laissé à l'abandon. On a même démonté pavements et chaussée, ici et là, pour clôturer un champ nouvellement acquis. Les routes deviennent impraticables et pire encore lorsque le brigandage s'y développe.

Pour toutes ces raisons, un constat économique s'impose aux hommes de la Révolution : le déficit est énorme. Mais les situations d'urgence engendrent rarement des solutions durables.

Est alors créé l'Assignat, sorte d'action à garantie immobilière dont la valeur est « assignée » sur les biens nationaux. Le fonctionnement de la planche à billets entraîne de tous temps les pires excès : l'Assignat, du jour au lendemain, devient un véritable papier-monnaie.

Décembre 1789 : sur la base de la vente des domaines nationaux sont imprimés 400 millions de papier par une Caisse de l'Extraordinaire créée pour la circonstance et l'Assignat, de papier-monnaie se transforme en monnaie légale.

Premiers grincements de dents : nul ne croit au papier mais Mirabeau déclame : *« L'Assignat est fils de la révolution, ne pas y croire, c'est douter d'elle et c'est un crime ».*

Le mouvement est lancé et rien ne pourra plus l'arrêter. Moins d'un an plus tard, 1,2 milliard est en circulation, 2 milliards en 1792, 3,1 milliards début 1793... Arrive le moment où l'on abandonne la notion de plafond et les chiffres décollent comme l'engin gonflable des frères Montgolfier prenant de l'altitude à en donner le vertige.

En 1795, les comptes de la Révolution en sont au chiffre de 700 millions par mois. Le cauchemar s'achève enfin, il est temps d'aligner les chiffres et de mesurer la ruine.

1796 : sur la balance officielle, quelques 39 milliards d'assignats sont en circulation mais en réalité, on en a fabriqué 45 milliards. En sept ans, la Révolution a multiplié par vingt la masse monétaire du pays. Non pas qu'il soit plus riche, bien au contraire, et le papier va accroître sa détresse tout comme il a propulsé l'inflation comme une fusée de feu d'artifice.

On avait maudit le système de Law et son scandale, l'assignat de la Révolution aura coûté quinze fois plus cher. A cette masse s'ajoutent d'autres papiers de toutes sortes émis au gré des besoins et parfois de la fantaisie aux quatre coins du pays. Ultime calamité : la France est inondée par de faux assignats fabriqués la plupart du temps à l'étranger.

Les conséquences sont rapidement prévisibles : le papier ne peut faire illusion. Premiers signes de la banqueroute : moins 15% par rapport à la valeur métal courant 1791, moins 40% en juillet 92, moins 64% en juillet de l'année suivante.

A l'extérieur, le change s'effondre. A l'intérieur, les prix des denrées de première nécessité flambent. Les commerçants, pour ne pas être contraints à la ruine, ménagent leur maigre stock, refusent bientôt la vente et, pour les mêmes motifs, les paysans hésitent à livrer leurs moissons. La répression apparaît : *défense de vendre au-dessus du "maximum" sous peine de mort*, le refus de vente devient un *crime d'accaparement*.

La faim et les privations se développent ainsi que le marché noir.

Sur le marché monétaire, la dégringolade se poursuit de façon fracassante : les 1 000 livres-assignats, qui valaient encore 340 livres-métal en juillet 94, n'en finissent pas de chuter. 1 000 livres-assignats contre 40 livres-métal en juillet 1795. En août 1796, on donne à peine 10 sous pour 1 000 livres-assignats.

L'argent-papier n'a plus la moindre valeur. On ne l'accepte plus, on le jette comme un chiffon de papier dans ces tas d'ordures où de plus en plus de Français vont chercher quelque nourriture pour survivre. Car au sens propre, on meurt à nouveau de faim en France.

Le pays atteint un seuil de grande pauvreté car, circonstance aggravante, l'hiver 94-95 a été d'une extrême rigueur. Comme en 1788, les rivières ont gelé, le grain a manqué et lorsqu'il est là, la sécheresse est telle qu'elle paralyse les moulins. Impossible de faire de la farine.

Il y a deux siècles, c'est toujours la nature qui commande ; les belles images des encyclopédistes ne sauraient se passer de la force du vent ou du vif débit des cours d'eau.

Récoltes désastreuses ou mauvais vouloir de la paysannerie ? Dans une époque où l'argent ne veut plus rien dire, où la corruption et le brigandage, l'anarchie même, régissent une société désarticulée, ces deux raisons sont liées et le résultat fait, de toutes manières, bien peu de différence.

A Nantes, *"Le citoyen est obligé de calculer avec son estomac pour prolonger sa vie"*, à Amiens, *"les ouvriers n'ont plus la force de travailler, tous les citoyens sont exténués"*, note le représentant Blaux qui quelques jours plus tard sera frappé, molesté, piétiné par la populace aux cris révélateurs de *"Vive le Roi !"* A Paris, le conventionnel Duport a vu deux citoyens mourir de faim, une veuve avec six enfants *"nus comme la nature"* sur le point de mourir d'inanition eux aussi.

Comme la disette de 88-89 avait précipité la chute de Louis XVI, le mauvais temps en 94-95 portera un coup sévère, cette fois, à la Révolution.

Arrive le Directoire à qui il faudra trois années pour porter le coup de grâce au régime des citoyens.

Le 19 février 1796, Place Vendôme, on brûle symboliquement 890 millions d'assignats et quelques planches à billets. Vaine démonstration qui ne parvient pas à réprimer la sourde colère du peuple de Paris.

Il n'est pas rare de retrouver uns de ces petits billets à l'écriture appliquée et à la signature souvent bien lisible traînant dans des papiers de famille ou servant de marque-page dans un vieux livre. Ils sont fréquemment en bon état car la plupart du temps ils n'ont pas eu le temps de servir.

L'assignat a donc été condamné dans la rue, il sera banni par le Directoire qui en stoppe la fabrication. Il faut, de toute urgence, réduire cette incroyable masse monétaire, source de tous les malheurs. Le Directoire comprend enfin qu'un porte-monnaie plein, n'est pas un porte-monnaie riche et il lance en premier lieu un emprunt forcé qui fera rentrer quelques 14 milliards d'assignats au Trésor puis invente en mai 96 le mandat qui doit théoriquement remplacer l'Assignat.

En 1797, il fera la banqueroute des deux tiers. Il ne reconnaîtra plus que le tiers des créances de chaque rentier ; le *Tiers consolidé* est un acte de pure spoliation. En même temps, un nouvel impôt des portes et fenêtres et quelques contributions indirectes seront mises en œuvre.

On échangera un mandat contre 30 assignats. De cette façon, en comptant 25 milliards d'assignats en circulation, on doit pouvoir limiter la masse à 833 millions de mandats mais presque aussitôt le Directoire ordonne l'impression de 2 400 millions de mandats, assortie des mêmes interdictions que lors de la naissance de l'assignat : interdiction des règlements en métal et de refuser les mandats. Peine perdue : le mandat connaît un échec cuisant, l'échange est généralement refusé.

Pour le Français de l'époque, un papier ne saurait en valoir un autre. Rien ne vaut l'espèce sonnante et trébuchante qui pèse dans la main et que l'on compte pièce par pièce avec respect. De la vraie valeur, du bon vieux métal, blanc ou jaune de préférence.

Les 1 000 livres-mandats tombent à 160 livres-métal en avril 96, à 120 et 80, les deux mois suivants et plafonnent à 10 en février 1797.

Après le peuple, la misère gagne toutes les couches de la bourgeoisie à l'exception des spéculateurs de tous poils ou de tous ceux qui vont profiter de l'aubaine et régler leurs dettes à moindre coût. Ils ont acheté ou emprunté en valeur or ou argent ? Ils s'acquittent en monnaie de chiffon. Pourquoi s'appesantir sur la morale lorsque la légalité s'impose ?

C'est ainsi que de nouvelles fortunes se créent.

Des conflits dramatiques éclatent au sein même de familles unies où les fils ruinent leur propre père, où rentes, dots ou pensions s'évanouissent sous les caprices de ce satané papier monnaie de tous les malheurs.

Pour les autres, une livre de pain coûte jusqu'à 150 livres, ce qui est dramatique lorsque l'on sait que le pain constitue la nourriture de base par excellence. Les familles du XVIIIe siècle n'imaginent pas qu'il puisse manquer du pain sur la table des repas. Le pain est la base même de la nourriture avec une soupe épaisse de pois ou de lentilles et quelques morceaux de lard lorsque tout va très bien et que l'on veut sortir un peu de l'ordinaire.

Un pain de mauvaise qualité, le pain de ménage, plus à la farine de seigle qu'au froment. Rien à voir avec nos pains de campagne. Il ne s'agît pas d'un pain blanc mais plutôt gris.

Cependant, le pain de France était jusqu'alors à la portée de toutes les bourses ou presque comme l'air que l'on respire ou l'eau de la rivière à laquelle on remplit la cruche. La miche trônait là, sur la vieille table de bois, en signe d'hospitalité pour l'inconnu qui viendrait frapper ou pour témoigner simplement que tout allait bien dans le foyer. Le pain, c'était le thermomètre du bonheur au quotidien. Une maison sans pain était une maison du malheur.

Un pain auquel on ne demandait rien d'autre que de peser quatre voire six livres. Ce fameux pain, amélioré en qualité, figurait toujours sur les tables paysannes dans les premières décennies de notre vingtième siècle.

Les aristocrates un peu snobs, avaient à Paris, leur *Flûte*, un pain de fantaisie, un peu plus raffiné. L'ancêtre de notre baguette. Eux aussi s'en passeront désormais.

Le pain quotidien ne l'est plus.

Le reste ne va guère mieux. Une paire de souliers atteindra entre 15 et 20 000 livres mais c'est moins grave, on peut bien marcher pieds nus ou dans ses vieux sabots. Les souliers ne conviennent qu'aux classes jadis aisées même sous la Révolution mais la faillite et l'inflation ont ruiné aussi les bourgeois.

Au milieu de la tourmente, une livre de beurre qui coûtait 18 Sols en 1790, coûtera 30 livres cinq ans plus tard car plus le temps passera, plus les prix doubleront, tripleront, quadrupleront, décupleront.

La famine s'installe dans plusieurs endroits jusqu'alors épargnés par de telles calamités.

Le Directoire impuissant baisse les bras et restaure la liberté de payer en espèces. En vérité, il confirme la banqueroute et condamne sans appel les mandats qui seront repris au centième de leur valeur, soit une dévaluation de 99% à laquelle s'ajoute la conversion au trentième opérée précédemment de l'assignat au mandat. La perte pour le citoyen crédule s'élève de 3 000 à 1. Jamais il ne s'est retrouvé aussi pauvre.

Par quoi la Révolution va-t-elle remplacer l'assignat et le mandat ? Va-t-elle remettre en usage la livre tournois avec ses louis, ses sols, ses écus hérités de l'ancien régime ?

En réalité, la livre tournois n'a jamais cessé d'être là, aux aguets, attendant des jours meilleurs. Il y a quelques bas de laine en France, quelque arbre creux au fond du jardin, quelque lame descellée du vieux plancher de la chambre, quelque horloge aux recoins discrets, dans lesquels ceux qui le pouvaient encore, ont déposé tous leurs espoirs.

Depuis qu'ils savent compter, les Français ont de vieilles habitudes que ne parvient pas à faucher le couperet de la guillotine.

La Convention avait imaginé d'appliquer le système métrique à la nouvelle unité monétaire. Laquelle serait bimétallique : argent ou or car depuis toujours, on a en France, une préférence pour l'argent. L'or n'a pas la même vocation. L'argent est pratique, on règle en argent, on économise en or. On réserve l'or aux marchands, aux commerçants pour des transactions importantes ou des échanges internationaux. C'est aussi l'alliance du mariage, de la bijouterie et de l'horlogerie.

L'argent c'est tous les jours, l'or c'est quelquefois.

A tel point que le métal blanc désigne encore de nos jours la notion de posséder quelque chose : *On a de l'argent...*

La pièce pèsera dix grammes au titre de 0,900. La pièce d'argent sera nommée Républicaine et la pièce d'or le Franc.

Pour le Franc, cela n'a rien de révolutionnaire. A plusieurs reprises dans l'Histoire, on a connu le Franc puis il a disparu, réapparu et ainsi de suite. Sous Jean le Bon en 1360 ou Henri IV et puis le terme s'est inscrit dans la mémoire des gens : le Franc ou la Livre, pour eux c'était du pareil au même. Alors, à quoi bon innover sans cesse, d'autant que le Franc n'a aucune connotation royaliste. On dit Franc comme on dirait Seine ou Loire, terroir de chez nous, vieille identité de jadis. Et pour une monnaie, ça sonne bien ; elle sonne franc.

Mais si une pièce d'or de 1 Franc peut exister combien vaudrait-elle de Républicaines de 9 grammes d'argent ? Le système décimal reste impuissant et le projet est abandonné.

Le 7 avril 1795, on s'en tient à débaptiser la Livre qui désormais s'appellera le Franc.

Sa définition est élaborée quelques semaines plus tard : 5 grammes à 0,900 pour le franc d'argent de 100 centimes, soit pratiquement la définition de la livre tournois de 1726 à l'équivalent de 4,505 grammes. Les deux monnaies de livre et de franc deviennent alors concrètement synonymes.

Le 8 juillet 1815, une semaine avant l'anniversaire de la Prise de la Bastille, les Bourbons seront de retour à Paris mais le monde aura évolué autour de l'ex-Grande nation. Après l'Empire, la Grande Bretagne affirme sa suprématie sur toutes les mers, son industrie est puissante tandis que le Sterling règne en maître sur toutes les places financières. Faut-il en conclure que le dessein politique de l'Angleterre était que la France fit sa Révolution ? Même si elle grimaça d'horreur lorsque Louis XVI monta à l'échafaud, ne fallait-il pas pour son essor que la première puissance continentale s'amoindrisse et se ruine ?

La Révolution reste l'un des épisodes les plus complexes de notre histoire dont nous n'avons fait ici que tourner quelques pages. A quoi servirait-il d'imaginer aujourd'hui le visage d'une France qui aurait fait l'économie des dix années que dura la Révolution ? Combien de temps encore serait-elle restée la *Grande Nation* mais aussi combien d'événements tragiques se serait-elle par la suite épargnée ?

III

Le Franc de Germinal

"Je dois être le maître dans tout ce dont je me mêle,
et surtout dans ce qui regarde la Banque".

Napoléon Bonaparte

Enragés et *indulgents* ont été massacrés. Hébert et Danton ne sont plus. Le mois d'avril 1794 a vu la Grande Terreur s'abattre sur la capitale ; près de 1 500 Parisiens sont montés à la guillotine alors que les périls semblaient écartés. Maximilien Robespierre qui s'est débarrassé de ceux qui lui reprochaient sa répression sur le Lyonnais et ceux qui, au contraire, dans la branche hébertiste condamnaient son manque d'énergie, institua une implacable dictature.

Durant ce même temps, la France traversait une aggravation de la conjoncture économique qu'il lui était aisé de mettre sur le compte d'un complot étranger. Aussi, le 8 thermidor exigea-t-il *l'unité du gouvernement* et *l'élimination des traîtres*, sans toutefois nommer ceux qu'il accusait, ce qui conduisit la Plaine à se rebeller. Dans la nuit se fomenta une conspiration contre lui. Le lendemain, il ne parvint pas à se faire entendre. Les circonstances selon lesquelles, il monta à la guillotine, place de la Révolution[6], la mâchoire fracassée le 10 thermidor au soir demeurent mal expliquées. A-t-il tenté de se suicider ou a-t-il été molesté au cours de son arrestation ? Toujours est-il que c'est un *incorruptible* débraillé à la face enrubannée d'un pansement ensanglanté qu'une charrette cahotante conduisit avec d'autres aux bois de justice. Avec sa pitoyable exécution s'éteint la Terreur mais aussi la Convention.

Napoléon Bonaparte est né en Corse le 15 août 1769, un an après le rattachement de la Corse à la France. Il est le second de huit enfants d'une famille de petite noblesse vivant sans confort. A l'âge de 9 ans et grâce à une bourse, il gagne le continent et étudie au collège d'Autun puis à Brienne où ses camarades de classe se moquent de son accent et de son aspect chétif. A 16 ans, après avoir fait l'Ecole militaire de Paris, il est lieutenant d'artillerie et durant une partie de la Révolution jusqu'en 1793, on se souviendra d'un officier sans le sou occupant ses loisirs à lire les philosophes, seul dans une

[6] Notre actuelle Place de la Concorde

petite chambre maussade. Il sacrifie une bonne partie de sa solde pour payer la pension de son jeune frère Louis, père du futur Napoléon III.

Faute d'argent, ne pouvant suivre ses camarades qui fréquentent les cafés, il choisit de se donner l'apparence d'un ours mal léché, personnage fruste et solitaire. Dans la famille, on a le sens de l'argent, de cet argent si rare qu'il impose tous les sacrifices :

Tout petit garçon, j'ai été initié à la gêne et aux privations d'une nombreuse famille. Mon père et ma mère ont connu de mauvais jours !

En 1794, tous les sacrifices financiers auxquels s'est soumis durement Bonaparte sont réduits à néant. Sa carrière est brisée ; il est rayé des cadres de l'armée après un emprisonnement de quelques semaines. Il est alors à 24 ans, général de brigade mais certaines amitiés peuvent peser très lourd en ces temps troublés et après le 9 thermidor, ses relations avec le frère de Robespierre en ont fait un suspect dont il faut briser la carrière. Le militaire l'a échappé belle car à l'époque, les choses auraient pu tourner au pire pour lui et nos manuels scolaires n'auraient pas même mentionné son nom.

C'est ensuite la rencontre avec Barras, l'un de ceux qui agissent dans la nouvelle mouvance politique, l'un de ses accusateurs d'hier, avec qui il se lie d'amitié et dont il épousera en mars 1796 la maîtresse, Joséphine de Beauharnais, la belle créole, mariée à seize ans avec un vicomte guillotiné sous la Terreur. Barras est alors un homme très influent qui a contribué à la chute de Robespierre et sera le véritable homme fort du Directoire de 1795 au 18 brumaire de l'an VIII (9 novembre 1799). Barras, député sous la Convention, ayant voté la mort du roi, survivra à Napoléon avant de disparaître en 1829 sous la Restauration, régime dont il n'aura rien à redouter.

Pour l'heure, il confie au jeune Corse, le soin de réprimer l'insurrection royaliste du 13 vendémiaire. Ce sera ensuite pour le général Bonaparte, une ascension fulgurante. Il obtient ainsi le commandement de l'armée d'Italie, en mars 1796.

Si la victoire d'Arcole est acquise de justesse, les qualités de Bonaparte surprennent ; c'est un fin stratège qui n'a pas hésité à s'engager dans les combats. Il n'a de compte à rendre qu'à ses soldats et puis pour les autres, il a le sens de l'effet et offre aux Parisiens médusés du Champ de Mars, ce grand spectacle de l'inventaire interminable de toutes les œuvres d'art pillées en Italie. Un défilé qui n'en finit plus, mis en scène comme dans l'un de ces péplums plus pharaoniques que latins. Les Italiens retrouveront une partie des témoignages de la grandeur de leur civilisation. Quant aux pharaons, s'ils ne risquent plus rien, le sphinx et les pyramides observeront bientôt le petit caporal les contempler à son tour : *« du haut de ce pyramides…*

Phrase là encore probablement légendaire.

Derrière le militaire s'affirme un politique aux ambitions démesurées dont l'intérêt ne serait pas, dans l'immédiat, de rentrer en France. *La poire*, affirme-t-il à l'ambassadeur de France en Toscane durant l'été 1797, *n'est pas encore mûre*...

L'Histoire se fait aussi de choses dites sans grandeur mais le mot est, cette fois, authentique.

Viendra ensuite l'expédition d'Egypte mais alors que Bonaparte, après la victoire des Pyramides, est entré au Caire, Nelson détruit la flotte française à Aboukir, coupant ainsi tout repli aux Français. Devant Saint-Jean d'Acre, Bonaparte confie le commandement de l'armée d'Egypte à Kléber et devant les nouvelles qui lui parviennent du Directoire, il décide de rentrer en France.

Bonaparte débarque à Fréjus le 9 octobre 1799 et tout au long de la route qui le conduit à Paris, il sera acclamé comme le sauveur. En réalité, on ne sait pas trop pourquoi Bonaparte est rentré. Sans doute, a-t-il compris que la Campagne d'Egypte tournait au désastre mais la France, à ce moment, risquait le pire. L'Angleterre, l'Autriche, la Turquie et la Russie se sont coalisées contre elle et les frontières du Rhin sont menacées.

Un mois plus tard, le 9 novembre 1799, le 18 brumaire de l'an VIII, s'en est fini du Directoire. Dix ans après la prise de la Bastille, le psychodrame qui s'est joué à Saint-Cloud vient de refermer le livre de la Révolution.

Par la Constitution de l'an VIII (25 décembre 1799) et notamment l'article 41, le nouvel homme fort du régime, le Premier Consul, porte un nom que certains politiques auront beaucoup de mal à prononcer, sans doute pour diverses raisons : Bonaparte.

Un homme ambitieux, travailleur infatigable. Ce n'est pas un grand orateur. Son accent corse et sa petite taille font sourire. Cependant, il sait parler à ses soldats. On estime que la Grande armée a pu réunir 800 000 hommes, alliés inclus et c'est à peu près le même nombre d'hommes, français cette fois, qui vont mourir dans les guerres de l'empire. 400 000 soldats environ auraient péri au cours du seul désastre de la Campagne de Russie en 1812.

Pour le reste, sa politique est simple ; une grande réconciliation nationale où royalistes, émigrés, révolutionnaires ou encore prêtres réfractaires, auront leur place dans l'empire à condition de se plier au maître. Le Concordat de 1801 lui permet de voir venir à lui les chrétiens. Le pouvoir, personnel, reste musclé, centralisé et fort ; les préfets et maires nommés par le Premier Consul doivent véhiculer le message de Bonaparte. Dans les lycées en 1802 ou les universités en 1806 règne une stricte discipline militaire car c'est ici que seront formés les cadres et les généraux de l'empire.

Le Code civil est un symbole du pouvoir autoritaire et personnel de l'empereur fidèle aux bases de la Révolution : libertés personnelles, disparition des privilèges, égalité devant la loi, laïcité certes, mais aussi femmes et enfants obéissant au mari et père, l'ouvrier à son patron et l'ensemble des Français à Napoléon.

- *Il y a un gouvernement, des pouvoirs, mais tout le reste de la nation, qu'est-ce ? des grains de sable. Il faut jeter sur le sol de la France des masses de granit,* affirme Bonaparte. De ce granit dont on édifie les forteresses car sous l'Empire, la France est un véritable État policier.

Revenons à ce printemps 1803, riche au point de rendre sa richesse à une France bien mal en point pour ne pas dire ruinée. Pourtant la réforme - monétaire - qui se met en place, ne soulèvera aucune passion, aucun intérêt bien au contraire.

Au plan de l'Europe, il y a eu, un an plus tôt, la Paix d'Amiens qui réconforte la France de Napoléon Bonaparte et désole l'Angleterre contrainte de rendre toutes ses conquêtes exceptées Ceylan et Trinidad. Cette paix ne tient qu'à un fil qui va se rompre dans les jours qui viennent.

L'Angleterre n'a aucun intérêt à voir cette paix s'installer sur le continent, ce serait une sorte de *modus vivendi* qui permettrait à Napoléon de rendre à la France sa puissance à l'intérieur et, pourquoi pas, sur les mers.

Elle sait le Corse trop habile et puissant organisateur. Que pourrait-il encore manigancer en Europe ? Une hégémonie française sur tout le continent ? Il ne peut en être question. Malte, que les Anglais refusent d'évacuer, servira de prétexte et le 23 avril, Londres rappelle son ambassadeur. S'en sera fini de la paix pour longtemps car cette paix d'Amiens qui éclate telle une bulle de savon va changer la face de l'Histoire.

Le Premier Consul s'était accroché à ce silence des armes. Alors pour conjurer la fatalité, il va enchaîner mille réformes. L'homme, doué d'une force de travail qui exténue ses collaborateurs et ses proches familiaux à qui il dicte la conduite à tenir, est animé par le bon sens, l'ordre et une logique de l'économie qui lui viennent en particulier de sa mère. Aussi appliquera-t-il au pays, les principes de la ménagère allant faire son marché après avoir mis de l'ordre dans le foyer. Avant de se lancer dans quelques achats, ne faut-il pas prendre la ferme résolution de ne pas dépenser plus que ce que l'on a ?

La monnaie nationale a été mise à mal. Les caisses sont vides et l'approvisionnement problématique. Que dire des tristes souvenirs de l'Assignant et des mandats dont la seule évocation tétanise encore le peuple de France ? Il y a ceux qui y ont tout perdu et les autres, les agioteurs, ceux qui y ont tout gagné et constituent aujourd'hui une puissante bourgeoisie.

Cette bourgeoisie, grande bénéficiaire de la Révolution, aura une importance particulière dans l'Histoire de France dont elle occupera chaque tête de chapitre sous l'Empire, la Restauration et la Monarchie de Juillet, sous la Seconde République et bien sûr sous le Second Empire. Une bourgeoisie craintive, proie facile du brigandage ou de tous ceux qui mettront tout en œuvre pour recouvrer les biens dont ils ont été spoliés.

Le 28 mars 1803, alors que la paix connaît ses derniers jours, on reparle d'une pièce d'argent. Cet argent dont le rapport de valeur avec l'or est établi de 1 à 15,5.

Le 7 avril voit la publication d'une loi qui remet au goût du jour les principes adoptés huit années auparavant, en 1795 et les précise :

"Cinq grammes d'argent, au titre de neuf dixièmes de fin, constitue l'unité monétaire, qui conserve le nom de franc".

Cette loi constitue l'acte de naissance officiel de notre monnaie. On oubliera le 7 avril 1803 qui est encore un 17 germinal de l'an XI et cette pièce d'argent deviendra dans la mémoire des hommes le Franc de Germinal.

Pourquoi choisir l'argent plutôt que l'or ? Là aussi, c'est une vieille habitude française. Déjà, devant l'Assemblée constituante, le 12 décembre 1789, Mirabeau s'était fait le défenseur tout naturel du métal blanc :

"Il ne faut se servir que d'un seul métal pour signe monétaire puisque la monnaie est une mesure... On peut choisir l'argent pour mesure monétaire, parce que les mines d'argent sont plus abondantes que celles d'or. L'argent peut donc devenir et être appelé monnaie constitutionnelle, tandis que l'or et le cuivre ne donneront qu'une monnaie qu'on peut appeler signe secondaire ou additionnel."

Et l'or ? Pourquoi avoir défini des rapports de valeur entre les deux métaux ? Tout simplement parce que le monométallisme basé sur l'argent n'est pas satisfaisant. Certes, on ne pourrait pas frapper une pièce d'or de 1 franc car elle pèserait environ un tiers de gramme mais par contre, on pourrait imaginer des pièces bien plus lourdes que le franc.

Par exemple, des pièces d'or de vingt francs et même de quarante francs et là encore au titre de neuf dixièmes de fin comme pour les pièces d'argent. On taillera 155 pièces de vingt francs au kilogramme et par conséquent la moitié en pièces de quarante francs même si cela ne tombe pas juste. Neuf dixièmes de fin donnant 900 grammes au kilo, une pièce de vingt francs pèsera donc 6,4516 grammes dont 5,8064 grammes d'or fin.

Conclusion, le franc de 1803 équivaut au vingtième de cette définition et donc à 290,3225 milligrammes de fin.

La définition du franc de Germinal est donc caduque car si elle se base sur l'argent, on y associe d'emblée le métal jaune. C'est la raison pour laquelle la monnaie prendra un nouveau nom qui restera dans tous les esprits : le franc or.

Lorsqu'il paraît le franc Germinal ne déclenche pas l'enthousiasme. Les Français en ont trop vu en matière monétaire en l'espace de quelques années, de quoi les dégoûter à jamais d'ouvrir leur porte-monnaie.

Ils sont nés sous la Livre tournois. Ils ont dû briser leurs habitudes et ne plus compter ou peser qu'en fonction du système métrique ou décimal. Ils ont vécu les affres de l'assignat et du mandat, les plus grandes faillites que leurs pères n'auraient osé imaginer. On leur a dit ensuite que le franc remplaçait la livre tournois. Ce qui représentait grosso modo la même chose. Ils ont beaucoup de mal à s'y retrouver. Encore le voudraient-ils, qu'ils font la sourde oreille. Ils ne veulent plus que l'on s'occupe de leur porte-monnaie même s'ils viennent d'acquérir avec le franc de germinal, une monnaie à faire pâlir le monde.

On ne parlera plus de l'Empire, de la Restauration, de républiques nouvelles, ni d'épisodes désastreux ou dramatiques du pays mais le franc de Germinal, lui, sera toujours debout. Né en avril 1803, il cessera ses bons et loyaux services en août 1914. Cent onze années de règne absolu, un record de longévité car par définition, une monnaie bouge, fluctue, selon les événements or rien n'atteindra jamais le franc de Germinal, exception faite pour la première Guerre Mondiale qui marquera son déclin.

Sous l'Empire, Paris compte 600 000 âmes environ et s'étale sur les deux rives de la Seine. Son cœur est l'Ile de la Cité. Si elle mordille la future Etoile à l'est et la Nation à l'ouest, elle n'englobe ni Montmartre, ni Belleville. Auteuil et Vaugirard constituent encore des quartiers périphériques, un peu éloignés du centre ville ou parfois des villages voisins.

Avant la Révolution, les marchandises entrant dans la capitale étaient soumises à un impôt très impopulaire : l'octroi, dont la perception était affermée par la Compagnie des Fermiers généraux, à laquelle d'ailleurs appartenait Lavoisier, ce qui causa sa perte.

Afin d'éviter la fraude, le régime, avait fait bâtir sur ordre de Calonne un mur d'enceinte d'une trentaine de kilomètres entourant la ville et nommé "mur des Fermiers Généraux" sur l'emplacement de nos actuels boulevards extérieurs.

"Le mur murant Paris rend Paris murmurant" avait-on coutume de dire sous l'ancien régime, ce qui prouve le profond déplaisir de tous ceux qui, devant entrer dans Paris, avaient à s'acquitter de l'octroi. L'expression encore usitée de *Paris intra-muros* remonte à cette époque. Une autre expression relative au paiement de l'octroi concerne tous ceux qui en étaient dispensés ; certains corps de métier mais aussi les saltimbanques. L'un d'entre eux aurait exhibé un petit singe aux factionnaires amusés et qui du coup le dispensèrent de paiement car ils venaient d'être payés en *monnaie de singe…*

La Constituante supprima l'octroi et les barrières.

Celle des Champs-Élysées, qui fut incendiée et détruite le même jour que la prise de la Bastille, se trouvait non loin de l'actuelle Place de l'Etoile et les avenues Kléber, Wagram et le boulevard de Courcelles correspondent au tracé du mur dans ce secteur. Cela donne une idée de la superficie du Paris de l'Empire.

Avec une population d'un peu plus d'un demi million d'habitants, Paris est la deuxième ville d'Europe après Londres. On y vit mal car la population est trop dense. La capitale manque d'air et d'espace. Il lui faudrait s'étendre, s'étaler avant de risquer la sclérose. En fait, Paris est une vielle ville aux murs anciens, redoutée des voyageurs étrangers pour sa malpropreté, son inconfort et son insécurité. Certains quartiers constitués d'un dédale de ruelles, impasses ou culs de sac, remontent au Moyen Age. Les voies n'y sont pas très larges. A peine laissent-elles se croiser deux attelages. Il faut être parisien pour s'y retrouver et lorsque la nuit tombe, il vaut mieux rester chez soi.

Les rues sont éclairées de pauvres lanternes suspendues que les concessionnaires oublient parfois d'allumer les soirs de pleine lune pour faire ainsi quelques *économies de bout de chandelle*. Souvent la pluie ou le vent les éteignent.

Sous Napoléon, on trouve encore à la sortie des endroits chics, des porteurs de falots qui accompagneront en les éclairant les gens du monde et de 1800 à 1815, les choses ne s'amélioreront guère.

Il n'est pas simple de se déplacer dans la capitale. Bien sûr, il n'existe aucun transport en commun mais les Parisiens se déplacent peu, chaque quartier étant une sorte de village dont on sort rarement. Lorsqu'il le faut malgré tout, on peut vainement tenter de trouver un fiacre mais le plus simple est d'aller à pied. Les rues mal pavées souffrent d'un endémique manque d'entretien. La Révolution n'a rien arrangé. La situation s'est même aggravée.

Les Anglais, nettement en avance, connaissent les rues équipées de trottoirs et aussi les égouts. En France et à Paris, rien de tout cela. Il n'y a pas de trottoirs ; on marche sur la chaussée et comme il n'existe qu'à peine cinq malheureux kilomètres d'égout, on imagine ce qu'il advient en cas d'averse.

Pas d'égout dans la capitale où tout se jette n'importe où. Au beau milieu des rues car ce qui fait office de caniveaux parcourt le centre de la chaussée et on observe en permanence le dégoulinement d'un jus noirâtre dont la source ne semble jamais vouloir se tarir. Une odeur pestilentielle règne dans les rues où se promènent les rats la nuit venue.

Pour le reste, il y a la Seine où l'on déverse ordures, détritus, carcasses avariées ou abats provenant d'endroits qui font office d'abattoirs car la ville en est dépourvue.

L'Hôtel Dieu évacue ses déchets dans le fleuve. Pour compléter ce tableau du Paris d'autrefois, la Seine est dépourvue de quais aménagés en de nombreux endroits et souffre d'un cruel manque de ponts.

Dans les rues, chaque citoyen de Paris est encouragé à entretenir son fil d'eau ou plutôt son fil d'égout. Un article de *L'Observateur français* du 1er

thermidor de l'an IX en témoigne : *Il fait chaud, très chaud, le pavé est brûlant, les ruisseaux restent stagnants et s'infectent de putridité. Arrosez donc ! Votre intérêt l'exige et la police l'ordonne.*[7]

On l'invite à déverser deux bons seaux devant sa porte et d'y aller d'un vigoureux coup de balai mais comment le pourrait-il ? L'eau parviendrait-elle dans chaque maison ?

Sûrement pas mais il y a les porteurs d'eau qui en charrettes promènent leur tonneau. La voie d'eau - deux seaux d'environ quinze litres - coûte deux sous mais ces deux sous d'eau seront bien plus utiles pour la cuisine de la famille et sa toilette - on ne parle pas de bain, ni même de douche - que pour nettoyer la chaussée.

Et puis cette eau, d'où vient-elle ? Théoriquement des fontaines dîtes *épuratoires* mais la plupart du temps de la Seine bien sûr. C'est plus économique. L'époque n'est pas à l'écologie et les Parisiens sont fiers de leur *belle et limpide rivière* dont ils n'ont jamais observé la moindre goutte d'eau au microscope. Opinion inverse des voyageurs étrangers qui séjournant dans la capitale dont la qualité de l'eau a si mauvaise réputation qu'ils se disent souffrants de violentes coliques... Le Paris de l'époque n'est pas reluisant. Les choses changeront mais il faudra beaucoup de temps.

On va construire des trottoirs mais pas question d'imiter les Anglais, la France possède de brillants ingénieurs et n'a de leçon à recevoir de personne.

Les trottoirs font leurs apparitions dans quelques rues, du côté de l'actuelle Chaussée d'Antin mais l'on s'y prend en dépit du bon sens. Grossièrement pavés, ils s'interrompent devant chaque porte cochère. Il faut donc descendre, monter, descendre. Au bout de quelques dizaines de mètres, les jambes sont lourdes comme si elles venaient de gravir un escalier. Le Parisien préfère tout compte fait, se priver de cette nouveauté et trottiner sur la chaussée en enjambant les flaques ou quelques immondices, qui font, ça et là, le régal de chiens et de chats errants.

Il fait noir à Paris lorsque le jour tombe et Napoléon se fâche : « *Le non-éclairage de Paris devient une dilapidation. Il faut enfin porter un terme à un abus dont le public commence à se plaindre.* » écrit-il un jour à Fouché mais sa colère restera vaine et rien ne changera.

L'illumination de Paris restera encore le nom d'un service plus ou moins public mais qui n'éclairera personne. Certes, on fera quelques essais avec les lampes de Philippe Lebon, les réverbères de Saver et Fraiture ou les réflecteurs de Bordier mais les tentatives d'éclairer Paris n'iront pas plus loin.

Quant à la qualité de l'eau, il faudra attendre l'achèvement des grands travaux de Napoléon : la création du bassin de la Villette, le canal de

---

[7] Jean Robiquet, La vie quotidienne au temps de Napoléon, Hachette

l'Ourcq et l'adduction de la Beuvronne, pour que les Parisiens découvrent l'eau plus ou moins potable et d'un débit régulier.

La Révolution a laissé une France révolutionnée mais sûrement pas révolutionnaire en matière de progrès. La tâche est lourde pour rattraper le temps perdu. La confiance en l'avenir est ruinée et le pays se traîne dans le plus complet désœuvrement. Le marasme s'est installé non seulement dans le commerce et l'industrie, il demeure aussi dans les esprits que seuls les fastes du sacre de l'empereur ou l'annonce d'un brillant fait d'armes parviendront à dissiper un instant.

En France, rien ne fonctionne. La capitale est en ruine. Le souvenir de la Révolution y flotte encore mais l'Empire poursuivra d'autres destructions. En attendant, la Bourse est installée dans une église et les lycées prennent l'allure de prisons.

La police assure-t-elle la sécurité dans la capitale ? Pourquoi le ferait-elle puisqu'elle n'est plus payée ? A défaut de maintenir l'ordre, elle y engendre de fréquents désordres dans les cabarets en compagnie de femmes publiques mais il y a mieux. Les sapeurs pompiers par exemple que l'on nomme à l'époque gardes-pompiers. Un peu moins de trois cents hommes repartis en trois compagnies et bénéficiant pour toute la capitale de deux échelles. Si l'on a voulu donner à ce corps une organisation militaire, on a omis de leur fournir une caserne. Ils peuvent donc demeurer chez eux et vaquer à d'autres occupations sans rapport avec la lutte contre le feu.

Un violent incendie éclate en 1808 au Faubourg Montmartre mais un employé de la compagnie de distribution d'eau a consciencieusement fermé la canalisation et emporté la clef avec lui. La même année la Halle aux blés est dévastée par le feu et là encore l'inorganisation et l'incompétence permettent au brasier de s'étendre sans que l'on ne puisse rien faire d'autre qu'assister au désastre.

Deux ans plus tard, l'ambassade d'Autriche est la proie des flammes. Pour combattre ce violent incendie qui fera plusieurs victimes, on ne trouve sur place que six pompiers dont plusieurs dans un état d'ébriété bien avancé. Napoléon, témoin du drame, se fâche et destitue sur-le-champ le commandant des pompiers qui ce soir-là, comme à l'accoutumée, brillait par son absence.

Le service de la Poste œuvre avec une extrême lenteur mais ses tarifs sont très élevés. Il en coûte quatorze sous[8] pour une lettre de Paris destinée à la province mais à l'époque c'est le destinataire et non l'expéditeur qui en règle le coût. Aussi convient-on d'un code ; une croix, une tâche d'encre ou autre marque visible à l'extérieur du pli peut contenir en elle-même tout le message convenu : *arriverai demain* ou *grand-mère est morte*. La lettre est remise au destinataire qui l'examine, trouve le signe convenu et la refuse

---

[8] Par analogie avec la Livre, 1 franc = 20 sous, un demi franc = 10 sous.

aussitôt. Sachant ce qu'il voulait savoir, il peut ainsi économiser ses quatorze sous.

Revenons à l'argent et ce nouveau franc de Germinal basé sur le métal.

L'accueil des Français est plus que tiède. C'est un trait commun de leur caractère : chaque réforme fut-elle la meilleure, entraîne souvent de leur part, le plus grand scepticisme voire le plus flagrant déplaisir. Que de reproches justifiés ne pourraient-ils pas assommer le nouveau système et cela se comprend, du moins dans un premier temps.

A l'époque de la livre tournois, les Français comptaient comme l'on comptait en Angleterre avant que la Livre sterling ne soit divisée en 100 new pence. Qui d'entre nous ne s'est interrogé devant une de ces pièces de 2 schillings et 6 pence et ces logiques qui n'avaient rien de décimal ? Les Français du Consulat vont connaître la même perplexité mais à l'envers cette fois et ce n'est pas plus évident d'autant que le système décimal se prête moins facilement au calcul mental des fractions.

Ainsi, 10 n'est divisible que par 2, 5 et 10 alors que 12 dans le système de la livre tournois, l'est par 2, 3, 4, 6 et 12 et donne de cette façon une plus grande précision des coûts.

Ils connaissaient la livre tournois de 240 deniers, et donc de 20 sous, des pièces de cuivre de 3 et 6 deniers, sous et doubles sous de 12 et 24 deniers, vingtièmes, dixièmes, cinquièmes d'écus en argent, petits écus de 3 livres, écus d'argent de 6 livres, l'écu blanc ou *pistole*, demi-louis, louis et doubles louis, en or, de 12, 24 et 48 livres. Comment pourraient-ils du jour au lendemain apprendre à compter en 10, 100, 1000 ?

Pas si facile car il leur faut savoir ce que ces nouvelles monnaies valent par rapport aux anciennes et vice versa. Systématiquement la double conversion s'impose. A l'heure de l'euro, nous en savons quelque chose. Le mode duodécimal ne parviendra pas à se faire oublier de sitôt. On parle en franc mais on compte en livre. Il existera d'ailleurs des petites tables de conversion de comptes faits qui aideront les Français à s'y retrouver plus facilement et qui auront le même succès que nos actuels convertisseurs.

Conscientes des difficultés auxquelles se heurte la population, les autorités de l'an XII ne démonétiseront que les pièces antérieures à 1726 et c'est seulement en 1829, qu'on retirera les pièces du système duodécimal, avec délais de grâce jusqu'en 1834[9].

Outre ce handicap d'un changement radical de système monétaire, les Français adressent un reproche sévère au franc de germinal. Sur une des faces des pièces figure la tête du Premier Consul. Certes, il y a eu Arcole et

---

[9] Du franc Bonaparte au franc de Gaulle - René Sédillot, Ed Calmann Levy, 1959

Marengo, Rivoli et les pyramides, la paix et la prospérité retrouvées, l'ordre plus ou moins rétabli mais cela suffit-il au Corse pour prendre sur la monnaie la place des rois ? Ni les Jacobins qui assistent à la création d'une nouvelle monarchie, ni les royalistes qui crient à l'usurpation, ne lui pardonnent.

Des rapports de police témoignent que l'on a retrouvé dans le public des pièces de cinq francs portant sur l'effigie de Bonaparte au niveau du cou, les traces d'une décapitation symbolique à petits coups de canif vengeur.

Qui dit nouvelle monnaie suppose institut d'émission. Bonaparte prend rapidement une décision. Ce franc de germinal, il veut l'accompagner, le contrôler à tous les stades de sa croissance en volume. En faire l'instrument majeur mais docile de l'Etat, de son pouvoir. Le franc de Germinal, c'est avant tout le franc de Napoléon. Tout doit être fin prêt pour l'accueillir.

La monnaie nationale revient de loin et a laissé dans l'opinion de redoutables séquelles. Plus question aujourd'hui de parler de monnaie de papier, d'évoquer le crédit ou l'épargne. Les travailleurs manquent d'enthousiasme et de volonté. Pourquoi s'escrimeraient-ils à la tache si le fruit de leurs efforts se trouve dévalué, sans valeur ?

Napoléon pense à la paix européenne mais comment la France pourrait-elle s'y inscrire, y tenir son tenir son rang, affirmer sa crédibilité après les épisodes financiers désastreux qui en firent la risée de tout un continent ?

Il faut réhabiliter l'argent. Rendre au pays sa confiance et sa fierté. Aucune économie au monde ne peut s'appuyer sur une monnaie faible, instable, malmenée des limites du ridicule à celles du scandaleux. Dans les esprits, l'or est symbolique à plus d'un titre ; il est inaltérable.

Pour Bonaparte, la tache va être rude. Au lendemain du 18 Brumaire, les comptes sont rapidement établis : les caisses vont vides. On met la main sur 167 000 francs, le reste d'une avance bancaire que l'on avait mendiée comme d'ordinaire et que le manque de temps a mis à l'abri d'une rapide dilapidation. Bien peu de chose, une misère dans la bourse d'un pays comme la France. Cet argent va servir à informer les provinces et les armées du changement de régime.

A présent, les comptes sont à zéro. Les fonctionnaires ne sont plus payés. L'armée s'acquitte de ses dettes en bons de réquisition. Il n'y a plus d'argent que dans le souvenir qu'en gardent les Français.

Le Premier Consul va analyser le terrain et rétablir l'ordre. L'ordre public d'abord, l'ordre politique et moral ensuite qui permettra alors à l'ordre financier de s'instaurer enfin. Il utilisera avec science deux instruments : la centralisation et une puissance policière qui remet au pas les récalcitrants.

Un troisième élément entre en jeu : le temps. Le temps qui peut aller très vite lorsqu'il s'agît de réformer ou le temps qui peut aplanir bien des difficultés et ménager de nombreuses susceptibilités, jacobines par exemple.

Au peuple de France fatigué, il fait admettre que la Révolution est terminée. Bien sûr, il faut y mettre quelques formes. Bonaparte, le républicain, ne brusquera rien. Le temps s'en chargera pour lui.

Les Français haïssent depuis toujours le décadi. Dans les premiers mois du Consulat, on dressera procès-verbal à tous ceux qui ne respectent pas ou plus le chômage décadaire puis quelques mois plus tard, le Conseil d'Etat tranchera ; le décadi n'est obligatoire que pour les fonctionnaires, les citoyens sont libres de ne rien faire le dimanche.

Petite mesure qui ne coûte rien ? Réformette anodine ?

Le décadi agonisant voire supprimé, pourquoi les Français n'iraient-ils pas alors à la messe ? Pourquoi, ressuscitant les dimanches d'antan, conserveraient-ils le calendrier révolutionnaire ? Progressivement, on en revient au calendrier grégorien, avec ses saints, ses fêtes, ses dates de Carnaval, de mardi gras, de Noël, du Jour de l'An.

Le décadi, discrètement enterré, entraîne avec lui tout un mode de pensée. Réforme douce mais profonde. Le calendrier grégorien redeviendra officiel le 1er janvier 1806. Cadeau de Napoléon aux Français après Austerlitz.

A la nouvelle bourgeoisie, aux spéculateurs, il confirme la richesse et le retour à la stabilité. Ils n'ont rien à craindre des revanchards, ni du nouveau régime et restent propriétaires de ce qu'ils ont accaparé. Après tout, pense Napoléon, ils seront les instruments d'une nouvelle prospérité dans laquelle chacun aura sa place, ses droits et bien sûr ses devoirs. Le premier devoir du citoyen quelle que soit l'origine de sa fortune étant celui de l'impôt.

Il faut réorganiser l'ex-administration des Vingtièmes qui deviendra l'Agence des contributions directes. Quant aux contributions indirectes, elles renaîtront sous l'appellation des Droits Réunis.

Pour le reste, le Premier Consul vend le 30 avril 1803 la Louisiane aux Etats Unis pour la somme de 60 millions de francs car il a admis qu'il ne pourrait la défendre des Anglais après l'échec de l'expédition de Saint-Domingue. La vente de la Louisiane, c'est peut-être l'économie d'une guerre ruineuse à l'issue incertaine.

En outre, pour conforter son plan de redressement monétaire, il va obliger les receveurs généraux à souscrire des obligations sur les recouvrements fiscaux à venir et obtient une avance des principales banques parisiennes.

Ainsi l'appareil du redressement financier est prêt à fonctionner et il inclut toutes les forces du pays, depuis le simple citoyen jusqu'aux argentiers de renom.

Le plan produit ses premiers résultats, les recettes entrent dans les caisses, les budgets s'équilibrent. La rente 5% issue de la banqueroute du Tiers consolidé, dite des deux tiers, qui était tombée à 7 francs à la veille du 18 Brumaire se redresse : 30 francs en 1800 après Marengo, le double : soit 60 francs quelques mois plus tard alors qu'est signée la Paix de Lunéville en février 1801.

L'économie française, tel le phénix, renaît de ses cendres.

Comment ne pas se souvenir de la Caisse d'escompte qui, sous l'ancien régime, émettait des billets dont la circulation demeurait limitée à la Capitale ? Sous la Révolution, d'autres officines du même type voulurent se faire plus grosses que le bœuf de la fable et explosèrent projetant des tonnes d'assignats en flots continus. Aussi, vouloir parler de papier monnaie en France tient de la gageure et l'image de la banque n'est guère mieux lotie.

Pourtant, il faut bien ouvrir les yeux et constater que la nation la plus peuplée d'Europe est arriérée en matière bancaire. Certes, il y a l'Histoire toute récente et les leçons du passé. Le système de Law qui a discrédité la banque. Mais quelle nation puissante peut ignorer en ce XIXe siècle tout neuf, les vertus du crédit ?

Les Pays-Bas et l'Angleterre possèdent leur banque depuis fort longtemps et s'en portent le mieux du monde. Par ailleurs, si l'on fait les comptes de l'ancien régime, on trouve une masse monétaire en volume métallique relativement modeste. Comment une économie qui ne demande qu'à redémarrer pourrait-elle s'en satisfaire ?

Le Premier Consul a aussi d'autres idées en tête. Tout raisonnable qu'il soit en matière d'économie intérieure, il imagine une banque, sa banque, dans laquelle pourra puiser le Trésor en cas de besoin.

Le 6 janvier 1800, six banquiers à qui il a fait appel pour la constitution d'une banque, lui remettent un rapport. Deux semaines plus tard, Bonaparte approuve les statuts de la Banque de France qui peut alors voir le jour. Un mois plus tard, la nouvelle Banque de France absorbe la Caisse des comptes courants et s'installe dans ses murs de l'Hôtel Massiac, place des Victoires.

A l'origine, la Banque de France se distingue de l'Hôtel des Monnaies. Ici, la banque se borne à escompter les effets de commerce à moins de quatre-vingt-dix jours et d'émettre alors des billets *dans des proportions telles qu'au moyen de numéraire réservé dans les caisses de la Banque et les échéances du papier de son portefeuille, elle ne puisse dans aucun temps être exposée à différer le paiement de ses engagements.*

La Banque n'a pas vocation d'émission au sens large du terme.

Là, à l'Hôtel des Monnaies, on frappe des pièces et chacun peut y apporter son métal, or ou argent. Une commission est due au titre de frais de fabrication : 9 francs par kilogramme d'or, 3 francs par kilogramme d'argent.

La Banque de France est indépendante. Elle est dirigée par un comité central de direction de trois membres élus par un conseil de quinze régents lui-même élu par une assemblée de deux cents plus gros actionnaires.

Les événements là encore vont se précipiter.

En avril 1803, à l'occasion de la création du franc de germinal, Bonaparte soumet au Corps législatif un projet de loi qui prive du droit d'émission les établissements bancaires qui en bénéficiaient au seul profit de la Banque de France qui obtient alors le privilège exclusif d'émettre des billets de banque.

Quant aux Français qui redoutent cette nouvelle monnaie de papier, ils peuvent se rassurer ; la Banque n'émettra que des coupures de 500 et 1 000 francs et il faudrait être aisé pour en voir la couleur. De plus, l'émission est limitée à cinquante millions en 1803 et restera toujours mesurée dans les années qui suivront. Ces billets, payables à vue en espèces, peuvent d'ailleurs être refusés en paiement.

La Banque de France peut bien avoir pignon reluisant sur rue, depuis que Napoléon est devenu Empereur des Français, ceux-ci y font la queue lorsqu'un nuage s'annonce, lorsqu'un risque se précise et il y a de quoi craindre pour le franc lorsque les espoirs nationaux, de même que la flotte française, sombrent à Trafalgar.

Dans ces moments-là, il n'est pas question de renoncer aux remboursements, pas question de ne pas permettre la conversion des billets en espèces. Cela ne vaudrait rien au jeune franc de Germinal. Qui sait où une perte de confiance dans la monnaie pourrait conduire ?

Alors, les autorités gagnent du temps ou plutôt en font-elles perdre. Elles ordonnent aux guichetiers de compter pièce par pièce, ce qui prend bien entendu beaucoup de temps et peut dissuader les gens trop pressés de vouloir faire la queue.

Par la suite, elles font attribuer des numéros d'ordre dans les mairies de Paris de façon à repartir les queues dans les arrondissements. Il en résulte une diminution des attroupements dans le quartier de la Banque et, dès lors, les apparences de l'ordre sont sauves.

Austerlitz permet un rapide rétablissement des finances. On apporte à Paris l'or et l'argent des contributions de guerre qui gonflent à nouveau le Trésor et permettent à la Banque de reprendre quelques couleurs. Il était temps car le billet avait perdu 10% sur le métal. La guerre coûtant cher, la Banque avait trop accordé à l'Etat au détriment de l'économie et déjà les faillites se multipliaient.

Pour Napoléon, le moment est venu d'un nouveau coup de force après un mémorable coup de colère et les colères du petit Corse sont légendaires ; il faut que l'Etat ait réellement la main mise sur la Banque :

Je dois être le maître dans tout ce dont je me mêle, et surtout dans ce qui regarde la Banque déclare-t-il sans ambiguïté.

Il y a eu amorce de crise financière et les responsables doivent payer. Napoléon n'admet pas les erreurs, les hésitations et tant pis pour tous ceux qui ne sont pas parvenus à suivre la rapidité de sa pensée, ni la précision presque maniérée qu'il accorde à chaque détail.

Nous sommes en 1806, le corps législatif se met aussitôt au travail : la Banque sera désormais dirigée par un gouverneur et deux sous-gouverneurs nommés par l'empereur.

Pourquoi "gouverneur" ? Parce que la Banque de France est, aux yeux de Napoléon, un point de la plus haute stratégie, une citadelle imprenable, une place forte de la monnaie que rien ne doit pouvoir atteindre ni même menacer.

Parmi les quinze régents, devront se trouver au moins trois receveurs généraux. Ainsi le régime, déjà fortement actionnaire de la Banque, pénètre-t-il plus encore par l'Etat, la Banque de France.

Enfin, l'Article 10 de la loi de 1806 précise que les décisions de la Banque de France peuvent être ratifiées par l'assemblée générale, à condition qu'elles aient l'assentiment des 200 plus gros actionnaires qui bénéficient d'un pouvoir considérable par rapport aux 40 000 autres porteurs privés, eux, de toute alternative.

Ces 200 plus gros actionnaires donneront naissance à ce qu'on appellera à l'époque du Front populaire, les "200 familles", symboles de puissance et de richesse, souvent accusées de faire prévaloir leurs intérêts privés sur ceux de l'Etat.

Signe de la gloire impériale de la Banque, son déménagement est ordonné à l'Hôtel de la Vrillière et de Toulouse.

La paix s'est éloignée à jamais de la France et emportera avec elle l'Empire. Il restera du règne de Napoléon le code civil, la nomination des préfets dans chaque département, les lycées, la Légion d'Honneur, le Franc de Germinal et la Banque de France et bien d'autres réformes majeures qui changeront la face du vieux pays qu'était devenue la France.

L'ancien régime avait laissé un pays en crise, la Révolution avait achevé de le ruiner, Napoléon lui a rendu sa puissance financière même si au terme de l'épopée de l'Empire, après le second Traité de Paris de 1815, la France doit subir l'occupation des armées étrangères jusqu'à acquittement complet d'une indemnité de guerre de près d'un milliard. Trois ans plus tard, Louis XVIII et son ministre, le Duc de Richelieu, se hâteront de réunir les derniers millions exigés et l'occupation étrangère s'achèvera.

Les Français ont acquis une monnaie inflexible, inaltérable comme l'or et peu importe au fond si, décidément incorrigibles, ils continent à parler de milliers de livres de rente. Après tout, la livre, le litron ou la chopine, ne voisinent-ils pas avec les 500 grammes de beurre, la bouteille de Bordeaux de 75 centilitres, le pichet d'un demi-litre de vin nouveau ?

Pourquoi s'en prendre à leurs arpents, boisseaux ou carats, leurs deux livres au kilo, pourvu que l'on ne touche pas à leur franc grâce auquel ils pensent avoir des sous ?

IV

Le grain et le pain

« Ouvrez enfin les yeux, messieurs !
Vos mœurs sont corrompues et votre petit monde clos
sera bientôt renversé par une révolution, si vous
n'y prenez garde ! »

Alexis de Tocqueville
à la Chambre le 27 janvier 1848

Lorsque l'on évoque 1789, la Révolution française apparaît comme un phénomène majeur mais isolé, ponctuel, par rapport au reste de l'Europe. En 1848, on ne parle plus de la révolution mais des révolutions tant elles touchent le vieux continent dans son ensemble.

Seules l'Angleterre et la Russie y échappent. Pourtant en cette année 1848, Karl Marx, âgé de 30 ans, expulsé de France trois ans plus tôt, publie à Bruxelles le *Manifeste Communiste* sans se douter que ses idées verront le jour en Russie tandis qu'il terminera les siens en Angleterre.

Rien ne va plus en Europe et la France n'y est pas étrangère avec la Révolution puis l'Empire et ses conséquences : l'esprit du Congrès de Vienne, plus tard celui la Sainte-Alliance.

Talleyrand, le diable boiteux, marquera ces temps de son influence.

Le Congrès de Vienne qui s'ouvre en novembre 1814 entend régler le sort des territoires libérés de la domination napoléonienne. Il clôturera ses travaux, qui se déroulent en conférences secrètes, le 9 juin 1815.

Avant Vienne, il y avait eu à Paris, un premier traité qui ramenait la France à ses limites de 1792, exception faite de la Savoie, du Comtat Venaissin et d'Avignon, de Montbéliard, de Mulhouse.

Après les Cent jours, le second Traité de Paris sera bien plus sévère. On retire à la France la Savoie mais surtout on lui inflige une lourde indemnité de guerre et l'entretien sur son sol d'une force d'occupation de 150 000 hommes durant au moins trois années et qui, stationnés dans le Nord et l'Est couleront des jours heureux au détriment des populations civiles.

A Paris, on se souviendrait longtemps de ces cosaques qui avaient établi leur campement sur les Champs-Élysées tandis que la petite histoire prétendrait qu'ils y enrichiraient la langue française d'un mot nouveau marquant l'impatience d'être servi : *Bistro*.

Grande bénéficiaire des guerres de la Révolution et de l'Empire, l'Angleterre. Le Congrès lui reconnaît la maîtrise de la Méditerranée avec Malte, les îles Ioniennes et Gibraltar. En Amérique, elle conserve des possessions françaises, espagnoles et hollandaises. Ailleurs, elle rafle le Cap et Ceylan.

La Russie conserve la Finlande enlevée à la Suède en 1809 et la Bessarabie enlevée à la Turquie en 1812. Le Tsar s'octroie la plus vaste partie des provinces polonaises de la Prusse dont il formera un royaume de Pologne qui connaîtra rapidement l'oppression.

En contrepartie, la Prusse obtiendra la Poméranie suédoise, le nord de la Saxe et autres territoires des rives du Rhin. L'Autriche sacrifiera ce qu'elle possédait en Allemagne en 1789 et renoncera à la Belgique mais elle obtiendra la Vénétie et retrouvera la Lombardie.

Il y aura bien sûr d'autres bouleversements tout aussi complexes.

Ainsi, la Norvège sera enlevée au Danemark et attribuée à la Suède pour dédommager celle-ci de la perte de la Finlande. Le roi du Danemark recevra en compensation mais à *titre personnel*, le duché allemand du Holstein.

Sans tenir compte des différences de culture, de religion et d'économie, la Belgique sera rattachée à la Hollande pour créer un royaume des Pays-Bas assez puissant pour repousser toute velléité française de réoccuper la Belgique.

Espagne, Portugal, Suisse et Italie ne seront pas épargnés et en Europe, toutes les conditions de l'explosion et du chaos géopolitique étaient réunies. La logique, unique et désespérante, qui lève les armées, forge le clou des cercueils et fait pleurer les mères, serait respectée.

Traités de Paris, Congrès de Vienne, rébellion contre la Sainte Alliance, refus de l'oppression, montée d'un sentiment national, constitueront un facteur d'instabilité de premier choix mais l'origine de tout, la mèche qui met le feu aux poudres, c'est une crise économique à caractères multiples : agricole, industrielle et bancaire qui éclate dans le milieu des années 1840.

Crise agricole qui naît en Irlande et en Flandre où le mildiou de la pomme de terre causé par le champignon *Phytopthera infestans* attaque les tubercules, réduisant fortement les récoltes. La contamination s'étend à la Hollande puis à l'Allemagne. L'Irlande connaît une famine effroyable : un million de morts au moins. Une forte émigration du désespoir achève de dépeupler ce pays pauvre en ressources agroalimentaires.

L'Italie connaîtra la même émigration, parfois limitée du sud vers le nord du pays plus riche en ressources mais le plus souvent, Italiens et Irlandais émigrent massivement vers le nouveau monde sans aucun espoir de retour.

Le redoutable hiver 47-48 fait périr les ouvriers de Berlin qui, le ventre creux, ne peuvent lutter contre le froid glacial.

L'année suivante, des mauvaises récoltes de céréales ; seigle et froment, dues à une chaleur et une sécheresse excessives ajoutent à l'angoisse du monde paysan en Europe centrale et en Italie.

La France est à son tour touchée et si nous sommes loin de la Révolution française, une forte majorité de sa population peuple toujours les campagnes vivant de la terre.

De 1789 à 1848, en une soixantaine d'années, la France s'est peu transformée. Son économie stagne. Le pays connaît après l'Empire un profond repli que conforte son isolement, sa mise au ban des nations européennes, son occupation humiliante par les troupes étrangères. Il doit, en outre, panser ses plaies, redresser ses ruines. Sa marine de guerre n'a pas été reconstituée. Sa flotte de commerce représente à peine le dixième de la flotte anglaise. Ses ports sont ruinés par dix ans de blocus, vingt ans de guerre économique quasi-continue. Bordeaux, Marseille, ont perdu près du tiers de leurs populations. La colère gronde, le sentiment pro-royaliste renaît avec vigueur.

La situation est à ce point critique que les ultras auxquels doit faire face Louis XVIII, préconisent l'abandon de la marine de guerre et le renoncement à l'ensemble de nos colonies. Selon eux, la France n'a de salut que dans ses frontières naturelles.

Pour les ultras, il faut bannir à jamais le souvenir de la Révolution et renouer les liens de l'église et du pouvoir, revenir à la tradition du vieux pays d'Henri IV dont la statue du Pont Neuf a été rafistolée avec du plâtre, en mai 1814, pour le retour de Louis XVIII à Paris.

Ce retour à la tradition, aux vieilles valeurs et vertus ancestrales passe par la terre. La France de la Restauration est plus rurale que jamais : 3 Français sur 4 vivent à la campagne mais les rendements sont précaires. Cette paysannerie emploie des journaliers errant d'un village à l'autre et qui se contentent d'une assiette de soupe et de pouvoir coucher dans l'étable les jours de pluie sinon à la belle étoile, le temps que dureront les travaux des champs. Nombreux sont ces Français de l'errance, sans statut social, ni existence légale.

Les archaïsmes agricoles demeurent pratiqués au point que l'on s'interroge sur le passage de la faucille à la faux qui malmènerait les épis tandis qu'en Angleterre, les premières machines agricoles à vapeur ont fait leur apparition pour les moissons.

L'environnement urbain se morcelle en villes moyennes à l'industrie naissante et fragile. Pas plus que le monde agricole, les villes ne se sont modernisées depuis la Révolution ; incommodes, mal pavées, comportant de nombreux quartiers insalubres regorgeant de taudis.

De mars à octobre 1832 sous le règne de Louis-Philippe, le choléra va faire 102 000 morts en France dont près de 20 000 à Paris. La duchesse de

Montcalm, sœur du duc de Richelieu, ancien ministre de Louis XVIII et l'égyptologue Champollion figureront parmi les premières victimes.

Le Président du Conseil, Casimir Perier y succombera. Après l'annonce de sa maladie, la rente perdit 60 centimes, hommage insolite de la Bourse rendu ainsi à un grand représentant des dynasties banquières. Guizot, lui aussi atteint par le choléra, s'en sortira tandis que Chateaubriand se croira mais à tort, touché par la maladie.

Paris compte 800 000 habitants dont plus de la moitié sont des Parisiens de souche, 2% des résidants de la Seine mais 41% des nationaux d'autres régions et 4% des étrangers au royaume. La majorité des résidents provinciaux ou étrangers vivent dans des taudis ou s'entassent dans des dortoirs immondes.

Ainsi, la capitale compte quelque 20 000 maisons jugées insalubres à l'époque. Dans le seul quartier du Luxembourg pourtant considéré comme l'un des plus sains de Paris, sur 924 maisons visitées, 402 sont jugées insalubres.

Mais les petites rues et le dédale tortueux du vieux Paris ne sauraient faire oublier le Paris des boulevards ; boulevard Beaumarchais, paradis de la brocante, boulevard du Temple, le boulevard du Crime qui nous reporte aux Enfants du Paradis.

Théâtres en tous genres, cabarets, cirques, musées de cire, attractions en plein air. Ce personnage qui le sourire aux lèvres observe la vérité nue sortir du puits sous les traits d'Arletty, c'est Pierre-François Lacenaire, la trentaine élégante, employé de banque puis déserteur. Accusé de double assassinat et de faux, il sera condamné à mort en 1836. Curieux personnage du boulevard du Crime. Là où il y a foule se glissent les gredins de toutes sortes qui plument le bourgeois là où il n'avait pas à s'aventurer.

La France s'ennuie... dira Lamartine. Ce n'est pas le cas de ces promeneurs du boulevard des Italiens qui découvrent à la terrasse de Tortoni, le café glacier bien connu, tous les rupins et les dandys de la Monarchie de Juillet ainsi qu'une jeunesse turbulente, dorée, un peu snobe dans son allure ; les *gandins* qui perpétuent ainsi l'ancien nom du boulevard des Italiens, alors boulevard de Gand.

Les romantiques, eux, optent pour le Café anglais.

Les terrasses des cafés apparaissent alors que Paris reste dépourvu de trottoirs dans la plupart de ses artères. On peut aussi, faute de pouvoir prendre un chocolat chez Tortoni, louer une vieille chaise de paille et admirer ces luxueux attelages qui donnent tant d'élégance au boulevard des Italiens.

Opulente place Vendôme où en son temps John Law possédait quelques hôtels particuliers puis la rue de la Paix. Au fond de la rue Royale, un chantier d'où pointent, derrière des palissades, quelques colonnes à la grecque. Le chantier est en plan et on ne démolira pas les palissades avant 1842 mais cette fois : La Madeleine sera enfin terminée.

Les Tuileries, résidence royale décidée par Catherine de Médicis, à l'époque où choisissant un terrain éloigné des remparts, elle pensait sans doute en faire une demeure royale à la campagne. Depuis, la ville est arrivée jusque là.

Pavillon de Marsan, rue de Rivoli...

Un peu plus loin, le Pont Neuf porte bien mal son nom. C'est le plus ancien de Paris et à lui seul, toute une histoire qui débute en 1578 avec la pose de la première pierre. Henri IV l'inaugure en 1607 et l'année suivante fait installer une pompe hydraulique que l'on surnommera la Samaritaine.

Tout comme Victor Hugo qui se lamente sur la morne rectitude de la rue de Rivoli, Honoré de Balzac n'a pas de mots assez durs pour critiquer l'état d'abandon de certains quartiers de la capitale. Ainsi en est-il de la place de la Concorde et il faudra beaucoup de talent aux architectes de Louis-Philippe pour détruire cette image tenace d'un lieu maudit de l'Histoire.

Ici furent guillotinés Louis XVI, Marie-Antoinette et un bon millier d'autres victimes. Les Parisiens de la Restauration croient aux fantômes et évitent de passer par ici. Au point que l'on a décidé de changer l'itinéraire des maraîchers qui chaque nuit alimentant Paris traversaient la place. N'affirmaient-ils pas que les bœufs tirant les charrettes refusaient de passer là où le sang avait trempé le pavé ?

Courant janvier 1815, des recherches ordonnées par Louis XVIII permirent d'exhumer du cimetière de La Madeleine afin de les transférer à Saint-Denis, les restes de Louis XVI et de Marie-Antoinette. Le vieux souverain fit élever une chapelle expiatoire dont la crypte marque l'endroit où gisait le couple royal.

Le monument sera inauguré sous Charles X en 1826. La cérémonie se déroule en présence du clergé, des ducs et des pairs en grand apparat et manteaux d'hermine. N'y manque, outre le peuple de Paris, que la famille d'Orléans pour cause d'une rougeole bien diplomatique. Comment Louis-Philippe, fils de Philippe Egalité, aurait-il pu assister à une telle cérémonie du souvenir ?

Aujourd'hui, le petit cimetière de la Madeleine est devenu le Square Louis XVI, à l'angle de la rue Pasquier et du Boulevard Haussmann, à deux pas de la gare Saint-Lazare et des grands magasins.

1834, dix années se sont écoulées depuis la mort de Louis XVIII et Louis-Philippe a remplacé Charles X. Pour le premier roi des Français, il faut en finir avec les fantômes du passé et donner à la Concorde la place qu'elle mérite.

A commencer par son nom. Pas question d'un retour aux origines de la Place Louis XV, encore moins Place Louis XVI. Place de la Révolution ou Place de la Charte sont exclues. Seule la place de la Concorde déjà utilisée par le passé sera d'une relative neutralité.

Après les travaux de terrassement, en 1836, on érigera l'obélisque de Louqsor dépourvu de la moindre signification politique. Ainsi, plus question de remettre en place la statue de Louis XV expédiée à la fonte par les sans-culottes, ni même celle de Louis XVI dont le moule fut brisé en 1830. Quant à la statue de la Liberté, érigée sous la Révolution mais bâtie de plâtre doré, l'Empire l'avait vue se dégrader rapidement.

Viendront ensuite les huit statues des grandes villes de France. C'est non loin de la statue de Brest que se dressait la guillotine de la Révolution. Les deux fontaines à l'italienne achèveront l'ornementation de la Place.

Les Parisiens ne fréquentaient pas les Champs-Élysées car sous la Restauration, ils s'y trouvaient à la campagne et pouvaient s'y faire détrousser sans que n'intervienne le moindre gendarme à des lieues à la ronde.

Les Champs-Élysées comptaient quelques masures plus ou moins alignées, quelques potagers, toujours les mêmes fossés faisant office d'égout, malodorants sous les chaleurs de l'été. Enfin, quelques maisons moins marginales s'édifièrent.

Cependant l'endroit était surtout parsemé de tripots, de cabarets louches et d'hôtels borgnes. On y trouvait, la nuit, la faune appropriée à l'endroit ; de belles veuves aisément consolables arpentant le pavé, justement, de l'Allée des Veuves, où vécut un jeune homme sans le sou : Victor Hugo. Cette Allée des Veuves est devenue notre opulente Avenue Montaigne.

Dans ces environs-là peu recommandables, trouvera refuge, à l'abri de ces créanciers un certain Honoré se faisant appeler de Balzac.

Sur la colline de Chaillot se dresse un chantier, mais depuis 1809 plus rien n'avance. Pour l'instant, on ne discerne qu'une carcasse d'échafaudages. C'est un monument mal-aimé, objet de controverse, qu'il faut pourtant achever : l'Arc de Triomphe, dont la construction fut décidée sous l'Empire, ne sera inauguré qu'en 1836, sous la Monarchie de juillet, un peu loin du royal regard, sur les Champs.

En 1838, Paris compte un peu moins de 6 500 lanternes dans lesquelles brûlent plus de 12 000 becs dont 11 654 à huile et seulement 1 162 à gaz. Le grand progrès dont on parle, c'est le gaz. Synonyme de confort et de puissance pour les uns, condamné par les autres qui se plaignent de sa puanteur, de la brutalité de sa lumière et du danger des fossés qu'il faut creuser pour y enterrer les conduites.

Une première usine à gaz construite rue Petrelle qui donne sur la rue de Rochechouart fera faillite en peu de temps ; les contrats que la Ville de Paris avait passés avec la Société d'Exploitation des réverbères à huile interdisant tout développement du gaz. Il faudra attendre l'expiration de ces contrats pour que l'éclairage au gaz gagne enfin la partie.

Loin derrière Paris, les villes de Marseille et Lyon suivent avec 116 et 115 000 habitants, Bordeaux et Rouen 90 000 et 87 000 habitants, puis Nantes (74 000), Lille (55 000), Toulouse et Strasbourg (50 000 habitants). Une vingtaine de départements ne comptent pas de ville de plus de 10 000 habitants.

C'est dans les villes que réside le changement car si jusqu'à présent, artisans, boutiquiers, petits fonctionnaires, bourgeois et rentiers s'y côtoyaient, s'y ajoute désormais la classe ouvrière, nouvelle composante de cette société qui amorce son industrialisation. Classe ouvrière proche de la paysannerie car elle-même issue de la terre. Ces anciens paysans-là, sont les ouvriers d'aujourd'hui. Premier exode rural de la faim, de la misère, de la pauvreté qui fait que la terre n'adhère plus aux souliers de ceux qui vont à la ville parce qu'ils n'ont pas d'autres choix.

Classe ouvrière mal payée confondant hommes, femmes et enfants.

Ce n'est pas une classe de techniciens, ni d'ouvriers spécialisés et encore moins de cadres techniques car si la machine à vapeur est apparue, accroissant les rendements, elle a, dans le même temps, dénaturé la valeur, la qualité du travail.

Jadis, il fallait à l'ouvrier de la force ou un solide savoir-faire issu d'un apprentissage ou d'un compagnonnage qui faisaient sa fierté. Il ne lui faut plus ni l'un, ni l'autre car même la force s'est transformée en peine. Il devient l'esclave soumis de la machine qui le contraint à des tâches répétitives, souvent périlleuses, toujours harassantes.

Auparavant un temps de présence à l'atelier ne signifiait pas nécessairement un temps de travail égal. Dans les champs, le travail était rythmé par le pas du cheval, par le lever du soleil ou la tombée de la nuit qui coïncidaient avec le rythme des travaux à entreprendre ; l'été à la belle saison alors que les jours étaient les plus longs, les plus beaux, malgré la fatigue des moissons, on faisait parfois la fête lorsque le dernier épi avait été fauché.

Au profit d'un système de répartition en nature qui s'est prolongé en France jusqu'au début du vingtième siècle dans certaines régions, l'intérêt de chacun commandait que les récoltes fussent achevées dans les meilleurs délais car chacun y gagnait.

A la mauvaise saison, lorsque le vent d'hiver mordait, on sortait peu, les jours étaient trop courts, on craignait les loups. Il n'y avait que la lumière de l'âtre pour tenir compagnie et permettre quelques travaux d'affûtage avant de monter faire des enfants sous l'édredon.

La machine à vapeur fonctionne jour et nuit, été comme hiver. Elle ne connaît pas le ralentissement de la roue à aube occasionnée par la baisse du niveau de l'eau durant un été sec ou le passage d'une péniche à l'écluse.

Peu lui importe le temps qu'il fait dehors.

Dedans, on trime dans un vacarme de mécanique qui rend sourd et abrutit, dans une poussière chaude qui irrite les poumons et ronge toute vigueur. L'homme est devenu une bête de somme. L'horloge et la sirène apparaissent dans l'usine ainsi que les règlements, sanctions, punitions et amendes.

Dans les mines du Nord, chaque jour est un véritable défi. On tente le diable pour des salaires de misère, sans craindre les éboulis, les coups de grisou et au bout du compte la silicose qui détruit les poumons et vieillit prématurément les hommes. Contre le grisou, certains damnés des entrailles de la terre, des gamins en général, n'ont-ils pas pour travail de le brûler à la flamme nue pour en prévenir les risques ?

Quant la veine ou le boyau devient trop étroit, c'est encore un gamin qui s'y engouffre en rampant. Un de ces gosses mal nourris qui ne voient jamais le jour car le matin il fait encore nuit lorsqu'ils descendent et déjà nuit lorsqu'ils remontent *au jour* comme ils disent. A la surface, c'est la mère et sa fille qui trient le charbon à mains nues lorsqu'elles ne sont pas harnachées, au fond, à tirer des berlines de pierraille. Si le contremaître commet un geste déplacé à leur égard, il vaut mieux, pour tout le monde, fermer les yeux.

En 1847, la France pourtant en retard en matière d'industrialisation compte six millions d'ouvriers dont 1 300 000 travaillent dans les fabriques. Le phénomène, récent, intrigue et soulève les premières questions. Comment vivent ceux, de plus en plus nombreux, que l'on place dans cette nouvelle frange sociale qualifiée de “classe souffrante” ?

L'homme gagne 2 francs pour treize à quinze heures de travail par jour, la femme : vingt sous, l'enfant : dix sous. Une première statistique apparaît : au conseil de révision, 60% des jeunes ouvriers sont réformés pour déficience physique ou rachitisme. L'espérance de vie d'un ouvrier d'usine n'excède pas trente ans. Accidents du travail, maladies professionnelles, la vie ne vaut pas cher et lorsque l'ouvrier devient invalide, un autre prend sa place tandis qu'il sombre dans l'indigence. Veuve et orphelins n'auront rien d'autre à espérer que la charité ou la mendicité.

Salaire de misère, difficulté de vivre, un ouvrier lillois déclare en 1848 à l'économiste Adolphe Blanqui :

Je suis chevilleur ; je gagne 2 Francs par jour ; ma femme est dentellière et gagne 1 Franc à 1,50 Franc par jour. J'ai quatre enfants. L'aînée a dix ans ; elle va en classe chez les Sœurs de la Présentation. Les plus jeunes vont à la salle d'asile.

On mange 23,5 kilos de pain bis par semaine à 0,22 f le kg, soit 5,18 f. La viande est trop chère ; nous ne mangeons que les débris trois fois la semaine à 0,25 f, soit 0,75 f. Il n'y a que moi qui mange du beurre à raison d'une demi-livre par semaine, soit 0,50 F. Ma femme et mes enfants mangent de la mélasse et des fruits avec le pain, 0,80 F Nous consommons de haricots et des pommes de terre pour 1,00 F, une demi-pinte de lait par jour, 0,45 F Le loyer d'une cave à trois mètres au-dessous du sol, 1,50 F Du charbon (cette consommation est un peu forte parce qu'il faut sécher le linge au feu) 1,35 F Savon et éclairage, 1,10 F[10].

Total de la consommation hebdomadaire de cette famille : 12,63 Francs. Notre ouvrier de conclure :

Nous recevons du bureau de bienfaisance 3 kilos de pain bis tous les quinze jours. Ma fille aînée reçoit aux vacances chez les Sœurs, soit un mouchoir, soit une chemise. Les trois petits reçoivent à la salle d'asile tous les ans à Noël une robe de molleton, une chemise, quelquefois des bas. Malgré cette faveur et malgré notre travail, sous peine d'être nus, nous vivons en mendiant, et la loi le défend.

Le jeune Hector Mallot, qui a dix-huit ans en 1848, écrira trente ans plus tard *Sans famille* qui reflète si bien le portrait dramatique de cette époque pour les gens de condition modeste.

Si des romans sociaux et peintures de l'époque paraissent sous la plume de Georges Sand, Balzac ou Eugène Sue, s'inscrivant parfois dans la satire politique ou l'observation sans complaisance de la société, l'heure reste marquée par le romantisme des années trente ; *le rouge et le noir, la chartreuse de Parme*, etc...

Alors que la France vit sous la Charte et que la seule politique se résume au ferme maintien de l'ordre, Casimir Périer déclare : *Il faut que les ouvriers sachent bien qu'il n'y a de remède à leurs maux que dans la patience et la résignation.*

En 1840, la France connaîtra des grèves sévères qui conduiront la Chambre à étudier, entre autres, une réglementation sur le travail des enfants. On voudrait limiter leur journée de travail à huit heures par jour, ce qui est déjà bien lourd mais faute d'une inspection du travail, la mesure ne sera jamais appliquée. Un instituteur du Nord témoigne en 1860 l'inobservation de la loi sur le travail des enfants : *A dix ans, quelquefois même à neuf ou huit, de tout chétifs enfants nous sont ravis pour aller se perdre corps et âme dans la poussière et le désordre des fabriques moyennant quelques sous par jour.*

Un grand nombre de fabriques emploient encore, souvent à des tâches pénibles ou insalubres, de petits malheureux qui n'ont pas dix ans. J'ai vu quinze petits garçons employés à une machine à dévider. Ils étaient assis sur des tabourets très élevés pour les empêcher de descendre et tenir

---

[10] L'Europe et le Monde de 1848 à 1914, Paul Vial - Ed de Gigord. Extrait cité de Georges Lefranc : Histoire du travail et des travailleurs, Ed Flammarion

leur attention éveillée. Chacun avait devant soi trois à quatre bobines et en aspirait sans relâche les flocons. L'un d'eux, un peu moins jeune, tournait la roue et on voyait son pauvre corps se dévier et la sueur perler sur son front toujours assombri.

Si cette classe est “souffrante” pour les uns, elle est “dangereuse” pour les autres, les nantis qui comprennent qu’une révolte de la classe ouvrière pourrait être terrible. Mais à quelques exceptions, la classe ouvrière demeure plus souffrante que dangereuse et n’est pas en mesure de se faire entendre. L’alcoolisme, la tuberculose, les conditions misérables d'existence, minent le terrain et aucun militantisme n'anime le peuple du travail.

Seuls les intellectuels paraissent conscients de sa misère et de son aliénation. L’action sociale mobilise autant les républicains que les libéraux. Elle fait son apparition chez les catholiques, parfois chez les poètes ou les utopistes. Souvent en vaines paroles.

Un jour, on dira aux ouvriers ; *Prolétaires de tous les pays, unissez-vous* mais pour l’heure, le chrétien Lamennais se contente d’une parabole où les ouvriers sont les nouveaux esclaves *courbés sous le sceptre de Pharaon et le fouet de ses exacteurs.* Et de conclure non sans témérité : *Criez vers le Seigneur votre Dieu, et puis, levez-vous et sortez ensemble !*

Des hommes tel Frédéric Ozanam œuvreront pour un catholicisme social et de nombreux chrétiens se *lèveront,* versant leur sang sur les barricades du temps.

1847 jusqu'à l'automne sera une année de prix agricoles élevés. Les récoltes sont médiocres aussi hésite-t-on à vendre parce qu'on peut en avoir besoin pour sa propre survie. On pense aussi vendre le grain plus cher dès que la pénurie sera installée d'où réserve à la vente de la part de nombreux propriétaires.

Le prix du grain, naturellement, se met à grimper et par voie de conséquence, celui du pain or les familles consacrent 70% de leurs ressources à l'alimentation et la moitié de ces dépenses au seul achat du pain.

Pommes de terre attaquées par cette gangrène, céréales insuffisantes, la sécheresse n'a pas épargné le fourrage et donc l'élevage. Le cycle alimentaire ainsi bouclé, se nourrir devient une préoccupation essentielle qui engloutit les maigres revenus et ajourne toute autre dépense vers les biens industriels, le textile en particulier. Il résulte rapidement dans ce secteur une mévente, une surproduction et bientôt le chômage.

Le phénomène agricole sera de courte durée car les récoltes suivantes seront si fructueuses qu'elles provoqueront un effondrement des cours et les prix seront les plus bas enregistrés depuis le début du siècle. Dans un monde économique encore dominé par le produit de la terre, ce jeu de yoyo a des répercussions en chaîne quasi-immédiates.

Pour réaliser *la soudure* d'une récolte sur l'autre, la France a dû acheter du blé à l'étranger, en Russie notamment, et la facture est lourde car il faut la régler en or comme on le fait dans la plupart des cas pour le commerce international.

Certaines banques, du fait de la crise, ont vu fondre leur encaisse au point de s'avérer incapables d'avancer les crédits indispensables aux entreprises en difficulté ; d'autres ont dépassé les bornes du crédit. Les faillites se multiplient. Le chômage s'étend.

La Révolution ne croyait pas au fardier de Cugnot, Napoléon n'accordait aucun intérêt au bateau à vapeur de Fulton. Sous la Restauration, les Français qui n'ont pas cru à la machine à vapeur, n'ont aucune raison de croire au chemin de fer. On construit peu de lignes ; à peine une trentaine de kilomètres en 1830.

Il faut dire que le chemin de fer a une mauvaise image ; cela va bien trop vite pour ne pas occasionner de troubles pour la santé, la traversée des tunnels est jugée terrifiante mais surtout cela ne correspond pas à l'esprit du siècle qui veut que pour aller de Paris à Saint-Germain, il faille y mettre un certain temps.

Pourtant, comment se déplace-t-on autrement qu'en chemin de fer ?

Il y a bien sûr les messageries de diligences mais qui ne promettent rien du voyage d'agrément contrairement à l'idée bucolique que l'on s'en fait de nos jours.

Voyager en diligence relève de l'épreuve, de la corvée en raison de l'état des routes et des périls que l'on risque d'y trouver ; accidents de roues brisées sur les pierres, enlisement qui oblige les voyageurs à se couvrir de boue pour sortir de là ou plus grave lorsque la voiture verse dans le ravin mais aussi brigandages fréquents la nuit venue, au détour d'un chemin quand la diligence se met à ralentir par prudence. La conception même des voitures n'autorise aucun confort.

Par ailleurs, les voyages en diligence coûtent cher. La concurrence joue entre les messageries et tend à faire baisser les prix mais le passage ne comporte pas les pourboires au postillon et autres frais auxquels il faudra faire face dans des voyages qui durent souvent plusieurs jours. Un Paris Marseille tarifé à moins de 80 francs, revient en réalité à près du double. Ce qui est une somme pour l'époque.

Enfin, voyager en diligences suppose que l'on ait du temps. De Paris à Rouen, la route est bonne, dépourvue de côtes, la diligence mettra treize heures pour parcourir une centaine de kilomètres mais de Paris à Lyon, il faut compter près de trois jours de route en 1836.

Le chemin de fer n'est pas plus confortable mais il est plus sûr malgré des accidents qui terrorisent ses détracteurs, il est plus rapide aussi.

Douze années ont passé depuis 1830. S'il fallait un certain temps pour aller de Paris à sa proche banlieue, un autre temps s'est écoulé et la France s'est aperçue de son retard consternant en matière de chemin de fer.

Une loi de Guizot de 1842 devrait permettre au pays de rattraper ce retard. Après avoir traîné sans raison, on veut aujourd'hui brûler les étapes et dans la précipitation, on s'y prend mal. Selon cette loi, l'Etat prend à sa charge la construction et le développement des lignes et accorde des concessions à des compagnies par actions. A charge pour elles, d'exploiter ces concessions.

La Loi Guizot aura des effets pervers qui déboucheront sur une grave crise financière. Le kilomètre de ligne construit s'avère plus onéreux que prévu, de plus les concessionnaires se précipitent vers les lignes qu'ils jugent les plus rentables, mais surtout on assiste à une flambée de spéculations sans précédent y compris vers des compagnies fictives.

Or lorsque l'on achète des actions de chemins de fer, on n'en paie qu'un acompte, le solde devenant exigible plus tard. S'il se produit une hausse des actions supérieure à leur valeur réelle, on devine ce qui se produira en 1847, au beau milieu de la crise, au moment de l'échéance de règlement : il faudra alors sortir beaucoup plus d'argent de sa poche. Beaucoup d'investisseurs ne peuvent honorer ces échéances et faire face à leurs dettes. Par contrecoup, faute de capitaux les chantiers se ralentissent, on ne pose plus de rails, les voies ferrées s'arrêtent.

Du coup, plus besoin de fabriquer ces rails, ni d'extraire le charbon qui alimente les fonderies. La crise s'étend à la métallurgie avant d'atteindre les houillères. Le chômage, là encore, se développe.

Hiver 47-48, la colère gronde parmi une population endettée, au seuil de toutes les privations. Le mécontentement populaire va fragiliser bien des bases politiques et catalyser l'opposition.

La classe ouvrière n'est pas organisée. Les associations professionnelles ou corporatives sont interdites depuis la Révolution française, de même que le droit de réunion ou pire encore celui de grève mis hors la loi sous le Consulat.

La seule expression populaire reste l'insurrection de la rue, celle des barricades et du sang versé. Insurrection spontanée de la colère, de la faim, ou manipulée par la petite bourgeoisie mécontente ou les milieux affairistes à des fins politiques et parmi lesquels on pourrait sûrement retrouver ceux qui, il y a peu encore, vendaient si cher le grain avec lequel on fait ce pain de l'ouvrier.

En 1847, la guerre civile déchire la Suisse. En février 48, Louis-Philippe est renversé à Paris. Quelques semaines plus tard, en mars, à Vienne, c'est la chute du redouté Metternich, âme du congrès de Vienne. La traînée de poudre gagne Berlin, Munich, Milan, Venise...

Une page d'histoire est en train de se tourner mais cette fois sur le livre d'un continent tout entier. L'Europe se convulse et fait, malgré Paris, Vienne ou la Sainte-Alliance, sa révolution.

Qu'était-il advenu de la France au lendemain de l'Empire ?

En 1814 alors que Napoléon est à l'île d'Elbe, les alliés rétablirent les Bourbons sur le trône de France. Louis XVII, le fils de Louis XVI étant mort au Temple vingt ans plus tôt, les parisiens accueillirent sans enthousiasme le Comte de Provence, que l'on disait obèse et goutteux.

Louis XVIII a laissé une mauvaise image dans l'Histoire mais celle-ci emprunte trop au physique du nouveau roi, au seuil de l'invalidité ; il ne parvient pas à monter seul à cheval et ne peut pas marcher sans aide.

Homme du passé, de l'ancien régime, son comportement, ses manières, sa façon de parler, de raisonner l'attestent sans peine. Louis XVIII hérite, de surcroît, d'une situation difficile qu'il gérera avec plus de tolérance et de bon sens qu'on ne le pense d'ordinaire.

A l'extérieur, la France n'a plus aucun poids ; il parviendra à la libérer de l'occupant plus rapidement que prévu et à redorer son blason dans le concert des nations européennes.

A l'intérieur, il doit compter avec les ultras qui entendent bien restaurer l'ancien régime et sont avides de revanche. Là encore, il maintiendra son cap malgré de très nombreux périls, la Terreur Blanche dont il tentera de limiter les effets.

Le grand mouvement de ferveur, le véritable culte pour la personne de l'Empereur ne prit naissance que bien après sa chute, lors de sa captivité à Sainte-Hélène et plus encore après sa mort le 5 mai 1821.

A l'inverse, Napoléon 1er gagnant l'île d'Elbe, ne put traverser la Provence sans risquer pour sa vie qu'après avoir revêtu l'uniforme d'un officier autrichien et voyagé anonymement sous bonne escorte. C'est dire le niveau d'impopularité dans lequel était tombé le vainqueur d'Austerlitz.

Dans le même temps, le peuple de Marseille acclamait le débarquement de l'ennemi héréditaire. On ovationna les chefs de guerre des forces britanniques de Méditerranée lorsqu'ils posèrent le pied sur le sol de France. L'Empire et l'état de guerre avaient ruiné Marseille, devenu de ce fait, par réaction, un foyer résolument royaliste.

L'imagerie d'Epinal n'aurait jamais imaginé mettre sous presse une telle vision de l'Histoire.

La France aspire à la paix à n'importe quel prix et ce prix à payer, c'est ce vieux Louis XVIII qui l'incarne. Un homme usé, à la santé précaire, mais qui aime son pays et rêve d'une impossible union. Elle aurait pu tomber plus mal. Elle trouvera pire lorsque l'impotent aura tourné les talons.

De plus, les partisans de la Restauration, qui se gardent bien de faire la moindre allusion à l'Ancien Régime, ne proclament-ils pas : *"Plus de guerre, plus de conscription, plus de droits réunis, plus d'impôts vexatoires"* ?

Promesses qu'ils ne tiendront pas mais qui, en attendant, font mouche.

La France qui s'est battue sur tous les théâtres d'Europe, déposerait ainsi les armes et les gars du pays ne seraient plus obligés d'interrompre les moissons, de quitter leurs promises pour aller mourir en terre étrangère ? On resterait maître de son bien, du fruit de son labeur sans que l'on ne vous en prélève une partie, sans que l'on soit chassé pour n'avoir pas payé ?

Mais si l'on n'y souscrit pas complètement, on se met à rêver à de telles promesses qui verraient naître une société nouvelle.

Louis XVIII ne laissera pas une grande marque dans l'Histoire. Lors de sa mort, dix ans plus tard, les Français se souviendront qu'il avait rétabli le drapeau blanc de la monarchie mais oublieront qu'il n'avait pas remis en question certains acquis de la Révolution et de l'Empire.

La bourgeoisie de profiteurs et d'opportunistes née sous la Révolution, ayant prospéré sous l'Empire, se trouvait aujourd'hui légitimée et son influence en France ne cesserait de la placer au tout premier plan de l'Histoire.

La Charte du 4 juin 1814, imposée aux Français, calquée en moins d'une semaine sur le modèle de l'Angleterre et datée de la *dix-neuvième année de son règne* puisque Louis XVIII se prétendait roi depuis la mort du petit Louis XVII au Temple en juin 1795, définissait que l'exécutif appartenait au roi, le pouvoir législatif étant partagé entre le roi et deux Chambres ; la Chambre des Pairs nommée par le souverain et la Chambre des Députés élus au suffrage censitaire issu de la loi électorale de 1817.

Ce suffrage favorisait la noblesse et les nantis car pour être électeur, il fallait payer au moins une contribution directe de 300 francs, *le cens*, et être âgé de 30 ans, tandis que pour être éligible, il fallait en payer 1000 et être âgé d'au moins quarante ans.

Par ailleurs, il n'était pas question de la moindre indemnité parlementaire. Ne faisaient donc de la politique que ceux qui en avaient les moyens par la fortune.

Le corps électoral n'excéda pas 110 000 électeurs.

S'il advenait qu'un parlementaire moyennement fortuné put avoir des idées contraires au régime, il était simple de lui faire bénéficier d'un allégement fiscal qui, du coup, le rendait inéligible.

Les débuts du règne, bien que troublés par l'occupation étrangère, connurent une période d'apaisement à tel point que de nombreux fonctionnaires impériaux restèrent en poste malgré le retour de la monarchie.

"Union et oubli" répétait souvent Louis XVIII. *"Quiconque a servi Bonaparte dans l'intérêt de la France a servi le roi"* ajoutait-on dans son entourage politique mais après les Cent-Jours, la répression s'abattit sur le

pays. Après Waterloo, les ultras se firent *plus royalistes que le roi* et ces débordements finirent par inquiéter le souverain. La *Chambre introuvable*, selon lui, était peuplée de députés ultra fanatiques qui suspendirent toutes les libertés et mirent sur pied des tribunaux d'exception jugeant sans appel.

En septembre 1816, Louis XVIII renvoya la Chambre introuvable et le calme s'installa en France durant plusieurs années. De 1816 à 1820, le régime apparut libéral jusqu'à l'assassinat dans la nuit du 13 au 14 février 1820, du duc de Berry, fils du comte d'Artois.

Le coup de poignard -en fait un poinçon utilisé en cordonnerie-, Louvel appartenant à cette corporation- aura de funestes conséquences pour Charles X que son fils, le duc de Berry, aurait pu conseiller voire écarter d'une voie politique menant au désastre.

Après la mort du duc de Berry, l'occasion était trop belle pour les ultras. Decazes démissionnait aussitôt laissant ce mot de Chateaubriand : *Le pied lui a glissé dans le sang.* Ce fut alors le signal d'une politique violente de réaction. Lorsque le comte d'Artois, devenu Charles X succéda à Louis XVIII, il restreignit davantage les libertés, ce qui allait causer sa perte six ans plus tard.

La loi du double vote qu'il institua permettait aux électeurs les plus fortunés de voter deux fois, les émigrés furent indemnisés, l'Université muselée, placée sous le contrôle de l'Eglise et les professeurs réputés libéraux mis à l'écart tandis que le Clergé reprenait une place de premier rang.

On guillotina les quatre sergents de La Rochelle, ce qui révolta l'opinion, tandis que les aristocrates dont Talleyrand disait avec amertume : *Ils n'ont rien appris, rien oublié* faisaient revenir chez eux leur coiffeur pour se faire poudrer la perruque comme au bon vieux temps.

C'était l'union du Trône et de l'Autel dont la plus vaine démonstration, le sacre à Reims et en grande pompe de Charles X, le 29 mai 1825, *belle fête costumée à la gothique* selon une expression ironique de l'époque, irrita le peuple qui railla les cérémonies. On se moqua de Charles X, ce *roi évêque* accoutré de ses *vieux oripeaux*.

A la première salve de canon qui marqua la cérémonie du sacre, les figures de pierre des rois qui avaient été décollées par les sans-culottes et que l'on avait restaurées à la hâte sur la cathédrale de Reims, se détachèrent et se brisèrent sur le sol. Si l'incident prêta à sourire, d'autres témoins y virent un mauvais présage pour l'avenir de la monarchie.

Cinq années plus tard, les 27, 28 et 29 juillet 1830 allaient devenir pour l'Histoire, les "Trois Glorieuses" pendant lesquelles les Parisiens chasseraient Charles X qui trouva refuge en Angleterre puis en Autriche.

En Août 1829, Charles X appelle au gouvernement le prince Jules de Polignac. Ultra parmi les ultras, Polignac est un mystique dévoué corps et âme à son roi et paralysé dans une vision de la société que déforment les préjugés les plus redoutables. Il succède à Martignac que Charles X a sans doute jugé trop libéral. En fait, pour Charles X, c'est une maladresse de plus, la goutte d'eau qui fait déborder le vase.

Charles X va devenir plus impopulaire que jamais. Les caricaturistes du temps s'en donnent à cœur joie, sans retenue aucune et le montrent demi vêtu en évêque, demi vêtu en soldat, avec un regard hébété, des oreilles d'ânes et brisant entre ses dents une noisette. Charles X deviendra pour eux *le grand casse-noisettes du 25 juillet.*

Le successeur de Louis XVIII a dissous la Chambre jugée trop hostile au pouvoir mais les élections lui retournent une opposition plus ardente encore. Devant cet état de fait, Charles X et Polignac décident, à Saint-Cloud le 25 juillet 1830, de régler une fois pour toute la situation par cinq ordonnances.

L'une prononce la dissolution de la Chambre avant même que celle-ci ne se soit réunie, une autre réserve le droit de vote aux seuls riches propriétaires fonciers restreignant ainsi fortement la capacité électorale tandis qu'une autre ordonnance suspendait la liberté de la Presse accusée d'être un instrument de désordre et de sédition, et contraignant celle-ci à l'autorisation préalable.

Pour la Presse, cette ordonnance signifiait la ruine et le chômage. De nombreux journaux disparaîtront. Dans d'autres branches d'activité et parce que l'on ne fait plus partie du corps électoral, on exprime sa colère suivant l'exemple de la Presse en licenciant tout le personnel. Ces nouveaux chômeurs constitueront, le moment venu, les émeutiers les plus motivés. N'est-ce pas à cause du gouvernement qu'ils se retrouvent sur le pavé ?

Pour les intellectuels et la haute bourgeoisie, la coupe débordait tandis que les journalistes donnaient le signal de la rébellion le 26 juillet 1830.

Après concertation, plusieurs journaux parurent le lendemain, le mardi 27 juillet, malgré l'ordonnance, publiant en bonne place le même manifeste : *Le Moniteur a publié enfin ces mémorables ordonnances, qui sont la plus éclatante violation des lois. Le régime légal est donc interrompu : celui de la force est commencé... L'obéissance cesse d'être un devoir...* y affirmait Adolphe Thiers, jeune journaliste, auteur d'une Histoire de la Révolution. Le reste de l'article était un véritable réquisitoire contre les excès du pouvoir.

La réaction ne se fait pas attendre : dès parution, l'imprimerie du *National* et celle du *Temps* sont envahies par la police et les presses placées sous saisie lorsqu'elles ne sont pas mises hors d'usage.

Des attroupements se forment aux abords des journaux investis par les forces de l'ordre. Bientôt, la garde à cheval éprouve des difficultés à les contenir.

L'émeute éclate aux abords du Palais Royal. Il s'agit de disperser les manifestants, sabre au fourreau mais le ton monte. Des coups de feu éclatent, des hommes tombent. La foule s'empare de l'Imprimerie Royale. Des casernes sont incendiées. A quatre heures de l'après midi, l'état de siège est proclamé mais on ne veut rien dramatiser et la troupe regagnera ses quartiers. On reste calme, du moins en apparence, à Saint-Cloud où Charles X fait sa partie de bridge habituelle ou plutôt de Whist comme on appelle alors ce jeu de cartes.

Tandis que Saint-Cloud s'endort, on abat à Paris d'autres cartes, on prévoit d'autres mises qui pourraient bien faire, le jour venu, échec au roi. Pour la première fois, la haute bourgeoisie de la finance et de l'industrie qui, par les ordonnances de Charles X, se voyait éliminée de la vie politique, se joignait au peuple de la rue.

L'illusion de cette impossible fraternité serait de courte durée.

La République était à portée de main mais une fois chassé Charles X, la bourgeoisie parisienne se contenta de changer de roi tandis que la Presse, dont *Le National*, sous la plume de Thiers, soutenu par le vieux La Fayette, faisait campagne pour le duc d'Orléans, chef de la branche cadette des Bourbons, fils de Philippe Egalité et qui devint Louis-Philippe 1er.

C'en était fini de l'espoir du peuple de retrouver la République, mais de son parcours politique avec la bourgeoisie qui l'avait trompé à son unique avantage, il en tirera tous les enseignements. Jamais plus, ouvriers et bourgeois ne parleraient le même langage.

Des Trois Glorieuses, des barricades et du sang versé, ne subsistait plus que la Monarchie de Juillet qui rétablirait le drapeau tricolore, réviserait la Charte tandis que le cens était abaissé à 200 francs, l'âge à 25 ans. Pour être éligible il fallait payer 500 francs de contributions directes et être âgé de 30 ans au moins.

Le corps électoral passa alors à 240 000 votants en 1846, soit un électeur pour 40 adultes masculins mais comment cet échantillon aurait-il pu représenter les aspirations de tout un peuple ? Comment cette réforme aurait-elle pu calmer les esprits et réconcilier les Français ?

D'autant plus lorsque l'on se souvient de ce mot de François Guizot qu'a désigné Louis-Philippe après un court ministère Thiers et qui résume bien l'esprit conservateur du temps chez les nantis :

Enrichissez-vous par le travail et par l'épargne et vous deviendrez électeur...

La Monarchie de juillet connaîtrait d'autres insurrections dont les plus sanglantes furent celles de juin 1832 à Paris et d'avril 1834 à Paris et Lyon.

Le 5 juin 1832 ont lieu les funérailles du général Lamarque, mort durant l'épidémie de choléra. Une manifestation républicaine dégénère en émeute. Sur la barricade de la rue de la Chanvrerie, dans le quartier des Halles, un gamin de Paris va tomber sous les balles des soldats de Louis Philippe.

Je ne suis pas notaire,
C'est la faute à Voltaire.
Je suis petit oiseau,
C'est la faute à Rousseau.

Ce Gavroche tombé sous la mitraille, c'est pour Victor Hugo, la liberté que l'on assassine. *(Les Misérables)*.

Cette manifestation républicaine contre la monarchie sera durant sa traversée de Paris, refoulée vers le quartier de Saint-Merry, l'un des quartiers les plus pauvres de Paris et l'un des plus touchés par l'épidémie de choléra, avant d'être écrasée sans pitié par le général Lobau à qui Louis-Philippe a confié les pleins pouvoirs. Bilan : plusieurs centaines de morts.

Le 15 avril 1834, une révolte ouvrière éclate à Lyon. A Paris, on veut suivre et des barricades se dressent non loin de l'Hôtel de Ville, mais Thiers, l'ancien journaliste à la plume rebelle devenu ministre de l'Intérieur, réprime sans pitié. Les soldats du général Bugeaud massacrent aveuglément tous les habitants d'une maison de la rue Transnonain, non loin de notre actuel Centre Beaubourg, d'où était partie une fusillade.

Dans les années qui suivirent, à partir de 1847, tandis que la crise se faisait sentir, l'opposition se mobilisa pour obtenir une indispensable réforme électorale. Les uns voulaient un nouvel abaissement du cens, à 100 francs. Les autres plus nombreux, réclamaient le suffrage universel et l'institution d'une indemnité parlementaire.

Louis-Philippe et son Premier ministre Guizot refusèrent fermement.

L'interdiction d'un banquet républicain le 22 février 1848 allait mettre le feu aux poudres. Le même jour, une manifestation bon enfant arpentait le pavé de La Madeleine à la Concorde aux cris de *"A bas Guizot ! Vive la Réforme"*. On vit s'élever le lendemain quelques symboliques barricades car l'atmosphère était plutôt à la joie. La nouvelle s'était répandue dans tous les quartiers de Paris : Guizot venait de démissionner mais alors que le soir tombait, des soldats affolés tirent sur un défilé faisant 16 victimes dont la foule des Parisiens promènera solennellement les cadavres dans les principales artères de la capitale. L'émotion et la colère sont immenses.

Rien ne pouvait plus arrêter la Révolution de 1848 et cette fois le peuple de Paris chassera Louis-Philippe qui se réfugiera en Angleterre où il mourra deux ans plus tard.

V

La Seconde République

« Il faut bien que je les suive,
puisque je suis leur chef. »

Ledru-Rollin - novembre 1848

24 février 1848 : le peuple a pris le pouvoir dans la rue ; artisans, ouvriers, petits bourgeois, tous veulent que ça change, et d'autres guidés par des mobiles opportunistes, moins immédiats, plus politiques ; intellectuels désœuvrés, journalistes et milieux d'affaires à qui le régime ne profite pas.

« Au nom du peuple français, la royauté, sous quelque forme que ce soit, est abolie. » Premier décret du gouvernement provisoire le 25 février 1848.

Passant par la rue du faubourg Saint-Antoine, la foule conduit le trône renversé jusqu'à la place de la Bastille où il est brûlé tandis que les Tuileries ont été mises à sac. On a campé dans les appartements royaux, on a festoyé, on a brisé, cassé, brûlé. Viendra le tour du Château de Neuilly, pillé et incendié.

Au-delà des fumées de l'incendie, au-delà de la colère du peuple parisien s'inscrivent les images du passé où survient un drame dont l'incidence sur l'Histoire aura de lourdes conséquences.

Le 13 juillet 1842, le fils aîné de Louis-Philippe, Ferdinand Philippe, Duc d'Orléans, a prévu de se rendre à Saint-Omer dans le Pas-de-Calais pour une question d'intendance militaire. En fait, on s'active à l'organisation de grandes manœuvres et de plus, une nouvelle coupe est prévue pour la tunique des officiers mais l'idée ne fait pas l'unanimité. La question divise et seul le duc d'Orléans peut rassembler autour d'une solution de bon sens qui ménagera les diverses susceptibilités mais avant de prendre la route du Nord, il passera par Neuilly afin d'y saluer ses parents.

On propose au duc un cabriolet découvert qu'il rechigne à emprunter lorsqu'il est en uniforme mais cette fois, il n'a pas le choix, c'est le seul attelage disponible.

Les premiers instants du voyage se déroulent sans incident jusqu'à la Porte Maillot mais là, les chevaux trop vifs se mettent brutalement au galop et dévalent la rue de la Révolte, notre actuelle avenue Pershing, au lieu d'emprunter la route de Neuilly.

Le cocher n'est plus maître des chevaux, le jeune palefrenier qui l'accompagne comprenant le danger, se jette sur la chaussée et se relèvera indemne. Le prince royal aura moins de chance ; lorsqu'il chute, son front heurte durement le pavé. Inanimé, il est conduit par les témoins du drame dans une modeste épicerie et l'on cherche un médecin.

Lorsque Louis-Philippe informé de l'accident arrive sur les lieux, le jeune prince se trouve toujours dans le coma. Les médecins du roi diagnostiqueront non pas une fracture du crâne mais une véritable dislocation de la boîte crânienne. A quatre heures et demi, le duc d'Orléans rend le dernier soupir.

Il était âgé de trente ans.

Pour le roi et la reine, le chagrin est immense. Louis-Philippe fait enlever les pavés tachés du sang de son fils dont les funérailles se déroulent à Notre Dame. A partir de cette journée dramatique de juillet 42, le roi des Français va se réfugier dans une sourde indifférence aux affaires de sa charge et commettre des erreurs dont celle de confier un ministère à Guizot.

Le duc d'Orléans, aimé des Français, affichait des positions libérales. Plus que tout autre, il aurait pu inciter son père à entreprendre les nécessaires réformes que demandait le pays et l'écarter ainsi de la voie qui allait précipiter sa chute.

En 1842, Béranger écrivit à Chateaubriand : *"Vous rappelez-vous, Monsieur, qu'il y a peu de temps vous me disiez : Louis-Philippe est heureux, la chance est pour lui... Quel démenti la mort de ce jeune prince vient de nous donner ! Quant à moi, je trouve que la Providence se fait furieusement républicaine."*

Six ans plus tard, la monarchie disparaissait.

L'Histoire retiendra que Louis-Philippe perdit son trône à la suite d'un banquet interdit en février 48 mais à cette trop simple cause, faut-il ajouter le refus de toutes réformes, un immobilisme dramatique, plusieurs scandales, la crise des années 46-47 qui apporta la faim et la misère en France mais surtout, l'indifférence, la véritable inconscience de ses dirigeants politiques. Le fruit était mûr, certains le cueillirent. N'avait-il pas la forme d'une poire ?

Alors que Louis-Philippe vient d'être renversé, on reparle d'un journal, *Le National*, dont un manifeste, dix-huit ans plus tôt, avait donné le coup d'envoi des Trois Glorieuses et causé la chute de Charles X.

Un manifeste signé Adolphe Thiers.

Ce même Adolphe Thiers qui subtilisa ce pouvoir que le peuple croyait avoir gagné de son sang, en faisant campagne pour Louis-Philippe et qui, devenu ministre de l'Intérieur du roi des Français, n'hésitera pas à réprimer très durement l'insurrection populaire.

Or, voila que dans ces mêmes bureaux du *National*, il s'est tramé à nouveau quelque chose, de feutré cette fois, qui n'a pas fait de bruit, ni n'a noirci d'encre la une que l'on affichera sur les murs : le partage du pouvoir.

Loin du tapage de la rue, des grands discours et du lyrisme de circonstance, une liste de noms a été dressée ; la liste d'un gouvernement provisoire que fera acclamer, l'un des députés, le poète Alphonse de Lamartine.

Outre son nom réservé aux Affaires Etrangères, figurent ceux des avocats Alexandre Auguste Ledru, dit Ledru-Rollin, créateur de *La Réforme,* ami de George Sand et qui sera ministre de l'Intérieur, Louis Antoine Garnier-Pagès aux finances, Pierre Thomas Marie aux travaux publics, le savant François Arago et le vénérable Jacques Charles Dupont de l'Eure, âgé de 81 ans.

Alors qu'étudiants et ouvriers fraternisent avec les soldats face à l'Hôtel de Ville où s'est installé le gouvernement provisoire, deux journalistes, Armand Marrast et Ferdinand Flocon, proposés par *La Réforme* les rejoignent mais les regards se tournent davantage vers Louis Blanc que l'on dit socialiste et un ouvrier mécanicien, Alexandre Martin dit l'Ouvrier Albert dont le nom a été oublié dans la plupart de nos dictionnaires.

Que dire de cette équipe qui s'apprête à diriger la France si ce n'est qu'elle constitue la résultante de deux tendances qui s'observent et bientôt, s'affronteront.

En fait, le moment de surprise passé, on a tenté de faire au mieux avec une bonne volonté un peu naïve ou peut-être en conservant à l'esprit quelque arrière pensée ? Toujours est-il qu'il y a les gens du *National* qui veulent une révolution politique, la république et des élections immédiates, et ceux de la *Réforme* qui exigent une véritable révolution sociale, des élections mais pour plus tard lorsque le peuple sera réellement en mesure d'affirmer un choix politique.

Les premiers sont partisans du drapeau tricolore, celui que Louis-Philippe a rendu à la France, les seconds veulent le drapeau rouge.

Entre les deux, Ledru-Rollin hésite et il ne sera pas le seul.

En France, il faut toujours que les clivages soient nettement tranchés. On est de gauche ou de droite. La politique semble placée sous le clivage du langage binaire. Pas facile de calculer en binaire et moins encore dans cette science de tous les calculs qu'est la politique.

En 1848, on ne dispose pas encore du recul politique nécessaire pour se rendre compte que l'aventure va tourner court. Pire elle va tourner au drame. Mais qu'a-t-on connu de la démocratie auparavant ?

Aujourd'hui, Louis-Philippe n'est plus. Alors qu'il est entré dans le passé, les difficultés, elles, demeurent actuelles.

La grave crise des années quarante n'en finit pas de durer. Le pays avait un lourd retard à rattraper ; il n'en était que plus vulnérable et le bonheur n'est pas pour demain, ni même pour après demain.

Crise née de la terre et qui provoque en 1846, une violente hausse des prix du blé qui de 19,75 F/hl en 1845, passe à 24 l'année suivante et à 29 F/hl en 1847.

La hausse des denrées alimentaires pénalise la consommation des biens d'équipements, vêtements et textiles dont la production chute accroissant ainsi le chômage.

On paie en or les céréales importées. Par contrecoup, l'encaisse de la Banque de France tombe de 272 millions de francs en 1845 à moins de la moitié deux ans plus tard (112 millions de francs). 1848 : la révolution accroît les difficultés. La production industrielle s'effondre à près de la moitié de ce qu'elle était. Sont touchés les secteurs de l'ameublement (75%), du bâtiment (66%), du vêtement (52%).

La moitié de Paris est au chômage.

L'investissement en particulier dans les chemins de fer n'est pas épargné. De 243 millions de francs en 1847, il tombe à 126 millions l'année suivante et plafonne à 75 millions en 1851. La spéculation n'est pas étrangère à cette déconfiture qui pèsera sur la production métallurgique (390 000 tonnes de fer en 1847, à peine un peu plus de 250 000 tonnes deux ans plus tard).

La banque, concentrée sur Paris, résiste mal.

Après la disette du milieu des années quarante, le phénomène inverse se produit et l'on assiste à un effondrement des prix agricoles occasionné par une surproduction massive. De 29 F/hl en 1847, les prix chuteront jusqu'en 1851 à 16,5 F/hl puis 14,5 F/hl soit 50%.

La baisse sensible des revenus du monde agricole se répercute à son tour sur la production des biens industriels. La spirale du chômage s'accélère. Or être au chômage à cette époque, c'est vivre de rien, d'expédients ou crever de faim avant d'être jeté à la rue pour n'avoir pu payer son terme.

Enfin, de la même façon que la bourgeoisie a fait la pluie et le beau temps en France, de la même façon qu'elle a jeté le peuple dans la rue pour qu'il serve ses intérêts, elle entend bien aujourd'hui conserver ce pouvoir, même s'il lui faut en jeter des miettes à ceux qui ont versé leur sang. La classe ouvrière n'a donc pas fini de demeurer la *classe souffrante*, avant de devenir pour certains la classe dangereuse qu'il faudra bien mater.

D'ailleurs, est-elle apte à vouloir, à pouvoir exiger plus ?

La classe ouvrière finit sa journée de travail, là, juste à la sortie de la Fabrique, au cabaret. Il y en a toujours un dans le périmètre immédiat des usines. On n'y refait pas le monde comme dans les cafés étudiants. On y boit en silence, pour oublier la misère et se chauffer l'âme près du calorifère, pour atténuer la réalité qu'il faudra affronter comme tous les soirs lorsque l'on rentrera chez soi, ou plutôt chez les autres, dans ces taudis dont il nous reste des descriptions accablantes.

Mais il y a aussi la rue, la maîtresse du jeu. Elle attend beaucoup. Ses aspirations sont immenses. Elle a aussi la mémoire tenace des vilains jours de 1830 lorsqu'elle se trouva bernée.

Aujourd'hui, elle est armée et il ne lui suffit pas que Paris se couche, ce soir-là du 24 février, sur la République enfin promise par un gouvernement provisoire. Il faudra que Paris se réveille demain et que souffle un vent de réforme et de liberté.

Pour le moment, Paris fait la fête et laisse exploser sa joie. L'avènement de la République n'inquiète personne. On verra même l'Eglise bénir ces arbres de la liberté que l'on plantera partout. Un geste des anciens que l'on avait oublié et que l'on retrouve avec bonheur.

C'est le grand défoulement général qui flirte avec l'anarchie. On prend la parole en public et peu importe au fond ce que l'on dit, on se fait applaudir de toutes manières et l'on s'enivre d'allégresse.

« Nous allons faire ensemble la plus sublime des poésies », déclare Lamartine à la foule des parisiens massée devant l'Hôtel de Ville. Nous sommes en pleine période du romantisme littéraire et l'on peut admettre que ce romantisme ait voulu faire, lui aussi, son entrée en politique.

Sublime ? Pas sûr car les temps seront vite aux mesures de circonstances qui s'exprimeront dès le lendemain matin. Lamartine en est le premier artisan alors qu'une délégation populaire arrive à l'Hôtel de Ville pour exiger le drapeau rouge. D'abord inquiet par ce nouveau pouvoir de la rue qu'il a sans doute sous-estimé, il parvient par les mots et le verbe facile à calmer le jeu. Chassez le poète de l'homme politique, il revient au galop. Ne disait-on pas de lui : *« ce n'est pas un homme, c'est une lyre ».*

« Le drapeau rouge, explique-t-il, *n'a fait que le tour du Champ-de-Mars, traîné dans le sang du peuple en 91 et 93 et le drapeau tricolore a fait le tour du monde, avec le nom, la gloire et la liberté de la patrie ».*

Il écrira lui-même qu'il fut à ce moment interrompu par des cris d'enthousiasme *presque unanimes* - précise-t-il -, *tomba de la chaise qui lui servait de tribune dans les bras tendus de tous côtés vers lui.*

Et de préciser avec le même lyrisme et toujours à la troisième personne comme s'il parlait de son ombre : *"Un ébranlement général secondé par les gestes de Lamartine et par l'impulsion des bons citoyens, fit refluer l'attroupement qui remplissait la salle jusque sur le palier du grand escalier, aux cris de "Vive Lamartine !", "Vive le drapeau tricolore !"*

Les manifestants repartiront avec le drapeau tricolore auquel on a bien voulu apposer une rosette rouge. La symbolique du régime vient d'être résumée.

Quant à Lamartine, le héros du jour qui vient de sauver la République, il s'en retourne à des choses plus sérieuses ; le ministère des Affaires Etrangères qu'il convoite de la même façon qu'un enfant déballe ses soldats de plomb un soir de Noël. La veille, Victor Hugo est venu le saluer.

Lamartine se dirige vers lui la main tendue : *Ah ! Vous venez à nous, Victor Hugo, c'est pour la République une fière recrue. N'allez pas si vite, mon ami,* lui répond en souriant le visiteur, *je viens tout simplement à mon ami Lamartine. Vous ne savez peut-être pas qu'hier, tandis que vous combattiez la Régence à la Chambre, je la défendais place de la Bastille.*

"Hier bien ; mais aujourd'hui. Il n'y a plus aujourd'hui ni régence, ni royauté. Il n'est pas possible qu'au fond Victor Hugo ne soit pas républicain" s'étonne Lamartine.

"En principe, oui, je le suis. répond Victor Hugo. *La République est, à mon avis, le seul gouvernement rationnel, le seul digne des nations. La République universelle sera le dernier mot du progrès. Mais son heure est-elle venue en France ? "*

La réponse deviendra hélas évidente. Alors qu'il ne s'y attend pas, Hugo se voit offrir par Arago le titre de Maire de son arrondissement et par Lamartine celui de ministre de l'Instruction publique, poste qu'il refusera.

Le gouvernement bourgeois de cette république va, malgré tout, prendre un train de mesures démocratiques.

Le suffrage universel est institué le 2 mars. Est électeur, tout citoyen de vingt et un ans mais à condition de justifier au moins de six mois de résidence. En sont donc exclus d'office tous les ouvriers qui arpentent les chemins de France à la recherche d'un travail comme cela se produit beaucoup à l'époque. Cependant, le corps électoral passe de 250 000 à plus de neuf millions d'électeurs.

La garde nationale est ouverte à tous et non plus uniquement aux bourgeois mais surtout la Presse et le droit de réunion deviennent libres. Pour les journaux, qui coûtent un sou, le timbre est supprimé. C'est la profusion de publications, bulletins, feuilles tandis que tout citoyen peut prendre la parole au sein de clubs ou de réunions publiques. La censure est abolie.

Balzac, Flaubert, George Sand nous laissent de précieux témoignages sur la Révolution de 1848 et l'ivresse du peuple, sans être dupes des menaces qui assombriront bien vite ce nouveau ciel de la liberté.

La peine de mort est abolie. Sans doute parce que le nouveau gouvernement bourgeois se souvient des leçons de la Révolution, de cette République toute neuve mais qui ne tarda pas à accoucher de la Terreur. D'autres mesures sont ou seront abrogées parfois de façon très hétéroclite : la contrainte par corps née de la Restauration, l'esclavage dans les colonies et dont Victor Schœlcher sera le grand artisan.

Louis Blanc, né en 1811, est historien et comme Thiers, il a publié une Histoire de la Révolution mais il est surtout un théoricien du socialisme. Selon son *Organisation du travail* (1839), l'Etat doit intervenir pour garantir le droit au travail notamment en organisant des ateliers sociaux.

La France de la seconde République est née du mécontentement populaire et de la misère. Le nouveau régime doit savoir que la grave crise économique ne s'est pas dissipée sur le parvis de l'Hôtel de Ville un soir de liesse mais que les problèmes demeurent, plus dramatiques et plus cruciaux que jamais et menacent le pouvoir. Or celui-ci, réticent, n'adoptera de mesures qu'avec tiédeur et parcimonie, sous la contrainte du peuple ou pour entretenir l'illusion. Sous la pression de Louis Blanc, il annoncera le 25 février que le gouvernement garantit l'existence de l'ouvrier par le travail, et le travail à tous les ouvriers.

Le lendemain, il crée et subventionne des ateliers, non pas sociaux mais nationaux ouverts aux chômeurs. Le 28, voit la mise en place d'une Commission du Luxembourg présidée par Louis Blanc et Albert, l'ouvrier du gouvernement, dont le but est d'engager une profonde réflexion sur le travail et le sort des travailleurs. Participent à cette commission, près de 700 délégués des corporations et quelque 230 patrons. Parmi les premiers travaux de la Commission, la réduction de la journée de travail mais Blanc veut aller beaucoup plus loin, c'est l'organisation tout entière du travail qui doit être revue et de telles vues provoquent la plus vive inquiétude des industriels.

Comment le franc de Germinal, né de l'Empire, ayant grandi sous la Restauration, va-t-il devenir républicain et aborder son demi-siècle d'existence en traversant la tourmente des idées nouvelles qui provoqueront la frilosité sinon la peur des milieux financiers, le tout au beau milieu d'une très grave crise économique dans laquelle le pays s'englue chaque jour un peu plus ?

Jusqu'alors la monnaie nationale n'a jamais fait bon ménage avec la République. Qu'en sera-t-il aujourd'hui avec cette République, seconde du nom ? D'autant que la crise a mis à mal le Trésor et paralysé le pays tout entier.

Le spectre maudit de l'Assignat resurgit dans la mémoire des Français comme un mauvais cauchemar. La planche à billets va-t-elle renaître de ses cendres et inonder de papier les caniveaux de la crédulité du peuple ? L'allégresse n'étreint pas le bourgeois. N'y a-t-il pas menace sur l'argent, son argent ? Et que penser de ce *socialiste*, Louis Blanc, qui a fait sienne la cause des travailleurs ?

C'est alors un nouvel élan donné à la crise.

Contre toute attente, on se précipite à la Banque. La Banque de France, bien sûr et comme au vieux temps des lendemains incertains, on s'empresse de convertir les billets en métal.

Le Trésor, lui-même en difficulté, fait appel à la Banque.

La crise monétaire est amorcée par une forte baisse de l'encaisse. Née dans les années quarante, elle se prolonge et s'aggravera sous le nouveau régime. Bon nombre de banques ont du suspendre leur crédit. De nombreuses maisons de commerce cessent leurs paiements ou ferment. Les faillites se multiplient. Des troubles éclatent dans le pays. Parfois la colère des ouvriers explose ; ils brisent leurs machines.

Début mars, la rente 5% s'effondre. De 116 francs, elle tombe à 97,50 francs et passera sous la barre des 50 francs en avril.

En attendant, il faut vite prendre des mesures. Ces mesures, on les connaît car elles ont déjà fait leurs preuves sous l'Empire. Du moins, est-ce le cas pour certaines d'entre elles car cette fois, il faudra aller beaucoup plus loin.

Tout d'abord, il faut limiter les paiements des caisses d'épargne et les paiements de toutes sortes et surtout pour préserver la Banque, il n'est plus question de compter pièce par pièce lentement au guichet pour décourager le public et gagner du temps en organisant des files d'attente interminables et dissuasives, on va purement et simplement interdire le remboursement des billets en métal.

Le 15 mars 1848, un décret donne au papier, un cours légal, un cours forcé. Parler ici de décret est un euphémisme, il s'agit en réalité d'un véritable coup d'État monétaire.

On lance aussi un billet de 100 francs et l'on tente pour renflouer le Trésor, d'émettre un emprunt qui connaîtra l'échec.

Pour terminer, il est décidé l'augmentation des impôts directs de 45 centimes par franc. C'est l'une des mesures les plus impopulaires que l'on pouvait imaginer. Les Français sont sous le choc. Le retour à la République, le suffrage universel et la liberté de la Presse leur coûtent une fortune.

Le franc fête son âge de raison dans cette situation de crise majeure, et le Français finit, tant bien que mal, à avaler la pilule amère, d'autant que le nouveau pouvoir républicain s'avérera plus modéré que prévu.

Enfin, la Banque de France devient la banque de toute la France. Les banques départementales d'émission qui avaient foisonné sous la Restauration disparaissent à son unique profit.

La loi du 6 août 1850, deux ans plus tard, supprimera en même temps le cours légal et le cours forcé. Le Français pourra ainsi revenir à ses anciennes habitudes et refuser les billets au profit du métal mais entre temps, il aura changé : transporter des pièces est, au fond, moins pratique qu'une liasse de billets serrés dans un portefeuille.

Le Franc aura gagné la partie contre les vieux archaïsmes du métal opposés au billet et entrera ainsi de plein pied dans la modernité financière mais dans l'immédiat la situation sociale ne fait que s'aggraver.

23 avril 1948 : premières élections sous le régime du suffrage universel. Pour les Français, c'est un grand honneur de voter ainsi pour la première fois mais l'on ne sait guère comment s'y prendre, ni pour qui voter.

Dans certains villages, on va voter au chef-lieu de canton, musique en tête, en défilant derrière Monsieur le Maire ou Monsieur le curé qui, eux, savent pour qui il faut voter. Leurs précieux conseils seront les bienvenus. Beaucoup de gens ne savent pas lire, ni reconnaître les « bons » bulletins.

Résultats des urnes : une majorité modérée est élue à l'Assemblée. Il n'y a eu que 16% d'abstentions. Sur 880 sièges, les républicains modérés en emporteront triomphalement plus de 500, les monarchistes ralliés à la République près de 250 tandis que les socialistes n'en obtiendront qu'une petite centaine.

Qui sont ces républicains modérés, pour ne pas dire conservateurs ?

Qui sont derrière les *républicains de la veille*, ceux que l'on nomme déjà et sans ambages, les *républicains du lendemain* ?

Derrière les bulletins de vote conseillés par Monsieur le Maire et Monsieur le Curé figurent des hommes sans passé politique : notables de province, propriétaires moyens, bon bourgeois allant chaque dimanche à la messe, souvent hommes de loi. Ils ont tout à apprendre de ce jeu politique qui se joue là-bas, à Paris, dans cette capitale où la plupart d'entre eux n'ont jamais mis les pieds et qui déjà les impressionne tant.

Les parlementaires monarchistes qu'ils côtoient aujourd'hui en toute simplicité, à la table desquels ils sont parfois conviés à déjeuner dans les meilleurs restaurants, et les ténors de la tribune, ces vieux briscards de la politique qu'ils découvrent en chair et en os, ne leur laisseront pas le temps de se remettre de leur émotion et auront vite fait de les placer sous bonne influence.

Les partisans du drapeau rouge avaient raison. Ces élections sont pour la République un véritable fiasco. Le suffrage universel que tout le monde a salué révèle ses faiblesses, ses effets pervers lorsqu'il se trouve confié trop vite à un électorat immature, ignorant du jeu politique et plongé dans la tradition de la notabilité.

Résonne alors la question de Victor Hugo : *La République universelle sera le dernier mot du progrès. Mais son heure est-elle venue en France ?*

Le 4 mai, la Constituante issue des élections proclame légalement la République. Le gouvernement provisoire parvenu à son terme par ces élections, cède la place à une Commission exécutive de cinq membres parmi lesquels ne figure aucun socialiste. S'y retrouvent : Arago, Garnier-Pagès, Ledru-Rollin, Marie et bien sûr Lamartine.

Les ateliers nationaux sont un échec. On a trahi l'idée des ateliers sociaux de Louis Blanc. En semant ainsi la confusion entre les deux termes, le ministre des Travaux Publics, Marie, discrédite Louis Blanc dont il est un farouche adversaire.

Alors que Blanc imaginait une organisation de l'Etat employant les ouvriers selon leur spécialité, on emploie à Paris n'importe qui à des travaux de pavement de la capitale puis bientôt à d'autres travaux de terrassement sans aucun intérêt pour un salaire unique de 2 francs par jour. Cela coûte de plus en plus cher à l'Etat car de 15 000 ouvriers à la fin mars, ils seront près de 120 000 trois mois plus tard.

Parmi eux, le quart venu de province. Une moitié appartient aux corporations du bâtiment, l'autre aux métiers du luxe sévèrement frappés par la crise. On note encore des grévistes venus là dans l'unique but de toucher un secours. 120 000 ouvriers désœuvrés, exaspérés, n'ayant rien d'autre à faire que de subir la propagande socialiste, révolutionnaire ou bonapartiste et constituant pour l'ordre bourgeois une menace omniprésente.

Thomas, le directeur des ateliers nationaux, présente un plan de réorganisation refusé par l'Assemblée qui lui préfère un projet élaboré par le comte de Falloux, conservateur et fervent catholique, au nom du Comité des Travailleurs. Il faut renvoyer en province avec indemnité les ouvriers venus à Paris depuis moins de trois mois et lancer des chantiers dans les départements.

La Commission exécutive hésite.

Le comte de Falloux, lui, n'hésite pas. Il déploie devant l'Assemblée constituante, des arguments de choc et dresse un tableau apocalyptique des grands périls à venir et des menaces inéluctables :

«Les Ateliers Nationaux ne rendent à l'Etat qu'un produit dérisoire et hors de proportion avec ses immenses sacrifices. L'action n'y est plus la conséquence d'une organisation improvisée et défectueuse ; elle est devenue systématiquement hostile au travail lui-même... L'oisiveté y est devenue une doctrine qui règne par la violence là où elle n'a pu pervertir le cœur et l'intelligence. La loi faite au camarade s'impose ensuite au patron ; on y est entré parce qu'on n'avait pas d'ouvrage ; on refuse d'en sortir lors même que l'ouvrage se présente, ou bien l'on impose des conditions inacceptables... Les Ateliers Nationaux, on ne peut vous le dissimuler, ne sont plus aujourd'hui, au point de vue industriel qu'une grève permanente et organisée à cent soixante-dix mille francs par jour, soit quarante-cinq millions par an ; au point de vue politique, un foyer actif de fermentation menaçante... »

A la suite d'un tel discours, la nouvelle majorité modérée de l'Assemblée, tétanisée, ne cache plus son hostilité envers les ateliers nationaux ; elle attend une action imminente.

Cette fois, la Commission exécutive n'a plus le choix.

Le 21 juin, la dissolution des ateliers nationaux est ordonnée. Les jeunes ouvriers de dix-huit à vingt-cinq ans devront s'engager dans l'armée s'ils ne veulent pas perdre leur salaire. Les autres n'auront qu'à retourner chez eux en province. Marie a gagné, Louis Blanc a tout perdu.

La dérive autoritaire du pouvoir s'est accentuée au point d'atteindre un seuil de non-retour.

Juin 1848 est le mois terrible où cette décision de l'Assemblée fera descendre dans la rue ouvriers et artisans de Paris et resurgir des barricades, les 22 et 23 juin. La moitié de la garde nationale passe aux insurgés dans les faubourgs est de la capitale.

Le 21 juin, Maxime Du Camp, ami de Flaubert écrit : « *Le travail était suspendu dans les Ateliers ; les marchands ne vendaient plus, car on n'achetait rien. La Rente est tombée de moitié; les craintes ressenties étaient telles et si pressantes, que le Gouvernement avait fait engager confidentiellement les notaires de Paris à retirer les panonceaux accrochés à leur porte.* »

Sur le Boulevard des Italiens, aux environs de Tortoni, il est témoin d'une scène où le Gouvernement est nettement mis en accusation. Il se trouve là un jeune homme qu'il qualifie de réactionnaire et qui tient entre le pouce et l'index une pièce d'or de 20 Francs qu'il montre aux badauds attroupés en s'exclamant :

« La voilà ! C'est la dernière ! On a fouillé les caves de la Banque de France, on a fouillé les réserves du Trésor, on a fouillé la caisse de M. de Rothschild, on a fouillé les poches de tous les représentants, de tous les ministres, de tous les membres de la commission, pour en trouver une, et on ne l'a pas trouvée ! Celle-ci - la dernière ! - arrive en droite ligne du Pérou ; c'est un sou pour la voir, deux sous pour la toucher ! - on paye en entrant, dépêchez-vous, dans une minute il sera trop tard ; elle ne sera plus ! »

« On riait, on battait des mains, précise Maxime Du Camp ; *des gens du peuple regardaient sans colère et disaient : « C'est vrai ; comme l'argent est rare ! »*

Le 24 juin, l'Assemblée constituante déclare Paris en état de siège et investit Cavaignac des pleins pouvoirs en lieux et places de la Commission exécutive démissionnaire.

L'armée sous les ordres du général Cavaignac écrase violemment les manifestants qui parviennent à résister avec héroïsme devant la colonne de la Bastille mais dans les deux camps, la sauvagerie se fait d'une férocité barbare.

Le général Négrier qui s'est avancé sur une barricade dans le faubourg Saint-Antoine pour engager les insurgés à cesser le feu, est abattu à bout portant.

Le général Bréa est fait prisonnier avec son aide de camp à la barrière du Maine. Les insurgés le massacrent ; ils lui ont arraché les yeux et coupé les deux cuisses avant qu'il ne soit mort.

Des femmes vendent aux soldats de l'eau-de-vie empoisonnée. A la barricade de la barrière de Rochechouart, on a trouvé une pompe pleine d'huile de vitriol. On a coupé les poignets à un jeune garde mobile et on les lui a mis dans sa poche en lui disant de les porter à ses parents.

En quatre jours de combats acharnés, la guerre de rue fait rage, notamment au faubourg Saint-Antoine où le 25 juin, l'archevêque de Paris, Mgr Affre, tente de s'interposer entre les combattants après avoir obtenu que l'on suspende le feu. Les ouvriers laissant leurs armes viennent à sa rencontre mais à peine leur a-t-il adressé quelques mots, qu'il est abattu d'une balle dans le dos. Grièvement blessé, il succombera le lendemain après avoir murmuré : *Puisse mon sang être le dernier versé !*

L'émotion est à son comble en France et connaît un profond retentissement à l'étranger car rien ne permettra jamais de penser que cette balle meurtrière ait pu être tirée par un insurgé mais qu'importe la répression est féroce, aveugle.

Après les combats, viennent les "massacres de Paris". Les barricades tombées sont de véritables charniers où se mêlent jeunes hommes, vieillards, femmes et enfants.

Les prisonniers, eux, comparaissent devant un conseil de guerre puis sont enfermés dans les caves du pavillon de Marsan mais bientôt, devant le nombre, ils sont cinq à six mille à se trouver entassés dans un souterrain du Palais des Tuileries. Certains d'entre eux sont conduits liés et garrottés dans des forts tandis que les autres attendent que l'on se penche sur leur sort. Les arrestations massives comme en pareil cas sont souvent arbitraires mais les sentinelles, la peur au ventre, respectent les consignes de tirer sur tous ceux qu'on verrait apparaître à l'une des ouvertures. Un prisonnier est ainsi abattu dès la première sommation.

Les captifs à demi asphyxiés par le manque d'air et l'atmosphère polluée des souterrains seront, mis en colonnes et conduits sous bonne escorte, en pleine nuit, à la Préfecture ou à Saint-Lazare.

A hauteur de la place du Carrousel, certains d'entre eux se rebellent et parviennent à se saisir des armes des gardes nationaux. Dans l'obscurité de la nuit, des coups de feu éclatent. Aussitôt, une fusillade y répond dans la plus invraisemblable confusion. Des soldats, croyant se défendre des prisonniers, tirent sur eux sans se rendre compte qu'à même distance marchait une autre ligne de gardes nationaux.

Au même moment, un poste de gardes mobiles de la Marine sort de l'Orangerie et entame un feu nourri contre la masse obscure qui s'avance dans les ténèbres. La panique est indescriptible, des ombres s'effondrent puis les combats se terminent. On parcourt alors le terrain à l'aide de torches et de lanternes pour porter secours et enlever les cadavres. Le sang est répandu avec une telle abondance qu'on sera obligé de jeter des sacs entiers de sciure de bois et de sable pour l'étancher et en effacer les traces.

Au grand jour, le bruit de cette horrible boucherie s'est promptement répandu dans Paris. *(d'après le récit du Docteur Vérin - Mémoires d'un bourgeois de Paris).*

Malheur aux vaincus ! écrit Etienne Cabet dans *l'insurrection du 23 juin* ; *"On fusille les prisonniers sur place, et même longtemps après et loin du champ de bataille !... On fusille des prisonniers qui se rendent parce qu'ils croient qu'ils auront la vie sauve, parce qu'ils savent que c'est la loi de la guerre, parce que la peine de mort est abolie !... Et c'est la République qui fusille ainsi les Républicains ! Elle a aboli la peine de mort pour ne pas tuer ses ennemis, et elle tue ses amis ! Elle l'a abolie pour épargner quelques têtes et elle en fusille des milliers !..."*

Un millier de morts est dénombré chez les soldats et du côté des insurgés, un nombre bien plus important mais que l'on ne parviendra jamais à évaluer.

Le coup est mortel pour la République. Elle craignait le *péril rouge* ; elle l'a noyé dans le sang. Lamartine est prostré.

C'était la grande figure de la République, comme Coligny au retour des guerres religieuses. La soirée était morne, il semblait las de la vie. Je lui serrai la main, mon long regard triste fixé sur lui, mettant dans mes yeux tout mon cœur. Je ne l'ai pas revu, trop désespéré moi-même. (Charles Alexandre - Souvenirs sur Lamartine).

L'état de siège sera maintenu après les émeutes. 15 000 insurgés, traités comme des criminels, seront arrêtés, bon nombre ont été fusillés sur place et 3 000 déportés en Algérie.

Le fossé entre la bourgeoisie républicaine et le monde ouvrier se creusera plus encore. Le peuple de Paris, blessé par tant de déceptions, se détachera d'un monde politique qui l'a, une fois de plus, une fois de trop, berné et trahi. La province, elle, effrayée par ce qu'elle prétend être des *anarchistes* parisiens est prête à tout pour obtenir un gouvernement fort.

La victoire de Cavaignac est totale mais alors qu'un officier lui dit : *"Eh bien général, nous sommes vainqueurs ! Oui,* répond Cavaignac, *mais sans nos vieux africains, nous étions foutus."*

Les vieux africains d'Algérie, dont le général Bugeaud qui mourut durant l'année qui suivit l'insurrection de 1848.

Après les événements de juin, Cavaignac resta chef du gouvernement. L'Assemblée décréta qu'il avait bien mérité de la Patrie et l'engagea à former un gouvernement modéré tandis qu'elle travaillerait à une nouvelle constitution. Il accepta sur-le-champ sans comprendre qu'elle se servait de lui pour maintenir un climat de terreur qui la protégerait.

Les bourgeois rentrés à Paris arpentaient les rues que l'on ne tarderait pas à rechausser avec ces tas de pavés qui les obstruaient et qui sentaient encore la mitraille et le sang. Les ruines étaient nombreuses, des façades étaient criblées d'éclats ou présentaient des trous béants. Les témoins du temps n'en finissent pas de parler de ces taches de sang qui les obsèdent et qu'ils croiront voir encore longtemps, partout, même après ces averses d'été qui rendent pourtant l'atmosphère plus respirable.

A d'autres endroits, le ciel bleu de juin se profilait à travers les bois rongés par le feu de la toiture d'une modeste épicerie abandonnée. Le sol était jonché de gravats parmi lesquels se distinguaient parfois les bibelots à la fois banals et insolites d'une vie brisée, d'espoirs anéantis.

Six cents barricades avaient été dressées dans la ville dont un bon nombre n'avait pas connu de combats.

Un boulet, rapportent les mémoires du temps, avait perforé la porte de bronze du Panthéon, traversé la nef, décapitant dans sa course les statues de la France et de la Liberté. On y vit un symbole mais l'on détourna les yeux de quatre cercueils que l'on avait entreposés là, et qui dégoulinaient d'un sang déjà visqueux.

Et puis, très vite, on parla d'autre chose. On se souvint de la crise, mais les affaires allaient pouvoir reprendre. Il faudrait déblayer, reconstruire, remettre de l'ordre dans la capitale. Le travail, cette fois, serait, abondant.

La nouvelle Constitution votée le 4 novembre 1848, se fondait sur le principe de souveraineté du peuple et de la séparation des pouvoirs ; le pouvoir législatif est confié à une chambre unique de 750 membres élus pour trois ans au suffrage universel et direct ; le pouvoir exécutif appartient à un président élu pour quatre ans, non rééligible, et responsable devant une haute cour de justice.

Il ne peut dissoudre l'Assemblée. Elle-même ne peut l'obliger à prendre des ministres ayant sa confiance. Si les deux pouvoirs se confrontent, aucune solution légale n'est prévue.

La Constituante fixa l'élection présidentielle au 10 décembre 1848.

Cavaignac apparaissait comme un bon républicain, modéré cela va sans dire mais trop bon pour se prêter à une restauration monarchique et de toutes façons trop républicain pour figurer dans le grand parti conservateur, le Parti de l'Ordre, dirigé par un Comité siégeant rue de Poitiers, qui groupait tous les adversaires de la république ; légitimistes, orléanistes et catholiques et qui se proposait de restaurer un nouvel ordre moral, de combattre les mauvaises passions du socialisme par l'enseignement de l'Eglise.

Il valait mieux que sa redoutable besogne de répression accomplie, le Général Cavaignac s'en retournât dans sa caserne.

Le Parti de l'Ordre ferait tout pour lui barrer la route. Le Comité de la rue de Poitiers choisit un nom, celui du prince Louis Bonaparte et en fit son candidat malgré le désaveu de Thiers qui le considérait comme un *crétin*.

Le 10 décembre vit le triomphe absolu de Louis Bonaparte qui raflait les trois quarts des suffrages exprimés, soit près de 5 millions et demi de voix, tandis que Cavaignac n'en comptait à peine qu'un million et demi.

Pour les autres candidats, la déroute était totale : Ledru-Rollin, Raspail et Lamartine recueillaient ensemble quelques 400 000 suffrages. Cette fois, et à cause d'eux, la Seconde République venait de trépasser mais elle les entraînait avec elle dans le linceul.

Le 10 décembre mit un terme à la carrière politique d'Alphonse de Lamartine et plus tard, pour payer ses dettes, il écrivit un Cours familier de littérature. Ledru-Rollin connaîtrait l'exil ainsi que Raspail. Louis Blanc, initiateur des ateliers sociaux s'exila après les journées de Juin mais il rentra en France en 1870 et fut élu député à l'Assemblée nationale.

Adolphe Thiers aurait encore une longue carrière politique et l'on parlerait de lui lors de l'écrasement de la Commune.

Un nouvel ordre s'instaurait en France. Louis Bonaparte devenait l'élu de la bourgeoisie, des gens d'ordre, des catholiques auxquels il avait promis la liberté de l'enseignement, mais aussi l'élu de la France profonde, des masses ouvrières et paysannes qui avaient voté sur un nom, une illusion : Bonaparte, neveu de l'Empereur même dans les départements ancrés à gauche, ces départements que l'on disait "rouges".

VI

La France du dernier empereur

« La France a trente-six millions de sujets
sans compter les sujets de mécontentement. »

Henri Rochefort. N° 1 de La Lanterne
Samedi 30 mai 1868

Charles-Louis Napoléon Bonaparte est né à Paris le 20 avril 1808. Son père est Louis, frère cadet de Napoléon et roi de Hollande, sa mère est la fille de l'impératrice Joséphine, Hortense de Beauharnais. L'empereur est parrain de l'enfant.

Juin 1815 : Waterloo voit l'anéantissement de la dernière armée de Napoléon. Les alliés occuperont Paris et infligeront au pays, en novembre, un second traité qui cette fois, entend mettre la France à genoux et lui faire payer très cher l'ultime aventure napoléonienne. Aussi vaut-il mieux se faire oublier lorsqu'on appartient à la famille de l'empereur déchu et le 19 juillet 1815, c'est l'exil pour Hortense et son jeune fils. Après les Cent-Jours, Louis XVIII s'est montré inflexible : il n'y a plus de place en France pour celle qu'il a faite duchesse de Saint-Leu.

Les années d'exil vont se succéder dans l'ennui de la résidence d'Arenenberg acquise en 1817 entre forêt noire et lac de Constance, dans le canton suisse de Thurgovie, aboutissement d'un voyage sans retour empli d'amertume et de rancœur. Pavillon bourgeois bien éloigné des fastes de l'Empire et par-dessus tout de la France même si les visites se succèdent auprès de l'ex-reine de Hollande. Eloigné de tout d'autant qu'ici, on parle allemand.

Louis XVIII a voulu cet exil, Louis-Philippe ressuscitera malgré lui le culte de l'empereur. Il y a aussi cette Europe mise en pièce par Metternich mais qui gronde et bouge. Même meurtrie et sous le joug de l'oppression, elle reste le premier continent d'influence au monde et le nombril de la planète pourrait être la capitale de la France, ce pays que l'on disait être la *Grande Nation*.

Alors, comment le neveu de l'Empereur pourrait-il admettre comme définitive cette retraite maussade où la pendule du salon égrène les vieux souvenirs du sacre à Notre Dame le 2 décembre 1804, d'Austerlitz un an plus tard et un an après sa propre naissance, Wagram ?

Comment ne pas rêver de la France et d'y retrouver sa place, une place qui verrait à nouveau le N impérial prendre la tête de l'alphabet du pouvoir ?

Louis-Napoléon ne revendique aucun droit et confie à son père en 1834 : *Le soleil de la gloire a rayonné sur mon berceau. Hélas! C'est tout... Je n'ai qu'un passé sans attrait et un avenir sans espoir.*

Lorsqu'il écrit ces lignes, deux prétendants à la succession de l'empereur ont disparu : le duc de Reichstadt, l'Aiglon, s'est éteint sans jamais avoir revu la France. Napoléon II ne régnera jamais. Quelques temps plus tôt, même disparition de Napoléon-Louis, cette fois en Italie.

Louis-Napoléon était avec son frère lorsque celui-ci a trouvé la mort. Les deux jeunes hommes s'étaient lancés dans une folle opération lorsque éclate en France la Révolution de Juillet. Du coup, craignant de déplaire au nouveau gouvernement français dont ils espèrent l'aide, les rebelles italiens se détournent des deux Bonaparte. C'est Hortense qui vient au secours de son fils pourchassé par les Autrichiens et les voici tous deux se réfugiant en France, pays dont ils n'ont plus aucun droit de fouler le sol. Cependant, Louis-Philippe accorde une entrevue que lui implore l'ex-reine de Hollande mais conscient que le bonapartisme renaît en France, sa décision est inflexible : les deux fugitifs devront-ils avoir quitté le royaume dans les délais les plus brefs et la discrétion la plus absolue. En effet, quelques jours après cette entrevue, une manifestation de bonapartistes se déroule autour de la colonne Vendôme en mémoire de l'empereur à l'occasion du 10ème anniversaire de sa mort.

Louis-Napoléon a été le témoin de cette manifestation qu'il a observé discrètement. Il sait désormais, sur cette nouvelle route qui le reconduit à son exil après une escale de quelques semaines en Angleterre, qu'il reviendra en France le moment venu. C'est ici que doivent se sceller le souvenir de l'empereur et le destin politique de Louis-Napoléon. Quant à la famille d'Orléans, elle ne perd rien pour attendre.

Nous sommes toujours sous la IIe République mais le vent de la liberté a cessé de souffler sur la capitale. Les insurgés de Juin n'avaient aucune chance, la France profonde ne viendrait pas à leurs secours. Ils furent même désavoués; n'étaient-ils pas des anarchistes sanguinaires ?

A Paris, ils sont près de 350 000 ouvriers dont un tiers de femmes, à obéir à 65 000 petits patrons. La population parisienne a pratiquement doublé en un demi-siècle. 600 000 habitants en 1801, 817 000 en 1817, près de 1 152 000 habitants en 1856.

Face à cette poussée, cette invasion continue de la capitale par le peuple du travail, *Paris*, dira Maxime Du Camp, *allait devenir inhabitable.* Toutes classes confondues, on y vivait de plus en plus mal. Taudis, quartiers insalubres, meurtrières épidémies de choléra de 1832 et de 1849, cette fois, sur une ville qui porte encore la trace de son martyre de Juin.

Ce Paris de la misère, des murs suintants la vermine et l'humidité, de ces pavés disjoints et glissants sous l'averse, disparaîtra sous les pioches des démolisseurs du baron Haussmann, nommé en 1853, préfet de la Seine, pour effectuer sous les ordres de l'empereur une œuvre gigantesque d'aménagement et d'embellissement de la capitale. Certes, les travaux auront permis de raser des quartiers entiers de ruelles propices à l'insurrection, aux barricades. De larges avenues étant conçues pour faciliter les mouvements de troupes mais Paris était aussi en proie à l'asphyxie. Il était impossible d'y circuler mais d'autres considérations guideront les travaux ; la grandeur de la France. Napoléon III a voyagé, il connaît Londres et d'autres capitales européennes et veut poursuivre l'œuvre entreprise mais inachevée du premier empereur.

On va beaucoup démolir, tracer de larges avenues bordées de trottoirs, plantés d'arbres, qui vont aérer la capitale et devenir ses artères principales, fluidifier la circulation du nord au sud et d'ouest en est. Là où se situe la République partiront de nouveaux boulevards Voltaire, Magenta, de la même façon qu'autour de l'Etoile fileront de nouvelles avenues. Les bois de Boulogne et de Vincennes sont aménagés. Un grand nombre de communes sont incorporées à Paris ; Montmartre, la Chapelle, la Villette, Belleville, Ménilmontant, Charonne, Bercy, Vaugirard, Grenelle, Auteuil, Passy, Chaillot et Ternes.

Le Paris d'Haussmann, c'est aussi 600 kilomètres d'égouts et une meilleure politique de l'eau pour la première ville de France.

Après son aventure italienne et l'entrevue malheureuse de la reine Hortense avec Louis-Philippe, l'exilé d'Arenenberg essuiera deux nouveaux échecs. Les équipées de Strasbourg en 1836 et de Boulogne quatre ans plus tard tourneront au désastre pour le futur empereur. Emprisonné à vie après Boulogne, il parviendra à s'évader du Fort de Ham six ans plus tard dans des conditions rocambolesques et trouvera refuge en Angleterre. Fin février 1848, lorsqu'il apprend la chute de Louis-Philippe, il embarque sans tarder pour le continent.

Signe des temps, alors qu'il débarque à Calais, un homme fait, le même jour, la traversée inverse en s'embarquant à Honfleur pour l'Angleterre mais pour Louis-Philippe, dernier roi de France, il n'y aura plus le moindre espoir de retour.

Parvenu sans encombre à Paris, Louis-Napoléon s'installe dans un hôtel de la rue de Richelieu et adresse un courrier au Gouvernement provisoire dans lequel il affirme vouloir se *ranger sous le drapeau de la République*. La réponse de Lamartine ne tarde guère ; sans vouloir s'opposer au séjour des princes, le gouvernement le prie cependant de bien vouloir quitter Paris. L'homme obtempère et regagne Londres laissant sur place quelques-uns de ses plus fidèles compagnons.

Il ne veut rien forcer et ne se présentera pas aux élections d'Avril où trois Bonaparte seront élus. En juin, sans quitter Londres, il est élu dans trois départements et à Paris où son nom arrive derrière celui de Thiers et de Victor Hugo mais là encore Louis-Napoléon hésite ; le moment est-il venu de rentrer en France et de faire son entrée à la Chambre ? Il sait l'hostilité grandissante dont il est l'objet dans les sphères du pouvoir. A propos de son élection, on parle d'invalidation et même d'arrestation à son égard. Le jour où la Chambre se réunit, des petits groupes se forment aux abords du Palais Bourbon pour l'accueillir mais en vain. Louis Napoléon a renoncé à son mandat et dans une lettre, il a présenté sa démission au président de l'Assemblée.

Ce même mois de juin 1848 verra la capitale sombrer dans le chaos. Les jours de cette république qui a noyé l'émeute populaire dans le sang sont comptés. Sans doute, Louis-Napoléon était-il bien inspiré de différer son retour et puis qu'importe puisqu'il se fera réélire en septembre. Dès lors, son simple nom sur une affiche lui permet d'imaginer tous les succès possibles. Le 10 décembre 1848 marque son élection triomphale à la présidence de la République.

En fait, on connaît peu cet homme à l'élocution hasardeuse, à l'attitude gauche, à la voix nasillarde, piètre orateur qu'un accent germanique achève de ridiculiser, mais il lui suffit de promettre aux catholiques la liberté de l'enseignement pour que s'estompent les derniers obstacles.

Les législatives de mai 1849 consacreront un nouveau triomphe pour le Parti de l'Ordre. Les républicains modérés, ces républicains *du lendemain*, se trouvaient réduits à 70 sièges contre 500 au Parti de l'Ordre mais une nouvelle Montagne dirigée par Ledru-Rollin raflait quelque 180 sièges.

Il fallait pour le Prince-Président réduire la montagne et le régime se fit répressif : *il est temps que les bons se rassurent et que les méchants tremblent*, affirma-t-il après que l'Assemblée eût fait déférer en Haute Cour 34 députés montagnards qui avaient dénoncé comme une violation de la Constitution l'expédition de Rome qui vit l'écrasement par la France de la République romaine au profit des États pontificaux.

Pour sa part, l'Assemblée dans sa majorité pensait en sourdine au rétablissement de la monarchie mais orléanistes et légitimistes ne parvenaient pas à s'accorder sur un nom.

Ce péril et d'autres encore effleurèrent l'esprit de Louis Napoléon, prisonnier d'une majorité conservatrice. Au printemps 1850, lorsqu'il fut question par des élections partielles, de remplacer les députés montagnards condamnés par la Haute Cour, on vit élire à leurs places 21 démocrates socialistes dont le romancier populaire Eugène Sue. L'affolement après ce succès de l'opposition de gauche fut tel que la rente perdit 7 francs.

Entre une possible restauration monarchique à droite et une nouvelle montée de l'opposition socialiste à gauche, il fallait à Louis-Napoléon, agir très vite vers un pouvoir fort qui briserait les reins de l'Assemblée et le conflit éclata rapidement.

Aussitôt après cette victoire, le suffrage universel se voyait sévèrement épuré par la loi du 31 mai 1850 excluant du droit de vote tous les citoyens ne justifiant pas de trois ans de domicile dans le canton au lieu de six mois dans la commune. Le corps électoral de 9,5 millions perdit trois millions d'électeurs.

Les journaux qui avaient connu sous la seconde République une formidable éclosion furent contraints par la loi sur la Presse du 16 juillet 1850 à verser un lourd cautionnement et le droit de timbre fut rétabli. De nombreuses publications dans l'impossibilité de payer cessèrent de paraître tandis que tous les journalistes étaient soumis à l'obligation de signature de leurs articles.

Après avoir liquidé le ministère conservateur préconisé par Thiers, Louis-Napoléon fit appel à des familiers qui fondèrent le noyau d'un Parti de l'Elysée dirigé par Fialin de Persigny, compagnon de jeunesse du futur empereur et qui avait participé aux folles équipées de Strasbourg et Boulogne. Ce dernier, dont le dévouement au Prince-Président relevait du fanatisme, encouragea la création de clubs bonapartistes, l'édition de brochures de propagande et développa tous les moyens visant à discréditer l'Assemblée.

Déjà les milieux d'affaires demandaient à l'aide de pétitions la révision de la Constitution. Louis-Napoléon exploita le mouvement en se déclarant *décidé à suivre la volonté du pays*. De nouvelles pétitions affluèrent au point que bon gré mal gré, l'Assemblée mit la révision de la Constitution à l'ordre du jour. Le 19 juillet, le projet fut rejeté tant par la gauche que dans le rang des légitimistes.

Quelques mois plus tard, Louis-Napoléon avançait un nouveau pion ; il proposa à l'Assemblée l'abrogation de la loi électorale du 31 mai et le rétablissement du suffrage universel.

L'Assemblée, le 13 novembre, commit l'erreur de refuser. Quatre jours plus tard, elle commettait une nouvelle erreur en repoussant la proposition de rendre au Président de l'Assemblée le droit de requérir la troupe en cas de troubles. Désormais, les hommes de Louis Napoléon dont le duc de Morny, son demi-frère, avaient les mains libres. Le coup d'état pouvait intervenir d'un jour à l'autre.

Plusieurs fois remis, minutieusement orchestré par les hommes du Prince-Président, incluant des militaires et des fonctionnaires complices tenus dans le secret, il se produisit le 2 décembre ; date anniversaire du sacre de Napoléon 1er et de la victoire d'Austerlitz.

A l'heure où un nouvel homme s'apprête à relever l'Empire, c'est une époque de gloire sans précédent pour le Franc de Germinal qui passe pour être une monnaie parmi les plus fortes du monde, sinon la plus forte du monde, et du coup une folle idée se met à germer : pourquoi le Franc ne deviendrait-il pas la monnaie de référence et pourquoi pas la monnaie universelle ?

Déjà en 1832, la toute jeune Belgique l'a adopté comme unité monétaire et d'autres pays européens la suivent dans cette voie : Suisse, Espagne, Grèce, Italie, certaines zones des Balkans. Le franc qui doit encore son succès au bimétallisme, traverse l'Atlantique et se fait adopter, dans son principe, en Amérique Latine.

Napoléon III imaginera que le Franc peut devenir la monnaie mondiale et pourquoi n'inviterait-il pas l'Angleterre et les Etats-Unis à frapper à leurs tours des pièces semblables à notre bonne vieille pièce de 5 Francs ? Du coup, serait inventée l'unité de base monétaire de la planète tout entière.

Une Conférence se tiendra à Paris en 1865 et rassemblera dix huit nations autour de cette idée d'un Franc universel mais Napoléon III, cette fois, se berce d'illusions car le système du bimétallisme se fissure lentement.

Ce qui constituait un atout de stabilité, deviendra un handicap insurmontable d'une incontournable logique. Si le franc a tenu bon depuis Napoléon 1er, la chance y est pour beaucoup. La pièce équivaut à 4,5 grammes d'argent ou 290,3225 milligrammes d'or. On fixe ainsi un rapport de valeur de 15.5 entre les deux métaux. Encore faut-il que le cours de ces deux métaux soit équilibré et stable. C'est là le talon d'Achille de notre monnaie : la stabilité, pour ne pas dire la stagnation. Pendant une soixantaine d'années, l'équilibre va se maintenir tel un acrobate sur un fil. Le balancier tangue un peu à droite du côté de l'or, à gauche au profit de l'argent mais le franc garde le pied sur son fil.

Cependant, autour de l'hexagone, le monde s'est transformé. On a construit des milliers de kilomètres de chemins de fer. La métallurgie s'est développée. Terminé le bon vieux temps de la marine à voile, la coque des bateaux aujourd'hui est en métal car la Révolution industrielle, c'est avant tout un nouvel âge du fer. La vapeur va mouvoir la roue à aubes puis mieux encore l'hélice.

Le monde est entré dans une économie de la puissance motrice et Jules Verne ne s'y trompe pas lorsqu'il écrit ses premiers romans *scientifiques*. Plus qu'un visionnaire, il est avant tout le témoin ébloui de son temps. Tout ce qu'il écrit existe déjà ou est en passe de se concrétiser. Vingt ans avant son *20 000 lieues sous les mers*, le 28 août 1850, le premier câble sous-marin fut posé entre la France et l'Angleterre. Déjà la photographie est inventée et avant la fin du siècle, on inventera le cinéma. A une dizaine d'années près, la caméra des frères Lumière aurait pu immortaliser Victor Hugo, ce fils d'un officier de l'Empire. Autant dire que la modernité submerge le siècle de toutes parts.

L'exposition de 1867 à Paris voit apparaître des produits nouveaux qui changeront notre vie. Ainsi un inventeur a concentré dans un petit cube les principaux éléments nutritifs de la viande. L'*extractum carnis*, bouillon d'extraits de viande, le fameux « bouillon-cube ». Son nom : Justin Liebig. Autre nouveauté, le lait condensé de Martin de Lignac. Deux produits miracles qu'auraient pu emporter dans leur nacelle les héros du *Tour du monde en 80 jours*.

Les colonies exotiques, les contrées lointaines, sont à nos portes. L'Australie n'est plus cette colonie pénitentiaire que des beaux esprits anglais en perruques poudrées avaient imaginée. L'élevage des moutons pour l'industrie de la laine en a fait un des premiers producteurs au monde. Cependant, d'une année sur l'autre, et pour cause de sécheresse notamment, tout peut être anéanti. Reste alors la viande de mouton mais comment la transporter jusqu'en Europe alors qu'il faut plusieurs semaines de navigation ? La réponse se trouve dans la conservation de la viande à très basse température. Dès 1868, on parvient ainsi à congeler des carcasses de moutons à –25° C, le froid étant obtenu par liquéfaction de l'ammoniaque.

Mais l'Australie ne se contente pas d'être au tout premier plan du marché mondial de la laine ; elle trouve aussi de l'or en quantité dès 1851 et l'injecte dans l'économie mondiale.

Quelques années auparavant, en 1848, alors que la France liquide une monarchie de Juillet tournée vers le passé, pour bâtir une république de l'utopie, en d'autres lieux, une autre contrée lointaine fait figure de nouvel El Dorado. De pauvres fermiers canalisent l'eau des torrents pour irriguer les nouvelles terres de la Californie lorsqu'ils observent des paillettes scintillantes qui filent dans l'onde. C'est alors l'une des plus grandes aventures de notre temps : la ruée vers l'or.

Les conséquences ne se font pas attendre : l'or californien envahit la vieille Europe provoquant une dégringolade des cours. Il y a trop d'or ; il se déprécie. La production annuelle mondiale d'or de cinq millions de livres sterling en 1848, passe quatre ans plus tard, avec les gisements californiens et australiens, à près de six fois plus : 28 millions de livres sterling en 1852 !

Les Européens ont de quoi frémir devant un tel danger qui risque de malmener l'ensemble de leurs économies. En France, une parade est mise en place. On va préférer l'or à l'argent et au lieu d'importer de l'argent, on va l'exporter. Au lieu de frapper du métal blanc, on va lui préférer le métal jaune. Du coup, l'argent regrimpe à nouveau. Les pays riverains, Italie et Suisse, réduisent le titre de leurs pièces d'argent aux environs de 0.8. Le Franc au titre de 0.900 ne bouge pas. Conséquence immédiate, il est aussitôt thésaurisé et ne sort plus des bas de laine. Alors, on interdit en France les pièces dites *déloyales* mais bien vite on reprend le même procédé.

En 1864, les petites pièces de 20 et 50 centimes d'argent sont réduites au titre de 0.835 mais on ne touche pas aux pièces plus lourdes de 1 et 2 francs, crédibilité de la monnaie oblige, même s'il faut aller plus loin.

Et l'on sera bien obligé d'aller plus loin vers la casse du système bimétallique ; la pièce de 1 franc ne contiendra plus 4.50 grammes d'argent. Il faut s'en faire une raison. Le franc n'est plus seul ; il est une des composantes de la zone franc. La Belgique appelle ses partenaires, Italie, Suisse et France, à la ratification d'un pacte monétaire : l'Union latine selon lequel un système commun sera mis en œuvre : pièces d'or et d'argent au titre de 0.900, du moins pour celle en argent de 5 francs.

Les autres petites monnaies d'argent au titre de 0.835 conserveront un cours légal à concurrence de 50 francs entre particuliers, l'émission étant limitée à 6 francs par habitant. On verra que très vite un nouvel écueil attend la toute jeune Union latine.

Ce brutal envahissement du métal précieux va être durement ressenti en Europe et en particulier en France. L'or perdant de sa valeur, fait entrer le pays dans une longue période de hausse des prix qui s'étalera jusqu'en 1875 mais il y aura aussi, dans cette nouvelle donne, un effet bénéfique pour l'économie nationale.

Le Français aime l'or depuis toujours et il veille jalousement sur son bas de laine. Un bas de laine riche mais improductif et inerte. Les Français passent en effet pour être parmi les plus grands possesseurs d'or. Ce qui ne présente aucun intérêt particulier, ni ne témoigne d'une grande audace industrielle.

Aujourd'hui, ce bas de laine, fruit de tant de labeur, s'avère décevant car il est porté un coup sévère à la valeur refuge du métal jaune. Un coup mortel à sa crédibilité. Le bourgeois va alors comprendre qu'au lieu d'empiler des Louis ou des Napoléons, il serait plus inspiré d'injecter son épargne dans l'industrie, via les banques. Ce réflexe explique en grande partie le formidable essor économique du XIXe siècle. En déposant, son argent dans ces nouvelles banques de dépôts, ces nouvelles banques d'affaires, le Français permet au pays de rattraper son retard industriel.

Exemple parmi d'autres de placements bancaires, le chemin de fer. De 1 800 kilomètres de voies ferrées en 1847, on en compte le double en 1851 et 18 000 kilomètres, dix fois plus, seront en exploitation en 1870. En 1848, les diligences roulaient au mieux entre 12 et 14 km/h. Trois ans plus tard, le train dépasse les 50 kilomètres/heure et s'affranchit de nombreuses contraintes que connaissait la route. Le progrès est significatif, non seulement pour les passagers dont le nombre s'est multiplié, mais aussi pour l'industrie avec un abaissement sensible du coût des transports, l'ouverture de nouveaux marchés.

Le rail a rapproché les centres urbains dans une France où l'on se déplaçait peu ou mal. Le réseau ferré du Second Empire constitue toujours l'ossature de nos infrastructures ferroviaires actuelles.

Autre exemple du succès des banques d'affaires et de dépôts vers lesquelles s'est tourné le Français déçu par l'or : le Paris du baron Haussmann, financé notamment par le Crédit mobilier, chef de file de cette nouvelle génération de banques.

Après la découverte des gisements aurifères de Californie et d'Australie et l'impact extraordinaire enregistré sur l'ensemble des économies mondiales, comment un pays pourrait-il désormais ne compter que sur lui-même ?

L'heure de la Mondialisation vient de sonner sur toutes les horloges de la planète. Dès lors, est-il encore temps de bâtir des empires et de quels nouveaux empires pourrait-il s'agir ?

Une Constitution fragile, maladroite, a conduit le Prince-Président à la seule solution du Coup d'Etat du 2 décembre 1851. Sur les murs du petit matin, les Parisiens médusés énoncent à haute voix à l'attention de ceux qui ne savent pas lire :

Au nom du peuple français, Le président de la République décrète :
Art. 1 L'Assemblée nationale est dissoute.
Art. 2 Le suffrage universel est rétabli. La loi du 31 mai est abrogée.

Suivent quatre autres articles mais le silence s'établit à nouveau face au mur et à la stupéfaction. Une autre proclamation appellera au peuple. On parlera de plébiscite.

La dissolution de l'Assemblée nationale n'insurge pas les foules bien plus sensibles au rétablissement du suffrage universel. L'indifférence caractérise cette journée froide de décembre 1851, tandis qu'à droite on semble apprécier la fin des incertitudes et le retour à l'ordre.

Le lendemain, la rente qui avait perdu 1,75 franc la veille, refait son chemin à 2,10 francs. C'est un signe qui anticipe sans hésiter le succès du coup d'Etat. Encore faudra-t-il vivre les journées du 3 et du 4 décembre ; celles des insurgés qu'avait sous-estimé, le nouveau ministre de l'Intérieur. Là encore, les signes ne trompent pas. Les hommes du coup d'Etat constatent sans peine que peu d'affiches ont été arrachées. Leurs espions épient les conversations et sentent bien que le peuple de Paris ne va pas se mobiliser pour des députés qui en 48, les ont si malmenés.

Pourquoi iraient-ils se faire trouer la peau sur les barricades au nom de la dissolution de l'Assemblée nationale ? D'autant que cette fois, ils sont prévenus : toute personne surprise à la confection d'une barricade sera exécutée sur-le-champ. Alors s'ils s'attroupent à divers endroits, c'est plus par curiosité. Une curiosité qui pourra leur être fatale car les militaires peuvent avoir la gâchette facile s'ils se sentent soudainement trop entourés.

Un tel incident va se produire ; coup de canon dans une vitrine, fusillade nourrie où tomberont des bourgeois de Paris.

Nervosité incontrôlée de la troupe ou coup monté en vue de rafraîchir certaines ardeurs républicaines ?

De la part de Morny, on peut s'attendre à tout. Il a fait procéder à bons nombres d'arrestations préventives. Auparavant, ces hommes-là dont on ne fait pas des complices, étaient surveillés depuis une bonne semaine, sans qu'ils ne se doutent de rien. D'autres tomberont dans des pièges ; ces estaminets où se rassemblent discrètement des républicains ou des opposants de toutes sortes. Rien n'a été laissé au hasard.

La police n'est pas dans la confidence, du moins à certains niveaux. On lui a juste affirmé qu'un complot se tramait contre l'Etat, qu'il fallait agir vite mais sans éveiller de soupçons, ni troubler la quiétude des braves gens. Elle obéit donc et si un fonctionnaire tatillon vient à poser trop de questions, il est immédiatement arrêté.

Retournement de situation, fragilité du pouvoir ; un homme médite à l'ombre d'un cachot. Son nom : Cavaignac, le général de la répression féroce de juin 48. Il y a aussi le petit homme à lorgnons, Adolphe Thiers.

Et un autre général, Changarnier, qui fomentait lui aussi un coup d'état contre l'Assemblée nationale en vue de replacer un Orléans sur le trône. Lorsque l'on vint l'arrêter, il se trouvait en chemise de nuit et prévint ses visiteurs qu'il était armé, ceux-ci l'étaient aussi. L'enjeu valait-il qu'un coup de feu fut échangé ? Le général préféra enfiler son uniforme et il suivit les policiers. Bien d'autres hommes seront arrêtés mais parmi eux bon nombre le seront très docilement. Il faut bien reconnaître, en ces temps, que tout le monde ne s'appelle pas Victor Hugo.

Dans un appel au peuple de Paris, le poète écrit : *Louis-Napoléon est un traître. Il a violé la Constitution. Il s'est mis lui-même hors la loi...* Rencontrant Proudhon au hasard de ses pas, celui-ci lui répond : *Cessez de résister, croyez-moi.*

Dans Paris, en état de siège, on voudrait lever le peuple et se battre. On en discute la nuit tombée autour d'Hugo, quai de Jemmappes, en comité de résistance. Autour du grand homme, Victor Schœlcher, Carnot et bien d'autres, décidés d'aller dès le matin suivant construire des barricades dans les quartiers populaires.

Pour Louis-Napoléon, la faiblesse des réactions populaires, au soir du 2 décembre lui permet de passer une nuit paisible. Quant à Morny, son sang froid étonne. Maupas, le préfet de police lui annonce par note que ses services souhaitent mener une perquisition chez M. Faucher, conseiller à la cour de cassation, *où paraît être caché M. Victor Hugo.*

Réponse de Morny : *Ne faîtes rien.*

Rue du faubourg Saint-Antoine, sur une barricade, le député Baudin ceint de tricolore, tombe mortellement blessé dans les bras, dit-on, d'un ouvrier. En fait, on sait peu de choses de Baudin mais il paraît peu probable qu'il ait tenu le mot historique qu'on lui attribue.

Près de dix mille suspects seront déportés en Algérie et en Guyane.

Le 21 décembre, le pays confie par 7 millions et demi de oui contre 640 000 non et un million d'abstentions, au Président le mandat de rédiger une constitution.

Seule Paris s'illustre une fois encore par une plus grande maturité politique et sans doute aussi le fait qu'elle fut au cœur de l'événement. Ici, on ne pardonne rien aux décembristes.

Simple coïncidence ou volonté délibérée de Louis-Napoléon après le vote défavorable de la capitale, janvier 1952 marque le début des grands travaux de Paris.

Le 10 janvier, décret d'expulsion de 70 députés parmi lesquels Victor Hugo.

Quatre jours plus tard, la nouvelle Constitution est promulguée. Louis-Napoléon est reconduit dans ses fonctions pour dix ans. Il est responsable devant le peuple et peut le consulter à son gré par plébiscite. Le pouvoir législatif se trouve limité. Les membres du Sénat sont nommés à vie par le Président et veillent à la constitutionalité des lois.

Le 23 janvier, décret de confiscation des biens de la maison d'Orléans. Pour écarter sans doute la tentation d'une restauration de la monarchie. A moins que ce ne soit en souvenir d'une malheureuse entrevue entre Louis-Napoléon et sa mère, la reine Hortense, tous deux exilés, avec Louis-Philippe qui leur refusa le droit de demeurer en France ?

Début mars, le 2, Elections au Corps Législatif. En octobre de cette même année, on se met à reparler de l'Empire.

Le 1er décembre Louis-Napoléon deviendra Napoléon III après le plébiscite des 21 et 22 novembre approuvant la restauration de l'Empire.

Le rêve est devenu réalité mais dans les yeux vides de Napoléon III âgé de 44 ans, la maladie et la souffrance se lisent déjà. Quelques années plus tard, des ambassadeurs le trouveront prématurément vieilli et fatigué.

Lorsque l'on évoque 1870 et Sedan, on comprend mal une telle défaite. La France n'était pourtant pas en position de faiblesses. Jamais elle n'avait été aussi forte, aussi riche, dominatrice et colonisatrice.

Défilent alors différents épisodes : Sébastopol, Magenta et Solferino pour le militaire, les grands travaux du baron Haussmann pour Paris : 25 000 maisons démolies, 75 000 construites. La rapidité des travaux étonne encore.

Ferdinand de Lesseps et Suez, la fin de la crise et la redoutable solidité du Franc, une France au travail et tournée vers la prospérité même si la condition ouvrière évolue peu, l'essor incomparable de la Banque et du chemin de fer, l'éclat sans précédent de la vie parisienne que rythme Jacques Offenbach tandis que plus discret, Baudelaire signe *Les fleurs du mal.*

La naissance des grands magasins ; Le Bon Marché de Monsieur et Madame Boucicaut, autorisé en 1852, le Louvre crée en 1855, le Printemps, en 1865 et en 1869 la Samaritaine, voit l'émergence de la grande distribution à petits bénéfices et à prix fixe, sortir le commerce d'un marasme endémique. Le Français, malgré la vie chère, se met à consommer davantage.

Alors que Napoléon III règne, son époque est tout entière tournée vers un nouvel affairisme souvent saint-simonien qu'illustrent des hommes tels les frères Pereire, financiers et fondateurs de la Compagnie Générale Transatlantique ou d'autres encore.

Parmi les banques qui naquirent sous le Second Empire : le Crédit Foncier, fondé en 1852 mais qui s'orientera vers l'immobilier, le Crédit Lyonnais fondé en 1863 déjà célèbre à l'époque pour ses placements à rendements élevés et sa stratégie à l'anglaise sur le périmètre Rhodanien, la Société Générale qui naquit l'année suivante de la volonté d'un groupe d'industriels et de financiers parmi lesquels Schneider ou Talabot, elle aussi banque d'affaires finançant l'immobilier, le secteur minier ou les investissements coloniaux en Algérie.

Malgré quelques initiatives, dont celle de Lafitte, la banque n'avait que très peu évoluée depuis 48. On parlait encore de Haute-Banque constituée de banques privées, familiales, sans succursales, plaçant leurs propres capitaux ou ceux de relations proches, à longs termes. Ce sont les Rothschild ou les Worms. Les nouvelles banques, elles, sont constituées en sociétés par actions et des lois nouvelles favoriseront leur développement ; loi sur les sociétés à responsabilité limitée en 1863 et surtout celle sur les sociétés anonymes en 1867.

Une nouveauté importante dans le domaine de la Banque apparaît en mai 1865, en France, près d'un demi siècle après l'Angleterre où il a vu le jour en 1822, le chèque bancaire.

La Banque de France, elle-même, n'échappe pas aux tourbillons d'un libéralisme d'empire élargissant ses opérations de crédit aux compagnies ferroviaires, à hauteur, tout de même, de 50 millions. Ses privilèges d'émission des billets de banque et de fixation du taux de l'escompte - le loyer de l'argent - lui sont renouvelés pour 40 ans en 1857 et son capital se voit doublé.

La Banque de France portera de 30 ses succursales départementales en 1852 à 79 en 1875. Sous Napoléon III, des coupures de 50 et 100 francs seront mises en circulation. Son encaisse métallique de 458 millions en 1850 aura pratiquement triplée vingt ans plus tard tandis que les billets en circulation passeront de 485 millions à un peu moins de 1400 millions en 1870. On ne peut plus dire que le Français préfère le métal au papier. Du papier, il en a plein le portefeuille et s'en porte le mieux du monde s'il a le bonheur d'appartenir aux classes aisées.

Après une telle revue de détails qui plaide en faveur d'une France devenue moderne, comment expliquer que le château de cartes va brutalement s'effondrer ?

La réponse tient dans la personnalité de Louis-Napoléon. On le sait depuis toujours introverti, secret, parfois inattendu. Il n'a pas oublié sa jeunesse d'exil et les humiliations, les quolibets dont il fut l'objet. Cela lui fera témoigner sa vie durant une méfiance chronique à l'égard de ses contemporains ou, au contraire, une totale indifférence.

Elevé par sa mère, la reine Hortense, il en a conservé une sensibilité presque féminine. La vue du sang et la souffrance l'impressionnent. Il n'en veut pas, il ne l'accepte pas pour ses soldats et cela fera de lui un de ces militaires qui jamais ne devraient faire la guerre.

En rien, il n'a hérité de la volonté, de l'autoritarisme exubérant ou de la puissance de travail de son oncle, Napoléon 1er. Il semble même à l'opposé ; discret, plutôt passif, confus ou abstrait, donnant parfois l'impression d'embarras dans la compréhension d'un problème ou d'un point de vue et toujours secret. C'est une tombe ; aucune expression ne se lit jamais sur son visage. Certains de ses contemporains le jugeront même d'une intelligence médiocre.

D'ailleurs, voulait-il devenir empereur ou s'est-il laissé guider, embrigader par des propos de salons dictés par la nostalgie d'une époque révolue lorsque l'hiver n'en finissait pas de tomber sur une demeure d'exil plus pavillon de chasse que résidence princière ?

Destin tourné vers un aventurisme qu'il n'a pas tout à fait choisi, il n'en récolte que l'ivraie. On pense pour lui, on agit pour lui ; l'expansion économique du Second Empire, n'est-ce pas le fruit d'un certain laisser-faire de sa part ?

Qu'est devenu l'auteur de *l'Extinction du paupérisme* lorsque la France prospère et riche pourrait améliorer la condition ouvrière ? Celui qui voudrait être l'empereur des ouvriers ou des paysans, à quel moment s'en donne-t-il les moyens ?

Là encore, Morny prend le relais et les propos qu'il tient depuis toujours sur les classes laborieuses lèvent toute ambiguïté ; sous la seconde république, Thiers parlait d'une *vile multitude*, Bugeaud se demandait après les journées de juin 48, parlant des insurgés ; *Quelles bêtes brutes et féroces ! Comment Dieu permet-il aux mères d'en faire comme cela !* Morny le surpasse en abjection et confie à Louis-Napoléon Bonaparte : *Le socialisme fait des progrès effrayants... Il n'y aura plus qu'à plier bagage, à organiser la guerre civile et à prier Messieurs les cosaques de nous aider. (...) croyez-moi, si vous voyiez un socialiste de près, vous n'hésiteriez pas à lui préférez un cosaque.*

Pour le coup d'Etat, le Prince-Président semble n'être qu'un pion. D'autres ont pensé pour lui, planifiant la chronologie, réglant chaque détail.

La répression, elle-même, ne porte pas sa griffe. Tout le temps, il y a un Morny, un Persigny. Une éminence grise, un homme de l'ombre dont il n'est pas exclu qu'il travaille d'abord pour son propre compte. Les autres qui suivent, les Maupas, les Dupin, sont achetés par les premiers. D'autres encore bénéficieront d'un avancement pour service rendu à l'Etat et s'ils sont militaires, on peut craindre qu'ils ne soient pas à la hauteur des grades qu'ils ont acquis pour avoir fermé les yeux. Napoléon III, de toute évidence, est mal entouré.

Dès lors où pourraient encore se porter ses idées propres, s'il se résigne sur la scène nationale, là où devrait être son premier devoir ?

En Europe bien sûr, domaine privilégié de l'empereur. Un périmètre bien à lui. Où il peut côtoyer les puissants, se fondre parmi eux ou leur en imposer. Domaine de prestige, de la gloire passée, du rêve chimérique d'un adolescent. Or on ne touche pas au rêve : la politique étrangère de la France est un domaine secret que Napoléon III ne partage avec personne, ni proches, ni ministres, ni diplomates officiels. Il a des comptes à régler, une œuvre à poursuivre.

Par son tempérament, l'empereur ne se livre pas et ne précise pas plus où il veut en venir. On ne le comprend pas, on ne sait pas quelles sont ses conceptions en matière de politique étrangère et cela va multiplier les catastrophes diplomatiques ou militaires. Il semble toujours vouloir revenir au congrès de Vienne comme si le monde avait cessé de tourner en 1815, cette année qui voit la fin de l'épopée napoléonienne et pour le jeune prince, le début d'un exil douloureux.

La fêlure dans le rêve apparaît dès qu'une opération militaire est envisagée. La bulle de savon éclate alors entre les doigts. Sébastopol, Magenta et Solferino sont des victoires mais très durement acquises et ne s'expliquent que par un formidable coup de chance.

Au soir de Solferino, Napoléon III visite le champ de bataille et les postes de secours où l'on soigne les blessés. A la vue du sang, des cris de souffrance, du résultat des atrocités de la guerre, son visage devient livide, ses mains se mettent à trembler : la bataille a fait plus de 30 000 morts de part et d'autre.

Dès le lendemain, Napoléon III épouvanté par cette boucherie, envoie son aide de camp à l'empereur François-Joseph ; il veut mettre un terme aux hostilités. Coup de théâtre sans précédent de la part du vainqueur de Solferino. Ce sera Villafranca. Se faisant, l'empereur trahit la cause italienne.

L'histoire retiendra aussi qu'un jeune Suisse, Henri Dunant, traversant le champ de bataille, lui aussi bouleversé par l'effroyable spectacle, les plaintes qui s'échappent de la bouche des mourants, concevra l'idée d'un grand service humanitaire soignant sans distinction de nationalité les blessés de la guerre ; la Croix-Rouge naîtra des combats de Solferino.

L'avènement de Napoléon III va modifier le jeu des relations internationales issues du Congrès de Vienne. Rien d'étonnant, c'est le vœu profond de l'empereur, son grand dessein historique, pour ne pas dire son idée fixe. Pour y parvenir, il doit oublier le passé, tendre la main à l'ennemi de toujours ; la Grande Bretagne, prodigieuse gagnante du Congrès de Vienne et qui aujourd'hui fait figure de gendarme du monde.

L'occasion de concrétiser l'amitié retrouvée entre les deux ennemis de jadis va se cristalliser alors que le tsar Nicolas 1er tente d'étendre la zone d'influence russe en Méditerranée orientale. Pas question pour la Grande Bretagne de laisser s'installer une domination russe sur les détroits. Suprématie sur le Moyen Orient, commerce avec l'Inde et l'Extrême Orient obligent. La France a nettement moins d'intérêts à défendre dans la région.

Octobre 1853 : l'Empire ottoman déclare la guerre à la Russie. Aussitôt les flottes anglo-françaises pénètrent en mer Noire. Après les échecs turcs, la guerre se généralise. Les deux alliés européens entreront sur le théâtre des opérations en mars 1854.

Guerre plus complexe qu'il n'y paraît car outre que les intérêts contradictoires entre les deux alliés, les négociations en coulisses, les tractations les plus diverses, ne cesseront jamais durant le conflit, d'autant que les états-majors n'ont pas de plans précis. Les premières opérations conduisent à l'échec.

L'idée de détruire l'escadre russe de la mer Noire et d'occuper Sébastopol, son port d'attache est une nouvelle fois envisagée. L'opération d'envergure qui se déroule à la mi-septembre voit 350 navires débarquer 60 000 hommes, des chevaux, des canons, du matériel.

Le 20 septembre, c'est la victoire de l'Alma.

Le camp de Sébastopol est retranché ; les Russes, après en avoir démonté les canons, y ont coulé leurs navires, afin d'obstruer la rade. Ils sont fins prêts à attendre les Anglo-Français qui, étonnamment, ne vont pas donner l'assaut, permettant ainsi aux Russes d'édifier un puissant système de défense dont la tour de Malakoff. Les adversaires se font face, le siège durera un an, pratiquement jour pour jour, de septembre 1854 à l'assaut décisif du 8 septembre 55.

Les troupes franco-anglaises vont souffrir.

Manque d'approvisionnement, manque de préparation et de coordination. Lord Raglan qui a perdu un bras à Waterloo, se demande parfois ce que font les Français car ils hésitent, cafouillent, même si leur courage au combat force l'admiration des Britanniques et puis Saint-Arnaud meurt du choléra, il est remplacé par Canrobert qui cède la place à Pélissier que l'on dit plus déterminé.

Côté intendance, on n'a pas prévu un siège aussi long et un hiver aussi rude ; il manque des tuniques, des capotes par milliers, du bois pour faire du feu et cuire les maigres aliments. On mange des biscuits de guerre et parfois un peu de lard cru. Alors le soldat, qui préfigure un peu le poilu de 14, fait ce qu'il peut pour lutter contre le froid, le vent glacial qui souffle en tempête, la neige qui tombe en abondance ; il se laisse pousser la barbe, rapièce son uniforme avec les moyens du bord et s'emmitoufle dans les effets les plus hétéroclites qu'il trouve. Il devra affronter le choléra, le scorbut, le typhus.

En France, la durée du siège de Sébastopol et les rumeurs qui s'y rapportent, développent un malaise croissant. Il va falloir lever 140 000 hommes de la classe 54 et lancer un nouvel emprunt car la guerre de Crimée est ruineuse. Ruineuse aussi en pertes humaines car c'est l'hécatombe du côté français : les Anglais ont perdu 20 000 hommes dont 4 000 au combat et plus de 16 000 de maladie mais la France bat un triste record : 95 000 morts pour que l'on se souvienne aujourd'hui à Paris du pont de l'Alma et de son Zouave qui en réalité avait les pieds dans la neige, de Malakoff, d'Inkerman, et de Sébastopol, de lord Raglan qui amputé d'un bras faisait tailler spécialement sa manche vide, laissa à la postérité du monde de la couture la fameuse manche Raglan.

A l'issue de ce qu'il faut bien nommer une tragédie de l'Empire, Napoléon III chancelle ; il voudrait arrêter les combats et renoncer au projet qu'il s'était fixé en s'attaquant à la Russie, à savoir la résurrection de la Pologne.

Les Anglais voudraient poursuivre la guerre mais entre-temps, Nicolas 1er est mort en mars 1855, et Alexandre II est amené à négocier sous la pression diplomatique des Autrichiens et des Prussiens. C'est heureux que Napoléon III s'arrête là mais cela montre aussi combien il n'est pas fait pour la guerre car la guerre, il n'y a que dans les rêves de gloire qu'elle ne fait aucune victime. Pas dans le cauchemar de Sébastopol.

Le bénéfice de la guerre de la Crimée permet à la France d'organiser le Congrès de Paris ; revanche cinglante sur le Congrès de Vienne mais à quel prix ? La grande Russie perd de son influence au profit de la nouvelle diplomatie française tandis que de nouveaux observateurs entrent en scène. Ce sera bientôt pour la France une ère de nouvelles obligations et de biens grands périls.

Quatre ans après le Congrès de Paris, la France va de nouveau s'embourber mais cette fois, au Nouveau Monde. L'expédition du Mexique sera un nouveau point noir de la politique impériale et se soldera cinq ans plus tard par l'abandon de Maximilien, Napoléon III sous les invectives des Etats-Unis, le laissant isoler et tomber aux mains de Juarez. Maximilien sera fusillé le 19 juin 1867. Le discrédit considérable pour la France occultera la victoire lointaine de Puebla.

Mais le pire reste encore à venir et se produira trois ans plus tard.

L'Europe lasse des soubresauts impériaux va peu à peu isoler la France. Il y a eu tant de maladresses de la part de Napoléon III que le pays perdra toute crédibilité au fil des années du règne impérial.

Napoléon III croit pouvoir compter sur l'Autriche et l'Italie ; il se trompe dans les deux cas. Victor-Emmanuel quelque peu refroidi après Magenta veut bien être l'allié de la France à condition que Rome soit évacuée par les Français mais au Ministère des Affaires Etrangères, ignorant la montée des périls, on claque sèchement la porte au nez de l'Italie et le duc de Gramont fait dans l'éloquence :

- La France ne peut défendre son honneur sur le Rhin et le sacrifier sur le Tibre !

Une éloquence imbécile qui nous prive *de facto* d'un allié.

Le duc de Gramont commettra d'autres bourdes en particulier sur la candidature du prince Holenzollern et fera rebondir cette affaire pourtant réglée qui aboutira à la dépêche d'Ems et à la déclaration de guerre notifiée par la France à la Prusse le 19 juillet 1870.

Napoléon III ne pourra pas davantage compter sur l'Autriche ; celle-ci verrait immédiatement une concentration de troupes russes sur sa frontière dans le cas d'une alliance austro-française. La Russie est mécontente de l'attitude française lors de la candidature Hohenzollern et s'est rapprochée de la Prusse.

Enfin, comment la Grande Bretagne indignée par une France qui n'avait d'autres vues que d'annexer la Belgique, pourrait-elle lui apporter son aide ? Bismarck a bien joué en faisant connaître au *Times* de Londres les demandes de compensations que lui avait adressées la France après Sadowa.

La France est seule. Elle est d'autant plus seule qu'elle connaît une véritable carence du pouvoir. La maladie de Napoléon III, des calculs dans la vessie, n'a fait que s'aggraver au fil des années. Sa déchéance physique s'observe du premier coup d'œil. La souffrance intolérable inhibe chez lui toute volonté ; il ne dirige plus, il laisse faire. Donne-t-il des ordres précis ? Si ceux ci sont mal compris ou non exécutés, il ne s'insurge même plus. On le constatera en 1870 à propos de la répartition de plusieurs commandements. La résignation domine tout.

A cela s'ajoutent l'irresponsabilité chronique, l'optimisme aveugle des proches du pouvoir et un patriotisme fanatisé qui déferle dans toutes les bourgades de France tel un vent de folie. La France *doit* déclarer la guerre à la Prusse. C'est une question d'*honneur* mais pas d'intelligence car lorsque la France déclare la guerre, elle fait ce que Bismarck attendait qu'elle fît et le piège se referme. La guerre pouvait être évitée. Fallait-il l'engager pour une *question de susceptibilité* comme le souligna Thiers alors que la France avait eu satisfaction sur le fond ?

Sire, grâce à vos soins, la France est prête.

Elle n'est prête en rien. Et ce n'est pas le fait d'entonner *La Marseillaise* dans les rues de Paris qui va soudainement compenser son infériorité numérique.

On pensait pouvoir mobiliser 350 000 hommes face à quelque 500 000 soldats bien entraînés, encadrés et commandés, on aura peine à en aligner 250 000 et encore faut-il le temps de les rassembler. Il y a eu le Mexique, une partie de l'effectif se trouve en Algérie, l'autre à Rome. Les réservistes doivent se rendre dans une ville souvent éloignée de leur domicile afin d'y percevoir leur paquetage et rejoindre ensuite leur régiment situé ailleurs. Dans la confusion, des généraux errent telles des âmes en peine, à la recherche de leur armée.

Quand la guerre devrait durer un an, il ne manque un bouton de guêtre, annonce avec fierté le Ministre de la Guerre. A croire que l'on s'est souvenu de Sébastopol et de ces soldats mourant de froid mais là encore, rien n'est vrai.

On se moque des casques à pointe mais on omet de constater que les uniformes sombres des Prussiens leur permettent de se fondre au décor et non pas d'y jouer les épouvantails multicolores si faciles à mettre en joue. Et puis pourquoi des casques de métal alors que le képi mou est si seyant aux oreilles ? On ira même jusqu'à dire que la baïonnette prussienne est moins redoutable que la baïonnette française qui, elle, provoque la mort à coup sûr.

Pour la guerre de 1870, il y a le Chassepot qui fait la fierté de l'armée française et dont la portée atteint 1 800 mètres contre 600 mètres pour le fusil allemand Dreyse mais les munitions sont insuffisantes. On n'a pas eu le temps de les fabriquer. Les Prussiens ne connaissent pas ce problème ; cela fait des années qu'ils sont prêts. Quant au canon Krupp que les Français avaient découvert lors de l'Exposition universelle de Paris, en 1867, il est en acier et se charge par la culasse. Mais en France, on ne croit pas à ce top de la technologie, on préfère le bon vieux canon en bronze qui se charge par la bouche. Rien ne vaut la tradition surtout militaire. Pourtant, la France aurait pu se doter sans difficulté de cette arme nouvelle dont le défaut se fera cruellement ressentir. En janvier 1868, deux ans avant le conflit, Henri Haass, chef de la maison Krupp, dont la succursale française se trouvait 71, rue de Provence à Paris, avait adressé à l'Empereur, un rapport technique sur une série d'essais faite sur ordre du ministère de la guerre prussien[11].

---

[11] La Maison Krupp avait obtenu l'un des grands prix de l'Exposition et Alfred Krupp, fait officier de la Légion d'honneur.

Ce document, dossier n°24572, des mains de l'Empereur dont on connaissait le vif intérêt pour les questions d'artillerie, se retrouva sur le bureau de Lebœuf, général de division, aide de camp de l'Empereur, président du Comité d'artillerie, avant d'être classé sans suite au bout de quelques semaines.

Lorsque le 28 juillet, Napoléon III et le prince impérial quittent Paris, l'atmosphère est lourde de prémonitions. Cette guerre est perdue d'avance.

Le 2 août voit l'engagement devant Sarrebruck et le 6 août, la défaite de Mac-Mahon, l'invasion de l'Alsace, celle de Frossard et l'invasion de la Lorraine.

En août et septembre, Strasbourg est assiégée.

Le 1er septembre, le drapeau blanc est hissé sur la Citadelle de Sedan.

VII

La guerre de 1870

« Il est dans la destinée de la France
de ne jamais savoir la vérité. »

Général Trochu – Œuvres posthumes

En 1870, un unique exemplaire de la carte de la Moselle devait suffire à un corps d'armée tout entier. Aucun chef d'état-major français n'imagina un instant la guerre scientifique que Moltke et Von Roon préparaient depuis des années.

Cette déclaration de guerre vaudra à la France, au terme du cauchemar de payer une note très lourde : la cession de l'Alsace et de la Lorraine et le versement en trois ans d'une indemnité exorbitante de 5 milliards de francs.

Ces 5 milliards de francs du malheur de la France, ne firent pas le bonheur de la Prusse. L'injection d'une manne aussi conséquente, le déplacement d'un tel volume financier, allaient déboussoler de nombreuses économies et précipiter l'Europe dans la tourmente d'une sévère crise économique.

Le XIXe siècle n'est pas achevé qu'il apparaît déjà comme le siècle des révolutions. Révolutions de régimes qui voient des monarchies et des empires disparaître à jamais. Réveil et émergence des nationalités avec, parfois, de terribles soubresauts qui agiteront jusqu'à notre époque contemporaine. Evolution des idées, des mœurs, des profils sociologiques ; les temps changent et façonnent un monde différent.

Les uns espèrent ce changement des temps et l'expriment souvent avec cette énergie redoutable du désespoir mais, au fond, qu'ont-ils à perdre ? La route est longue pour ce peuple qui conduit en rageant ses enfants aux fabriques, filatures ou à la mine, ces gueux de l'habitat insalubre et du taudis infâme, de ces caves humides, malodorantes, où l'on ne ferait pas dormir un chien et où l'on meure avant l'âge, de ces cabanons proches du cimetière des Batignolles bâtis de bric et de broc, de planches disjointes et au toit recouvert de papier goudronné, loués à la petite semaine par des patrons d'estaminet, 2 francs ou 2,50 francs payables chaque dimanche.

Ces femmes qui vont vendre leurs cheveux à des coiffeurs perruquiers dans l'espoir de quelques sous pour des morceaux de basse viande que l'on ne donnerait pas aujourd'hui à nos animaux domestiques.

Cette *vile multitude*, selon Thiers, sans opinion, à l'unique obligation à la religion, à l'esclavagisme industriel, au seul droit au silence et à la privation politique, à toutes les résignations.

« Formé d'un sang appauvri, quelquefois souffrant de la faim, mal vêtu, mal logé, séparé de sa mère, qui doit le quitter pour aller au travail, croupissant dans la malpropreté, exposé à mille accidents, prenant souvent dès l'enfance les germes des maladies qui le suivront jusqu'au tombeau »...

C'est Eugène Varlin qui résume ainsi de sa naissance à sa mort le long cheminement de l'ouvrier.

...« Dès qu'il a la moindre force, à huit ans par exemple, il doit aller au travail dans une atmosphère malsaine où, exténué, entouré de mauvais traitements et de mauvais exemples, il sera condamné à l'ignorance et poussé à tous les vices. Il atteint l'adolescence sans que son sort change. A vingt ans, il est forcé de laisser ses parents qui auraient besoin de lui, pour aller s'abrutir dans les casernes ou mourir sur le champ de bataille sans savoir pourquoi ».

« S'il revient, il pourra se marier, n'en déplaise au philanthrope anglais Malthus et au ministre français Duchâtel qui prétendent que les ouvriers n'ont pas besoin de se marier et d'avoir une famille, et que rien ne les oblige à rester sur la terre quand ils ne peuvent pas trouver le moyen de vivre... »

Eugène Varlin, ouvrier relieur, membre de la délégation ouvrière envoyée à Londres en 1862, présentant la défense des inculpés du deuxième procès de l'Association Internationale des Travailleurs qui deviendra plus tard, la première Internationale.

Député en 1871, nommé à la Commune où il travailla dans les commissions des Finances et des Subsistances, il sera fusillé par les Versaillais la même année à l'âge de 32 ans.

Nous ne sommes pas au Moyen Age, contrairement à ce que cette plaidoirie pourrait laisser croire, mais le 22 mai 1868, au beau milieu du XIXe siècle, époque où vivaient nos arrières grands-parents.

Cette époque où entre 1861 et 1865, l'espérance de vie à la naissance n'excédait par 39,8 ans car l'industrialisation et la modernité du second Empire, sa « phase libérale » comme on la désigne, ont laissé apparaître en réalité une sensible régression de l'espérance de vie occasionnée par le machinisme, les accidents du travail, les maladies professionnelles, la malnutrition et les conditions de vie insalubres.

Dans une thèse sur les ouvriers de la région lyonnaise, Yves Lequin écrit : *« On a trois fois plus de chance d'être un nabot si l'on est élevé dans une famille ouvrière que si l'on est fils d'avocat ou de médecin ».*

Sources de sa recherche, les registres de la conscription où il apparaît que la taille du jeune ouvrier subit les effets d'une mise au travail trop précoce et de là une cause de réforme qui touche de plus en plus de conscrits des cantons industriels.

Le travail des enfants est une constante et n'a pas connu d'améliorations notables depuis la monarchie de Juillet, sa réglementation n'est toujours pas appliquée. Les journées varient de dix à douze heures y compris, le plus souvent, le dimanche.

La phase libérale du second Empire voit la multiplication des maladies professionnelles. Dans son ouvrage : *« Hygiène des ouvriers mineurs dans les exploitations houillères »* publié en 1861, le docteur Rieubault, de l'hôtel-Dieu de Saint-Étienne, décrit avec minutie les maux dont souffrent les mineurs : *Etiolements* occasionnés par l'humidité et la privation de lumière, également nommés *maladie d'Anzin* provoquant l'anémie et des œdèmes parfois mortels. *Maladie de poitrine des houilleurs* ou *encombrement charbonnier*, autrement dit la silicose. *Hydarthrose* ou encore *éruptions pustuleuses* des membres inférieurs et la liste n'est pas close.

Dans d'autres branches de l'industrie, la Commission ouvrière de 1867 se penche sur « l'intoxication saturnine » fréquemment observée chez les femmes travaillant dans une fonderie de caractères d'imprimerie. Le rapport de la Société de biologie est accablant : sur 141 grossesses recensées, on dénombre 82 avortements et 14 enfants seulement sont encore vivants quatre ans après leur naissance.

...Les ouvriers n'ont pas besoin de se marier et d'avoir une famille.

Rien ne les oblige à rester sur la terre quand ils ne peuvent pas trouver le moyen de vivre...

Les autres, les nantis, redoutent ces temps qui pourraient changer. Ils n'entendent pas arpenter ce chemin du progrès qui risquerait d'égratigner leurs privilèges ou de compromettre leurs profits si par malheur on en venait à trop s'intéresser à ce prolétariat de la misère qui, pourtant, lentement, s'achemine au bord de la folie incendiaire.

Quand vers la fin des années soixante, une élite ouvrière se forme et réclame du temps et des dispositions légales pour parfaire son éducation et débattre de ses problèmes, elle n'est pas entendue bien sûr mais observée avec une terrible méfiance par ce nouveau patronat industriel qui entend bien faire la peau des vieilles habitudes héritées du monde artisanal.

L'ouvrier ne saurait prétendre à quelque droit que ce soit. Peut-il seulement siffloter à son établi ?

- Les bons ateliers ne sont pas ceux où l'on se livre à la gaieté, mais ceux où l'on ne souffle pas une parole afin que chacun soit tout entier à son travail. écrit Michel Chevalier, «saint-simonien d'affaires ».

D'ailleurs le règlement intérieur de chaque entreprise est là, affiché sur le mur, dans un cadre de verre ou protégé derrière un grillage poussiéreux, toujours répressif à l'exemple de celui élaboré par les filateurs de laine à Roubaix, en 1867, et qui fait pleuvoir des amendes patronales allant de 0,25 franc pour un ouvrier surpris dans un coin de l'atelier où son travail ne l'appelle pas, à 3 francs pour une pipe mal éteinte à l'entrée de la filature.

Le salaire moyen journalier à Paris s'élève à cette époque à 4 francs mais il est inférieur en province et l'on imagine mal qu'un instant de distraction puisse anéantir, par l'amende et sans recours, les dix à douze heures d'une journée de labeur surtout lorsque l'on sait que le salaire de l'ouvrier parvient à peine à faire bouillir la marmite.

Les petits agioteurs de la Révolution sont devenus bourgeois et au fil des décennies, leurs fortunes se sont consolidées, enflées telle la grenouille de la fable. Lorsque l'Empire des « aventuriers » comme ils nomment avec dédain Louis-Napoléon Bonaparte, Morny et autre Persigny, s'effondre, ils se mettent à craindre ce péril rouge dont ils ont eu un sanglant aperçu en 1848. Les premiers pas de la IIIe République seront tragiques.

La lutte des classes revêt un aspect inquiétant dans le pays à tel point que Karl Marx admettra qu'il se joue en France les premiers actes d'un drame dont il entend bien devenir le théoricien devant la postérité.

La France de 1870 apparaît binaire, bipolaire et selon une formule récente, sinistrement « coupée en deux ». Si aujourd'hui l'expression a moins lieu d'être, elle présente une acuité dramatique à l'époque qui voit le second Empire s'effondrer.

Le phénomène est caractéristique à Paris.

Avant les travaux du baron Haussmann et depuis des siècles, bourgeois et ouvriers habitaient les mêmes immeubles, à des étages et des conditions de confort bien sûr différents. Les gens, riches ou pauvres, ne pouvaient s'ignorer d'autant que l'on sortait peu de son quartier. Aussi les uns et les autres se parlaient-ils même si cela n'allait jamais bien loin mais une amorce de solidarité ou de services rendus pouvait se manifester.

La spéculation et le coût très élevé des loyers après l'embellissement de Paris, ont relégué les classes modestes vers la périphérie de la capitale. La rupture sociale, flagrante, ne pouvait conduire qu'à l'affrontement.

A Paris, sont apparues des zones géographiques opposées inévitablement confrontées ; l'exemple du nord et nord-est : Montmartre, la Chapelle ou Belleville d'une part et de l'Ouest de la capitale Auteuil ou Passy d'autre part se regardant en chiens de faïence.

Ces quartiers populaires éloignés du Nord constituaient les banlieues des oubliés de la prospérité du second Empire. La banlieue n'est-elle pas, étymologiquement, le lieu où l'on plaçait les bannis ? Ils s'y trouvaient parqués bien que leur travail se trouvât toujours au cœur de Paris et ils connurent les fatigues des premières migrations professionnelles journalières qui s'ajoutaient à des conditions de labeur éprouvantes.

Chaque matin, la route pour aller au travail se faisait à pied, une heure pour les mieux lotis, deux heures et parfois plus pour les autres. Aux barrières de Paris, cela prenait l'allure quotidienne de convois de forçats d'hommes, de femmes et d'enfants, dissipant les dernières traces de la nuit.

Alors comment auraient-ils pu taire cette colère qui montait en eux ? Comment auraient-ils pu ne pas écouter ceux qui leur promettaient des conditions de vie meilleures, une plus grande justice et la considération de leurs efforts qui permettaient tant d'opulence et d'arrogance à ceux qui se promenaient à cheval au Bois de Boulogne et vivaient de leurs rentes en des quartiers dont ils avaient été exclus, eux les ouvriers qui, selon Eugène Varlin, avaient produit quatre fois plus qu'ils n'avaient consommé ?

Deux classes qui s'affronteraient tôt ou tard, inéluctablement. De la même façon que la flamme portée sur la mèche conduit le feu aux poudres.

Certes Paris n'est pas la France mais l'exemple offre toutes les caractéristiques d'une expérience en vraie grandeur. Comprendre Paris, c'est imaginer ce qui se passera ailleurs, dans le Nord, l'Est ou le Lyonnais, régions industrieuses qui connaîtront, elles aussi, des luttes sociales sévères.

Dans la société de la fête impériale, si l'heure n'est pas à la sociologie des masses, un autre élément semble aussi sous-évalué, c'est le risque de guerre dans sa globalité. Guerre « classique » mais aussi guerre civile.

Napoléon III disait : *« l'Empire, c'est la Paix »*. L'Histoire montre en effet que la guerre n'est pas le fort du second Empire. A chaque opération militaire, il cafouille, hésite lorsqu'il ne s'embourbe pas dans des aventures dont il perd la maîtrise et redoute les effets. De cette époque, on pourrait penser que la guerre était passée de mode, obsolète.

La bourgeoisie n'y tient pas car elle y voit toujours une menace à son enrichissement, la stabilité de son commerce ou de ses affaires passées de l'artisanat à l'industrie avec l'essor de ce capitalisme grisant né du second Empire et de la révolution industrielle.

Elle se souvient trop bien du prix payé au terme des guerres du premier empire au temps du blocus. La guerre n'est pas bonne pour les affaires, ni pour l'avenir des fils qui seront amenés un jour à prendre la succession du patron, du maître, du père.

La bourgeoisie voit si mal la guerre qu'elle joue avec les numéros. Les bons ou les mauvais numéros qu'il faut tirer, et paie rubis sur l'ongle, sans hésiter, le pauvre gars qui n'ayant rien d'autre pour vivre, acceptera de prendre à la caserne pour six ou cinq ans, le rôle de leur fils et au besoin de mourir à la guerre à sa place.

Si jadis la carrière des armes était réservée à la noblesse de sang, elle est désormais devenue accessible à la bourgeoisie et devient donc par là-même, bourgeoise dans la hiérarchie de ses officiers et de ses généraux. Bourgeoise comme cette quiétude à laquelle aspire le boutiquier lorsqu'il clôt son échoppe le soir tombant et enfile ses charentaises avant de faire sa caisse.

Cela explique la désinvolture et l'irresponsabilité dont a fait preuve l'armée contre la Prusse ou jadis au Mexique ou à Magenta. Aventures inextricables qui prouvent que la guerre en France a cessé d'être l'œuvre de stratèges, qu'elle a cessé d'être une science ou un art, qu'elle a perdu ses lettres de noblesse.

On rêve encore d'Austerlitz, là où le Prussien imagine la guerre moderne qui conduira à Verdun.

A gauche, c'est le même désintérêt pour la guerre. Pourquoi un homme exploité et avili irait-il combattre son égal dans l'oppression ? La Gauche va manquer de clairvoyance. Son rêve de fraternité de tous les peuples lui fera sous-estimer les périls, les dangers, les nuages sombres qui s'accumulent sur la ligne bleue des Vosges.

Sur l'autre rive du Rhin, l'effort de guerre est pourtant visible à l'œil nu depuis des années.

Cela dit on reste dans les deux camps, à gauche comme à droite, suffisamment cocardiers et nationalistes pour aller briser le moment venu à coups de pierre les vitres de l'ambassade de Prusse en vociférant en chœur, toutes classes confondues : *« A Berlin ! »*

Par contre, si l'idée de guerre n'a plus le même écho dans les esprits, il en est une autre - guerre civile cette fois - qui apparaît non sans un certain lyrisme romantique.

Aussi bien à droite qu'à gauche, on s'est ancré dans l'esprit qu'entre Français on pouvait bien s'entre-tuer pour des libertés à atteindre ou des privilèges à sauvegarder.

C'est une démarche intellectuelle que rien ne peut raisonner et dont les origines remontent aux terribles journées de juin 1848. Plus de vingt ans après, le paroxysme de cette fracture irréductible de deux classes sociales atteindra son ultime violence lors de la semaine sanglante de la Commune de Paris. Le second Empire n'aura été qu'un intermède musclé interdisant toute insurrection. La France déroutée de l'après-Sedan et du chaos moral verra la goutte d'eau faire déborder le vase.

4 Septembre 1870. Un de ces dimanches de septembre, radieux, d'un été qui ne veut pas mourir. De nombreux Parisiens sont dans les rues. Bon nombre d'entre eux convergent vers les remparts, en curieux, comme s'ils pressentaient que l'ennemi est là, à portée de regard. Prémonition car

bientôt, dans moins de deux semaines, l'ennemi sera effectivement là, et eux, promeneurs du dimanche seront pris au piège d'un siège cruel.

Otages de l'envahisseur prussien qui campera là parce que telles sont les lois de la guerre, otages aussi d'un pouvoir politique, absurde de suffisance, tiraillé lui-même entre deux tendances opposées.

Les uns, dans le gouvernement de Défense nationale voudraient permettre aux Parisiens et à la France toute entière, de relever la tête et de sauver l'honneur. C'est la frange Gambettiste, minoritaire dans ce gouvernement, avec ses excès et ses propres incertitudes ou erreurs.

Les autres criaient il y a peu : « A Berlin ! ». Ceux-là même qui sous Napoléon III, ont pourtant mis toutes les entraves possibles à une urgente et nécessaire reforme profonde des armées et ont rogné, sans vergogne, les crédits militaires implorés par le gouvernement.

Après Sadowa, Napoléon III avait entrepris une réforme de l'armée que fit échouer le Corps législatif.

A la place d'une véritable loi de salut national, le maréchal Niel, officier brillant et ministre de la Guerre en 1867, devra se contenter devant l'acharnement des députés à vider son grand projet de tous sens, d'une affligeante réformette, la Loi Niel de février 1868, qui se contentait de réduire le service actif de sept à cinq ans et négligeait le rôle majeur que pourraient jouer les réservistes et les gardes nationaux efficacement réorganisés. Jamais attitude parlementaire d'opposition n'allait être aussi lourde de conséquences.

Le Haut Commandement ne porta aucune attention à ce qu'il restait de la Loi Niel et le maréchal Lebœuf, déjà célèbre pour avoir hausser les épaules et lever les yeux au ciel devant la supériorité du canon Krupp en janvier 1868 et que l'on retrouvera assistant penaud à la capitulation de Metz en octobre 1870, ne se soucia pas plus de l'application de cette réforme.

L'armée française s'avérait inadaptée à la guerre moderne mais cette réforme avortée portait tous les ferments du désastre qu'allait connaître le pays deux ans plus tard.

Durant ces mêmes années, en 1862, de l'autre côté du Rhin, le chancelier Bismarck était parvenu à faire aboutir une profonde réforme des armées élaborée par Guillaume 1er et son ministre de la Guerre Von Roon, réforme pourtant mal engagée et elle aussi confrontée à l'opposition parlementaire.

Dans l'ombre de ces journées de septembre, à la tête du gouvernement, ces briseurs de réforme se tapissent dans l'ombre, préférant rencontrer secrètement un ennemi qui se joue d'eux, et inventent des manœuvres militaires destinées à sauver les apparences même si elles sacrifient la vie de soldats français. Ils trahissent et sabotent les initiatives les plus dignes d'intérêt. Souvent, l'incompétence la plus grave et le carriérisme politique guident leurs actions. Outre les malheurs de la défaite, du siège de

Paris et de la capitulation, ils auront une écrasante responsabilité pour tout le sang versé de la Commune de Paris. De ce Paris qui ne voulait pas mourir, ni baisser les yeux.

Aujourd'hui, dimanche 4 septembre, le peuple de Paris vient d'apprendre que les jeux sont faits et que tout est perdu : capitulation à Sedan de Napoléon III après un mois de campagne. Les dépêches de Londres et Bruxelles sont formelles et confirmées par des télégrammes qui tombent de partout et même, dans un style sobrement résumé, du plus haut sommet de l'état, de l'empereur Napoléon III en personne :

« L'armée est défaite et captive ; moi-même suis prisonnier ».

Pour les Français, c'est un véritable traumatisme et très vite la colère l'emporte par l'invasion du Corps législatif où Léon Gambetta, jeune avocat, député de Belleville, fait acclamer la déchéance de l'Empire avant de proclamer avec d'autres la République à l'Hôtel de ville.

Est-ce à dire que la guerre est terminée, qu'il suffisait que l'empereur quittât la scène portant sur ses épaules toutes les causes de la catastrophe ?

La République, on se souvient de celle de 1848, proclamée elle aussi à l'Hôtel de ville. L'histoire va se souvenir des premiers pas de cette nouvelle république, troisième du nom, et graver dans le sang les années 1870 et 1871.

Après la proclamation de Léon Gambetta, Jules Favre conduit les Parisiens à l'Hôtel de Ville. L'armée va-t-elle s'interposer ? Ce risque n'est pas à exclure mais dans ce régime d'opérette qui symbolisa tout le Second Empire, les militaires désinvoltes avaient une attitude détachée. La discipline pour nombre d'entre eux n'était plus la force principale des armées.

Aussi le général Trochu, gouverneur militaire de Paris depuis août 1870, ferme-t-il les yeux malgré les assurances qu'il a données à l'impératrice et laisse le chemin libre. Il ne semble pas que ce premier manquement d'un officier général à la parole donnée puisse éveiller l'esprit des témoins du temps, ni les éclairer sur la fiabilité de sa parole et de ses actes à venir.

Ancien aide de camp de Bugeaud en Algérie, puis de Saint-Arnaud en Crimée avant de devenir général, sa grande popularité à Paris et un certain anti-bonapartisme qu'on lui connaissait, - Il était en fait orléaniste, catholique, breton et fumeur émérite de pipes - lui permettraient de jouer, pensait-il, un rôle de premier plan qui ne sera pas très heureux dans les mois à venir ; celui de président désigné à l'unanimité dans le gouvernement de Défense nationale qu'il restait à mettre en place.

Y figure un assemblage hétéroclite de républicains des extrêmes, des plus opportunistes aux plus radicaux, exception faite des « rouges » :

- Emmanuel Arago, 58 ans, dont l'oncle n'était autre que le physicien et républicain, ministre de la Guerre et de la Marine sous la seconde République, Dominique-François Arago ; Jules Favre, 61 ans, avocat, député aux Assemblées de 1848 et 49, virulent opposant de l'Empire ; Jules Ferry, 38 ans, républicain sous le second Empire et qui sera plusieurs fois ministre de l'Instruction publique par la suite ; Léon Gambetta, 32 ans, avocat et homme politique parmi les plus jeunes du gouvernement de Défense nationale ; Adolphe Crémieux, le vétéran âgé de 74 ans, avocat, membre du gouvernement provisoire en 1848 ; Garnier-Pagès, membre du gouvernement provisoire en 1848, maire de Paris, Glais-Bizoin, Eugène Pelletan, libéral sous le second Empire, Ernest Picard, avocat réputé pour ses reparties spirituelles souvent acides, Jules Simon, professeur de philosophie aux propos souvent anticonformistes et, un autre curieux individu, très original au destin invraisemblable ; Henri Rochefort, journaliste, rédacteur du pamphlet hebdomadaire *« La Lanterne »*, violent opposant de l'Empire, élu député en 1869 et fondateur alors de *« La Marseillaise »*.

Incarcéré après l'affaire Victor Noir pour avoir écrit notamment : *« J'ai eu la faiblesse de croire qu'un Bonaparte pouvait être autre chose qu'un assassin »* et libéré après la déchéance de l'Empire, il démissionnera sans tarder du gouvernement de Défense nationale. Peu favorable à Thiers et bien qu'il n'ait pas participé à la Commune, Henri Rochefort sera arrêté puis déporté en Nouvelle Calédonie d'où il s'évadera quelques mois après. Dix ans plus tard, il fondera *« L'Intransigeant »*, sera un proche du général Boulanger puis un anti-Dreyfusard violent avant de s'éteindre en 1913.

En début de soirée, les ministères ont été attribués. Quelques heures plus tard, au Palais Bourbon, le Sénat est aboli et le Corps législatif dissous. Les scellés apposés sur les portes du Parlement, la France se trouve privée de pouvoir législatif. On s'est gardé, devant l'urgence de la situation, de promouvoir tout projet de consultation électorale mais quelle peut être la crédibilité, la légitimité et la pérennité d'un tel gouvernement fût-il provisoire, fut-il *« ratifié par acclamation populaire »* comme l'a fait savoir par note aux départements Léon Gambetta tandis qu'après le désastre de Sedan, l'armée allemande poursuit son avance ?

En fait, cette illégitimité du pouvoir en France devait-elle trouver son utilité, plus tard, autour de la table des négociations entre vainqueurs et vaincus et permettre à la France de gagner du temps même si ce temps ne changeait pas grand chose à l'affaire ?

En attendant, pour Bismarck, « le chancelier de fer », la victoire est acquise, la France n'étant à ses yeux qu'une *« nation de zéros »*. Il ne reste plus selon lui qu'à marcher sans hâte sur Paris et défiler sur les Champs Elysées car même si Strasbourg et Metz résistent, mais pour combien de temps encore, la voie du triomphe est ouverte au chancelier allemand.

La capitale traverse dans les jours qui suivent d'interminables allées et venues plus ou moins discrètes. Il y a ceux qui partent, victimes de l'épuration dans la nouvelle administration, les fidèles du régime banni qui jugent plus prudents de s'éloigner vers Bruxelles. Ainsi, le comte de Palikao, qui le jour même de sa chute, apprendra la mort de son fils à Sedan. Des bourgeois et des notables qui songent que l'air de Paris pourrait bien devenir irrespirable ou néfaste à la bonne marche de leurs affaires. Paris se vide de ceux qui ont encore les moyens et la fortune de pouvoir déserter la capitale et retient les autres, ceux qui ont à peine les moyens d'y vivre.

Et puis, bien sûr, il y a ceux qui rentrent, les proscrits du second Empire et parmi eux, Victor Hugo : *« J'aurais préféré,* dira-t-il, *ne jamais revenir, plutôt que de voir la France ainsi humiliée ».*

Plus tard, il dira du général Trochu : *« qu'il est le participe passé du verbe trop choir »,* jeu de mot facile qui fera entrer le militaire dans une postérité inespérée, sans l'exclure d'un jugement plus sévère du pays.

Parfois, dans les heures les plus tragiques, l'histoire ne peut réprimer un curieux sens de l'humour. Ainsi et alors qu'il y aurait eu mieux et plus urgent à faire, on jette bas les emblèmes impériaux et on débaptise de nombreuses rues, avenues, boulevards et places. La rue du 2 Décembre devient ainsi la rue du 4 Septembre.

Dans le bois de Boulogne, on a rassemblé en toute hâte un troupeau de 50 000 bœufs et 250 000 moutons, des porcs aussi, destinés à l'approvisionnement de la capitale mais on a sous-estimé le nombre de vaches laitières, ce qui provoquera un manque dramatique dans les populations sensibles, enfants et personnes âgées et provoquera une hécatombe chez les nourrissons.

Par contre, jamais la moindre goutte d'alcool ne viendra à manquer pendant toute la durée du siège de Paris.

Le Musée du Louvre a été transformé en atelier d'armements et de munitions après que ses trésors aient été déménagés sur Brest. Il en va de même pour les Tuileries et l'Opéra de Paris, toujours en chantier, dont les travaux ne se termineront qu'en 1875. Certains théâtres parisiens sont transformés en hôpitaux ainsi que le Luxembourg et le Palais royal. Après Sedan, tous les théâtres ont baissé leur rideau et fermé leur porte, en signe de deuil.

« La France ne cédera ni une pierre de ses forteresses, ni un pouce de son territoire » affirmait un manifeste du gouvernement de Défense nationale adressé aux Puissances le surlendemain de sa création, ce qui était très imprudent. Il n'était donc pas question de mettre un terme à la guerre.

Pourtant, deux semaines plus tard, le 18 septembre, Jules Favre, chargé des Affaires Etrangères, que les Parisiens croyaient en inspection sur les fortifications, rencontrait au Château de Ferrières, propriété des Rothschild, le chancelier prussien.

Léon Gambetta serait mis devant le fait accompli.

Les portes se claquèrent avec fracas ; les négociations avaient échoué car il ne pouvait être question de cet armistice qui verrait la France livrer Strasbourg et l'Alsace. En réalité, Jules Favre avait échoué et discrètement refermé la porte derrière lui, le surlendemain, après avoir pris congé du chancelier, homme somme toute « courtois » avec lequel il avait d'ailleurs accepté de prendre le café.

C'en était bien fini de cette illusion selon laquelle la Prusse faisait la guerre à l'Empire et non à la France.

Dès lors, il fallait s'attendre au pire. D'abord prévoir le siège de Paris et imaginer comment au mieux soutenir un tel siège, cauchemar impensable quelques semaines auparavant. Comment s'y prendre en effet en si peu de temps pour garantir l'approvisionnement de la capitale et sa défense efficace ?

Dès le 12 septembre, quelques membres du pouvoir conduits par Crémieux, ministre de la Justice, avaient choisi de se replier sur Tours pour prendre la relève du gouvernement au cas plus que probable où Paris tomberait.

Le général Trochu avait fait disposer 700 pièces d'artillerie sur les trente kilomètres de remparts qui cernaient la capitale. Il pouvait compter sur 150 000 hommes de troupe dont certains fantassins rescapés de Sedan, 115 000 gardes mobiles et 1 500 matelots. Restaient 340 000 gardes nationaux, Parisiens de bonne volonté mais sans expérience du feu.

Le temps manquait à Trochu pour parfaire la défense de Paris. Quarante-huit heures à peine après qu'il eut passé ses troupes en revue, les Parisiens médusés virent l'armée allemande s'approcher de leur ville, trois jours plus tard la capitale était totalement encerclée.

Le 19 septembre marquerait le début du siège de Paris. Quinze jours s'étaient écoulés depuis la déchéance de l'Empire.

Le blocus avait été organisé par le comte von Moltke, chef du grand état-major de l'armée prussienne, tacticien brillant et infaillible. Il était désormais impossible de rentrer ou de sortir de Paris.

On eut l'idée des pigeons voyageurs et des ballons libres.

Le 7 octobre, Léon Gambetta, ministre de la Guerre et de l'Intérieur, accompagné de son secrétaire, s'envola de Montmartre à bord du ballon « Armand-Barbès » en vue de rejoindre Tours. Il avait dénoncé l'erreur du gouvernement provisoire de vouloir rester à toutes fins dans la capitale mais il comprenait moins que son départ correspondait aux vues de Trochu et Favre, qu'il était devenu le volontaire désigné d'office ou l'indésirable qu'il convenait d'éloigner.

Il lui fallait aussi organiser la cohésion de la délégation de Tours prête à entreprendre l'élection d'une assemblée législative à laquelle il s'opposa, affermir le nouveau pouvoir de cette république fragile contre laquelle s'élevaient de nombreux périls mais surtout lever une résistance nationale massive à l'envahissement prussien. Paris ne suffisait pas à se défendre seul malgré toute l'ardeur de ses habitants venus s'enrôler en masse.

On reprochera plus tard, au général Trochu, sa passivité pour défendre Paris et au comble de l'impopularité, il sera contraint à démissionner en janvier 1871.

Dans ses mémoires, il écrit : *« Je savais pertinemment que je ne relèverais pas la fortune du pays. »* Mais il y a pire, Trochu, chef du gouvernement, vers qui se tournent tous les regards d'espoirs, ne lâche-t-il pas un jour, devant une assistance interloquée, qu'il n'a jamais cru que Paris pût soutenir le siège et que *« se battre depuis le 4 septembre était une héroïque folie »*.

En fait, tel est bien là tout le dilemme de ce gouvernement de Défense nationale. Ni Trochu, ni Jules Favre n'ont la dimension requise à une telle hauteur du pouvoir. Le premier est un militaire sans éclats, le second un avocat dont le rare talent ne parvient pas à faire illusion lorsqu'il se trouve confronté à des négociations de haute diplomatie.

Chacun d'eux rêve pourtant des plus hautes marches du pouvoir et à leurs yeux il vaut mieux une humiliation de l'ennemi, une capitulation honteuse même si l'on a les moyens de se battre, que risquer de voir les « rouges », les Blanquistes réapparaître sur l'échiquier politique.

Alors que Paris n'est plus qu'un immense camp retranché où toutes les forces vaillantes sont unies pour repousser l'ennemi, où l'on évoque les idées les plus saugrenues pour chasser le Prussien - par exemple de lâcher sur l'ennemi les fauves du Jardin d'Acclimatation ou encore de le bombarder à coups de feux grégeois comme sous l'Antiquité -, la résistance s'organise dans toute la France, le sentiment national renaît et les armées se lèvent après chaque discours de Léon Gambetta qui aidé d'un jeune polytechnicien, Freycinet, se dépense sans compter pour la défense de Paris et du territoire national.

Il négocie un emprunt de 200 millions auprès de la banque anglaise Morgan, à 7,42%. Pourquoi faire appel à l'étranger alors que la France est riche ? Parce que la Banque de France a donné ordre à Tours de ne pas lui ouvrir le moindre crédit. C'est dire toute la considération dans laquelle il est tenu et toute la solidarité gouvernementale qu'on lui témoigne.

D'ailleurs, il n'est pas très bienvenu à Tours. On peut même s'étonner qu'il soit arrivé sain et sauf et d'aucuns seraient enclins à le regretter en sourdine. Lors de son périple aérien, Gambetta a été blessé à la main par une balle prussienne mais il lui en fallait plus pour l'émouvoir et c'est à peine s'il en a fait état.

Mobilisation par décret des célibataires et des veufs sans enfants, rapatriements des régiments d'Algérie et des zouaves pontificaux de Rome. 600 000 hommes, 11 corps d'armée sont levés tandis que s'amplifie la production des manufactures d'armes de Saint-Étienne, Bourges ou Châtellerault.

Le style Gambetta, autoritaire, énergique, cassant mais inébranlable, marque les esprits et galvanise le cœur des Français. L'œuvre entreprise par le tribun est considérable. Alors, bientôt, on se met à rêver que le cauchemar va finir, qu'il faut marcher très vite sur Paris et l'on entonne « la Marseillaise » et le « Chant du Départ ». C'est la nation tout entière qui renaît mais ces vibrants échos ne parviendront jamais dans la capitale assiégée.

Ici, le gouvernement de Défense nationale, débarrassé du fougueux avocat de Belleville, poursuit des négociations sans fin, sans talent ni succès avec l'Allemagne. En son for intérieur, il a d'ores et déjà capitulé mais c'est Thiers qui, désormais, mène le jeu.

Le petit homme engoncé dans une redingote serrée et noire, de mauvaise coupe, tel un curé de campagne, à l'avarice légendaire, aux lorgnons rivés sur le nez mais au regard vif, celui-là même qui, clairvoyant, redoutait la guerre avec la Prusse et que l'on qualifia alors de traître, devenait l'homme providentiel dont on n'hésita pas une seconde à solliciter les bons offices. Se faisant, plaçant Adolphe Thiers en fer de lance du destin national, ni Trochu, ni Favre, n'imaginèrent un instant qu'ils venaient de s'exclure de tout avenir dans la politique de la France.

Après l'échec d'une tournée européenne où il ne parvint pas à convaincre Saint-Pétersbourg, Vienne ou Londres d'apporter leur médiation dans le conflit, Thiers se résolut à rencontrer Bismarck à Versailles, de reprendre deux jours durant, du 2 au 4 novembre, les pourparlers là où Jules Favre les avait abandonnés mais sans plus de succès. La Prusse ne voulait pas d'une paix où il lui faudrait renoncer à ces prétentions d'annexion territoriale. Le chancelier de fer se montrait inflexible. Le temps jouait en sa faveur.

D'autres événements viendront tour à tour émailler la chronologie noire de ces derniers mois de l'année terrible. La guerre ne s'est pas achevée à Sedan. Le pays a continué de se battre et ses soldats de mourir. Les destructions se sont étendues. L'envahisseur a poursuivi les fusillades d'otages, brûlant tel village parce qu'un acte de sabotage avait dynamité une portion de voie ferrée.

Le 27 septembre a vu la capitulation de Strasbourg, le 10 octobre voit la défaite d'Artenay. Le lendemain, 11 octobre, les Allemands prennent Orléans, entrent à Châteaudun puis à Chartres le 21 octobre.

Le 27 octobre, c'est l'incroyable capitulation de Bazaine à Metz qui va saper le moral des Français et élever d'un cran le niveau de leur colère. Metz pour eux et pour Gambetta, c'était l'espoir et l'image d'une résistance sans concession. Bazaine immobilisé dans Metz, obligeait les Allemands à maintenir devant la ville plusieurs divisions, ce qui aurait permis aux troupes levées par Gambetta de reprendre quelque avantage sur le terrain et de monter sur Paris.

Curieux Bazaine qui avait refusé de reconnaître le gouvernement de Défense nationale, le 4 septembre, mais qui, comme Trochu ou Favre, s'était bercé de l'illusion de jouer un rôle majeur dans l'histoire du pays. Bien naïf maréchal manipulé par Régnier, un envoyé, non pas de l'impératrice réfugiée en Angleterre comme il le prétendait, mais agent de l'ennemi, émissaire du prince Frédéric-Charles de Prusse. L'armée française resterait libre si on livrait Metz aux Allemands. Tel était l'enjeu, trop beau pour être vrai.

Bazaine hésite, s'embourbe dans d'interminables tractations. Durant ce temps Metz dont la population s'est accrue de 20 000 réfugiés des environs, commence à manquer de vivres. C'est ce que recherchait l'ennemi. Pousser la ville, jour après jour, jusqu'à l'épuisement.

Au bout du compte, Bazaine signera la capitulation malgré l'avis de ses officiers qui voulaient tenter une sortie, sans avoir tiré un seul coup de feu livrant ainsi à l'ennemi 170 000 hommes, 6 000 officiers et tout le matériel de guerre.

Sous les yeux du maréchal Lebœuf, les soldats français, les larmes aux yeux, la rage au cœur, déposent les armes. C'est la consternation, l'indignation nationale. Il restera à Bazaine à rendre compte devant l'histoire du poids d'une trahison aussi lourde que furent la médiocrité et l'immense bêtise de l'homme qui la rendit possible.

Aurelle de Paladines, général commandant la 1ère armée de la Loire, battant les Bavarois à Coulmiers le 9 novembre pourra reprendre Orléans. Victoire retentissante dont l'impact fut considérable mais les conséquences de la capitulation de Metz ruinaient tous les espoirs de Gambetta de voir la 1ère armée se diriger vers Paris. Descendant de Metz à marches forcées, les armées du prince Frédéric-Charles de Prusse brisèrent sa progression à Beaune-la-Rolande. Le 2 décembre, la défaite de Patay ajoutait au pire et ruinait les derniers espoirs. Deux jours, plus tard, Orléans était repris par les Allemands et à l'annonce de cette défaite, la délégation gouvernementale de Tours n'eut d'autre choix que de se replier en toute hâte sur Bordeaux devant l'avance de l'ennemi.

1870 connut l'un des hivers les plus rigoureux du siècle, ce qui ajouta à la dureté des combats et à l'épuisement des troupes.

Les « moblots », les jeunes hommes ayant tiré un bon numéro qui les dispensait du service militaire, avaient rejoint l'armée et s'y battaient avec vaillance. Peu entraînés, inexpérimentés, ils constituèrent une cible de choix face à l'adversaire.

La victoire de Bapaume, le 3 janvier, par l'armée du Nord de Faidherbe n'eut pas de suites positives pour la France. Amiens était tombé le

16 décembre. Les troupes de Faidherbe seront défaites à Saint-Quentin trois jours plus tard.

Le 19 janvier marqua aussi la démission du général Trochu après le double échec des sorties du Bourget et de Champigny auxquelles s'ajoutèrent les sorties désespérées et sanglantes sur Buzenval et Montretout.

Le 28 janvier 1871 marquait la capitulation de Paris. Paris épuisé par la faim et les privations, anéanti par le froid, plongé dans le noir dès la nuit tombée, bombardé à partir du 5 janvier sur ordre de Guillaume 1er proclamé empereur d'Allemagne à Versailles dix jours plus tôt, pour amener *« la populace maîtresse de Paris à une capitulation et à la paix ».* Bombardements destructeurs, meurtriers, qui firent de nombreuses victimes civiles dans les quartiers de la rive gauche. Paris secoué par la colère et la révolte à l'encontre des « capitulards » qui s'étaient résolus à solliciter un armistice. Jules Favre avait rencontré à Versailles le chancelier allemand qui sut habilement lier l'armistice à la capitulation de Paris. Les négociations durèrent une semaine.

Etaient prévus dans la convention, la remise à l'envahisseur des forts de Paris et le désarmement des troupes de la capitale. Paris qui pouvait à nouveau organiser son ravitaillement moyennant le versement d'une indemnité de 200 millions de francs. Enfin, le pays devait aboutir à l'élection d'une assemblée nationale chargée de mettre fin à la guerre.

Les résultats de la victoire allemande surpassaient les vues les plus audacieuses du chancelier Bismarck.

Quelques années avaient suffi à ce hobereau poméranien né en 1815, à bâtir l'œuvre de sa vie, l'unité allemande pour la grandeur de la Prusse.

Otto de Bismarck-Schoenhausen, étudiant médiocre à Berlin mais autodidacte acharné, politicien redouté pour sa volonté de fer, son énergie inébranlable, ses colères légendaires qui faisaient vibrer sa carrure de colosse sans jamais altérer une intelligence très réaliste, ancien ambassadeur à Paris en 1862 avant d'être désigné chancelier par le roi Guillaume 1er.

Huit années et pas une de plus lui avaient suffi pour bâtir un empire.

Un empire consacré à Versailles sur les ruines d'un autre empire de cendres et de sang. *« De la terre d'Empire surgit l'Empire »* affirma le pangermaniste Delbrück.

L'armistice accordé par Bismarck n'excédait pas trois semaines. Les conditions globales de cet accord franco-prussien parurent insupportables à Léon Gambetta qui, à Bordeaux, refusa de s'associer à la capitulation signée par Favre. Cependant comme il lui était impossible de s'opposer à l'élection d'une assemblée nationale, il tenta d'interdire par décret aux « serviteurs de l'Empire » de briguer les suffrages des électeurs. Contraint d'accepter la paix du gouvernement de Paris, Gambetta démissionne le 6 février. Il est remplacé par Jules Simon.

Etranges élections pour l'Assemblée nationale et qui ont lieu le 8 février. Tout va trop vite en effet. Le corps électoral est-il représentatif de la France ? Comment pourrait-il l'être ? Combien de soldats ou de prisonniers ne purent-ils voter ?

Au soir du 8 février, la nouvelle Assemblée compte 400 députés monarchistes contre 200 républicains. Une trentaine de députés bonapartistes sont également élus. L'Assemblée de Bordeaux, lors de sa première session, le 12 février, enregistre la démission du gouvernement provisoire et nomme « l'homme inévitable », Adolphe Thiers, chef du pouvoir exécutif de la République, non sur sa bonne mine, non parce qu'il rassure ou qu'il a été élu massivement par 26 départements mais pour sa longue expérience politique. On le sait aussi habile négociateur or il faut avant tout retrouver la paix pour voir enfin le dernier soldat allemand, au casque en pointe, quitter le sol français.

De même que le gouvernement de Défense nationale du 4 septembre n'a jamais signifié la fin de la guerre, l'Assemblée de Bordeaux ne signifie pas plus que la paix soit revenue comme par enchantement.

Les arrière-pensées de l'Assemblée de Bordeaux sont limpides. Avec 400 députés monarchistes, comment ne pourrait-il pas être question de restaurer la monarchie en France ? Aussi Thiers n'est-il qu'un pion sur l'échiquier. Pion qu'on éliminera le moment venu lorsque la République sera jetée aux orties.

Son ministère de réconciliation rassemble des républicains, des orléanistes et des légitimistes. Il persuade même la majorité monarchiste d'adopter cette stricte neutralité qu'il a fait sienne. Cette convention prendra le nom de Pacte de Bordeaux le 10 mars.

L'Assemblée de Bordeaux veut une paix immédiate avec l'Allemagne à n'importe quel prix or cette paix sera précisément hors de prix. Les préliminaires ont lieu à Versailles, du 21 au 26 février. Thiers et Jules Favre rencontrent Bismarck et l'addition est lourde : cession de l'Alsace et du nord de la Lorraine, versement en trois ans d'une indemnité faramineuse de 5 milliards de Francs, alors que 6 milliards de Francs avaient été demandés, retrait des troupes françaises au sud de la Loire.

Par contre, Thiers parvient à conserver à la France le territoire de Belfort en raison de l'héroïque défense de Denfert-Rochereau. Sur le tapis vert de la table des négociations où la France n'est pas en mesure d'exiger quoi que ce soit, Bismarck impose en contre partie l'entrée des Allemands à Paris.

Le 1er mars, l'Assemblée nationale ratifie ces préliminaires par 546 voix contre 107. Vote émaillé d'une émouvante protestation des députés d'Alsace et de Lorraine.

Le 2 mars, les troupes allemandes défilent sur les Champs-Élysées dans un Paris en deuil. Le nouvel empereur d'Allemagne, Guillaume 1er, passe ses troupes en revue sur l'hippodrome de Longchamp. Cette occupation symbolique ne durera qu'une journée mais pour les Parisiens l'affront fait à leur vaillance durant le siège est insupportable.

VIII

La Commune de Paris

«Paris n'est pas une ville ; c'est un monde »

François 1er à Charles Quint

L'automne et l'hiver 1870-71 voient le siège de la capitale et les malheurs qu'il fait peser ont édifié dans l'âme des Parisiens un véritable traumatisme. La ville va subir des bombardements aveugles de sa population. Or Paris est déjà à cette époque une cité vers laquelle se tournent les regards du monde entier. Trois ans plus tôt, des centaines de milliers d'étrangers et la plupart des têtes couronnées d'Europe se sont donné rendez-vous à Paris pour l'Exposition Universelle.

Paris, pour le monde entier, est devenu le symbole de l'élégance, de la gaieté et de la frivolité. Quel grand duc ne rêverait-il pas d'y entretenir une danseuse ? *« La tournée des grands ducs »,* synonyme d'une vie facile où l'argent coule à flot comme par le goulot d'un gigantesque magnum de Champagne.

L'argent ou plutôt l'or car la France de la fête impériale est riche de ce capitalisme triomphant auquel on ne prête que des vertus et attire tout l'or du monde comme celui de ce Brésilien de Rio de Janeiro, dans *« La vie parisienne »,* venu à Paris et nulle part ailleurs, dilapider sa fortune dans la plus grande allégresse et sans remords.

Les personnages de Jacques Offenbach donnent toute la dimension d'un Paris voluptueux. Comment oublier cette «grande Duchesse de Gerolstein » qu'incarne Hortense Schneider au théâtre des Variétés : *Ah ! que j'aime les militaires !*

Trois ans après les fastes de l'Empire, les lampions se sont éteints. Alors que les coupes sont vides, ce sont d'autres calices qu'il faut boire jusqu'à la lie et il faudrait beaucoup de conviction aux Parisiens assiégés pour reprendre ce refrain et prétendre à leur tour aimer les militaires. Comment pourraient-ils aimer des Trochu, Bazaine, Lebœuf ou Mac-Mahon, à qui ils doivent tant de malheurs ?

Après s'être abattu sur tout ce qui symbolisait l'Empire ; portraits, sculptures, nom de rues, les représailles fondirent sur la correspondance et les papiers personnels de Napoléon III parti guerroyer sans se douter que jamais il ne reverrait Paris.

Courant octobre, une commission officielle siégeant aux Tuileries était chargée d'éplucher tous les documents de l'ex-empereur. Edmond de

Goncourt évoque avec dégoût ce qu'il observe alors qu'un de ces amis, membre de la commission, lui fait les honneurs du Palais : *« J'ai la sensation d'être entré dans le cabinet noir de l'Inquisition de la Révolution et ce décachetage haineux de l'Histoire a je ne sais quoi qui me répugne. C'est dans la salle Louis XIV que se tiennent les membres de la commission. C'est là que s'élabore le grand tri. Parmi les papiers qui sont là, j'en prends un au hasard : c'est un compte où le grand dépensier Napoléon III fait repriser les chaussettes à raison de 25 centimes le reprisage ».*

Durant ces mêmes jours d'octobre, un obus tiré du mont Valérien mettra le feu au château de Saint-Cloud, résidence de Napoléon III. Le palais brûlera de fond en comble et longtemps il présentera l'affligeante image de sa façade calcinée.

Pendant que de nombreux partisans de l'Empire quittaient la capitale, une bonne partie de la population masculine se trouvait mobilisée sur différents théâtres d'opérations en France lorsqu'elle n'était pas captive en Allemagne. La plupart des étrangers résidant à Paris, corps diplomatique ou hommes d'affaires et leurs familles avaient également quitté la cité ou la quitteraient durant le siège. Seul était resté le peuple de Paris ; ouvriers et artisans, citadins aux revenus modestes, invalides, personnes âgées et enfants, gardes nationaux et soldats. Des bourgeois aussi qui n'entendaient pas laisser leurs biens menacés par les pillards et les cambrioleurs.

Les Parisiens avaient vécu toutes les horreurs du siège. D'abord la faim terrible qui arriva plus vite que prévu et les menaça d'une véritable famine.

Comment pouvait-on mourir de faim dans le Paris de 1870 ? Ce Paris de toutes les merveilles, ville-phare qui entendait éclairer le monde ?

Alors que le gouvernement de Défense nationale abreuvait de paroles rassurantes la population par le biais des journaux, il avait négligé la gestion des subsistances, persuadé que le siège n'allait pas s'éterniser.

Des grands stocks de farine et de grains avaient été accumulés et des moulins constitués à la Gare du Nord. Il y avait de quoi tenir douze semaines mais pas une de plus or le gaspillage fut de règle dès le début du siège. Lorsque le gouvernement admit la nécessité d'organiser le rationnement, il était trop tard. Le blé manquant, les boulangers façonnèrent un pain noir et visqueux dont la composition était inconnue. Probablement contenait-il des résidus divers, du mauvais son, de la sciure ou de la paille.

Les 50 000 bœufs, 250 000 moutons et porcs du Bois de Boulogne réduits précocement à l'état de souvenir, on se résolut à manger du cheval. Victor Hugo témoigne avec humour dans « Choses vues » à la date du 1er janvier 1871 :

J'ai faim. J'ai froid. Tant mieux. Je souffre ce que souffre le peuple. Décidément, je digère mal le cheval. J'en mange pourtant. Je m'en suis vengé, au dessert, par ce distique :

« Mon dîner m'inquiète et même me harcèle,
« J'ai mangé du cheval et je songe à la selle. »

Après l'ouverture des boucheries chevalines, l'heure sonnera, à la mi-novembre, des boucheries canines et félines. Les Parisiens ont consommé environ 5 000 chats et quelques 1 200 chiens. La viande de chat se négocie à 12 Francs le kilo, soit 3 journées de travail pour un ouvrier. A ceci près que la guerre et le siège ont mis bon nombre de travailleurs au chômage. Enfin, des rats, des souris, des pigeons, des moineaux de Paris se retrouveront dans la tambouille misérable des assiégés.

On avait oublié dans l'immense troupeau qui traversant Paris passa par les Jardins du Luxembourg avant de paître au Bois de Boulogne, des vaches laitières en nombre suffisant. Conséquences dramatiques pour les nouveaux nés et les jeunes enfants : 2 500 d'entre eux périront de dénutrition dans la dernière semaine du siège.

Tout le monde ne meurt pas de faim. Il existe des restaurants où les affaires ne marchent pas si mal même si les grands chefs ont dû adapter leur menu ou proposer à leur aimable clientèle de nouvelles spécialités : de l'autruche, du chameau, de l'ours, du loup, du kangourou, de l'éléphant car les animaux du Jardin d'Acclimatation subissent eux aussi les rigueurs du siège et participent à l'effort de guerre, en tenue de camouflage sur un lit de petits pois entourés de jeunes carottes et mouillés d'une sauce appareillée pour cacher au gourmet dépensier le goût trop prononcé des savanes lointaines.

Mis à prix sur pied, ils sont abattus pour le ou les plus offrants car bien sûr la viande exotique coûte cher au point qu'il est indispensable de se grouper. Certains animaux s'avéreront à ce point onéreux qu'ils y gagneront leur salut et échapperont à la casserole. Ainsi l'hippopotame du Jardin des Plantes estimé à 80 000 francs ne trouvera aucun acquéreur. Egalement rescapés de la marmite, quelques lions en fin de règne et singes récalcitrants dont la morphologie trop humaine pourrait heurter la sensibilité de certains appétits.

Il y a bien sûr une grande différence entre un gigot d'ours, une fricassée de kangourou sur plateau d'argent et ces minables rats noirs que l'on saisit à main nue non sans répulsion à la sortie d'un égout ou alors qu'ils divaguaient eux-mêmes affamés sur un monceau d'ordure.

Edmond de Goncourt s'indigne du comportement de ces bourgeois qui, durant toute la durée du siège, auront leurs tables réservées dans les meilleurs restaurants de Paris et ne s'apercevront jamais que la misère est grande dans ces quartiers qu'ils traversent en fiacre sans jamais s'y arrêter.

Après la guerre, il fera apposer au restaurant Brébant une plaque portant en épigraphe : *« Durant le siège de Paris, quelques personnes habituées à se rencontrer chez Monsieur Brébant tous les quinze jours ne s'aperçurent pas une seule fois qu'elles dînaient dans une ville investie de deux millions d'habitants ».*

Car nulle solidarité n'étreint le cœur du bourgeois ni n'apaise chez l'enfant de la rue la terrible faim qui le fera défaillir. Mais au fond, ce gamin de Paris a-t-il pour père un de ces blanquistes, un de ces *rouges* qui ne rêvent qu'à troubler l'ordre ? Cet ordre des choses selon lequel il y a toujours eu des riches et des pauvres, des exploiteurs et des exploités.

Pour palier la pénurie alimentaire, le gouvernement invita les sommités de la science à se pencher sur la question. Le particulier n'a pas attendu le vain résultat de ces recherches en chapeau haut de forme et lorgnons, il a tout de suite improvisé.

Ainsi a-t-il très vite appris que des chandelles fondues pouvaient faire une excellente graisse à frire. Mais pour frire quoi lorsqu'un œuf dont la fraîcheur ne saurait être garantie coûte 2 Francs[12], soit dix fois plus cher qu'avant-guerre ?

On fait de la marmelade d'abricots à base de citrouilles mais si on parvient encore à avoir du pain, ce sera beurre ou confiture sur les tartines, sûrement pas les deux car le beurre culmine à 35 Francs la livre au marché noir. Le fromage est à 30 Francs la livre mais cela reste exorbitant.

L'académie des Sciences rendit compte de ses travaux. Elle trouvait de nouvelles vertus aux chandelles qui constituaient *« un excellent succédané du beurre ».* L'osséine, à 1 franc le kilo, composée d'os et de gélatine pouvait permettre de confectionner un bouillon à moindre risque de désordre intestinal que de vouloir brûler la chandelle par les deux bouts.

Du saindoux mélangé à des grains décortiqués, assaisonné de sel et d'oignons frits ferait un plat « délicieux » que toute bonne maîtresse de maison se devait de présenter à table…

Les lumières de la science ne manquaient pas, faute de les remplir, d'éclairer les ventres creux par de prodigieux discours selon lesquels si le peuple avait faim, il ne fallait pas qu'il se fie aux apparences : *A elle seule, la sensation de faim est un critère défectueux. Une méthode courante pour apaiser les crampes est de comprimer fortement l'estomac.*

Il est absolument certain qu'une sensation physique peut en corriger une autre ; ainsi la faim peut être dissipée par le recours à des substances inertes telles que le sable, lequel ne contient assurément pas de substances nutritives.

Ce sable dont on avait rempli des centaines de sacs en vue de protéger les édifices publics. Ce même sable dont le pouvoir politique s'était

---

[12] A titre indicatif : il faut plus de 3 euros pour faire 1 franc de 1900.

fait le marchand en vue d'endormir le peuple à l'aide de déclarations patriotiques en trompe l'œil et carton pâte ; *Ni un pouce du territoire, ni une pierre de forteresse*... Ou lorsque la presse annonçait des victoires inventées dans le seul but de faire remonter la rente et de donner des couleurs à la Bourse.

On apprit ainsi avant le siège, début août, l'existence d'une supposée dépêche que chacun prétendait avoir lu de ses propres yeux et qui annonçait la défaite du prince de Prusse et la capture de 25 000 prisonniers.

Cette dépêche, bien sûr, n'existait pas. Par contre, le même soir le gouvernement apprenait, consterné, deux lourdes défaites françaises à Spickeren et Froeschwiller.

Les journaux n'étaient pas en manque pour soutenir leurs tirages de vente. Deux millions d'Allemands avaient été tués au combat et trois mille veuves de guerre en grand deuil avaient manifesté à Berlin en faveur de la paix. Moltke, le prince Frédéric-Charles et le Kronprinz de Prusse avaient été tués sur le champ de bataille tandis que Bismarck avait été abattu en tentant de réprimer une révolte des troupes bavaroises. Quant au roi de Prusse, il avait sombré dans la folie, terrassé par les remords...

Le Soir annonçait que Napoléon III, s'étant évadé, il avait rejoint la tête de ses troupes à Sedan avant de pénétrer en triomphe à Berlin où très curieusement il avait proclamé la ...République.

Les journaux abusèrent de la crédulité générale pour vendre du papier. Les lecteurs découvrirent toute l'horreur de Versailles, incendiée par les Allemands qui violaient les femmes et martyrisaient les enfants. De fait, la conduite de l'ennemi fut très *correcte* à Versailles où de nombreux commerçants constatèrent une hausse sensible de leurs chiffres d'affaires en regrettant la stupide résistance de la capitale.

L'hiver 1870-71 vit durant plusieurs jours le thermomètre descendre sous les 10° C. On meurt de froid à Paris, en France, sur les champs de batailles où les soldats, français ou prussiens, sont emportés par la pneumonie.

Pour remplacer le charbon, le moindre morceau de bois est un trésor dont la chaleur éphémère réconforte. De larges coupes dans les bois de Boulogne et de Vincennes sont faites, des arbres des boulevards de la capitale sont abattus.

Des stocks de bois de chauffage sont constitués pour permettre la distribution gratuite aux pauvres gens mais devant l'incapacité des autorités à mettre en place cette organisation, on assistera à l'attaque de ces dépôts par la population qui ne comprend pas pourquoi on met sous clef ce qui lui fait tant défaut. Espère-t-on conserver ce bois de chauffage jusqu'au printemps ou pour les beaux jours ?

Dans le quartier de l'Elysée, arbres et bancs sont arrachés, les poteaux télégraphiques découpés en bûches. Sous le regard impuissant des gardes nationaux, des hommes résolus scient des troncs, des femmes cassent les branches et les enfants ramassent des petits fagots qu'ils traînent derrière eux, attachés à une ficelle que tient leur main engourdie enfoncée dans leur poche.

La pénurie de pétrole est là, on ne peut plus s'éclairer chez soi. Les rues de Paris subissent la même impuissance des becs de gaz devant la nuit tombée.

La faim, le froid, le désœuvrement, l'impuissance du gouvernement de Défense nationale ne font qu'exacerber les passions. Contre le froid et la faim, l'alcool devient un véritable fléau : il va se consommer à Paris durant le siège une quantité impressionnante de vins, liqueurs et spiritueux. La seule consommation d'absinthe va plus que quintupler.

Bientôt la ville est ravagée par des épidémies. La variole emporte 64 000 Parisiens mais d'autres maux conduisent au cercueil une population fragilisée : typhoïde, bronchite et pneumonie, dysenterie, diphtérie, scarlatine, rougeole. Durant la dernière semaine de décembre 1870, 4 000 Parisiens sont passés de vie à trépas.

Le 5 janvier, le moment psychologique est venu pour Bismarck et témoigne de l'impatience irritée du chancelier de fer devant la détermination des assiégés.

Pour les troupes d'occupation aussi, le moral décline. Combien de temps vont-ils encore rester là à attendre ? Combien de temps va durer cette guerre qu'ils conduisent sur une terre ennemie. Eux-mêmes pourraient bien se retrouver pris au piège.

Alors, Paris subit ses premiers bombardements. Rue Lalande où s'écrase le premier obus, sur le cimetière du Montparnasse et au Luxembourg où une fillette est décapitée et cela dure toute la journée. Des milliers d'obus tomberont sur Paris semant la mort et la destruction au hasard bien que l'ennemi vise aussi les dômes des Invalides et du Panthéon. Quatre cents victimes seront à déplorer dont plus d'une centaine de femmes, enfants ou personnes âgées mais Paris résiste et les bombardements n'auront d'autres résultats que l'exode temporaire de 20 000 Parisiens venus se mettre à l'abri sur la rive droite. Ni le cours de la guerre, ni le temps de la capitulation, n'en seront précipités pour autant. Le moment psychologique voulu par le chancelier Bismarck n'a pas atteint son but.

La France pouvait-elle gagner la guerre de 1870 ?

La Prusse a observé l'essoufflement politique de l'Empire. Un certain libéralisme a fragilisé le pouvoir de Napoléon III. Le corps législatif mégote les projets de l'empereur, lésine sur les crédits militaires, fait avorter la réforme militaire de Niel.

Pourquoi une telle attitude des parlementaires ?

La classe politique est persuadée qu'une défaite de la France devant l'Allemagne provoquera l'effondrement de l'Empire et que s'ouvriront alors toutes les perspectives politiques ; restauration monarchique pour les uns, proclamation de la République pour les autres, insurrection révolutionnaire pour les rouges dont la progression des idées dans un prolétariat de la misère chemine à un rythme qui inquiète les modérés.

Pour abattre l'Empire, il faut la guerre même si elle conduit à la catastrophe. A ce moment-là, le responsable du désastre se trouvera désigné : l'empereur bien sûr.

Cette attitude se trahit à longueur de journée dans les déclarations malheureuses des uns et des autres au Palais Bourbon où des députés de gauche applaudissent alors que l'on vient d'apprendre le désastre de Sedan et que le peuple est en larmes.

D'autres affirmeront non sans cynisme le moment venu que la chute de l'Empire valait bien que l'on perde l'Alsace et la Lorraine. Et puis, la déclaration du roi de Prusse tranquillise la conscience de la classe politique. N'a-t-il pas affirmé que la Prusse faisait la guerre à l'Empire et non à la France ?

Ces attitudes politiques d'un désastre banalisé se retrouvent dans les erreurs commises par l'armée sur le terrain. Une armée mal équipée, insuffisamment préparée, mal commandée. Les soldats français portent un lourd barda qui entrave leur mobilité. Ils utilisent le Chassepot efficace mais il arrivera que la victoire tourne court parce que les munitions viennent à manquer. Le Français possède la mitrailleuse mais dont la portée est trop limitée, là où le Prussien dispose du canon Krupp.

Ce fameux canon Krupp en acier dont la France aurait pu se doter sans difficulté si l'Etat-major militaire n'y avait renoncé sans raison précise.

Tandis que la guerre a éclaté, les erreurs des officiers généraux français sont inexplicables : repli invraisemblable de Bazaine qui se laisse enfermer dans Metz alors qu'il bénéficiait d'une supériorité numérique et d'atouts logistiques.

Mac-Mahon montant sur Metz par les Ardennes à la rencontre de Bazaine manœuvre trop lentement. Les Allemands qui avaient perdu le contact avec lui depuis Froeschwiller seront informés du mouvement de ses troupes en feuilletant le journal « Le Temps » qui a publié une indiscrétion dans ses colonnes, la presse étant à ce moment, dépourvue de toute censure militaire.

Malgré une opinion qui au fil des décennies s'est attachée à faire entrer la guerre de 1870 dans l'imagerie d'Epinal, la France aurait pu remporter la victoire.

La vaillance et la bravoure des soldats français de l'empereur ou des armées républicaines levées par Gambetta sont reconnues par les plus hauts stratèges de l'Etat-major prussien et parmi eux, une autorité incontestable, le comte Von Moltke qui écrit en décembre 1870 :

« L'armée prussienne a pu faire prisonnières toutes les forces que l'ennemi a mises en campagne au début de la guerre. La France n'en a pas moins trouvé le moyen de créer, dans un délai de trois mois à peine, une nouvelle armée encore plus nombreuse que celle qui a été détruite. Les ressources en apparence presque inépuisables du pays ennemi pourraient mettre en question le résultat rapide et décisif de nos armées, si, de notre côté, le pays ne faisait pas un effort égal ».

Même reconnaissance de la part de Guillaume 1er qui confie à son fils : *« Souviens-toi qu'au cours de la grande guerre...* (NDLA : celle de 1870) *pourtant il fut des heures où, malgré tant de chances favorables, je pus douter de l'issue finale. »*

Il est tombé sur le sol de France plus de soldats prussiens que de soldats français. L'armistice voulu par Favre était prématuré. En janvier 71, le plus dur de l'hiver rigoureux qui occasionna des milliers de morts par pneumonie était passé.

L'ennemi, harcelé et démoralisé par la résistance nationale, était prêt à une paix neutre plutôt que de s'engager plus longtemps dans le conflit. Gambetta l'avait compris : *La guerre doit continuer. Si les Prussiens restent encore trois mois en France ils sont perdus. On doit les y maintenir pour les perdre plus sûrement.*

Dès que le siège de Paris fut levé et avant que la ville ne soit à nouveau alimentée, les assiégés stupéfaits virent réapparaître dans les magasins, comme par enchantement, des subsistances qu'ils croyaient disparu. Des commerçants avaient engrangé des stocks qu'il convenait, avec le retour à la normale et son effet de baisse des prix, de liquider au plus vite. Certaines denrées alimentaires tel que le riz ou le sucre, n'ont jamais manqué durant le siège.

Paris aurait pu tenir plus longtemps sans que ses habitants ne meurent de faim à condition que le gouvernement de Défense nationale prenne les mesures adéquates.

Et puis, comment le général Trochu ne s'est-il jamais aperçu que le blocus des Prussiens était relativement faible puisque estimé à 180 000 hommes alors que Paris comptait quelque 400 000 soldats, soit une supériorité numérique évidente ?

L'idée selon laquelle les gardes nationaux n'étaient pas aptes au combat n'est pas crédible comme la suite des événements le prouvera. Ces hommes, comme le recommandèrent de nombreux officiers, auraient pu être entraînés par des opérations de petite envergure qui les auraient aguerris au contact de l'ennemi. Or on laissa les gardes nationaux sombrer dans le plus profond désœuvrement.

Les Allemands connaissaient bien les effectifs militaires dont disposait la capitale. Cela représentait une menace dont ils ne négligeaient pas les risques même si les «sorties » orchestrées par Trochu tournèrent à la débandade.

Le moral des Prussiens était défait par les pertes qu'ils avaient enregistré : environ 130 000 hommes dont plus de 6 000 officiers contre 120 000 côté français. De nombreux généraux ennemis n'excluaient pas un repli sur l'Allemagne au cas où la résistance française se poursuivrait.

L'activité de foyers révolutionnaires qui refusent l'inaction, le désœuvrement des Parisiens, les défaites militaires des gambettistes à l'extérieur et le retour au pouvoir d'Adolphe Thiers, le souvenir de la Révolution et de la Patrie en danger, la revanche de 48 sont autant d'éléments qui rendront la Commune inexorable. Le siège de Paris va prendre fin, non pas par une issue héroïque à laquelle les habitants se tenaient prêts mais par une capitulation qui, décidée au mépris de leur patriotisme, leur fait honte.

Les préliminaires de paix signés à Versailles le 26 février 1871 sont ratifiés trois jours plus tard sans sourciller par les nouveaux députés élus à Bordeaux le 8 février.

Les Parisiens sont stupéfaits face à cette Assemblée de paix et d'ordre comprenant sur 650 sièges, 400 orléanistes et légitimistes et 200 républicains modérés autrement dit conservateurs. Ils observent aussi, médusés, ces élus bonapartistes.

Comment, hier assiégés, trahis, affamés, bombardés pourraient-ils s'identifier à ce nouveau pouvoir né à Bordeaux, loin de la poudre et du sang alors que le Prussien occupant une bonne partie du pays, tirait les ficelles de cette mascarade politique ?

Etait-ce donc la peine d'endurer de telles souffrances, d'échafauder de telles espérances pour en arriver à une situation politique bien pire que celle qu'ils avaient chassée à l'Hôtel de ville en proclamant la République le 4 septembre ?

Il y a, comme jadis, une fracture entre la France profonde et la capitale « rebelle » baignant dans les idéologies « avancées ».

La France va connaître dès lors l'un des épisodes les plus douloureux de son histoire. Sous les yeux de l'Allemand, Paris va jeter ses dernières forces dans une guerre civile atroce, suite logique de 1848 mais il y a cette fois, une résolution, un déterminisme nourris par les leçons d'une terrible expérience que le temps n'est jamais parvenu à effacer.

Dès le 4 septembre 1870, des « comités de vigilance » s'étaient constitués dans tous les quartiers à l'appel des jacobins, blanquistes et des membres de l'Internationale. Les délégués des vingt arrondissements de Paris s'étaient groupés en un Comité central. Les gardes nationaux formèrent le 3 mars une Fédération républicaine, chargée de *« défendre par tous les moyens possibles la République menacée »* et à la tête de laquelle ils placèrent une instance qui se joignit aux autres comités.

Ces fédérés s'appellent eux-mêmes des « communards ».

Le jour où sont signés les préliminaires de paix, un premier incident grave se produit près de la Bastille. Un groupe de Parisiens vient de se saisir d'un individu suspect, vêtu en civil et qui n'est autre qu'un policier. L'homme est jeté à la Seine sous les insultes. Deux bataillons d'infanterie requis pour rétablir l'ordre, ne s'interposeront pas mais au contraire ils fraterniseront avec la foule.

D'autres incidents témoignent qu'un état insurrectionnel est en train de se faire jour et que la tension ne cesse de monter : bagarres, pillages de magasins, soldats et autorités insultés.

Quelques jours plus tard, le 1er mars, Paris est en deuil sans qu'il soit possible de laisser poindre une larme mais la colère sourde, résolue, couve sous la braise.

Les statues de la place de la Concorde ont été voilées de noir et notamment la statue de Strasbourg à laquelle les Parisiens accordaient une véritable dévotion en souvenir de son siège héroïque. On venait déposer ici quelques fleurs, un modeste bouquet. L'histoire du siège de Strasbourg, c'était un peu ce que les Parisiens enduraient à leur tour.

Les boutiques, magasins et cafés sont fermés. Exception faite d'un établissement de boisson qui sera saccagé le lendemain par une foule indignée. Partout les volets sont clos, il y a peu de monde dans les rues. Le passant croisé ça ou là arbore la mine fermée des mauvais jours, un regard solennel de dignité.

Adolphe Thiers reconnaîtra que *cette entrée des Prussiens a donné au mouvement une impulsion extraordinaire.*

Effectivement, ce premier mercredi d'un mois de mars frileux voit l'entrée de trente mille Prussiens à Paris. Ils sont arrivés dès 8 heures du matin dans l'unique dessein d'une occupation symbolique de la capitale voulue par Bismarck pour exaspérer une dernière fois la dignité d'un peuple vaincu et ils défileront sur les Champs-Élysées. Ce qui ne les empêche pas d'essuyer parfois une injure voire un crachat de la part de Parisiens anonymes. Après le défilé, ils évacueront Paris deux jours plus tard.

Thiers ne s'est pas trompé : cette provocation est très durement ressentie par le peuple de Paris qui ne méritait pas une telle humiliation.

L'Assemblée quitte Bordeaux puisque la situation du pays se normalise mais au lieu de regagner Paris et le Palais Bourbon, elle va choisir Versailles sous prétexte qu'elle ne délibérera pas sur « le pavé de l'émeute » comme l'affirme le député Giraud tandis que son collègue M. de Belcastel - dont le nom seul suffit à faire admettre pourquoi il préfère Versailles - voit en Paris le « chef-lieu de la révolte organisée ». L'Assemblée s'installera le

10 mars dans la grande salle de théâtre du château qui n'a pas ni la grandeur, ni la solennité de l'hémicycle.

Paris d'un coup se sent « décapitalisé ». De plus, comment admettre dans le Paris républicain de l'époque qu'une Assemblée élue par le peuple choisisse comme siège de son action le symbole le plus évident de la monarchie ? Ainsi en ont voulu les électeurs : l'assemblée est de droite, plus qu'elle ne l'a jamais été, aux deux tiers monarchiste et ce ne sont pas les quelques députés républicains modérés qui siégeront sur les strapontins de ce théâtre qu'avait inauguré Marie-Antoinette à Versailles, qui créeront longtemps l'illusion.

Le lendemain, 11 mars, l'Assemblée reprend ses travaux et adopte dans la précipitation une série de mesures qui ne tiennent pas compte de la situation précaire dans laquelle se trouvent les Parisiens après le siège. Le commerce, l'artisanat, la petite industrie ont beaucoup souffert. De nombreuses entreprises ont fermé leurs portes et licencié leur personnel. D'autres aspirent à une rapide reprise de l'activité qui leur permettrait de surmonter de légitimes difficultés de trésorerie.

Or, l'Assemblée décide que le montant de tous les effets de commerce échus du 13 août au 13 novembre 1870 et qui avaient été prorogés, deviendra exigible sept mois après l'échéance inscrite au titre. Ruine annoncée pour des petits négociants et patrons qui ne pourront jamais honorer quelconque engagement dans un tel délai.

Autre mesure qui touche bien plus de monde, le refus de proroger l'échéance des loyers non acquittés durant la guerre. Comment les locataires dans leur grande majorité pourraient-ils s'affranchir de leurs dettes alors qu'ils vivent depuis des mois de privations continues dans une ville totalement déstructurée ?

Dans les deux cas, l'Assemblée adopte ces mesures malgré l'avis contraire des chambres syndicales concernées. En quatre jours, plus de 150 000 Parisiens se retrouvent exposés à la faillite, à des poursuites ou à l'expropriation pure et simple.

Mais les députés ne s'arrêtent pas là et décident la suppression de la solde des « trente-sous », la solde des gardes nationaux, qui s'élevait à 1,50 f par jour. L'Assemblée estime que la guerre terminée, point n'est besoin de payer les gardes nationaux à ne rien faire. 350 000 sont concernés par cette mesure et 200 000 cesseront d'un coup de percevoir cette indemnité. Les autres ont pu faire valoir des « certificats d'indigence », c'est dire l'état de précarité dans lequel ils se trouvent.

La mesure, comme celles des loyers, dettes et effets de commerce à payer, est brutale car les gardes nationaux sont en grande majorité des ouvriers, dont la plupart en raison du conflit, se sont retrouvés sans travail. Les priver de cette maigre indemnité quotidienne de 1,50 f, revient à les précipiter dans une plus grande détresse encore.

L'Assemblée, par sa maladresse, vient de mettre le feu aux poudres.

Parmi les hommes de l'Assemblée, il en est un qui se souvient que durant trois jours il a bataillé ferme à la table des négociations contre l'exigence de Bismarck qui voulait que la garde nationale soit désarmée comme l'avait été la troupe.

Vous faîtes une bêtise, l'avait mis en garde le chancelier de fer. *Tôt ou tard il vous faudra compter avec les fusils que vous avez l'imprudence de laisser à ces exaltés.*

Cet homme, Jules Favre, du gouvernement de Défense nationale hier, complice ou otage de cette Assemblée de Versailles aujourd'hui, demandera à la tribune, le 21 mars, « Pardon à Dieu et aux hommes » de n'avoir pas suivi le conseil de Bismarck.

Ces *exaltés* comme les appelle Bismarck ont transporté plus de deux cent vingt canons sur les hauteurs de l'est parisien afin de les placer sous la surveillance du peuple, à l'abri des Prussiens qui n'occuperont qu'une partie des quartiers ouest.

Depuis le début février, le commandant militaire de Paris, le général Vinoy, ne cesse d'informer le pouvoir d'une *« exaltation populaire de plus en plus menaçante »* : des magasins sont saccagés, l'armée est insultée et les officiers injuriés. Le 20, il mentionne des *« tentatives d'émeutes dans les faubourgs »,* le 3 mars, l'attaque de postes militaires et l'enlèvement d'armes de toutes sortes. Il écrit au ministère de la Guerre à Bordeaux : *« Une insurrection s'organise en plein jour ; envoyez-moi des troupes ».*

Le surlendemain, Adolphe Thiers donne l'ordre de route de 30 000 soldats sur la capitale mais il ne lui semble pas nécessaire de livrer une offensive à l'émeute. Aussi affirme-t-il : *Avec une grande force militaire en main, une ferme attitude et un peu de patience, on a grande chance d'en finir sans bataille.*

Les 6 et 7 mars, le général Vinoy relate de nouveaux incidents.

Le 10, le Comité central lance un appel à l'armée régulière :

Soldats, enfants du peuple ! Le peuple de France veut conserver ses armes, choisir lui-même ses chefs et les révoquer quand il n'a plus confiance en eux. Plus d'armée permanente, mais la nation toute entière armée ! Plus d'oppression, d'esclavage ou de dictature d'aucune sorte, mais la nation souveraine, mais les citoyens libres se gouvernant à leur gré ! »

Le lendemain, Vinoy fait suspendre la parution de six journaux d'extrême gauche. Le même jour, une condamnation à mort est prononcée contre Auguste Blanqui et Gustave Flourens pour leur participation aux événements du 31 octobre 70 qui avaient vu l'investissement de l'Hôtel de Ville et la séquestration momentanée des membres présents du gouvernement.

Nouveau rapport alarmant de Vinoy le 12 mars.

Le 15 mars quand Thiers vient à Paris, il trouve *« la situation plus tendue qu'il ne le pensait »* et se résout à l'épreuve de force. Une cellule de crise qu'il préside est constituée au Quai d'Orsay. Thiers veut reprendre les 227 canons de la Garde Nationale, qui ont été rassemblés sur le terre-plein de Montmartre, à l'endroit même où sera érigée la basilique du Sacré Cœur, et désarmer la capitale. Le Comité central sera dissous et ses membres arrêtés. Le premier volet de ce plan est fixé à l'aube du 18 mars.

Dans la nuit du 17 au 18 mars, une affiche est placardée sur les murs de Paris : *Le gouvernement est résolu à agir. Que les bons citoyens se séparent des mauvais ! Les coupables qui ont prétendu instituer un gouvernement à eux vont être livrés à la justice.*

Dans un petit matin pluvieux, il est quatre heures et il fait encore noir, deux colonnes de l'armée régulière prennent la direction de Belleville, des Buttes-Chaumont et de Montmartre. Parvenus au sommet des buttes, les soldats pourraient sans grande difficulté s'emparer des canons mais ils se rendent compte que les prolonges et attelages indispensables à l'enlèvement des pièces d'artillerie sont insuffisants et qu'il faudra en chercher d'autres. Ce contretemps de quelques heures va se retourner contre eux.

Après la confusion qui a vu l'arrivée de la troupe, les gardes nationaux dont certains se sont éparpillés dans les rues, donnent l'alerte, font sonner le tocsin et battre le tambour. Le jour s'est levé, les habitants s'éveillent en sursaut et accourent de toutes parts. Hommes, femmes et enfants cernent les soldats troublés, inquiets. Au bout de quelques minutes, c'est la fraternisation avec le peuple.

A huit heures du matin, l'échec pour Thiers est total. Seuls 70 canons sur 227 ont pu être récupérés. Les fusils de la troupe ont été mis crosse en l'air, les officiers ont pris la fuite, des bataillons ont battu en retraite. L'insurrection générale est en marche et descendant des buttes de l'est parisien, elle va rapidement se propager à toute la cité.

Le quotidien *Le National* écrit : *Depuis ce matin Paris a le délire et, dans la capitale, à l'heure où nous prenons la plume, il est peu de gens qui puissent se croire en possession de leur raison.*

A Montmartre, les soldats du 88ème de marche refusent d'obéir aux ordres du général Lecomte qui ordonne le feu. Désarmé, le général est conduit rue des Rosiers. Place Pigalle, un suspect est lui aussi emmené rue des Rosiers. Il s'agit du général Clément Thomas, vêtu en civil, à qui l'on reprochera de s'être trouvé là pour relever le plan des barricades de Montmartre. Les deux hommes sont jugés par un Comité militaire du XVIIIème et fusillés sur place.

Georges Clemenceau, député et maire de l'arrondissement, informé des événements, arrivera trop tard pour empêcher ce fait de justice populaire.

Tandis que l'émeute dans la matinée gagne les quartiers réputés conservateurs, Thiers, au Quai d'Orsay arrête sa décision : le gouvernement est perdu s'il se laisse enfermer dans la capitale insurgée. Moins d'une heure plus tard, il enfile son éternelle redingote et fait avancer son fiacre devant une sortie située à l'arrière du Quai d'Orsay, rue de l'Université. Escorté de deux pelotons de gendarmerie à cheval, le convoi monte au trot les Champs-Élysées et gagne le Bois de Boulogne en direction de Versailles.

A Paris, la confusion est immense. Si le pouvoir est vacant en ce 18 mars, n'est-ce pas parce qu'il a déserté la capitale en fuyant en direction de Versailles ? Thiers, pour une fois, a bel et bien perdu son sang froid.

Que vont faire les chefs des insurgés sinon prendre place dans ces fauteuils que viennent de leur céder à la hâte les tenants du pouvoir établi ?

Dès la nuit tombée, une nouvelle autorité s'établit ; le Comité central de la garde nationale, devenu maître de Paris, « au nom du peuple », s'installe à l'Hôtel de Ville, lieu symbolique de la République. Mais au fond, que pourrait-il faire d'autre sinon laisser Paris sombrer dans l'anarchie ?

Son premier but : organiser les élections de la « Commune de Paris ». Pour y parvenir, il noue des relations les 19 et 20 mars avec les maires d'arrondissement et leurs adjoints. Nombre d'entre eux manifestent une volonté de conciliation.

Clemenceau, Tirard, Schœlcher et d'autres vont demander aux députés de Versailles de faire procéder à l'élection d'une municipalité à Paris. C'est l'intérêt général du pays qui le commande mais comment les élus de Bordeaux, monarchistes de surcroît, pourraient-ils prendre en compte toute la gravité de la situation ?

Seul Thiers, qui a connu les événements sanglants de juin 48, pourrait les influencer mais le vieil homme, seul sur son banc, ne dit rien et lorsqu'il prononcera quelques mots, ce seront des phrases d'une haine bornée à l'encontre de la *« poignée de scélérats à l'idéal sanglant et rapace »*.

Dès lors, la rupture est totale entre Versailles et Paris.

Les élections sont fixées au dimanche 26 mars.

Le 18 mars, dans les différents quartiers de Paris, c'est le sauve-qui-peut, l'évacuation des troupes, des ministères, des services publics et même du Journal Officiel dont une partie restera à Paris sous la Commune tandis que l'autre rejoindra Versailles. La France connaîtra alors deux éditions du J.O. publiant des décrets contradictoires.

Les témoins du temps rapportent l'abattement de ceux qui quittent Paris ; troupes débraillées, fonctionnaires médusés qui admettent mal cette fuite de la capitale d'autant que les communards ne menacent en rien de les retenir contre leur gré.

Il n'y a pas que la force et l'administration à quitter Paris, les bourgeois, le Tout-Paris, le corps diplomatique et bien d'autres citoyens prennent la direction de la province. Le 23, la plupart des journaux cessent leur parution ; un certain nombre d'entre eux reparaîtront à Versailles.

A Versailles, des dortoirs sont installés dans les galeries du château. Des bureaux sont aménagés. Tous les ministères sont reconstitués, les administrations dont celle des Postes qui dispose d'un centre de tri. On s'affaire entre inquiétude et détermination. En quelques jours un nouveau centre nerveux et stratégique du pays est né.

Thiers, rejoint par Jules Favre, a choisi d'installer le siège de ce gouvernement de crise à la Préfecture. Le vieil homme a retrouvé un imperturbable sang froid. Pas question de laisser Paris établir un quelconque pouvoir même municipal. Il faut soumettre la capitale avant qu'elle ne soit imitée par d'autres villes de France, mais d'abord attendre le retour des prisonniers d'Allemagne afin de constituer une forte armée dont le commandement sera confié à Mac-Mahon.

Il y aura quelques maisons de trouées, quelques personnes de tuées ; mais force restera à la loi, affirme-t-il de cette petite voix aiguë qui accentue son cynisme tranquille.

Devant les monarchistes qui le pressent de vaincre l'insurrection au plus vite sans doute pour pouvoir ensuite se débarrasser de lui et restaurer la monarchie, il décoche une de ces phrases assassines dont il a le secret :

Il y a parmi vous des gens trop pressés. Il ne me faut plus que huit jours. Dans huit jours, la tâche de gouverner sera à la hauteur de votre courage et de votre capacité.

Après l'anarchie qui a régné en ville durant toute la journée du 18 mars, le calme semble reprendre le dessus même si des incidents émaillent les jours qui suivent.

Le plus grave éclate place Vendôme le 22 mars où la « Société des Amis de l'Ordre », organise depuis la place de l'Opéra une marche pacifique en faveur de l'Assemblée de Versailles. Lorsque le défilé atteint le coin de la rue de la Paix, des gardes nationaux ouvrent le feu. Une dizaine de personnes s'effondrent tuées sur le coup et l'on compte une vingtaine de blessés graves.

Le 26 mars, les Parisiens votent pour élire le Conseil Communal de Paris. Les élections se déroulent dans un climat tendu mais sans trop d'incidents. Les patrouilles armées que l'on croise donnent à Paris le visage sinistre d'une ville en état de siège.

Seuls 229 000 électeurs sur 485 000 inscrits se sont rendus aux urnes mais les résultats du scrutin montrent une écrasante majorité pour les communards toutes tendances confondues. Soixante-cinq partisans de la révolution l'emportent sur une quinzaine de modérés et représentants du « Parti des maires ».

Parmi les élus, les ouvriers Duval, Benoît Malon et Eugène Varlin. Une dizaine de Blanquistes ; Edouard Vaillant, Eudes, Raoul Rigault et Ferré, les journalistes et écrivains ; Jules Vallès, Félix Pyat, le peintre Gustave Courbet, Jean-Baptiste Clément, l'auteur du *Temps des Cerises*. Enfin, Charles Delescluze, Gustave Flourens mais aussi quelques éléments douteux dont certains auraient appartenu à l'ancienne police impériale.

La première réunion des nouveaux élus est fixée au mardi 28 mars à l'Hôtel de Ville. Sur la place, une foule immense s'est donnée rendez-vous dans une ambiance populaire. On chante *« La Carmagnole »* et le *« Ça ira »*. On a dressé une estrade tendue de banderoles rouges. Les élus apparaissent ceints eux aussi d'une écharpe rouge. Les applaudissements crépitent.

Le maire de Belleville s'avance et déclare :

« Au nom du peuple, la Commune est proclamée. »

Le lendemain, la Commune de Paris se met au travail. Municipale, sous le poids des événements, elle n'aura d'autre choix que de légiférer et décrète bientôt représenter le seul pouvoir dans la capitale, toute décision des Versaillais étant considérée comme « nulle et non avenue ». Au cours de la même séance, dix commissions sont constituées qui feront office de ministères.

Son vœu étant de poursuivre l'œuvre de 1793, elle adopte le calendrier républicain, Paris se trouvant alors plongé en l'an 79. L'étendard tricolore cède le pas à la bannière rouge comme l'avaient voulu les insurgés de 1848. Un Comité de salut public sera institué.

Comme sous la Révolution française, le clergé est la cible : séparation de l'Eglise et de l'Etat, suppression du budget des cultes, « contraire à la liberté de conscience ». Les lieux de culte sont fermés, les biens des communautés religieuses mis à la disposition de la Nation.

Mais l'œuvre politique de la Commune sera souvent en avance sur son temps, notamment dans les domaines sociaux ou économiques.

Remise en vigueur du moratoire des dettes et des loyers dont la suppression par l'Assemblée de Versailles avait plongé tant de gens modestes dans la difficulté. Les locataires obtiennent la remise des termes d'octobre 70, janvier et avril 71. Un délai de trois années est accordé pour le paiement des dettes.

La vente des objets déposés en gages au mont-de-piété est suspendue. Les traitements sont limités à un maximum annuel de 6 000 francs et le cumul des salaires est interdit.

Si la Commune interdit le travail de nuit dans les boulangeries, la journée de travail est limitée à dix heures par jour. Quand elle aura disparu dans le sang, il faudra attendre près de 30 ans avant que les députés se penchent sur la question en 1900 sous l'ère du président Millerand et encore, seul le principe sera adopté.

Les vexations, retenues sur salaire et amendes patronales sont supprimées et dans certaines entreprises, on évoquera même l'autogestion.

Abolition de la distinction entre enfants légitimes et naturels, entre épouse légitime et concubine. On parlera d'égalité de salaires entre hommes et femmes ou de cette école, gratuite, laïque et obligatoire pour tous les enfants.

Sur le plan économique, la Commune se distingue par une clairvoyance qui contraste avec l'anarchique volée des Assignats qui avait ruiné la France de la Révolution. Le nouveau régime allait-il par une générosité et des dépenses intempestives faire décoller l'inflation, déprécier le franc, ruiner le Trésor ou vider les caisses ?

Cette fois, pas question du plus petit écart. Les délégués Jourde, Camélinat, et Chesnay apparaissent comme des gestionnaires hors pair désireux de respecter le franc, d'assurer sa crédibilité. Jamais il ne pourra être dit que la Commune a volé le moindre centime au peuple de France ou qu'elle a porté atteinte à la valeur de la monnaie nationale. De la même façon, même aux heures les plus sombres, la moindre effraction d'un établissement de crédit ou acte dicté par le désespoir ne sera à déplorer.

La Banque de France et son encaisse métallique sont préservées par le sous-gouverneur de la Banque, le marquis de Pleuc, resté à Paris pour surveiller les caisses et l'émission des billets. Jourde et le vieil aristocrate entretiennent de bons rapports au point que Jourde déclarera au Conseil de la Commune : *« Ménager, aider la Banque de France est du plus grand intérêt. Pour le salut même de la Commune, je prie qu'on me laisse rassurer le public. Il faut, à force d'économies, amener le retour du numéraire. »*

Sur le même ton, Charles Beslay, également délégué de la Commune affirme : *« Enlevez la confiance, et le billet de banque n'est plus qu'un assignat »*.

La Commune sera à ce point respectueuse du franc que du 20 mars au 30 avril, elle ne prélèvera que quinze millions sur les réserves de la Banque et lorsque les Versaillais entrés à Paris s'approcheront de la rue de la Vrillière où ils s'attendent au pire, et prendront la Banque de France le 24 mai, le vieil hôtel assoupi leur apparaîtra intact.

Les comptes sont précis au centime près. Francis Jourde, avant la Commune, était un comptable sans histoire. Aussi géra-t-il la Banque de France en bon père de famille.

D'autres mesures seront prises par la Commune : la chapelle expiatoire commémorant la mort de Louis XVI doit être démolie ainsi que la maison du « sieur Thiers ». La colonne Vendôme érigée à la gloire de Napoléon 1er et symbole du despotisme est abattue le 16 mai. On parlera même de raser Notre Dame.

Ce qui caractérise la Commune de Paris, c'est la façon dont elle accède au pouvoir par vacance de l'autorité légale. Il n'est pas sûr qu'elle y croyait vraiment, ni qu'elle n'était prête à l'assumer. Ce qui frappe aussi c'est l'extraordinaire foisonnement d'idées qui jaillissent de toutes parts Il y a dans les clubs de Montparnasse ou de Montmartre, dans les cafés enfumés du Quartier latin, tant d'idées à creuser que le bonheur est pour demain.

La presse connaît une véritable explosion : plus de 70 titres vont paraître après mars 71.

Les femmes joueront un rôle très actif dans la Commune comme cette petite institutrice d'une école du XVIIe arrondissement dont le nom a fait le tour du monde, Louise Michel, alors que bien peu de gens en France savent encore qui succéda à Adolphe Thiers.

Comment oublier que « L'Internationale » fut écrite par un ouvrier affilié précisément à la 1ère Internationale, en l'honneur de la Commune ; Eugène Pottier, condamné par contumace et qui se réfugiera aux Etats-Unis avant de rentrer en France après la loi d'amnistie de 1880. Le Lillois Degeyter composera plus tard la musique de ce chant des travailleurs.

La guerre civile va interrompre à jamais l'œuvre de la Commune de Paris. La garde nationale compte en théorie 200 000 hommes mais ils ne sont qu'entre 30 et 40 000 soldats véritablement mobilisables.

Dans le camp versaillais, Thiers a obtenu de Bismarck la libération anticipée de prisonniers de guerre et annonce qu'est en train de se former *« une des plus belles armées que la France ait jamais possédée ».* Lorsque Mac-Mahon rentrera de captivité, il se trouvera ainsi à la tête d'une armée de 130 000 hommes.

Arrivés par le Pont de Neuilly, le 2 avril, les Versaillais affrontent pour la première fois, à Courbevoie et à Puteaux, les fédérés qui pourtant supérieurs en nombre sont contraints de se replier en désordre face à une artillerie puissante.

On donnera plus tard le nom de La Défense à cet endroit du premier affrontement.

Le lendemain, une marche des fédérés sur Versailles aboutit au désastre. Une colonne conduite par l'ouvrier Duval, promu général parvient à Villacoublay mais elle est cernée à Chatillon. C'est la fin de la première colonne et de la carrière militaire de Duval qui tombe entre les mains de Vinoy.

Qu'auriez-vous fait de moi si j'avais été votre prisonnier ? lui demande-t-il. Duval répond : *Je vous aurais immédiatement fait fusiller.*

Ne vous étonnez pas si l'on vous fusille également. rétorque Vinoy. Duval est emmené vers un fossé et passé par les armes.

La seconde colonne commandée par un étudiant en pharmacie, Emile Eudes, sort par Meudon mais parvenue à Bellevue, elle se replie.

Enfin, les hommes de Bergeret et Flourens, sortis par Neuilly et Rueil, battent en retraite après avoir atteint Bougival.

Flourens prisonnier est décapité d'un coup de sabre par un gendarme. Trois autres fédérés sont fusillés à Chatou par les hommes du général de Callifet, surnommé « le massacreur de mai » et réputé pour la férocité avec laquelle il réprimera l'insurrection.

A Paris, l'émotion est immense. On se souvient de la phrase à la fois lyrique et romantique de Flourens : *« Nous serons vainqueurs, cela ne peut même faire un doute. »*

Les funérailles solennelles pour les morts du 3 avril aboutissent à l'union de 200 000 Parisiens qui suivent dans le deuil et la colère les convois mortuaires drapés de voiles noirs et de drapeaux rouges. La Commune annonce des représailles puisque Versailles s'est mis *« en dehors des lois de la guerre et de l'humanité »*.

Ce sera l'origine du « Décret des otages » promulgué le 2 prairial de l'an 79 et dont l'exécuteur sera Raoul Rigault, dur parmi les plus durs. Sera incarcéré tout individu suspect de complicité avec Versailles. Par ailleurs, *« toute exécution d'un prisonnier de guerre ou d'un partisan du gouvernement régulier de la Commune serait sur-le-champ suivi de l'exécution d'un nombre triple d'otages. »*

Pendant près d'un mois, les combats font rage dans les banlieues de l'ouest parisien. Le général de Gallifet a déclaré une « guerre sans trêve ni pitié » à ceux qu'il nomme des « assassins ». Bombardements intensifs des forts qui entourent Paris et qui l'un après l'autre tombent aux mains des Versaillais.

Alors qu'en ce dimanche après midi, les Parisiens assistent à un concert donné au profit des veuves et orphelins de la Commune, dans les jardins des Tuileries, les Versaillais s'introduisent par le viaduc du Point-du-Jour et franchissent une porte non gardée signalée par Ducatel, un employé municipal qui agite un chiffon blanc.

Nous sommes le 21 mai, la semaine sanglante a commencé.

Les soldats de Mac-Mahon vont repousser selon une avance quasi-rectiligne ces « combattants aux bras nus » comme les appelle Delescluze, vers l'est de la cité.

En l'absence d'ordre de manœuvre du Comité central, les Parisiens élèvent des barricades qui résistent mal aux canons des Versaillais. Lorsque le soir tombe, le 22 mai, Versailles a repris les gares des Batignolles, de Saint-Lazare, de Montparnasse et les soldats se livrent à l'exécution sommaire de tous les communards dont ils se saisissent.

Le 23, devant la Madeleine, 300 fédérés sont massacrés, le 24, au Panthéon, 700 autres sont exécutés par les Versaillais.

Ces deux jours, tandis que les Versaillais ont repris par un mouvement circulaire, Montmartre, l'Hôtel de Ville et le Panthéon, les fédérés à bout de ressources incendient les monuments de Paris. Bergeret donne ordre de détruire les Tuileries. Du pétrole et de la poudre sont répandus sur le sol des salons et dans les appartements royaux. Les explosions propagent le feu. Devant l'incendie, il déclare : *Les derniers vestiges de la royauté viennent de disparaître, je désire qu'il en soit de même de tous les monuments de Paris.*

Après le palais des Tuileries, la Cour des comptes, le Conseil d'Etat, le palais de la Légion d'honneur, le ministère des Finances, l'Hôtel de Ville s'embrasent tandis que les rues de Rivoli, de Lille et du Bac disparaissent dans la fumées des incendies et des explosions.

En ce même 24 mai, Raoul Rigault fait exécuter les otages ; l'archevêque de Paris, le curé de la Madeleine, le président de la Cour de cassation, le banquier Jecker, l'un des financiers de l'expédition impériale au Mexique, le journaliste républicain du « Siècle », Gustave Chaudey qui avait été l'exécuteur testamentaire de Proudhon.

Le lendemain, douze dominicains quittent leur prison de l'avenue d'Italie et sont abattus un par un sur la chaussée. Le 26 mai, 47 otages sortent de la prison de la Roquette, ils sont conduits dans une courée de la rue Haxo à Belleville sous les huées d'une foule en colère et fusillés. 480 otages seront ainsi exécutés par la Commune.

Durant la journée du 26 mai, les Versaillais entreprennent de réduire la résistance des fédérés vers la Bastille et Belleville. Les ultimes combats ont pour théâtre le cimetière du Père Lachaise, à l'arme blanche, entre les tombes et dans les caveaux. Sur le mur du cimetière sont fusillés hommes, femmes, vieillards. Il deviendra le mur des Fédérés.

Le dimanche 28 mai, rue Ramponneau, la dernière barricade de Paris tombe.

Raoul Rigault, arrêté rue Gay-Lussac et conduit au Luxembourg, est passé par les armes. Son cadavre restera sur place près d'une journée. Delescluze, révolutionnaire de toujours, a trouvé sur une barricade du boulevard Voltaire la mort qu'il cherchait.

Varlin, dénoncé par un prêtre, est arrêté. Insulté, frappé à coups de crosse, il est entraîné vers la butte Montmartre. Un général donne l'ordre de le fusiller mais on veut encore l'exhiber dans les rues avant de le conduire rue des rosiers. Eugène Varlin sera exécuté à l'endroit où avaient été fusillés les généraux Lecomte et Thomas.

Le lieutenant commandant le peloton s'attribuera son portefeuille et la montre que lui avaient offert les ouvriers relieurs, corporation à laquelle Eugène Varlin appartenait.

Dans les jours qui suivirent le 28, on installa des cours martiales improvisées qui jugèrent sans discontinuer les communards prisonniers qui étaient ensuite exécutés dans les jardins de la capitale transformés en « abattoirs ».

20 000 Parisiens au moins ont payé de leur vie les soixante douze jours que dura la Commune.

Le plus grand nombre d'entre eux, 17 000, tombèrent sous les balles des pelotons d'exécution tandis que les pertes subies pour l'armée de Mac-Mahon s'élevaient à 877 morts.

Adolphe Thiers télégraphia aux préfets : *« Le sol est jonché de leurs cadavres ; ce spectacle affreux servira de leçon. »*

Lorsque les bourgeois revinrent à Paris, la visite des ruines calcinées et les plaisanteries sur le cadavre d'un communard se décomposant sous le soleil de juin, furent prétextes à la promenade dominicale en famille.

La répression se poursuivit jusqu'en 1875 : plus de 330 000 dénonciations. Près de 40 000 Parisiens arrêtés parmi lesquels près de 2 000 femmes et 700 enfants. Les conseils de guerre prononcèrent plus de 10 000 condamnations dont 270 à la peine de mort et 7 500 à la déportation en Nouvelle-Calédonie.

Les événements de la Commune de Paris mirent la France à la Une de l'actualité dans le monde entier. Mais jamais aucun appel à la clémence, à l'exemple de celui de Victor Hugo, ne fut entendu par le pouvoir de Versailles.

Certains fédérés parvinrent à fuir. Gustave Cluseret revint en France après le décret d'amnistie de 1880 et fut élu député du Var en 1888. Benoît Malon, réfugié en Suisse, rentra en 1880 et dirigea « la Revue socialiste » ainsi que Eugène Pottier et Félix Pyat qui élu député de Marseille en 1888 s'opposera au général Boulanger. Jules Vallès, réfugié en Angleterre ne rentra à Paris qu'en 1883. Louise Michel, déportée en Nouvelle-Calédonie, rentra en France en 1880 et mourut en 1905, à l'âge de 75 ans. Rien n'avait entamé son idéal révolutionnaire.

*

L'Etat de siège fut maintenu à Paris jusqu'en 1876 avec autorisation préalable pour les journaux, censure des théâtres, couvre-feu pour les cafés et les restaurants. Il fut interdit jusqu'à la guerre de 1914 de faire l'apologie de la Commune et la ville de Paris eut un statut spécial jusqu'en 1977, Jacques Chirac devenant alors Maire de Paris.

Quand il reviendra, le temps des cerises,
Pandores idiots, magistrats moqueurs,
Seront tous en fête.

Les bourgeois auront la folie en tête,
A l'ombre seront poètes et chanteurs.
Mais quand reviendra le temps des cerises
Siffleront bien haut chassepots vengeurs...!

Telles sont les véritables paroles du Temps des cerises.

IX

Les Assises de la République

« Aucun peuple n'a chaque fois réparé aussi vite que les Français les suites d'une catastrophe nationale. »

Prince de Bülow

« Prenant en considération les services éminents rendus par M. Thiers depuis six mois », l'Assemblée de Versailles lui donne, par la loi Rivet du 31 août 1871, le titre de Président de la République. Il reste en même temps Président du Conseil des ministres et député *« jusqu'à l'établissement des institutions définitives du pays »*. Cependant, il ne peut exercer ses pouvoirs que sous le contrôle de l'Assemblée, ses ministres et lui-même étant responsables devant elle.

La France sortait de *l'année terrible*, amputée, démoralisée, diplomatiquement isolée.

Le traité de Francfort signé le 10 mai 1871, alors que Paris se déchirait dans le sang, s'avéra plus contraignant que ne le laissaient présager les préliminaires de paix signés le 26 février 1871.

La zone du territoire de Belfort fut agrandie d'un rayon de dix kilomètres contre la session à l'Allemagne des terrains miniers de Moyeuvre et d'Hayange en Lorraine et comportait une *clause d'option* permettant jusqu'au 1er octobre 1872, aux habitants des territoires annexés d'opter pour la nationalité française à condition d'émigrer vers la France. Cent cinquante mille Alsaciens-Lorrains firent ce choix.

Cinq milliards de francs payables en or, devises ou marks à l'Allemagne dans un délai de trois ans, dont 1,5 milliard devant être versé dès 1871 ; les indemnités de guerre prévues par le traité de Francfort étaient exorbitantes. Pourtant ce ne fut pas 1,5 milliard que la France paya cette année là mais deux milliards. Le solde fut versé en 1872 et 1873.

Le 16 septembre 1873, les 21 départements du Nord-Est occupés en gage par les Allemands étaient libérés dix-huit mois avant la date prévue. Verdun fut le dernier endroit de France à voir partir l'occupant.

Pour parvenir à ce résultat, il avait été fait appel à deux emprunts, émis aux conditions onéreuses de 6% pour l'Etat, sur le marché intérieur, et qui furent rapidement couverts bien au-delà des besoins réels.

Le premier emprunt, émis le 20 juin 71 pour 2 milliards, en fournit pratiquement 5. Le second de 3 milliards du 15 juillet 1872 en rapporta quatorze fois plus ; soit la somme considérable de 42 milliards en Francs or de l'époque.

Toutes les classes sociales souscrivirent à la fois par patriotisme sincère mais aussi en raison du rendement élevé de ces emprunts. La rente du 3% qui faisait le bonheur des bourgeois depuis des lustres, se vit reléguée au second plan par ces emprunts deux fois plus fructueux.

Ce succès prodigieux témoignait non seulement de la richesse immense de la France y compris dans l'épargne familiale mais aussi du crédit de l'Etat incarné par un petit homme de 1,55 m, âgé de soixante quatorze ans, à la voix aigrelette, aux cheveux gris et à qui les Français pardonnaient beaucoup.

Pourquoi Adolphe Thiers se garda-t-il de boucler la souscription alors que les sommes étaient atteintes et que la manne populaire ne cessait d'affluer ? Ces deux emprunts fastueux pour l'Etat risquaient de grever fortement le budget.

Que faire ? Emettre un nouvel emprunt destiné à rembourser les deux précédents et ainsi de suite ou reprendre dans la poche du contribuable ce qu'il avait gagné en témoignant son amour pour la patrie ?

La seconde solution fut adoptée. Face aux 350 à 380 millions de rentes nouvelles devant être payés chaque année, Thiers augmenta impôts indirects et les droits de douane portant ainsi un mauvais coup à la politique libre-échangiste mise en place sous le second Empire, ce qui souleva la protestation des milieux industriels et commerciaux et l'opposition d'une partie de la gauche à l'Assemblée favorable, elle, à un impôt sur le revenu.

Le maître de la grande bourgeoisie qui ne voulait pas que « l'atroce impôt sur le revenu » pénalisât les privilégiés, se contenta de donner le change en taxant les valeurs mobilières et en augmentant la patente.

Dans ses souvenirs, Thiers note : *« Cet impôt* (sur le revenu) *serait le plus équitable de tous, s'il existait un moyen sûr d'évaluer exactement les facultés de chaque contribuable... »*.

Ce moyen, bien sûr, n'existait pas et l'administration n'aurait eu d'autre choix que de faire confiance au contribuable sur sa bonne mine.

Quant aux autres, les plus riches, il était hors de question pour Thiers de se lancer dans une *« inquisition des fortunes privées par les agents du fisc, moyen de taxation odieux et arbitraire ». « L'impôt sur le revenu,* concluait-il, *serait un impôt de discorde. J'étais donc résolu à le repousser énergiquement... »*

Tout le monde paierait mais pour les plus modestes, cela coûterait plus cher ; augmentation de 20% sur le tabac et les allumettes, les timbres de quittance et les timbres postes, les voitures à cheval, les billets de chemin de fer, et de 30 à 50% d'augmentation sur le café, le sucre, le vin et les alcools. Le procédé n'a pas changé depuis même si fiscalement parlant, il valait mieux vivre au siècle dernier…

Chez nos ennemis d'hier, la situation financière n'était guère plus brillante. Jusqu'en 1873, les affaires dans le monde furent très florissantes. Les prix montaient. La consommation progressait. Après cette belle euphorie, la dépression partit d'Allemagne atteinte par ce que l'on appela « le mal des milliards ».

La spéculation effrénée sur les cinq milliards reçus en indemnité de guerre n'aura d'autre résultat que d'entraîner un désordre plus grand encore sur les marchés financiers notamment par une inflation de crédit. Le krach qui éclate à la Bourse de Vienne le 9 mai 1873 est ressenti dans le monde entier. La baisse succède à la hausse, les faillites s'accumulent, les prix et les valeurs dégringolent, la consommation chute.

C'est le syndrome que Werner Sombart apparentera à la « gueule de bois » et qui aurait fait dire à Bismarck : *« Si j'avais su, je n'aurais pas exigé de la France 5 milliards d'indemnité ; je l'aurais obligée à en accepter 10 ! »*. Cette panique amènera son lot de banqueroutes mémorables en Allemagne.

La France et l'Angleterre échapperont à cette crise mais la preuve est encore démontrée que la planète ne forme plus qu'un seul marché et que toute atteinte portée à un pays affectera le reste du monde. La mondialisation est une constante du Capitalisme depuis la Révolution industrielle, non une invention récente.

La dépression qui commence en 1873 ne prendra fin qu'en 1895.

En France, ni la guerre de 1870, ni « l'année terrible » de la Commune n'ont eu de conséquences durables sur l'économie hormis les pertes humaines de la guerre -plus de cent mille hommes- puis celles qui ont décimé par les combats et la répression près du quart de la population ouvrière et des artisans de Paris après la Commune.

Au contraire, le resserrement du crédit -il faut payer les dettes extérieures- et le gel d'une masse monétaire considérable dans les emprunts mettent le pays à l'abri des tempêtes du marché extérieur. Les signes de reprise apparaîtront vers 1875.

Emprunt Magne de 800 millions et 30 millions d'intérêt, emprunt de Tours de 210 millions plus 15 millions d'intérêts, contribution des départements, emprunt 1% à la Banque de France, indemnités payées par l'Etat aux chemins de fer de l'Est pour la valeur du réseau cédée à l'Allemagne soit 325 millions plus 16 millions d'intérêts, Indemnité de guerre de 2 milliards à 6% jusqu'au solde de 3 milliards à 7%. Quelques chiffres en francs or de 1871 qui donnent une idée du poids de la guerre sur notre économie[13].

En 1870, pour la Banque de France, il avait fallu une nouvelle fois recourir au cours forcé, pour lequel « Le Figaro » était partisan tandis que

[13] Un franc or de 1900 = un peu plus de 3 euros.

« Les Débats » optaient pour le maintien d'une libre convertibilité des coupures. La loi du 12 août 70 donnera cours légal et cours forcé aux billets devant une demande du public qui à l'annonce des premières défaites ne manquait pas de faire pression sur l'encaisse alors que la rente 3% était tombée de 75 à 50 francs.

La Banque de France va consentir des avances à l'Etat, puis à la Commune de Paris mais les 1 425 millions de dettes seront remboursés, la monnaie redeviendra convertible à sa parité de Germinal, en fait dès 73, en droit jusqu'en 1978 tandis que la masse en circulation a doublé en deux ans.

Avec la paix retrouvée, il a fallu huit années au Franc pour retrouver sa vigueur d'autrefois. Le 1er janvier 1878, le cours forcé sera levé mais le cours légal subsiste. Les Français se sont habitués au papier ; ils ne songent plus à se précipiter à la Banque lorsqu'une difficulté apparaît.

Mais ce tableau d'une économie française idyllique ne peut faire illusion. La France a vieilli et s'engage dans l'une des crises démographiques les plus rudes de son histoire.

De 1871 à 1914, la population française est passée de 36,9 à 39,6 millions d'habitants, soit une augmentation de 2,7 millions d'habitants tandis que celle de la Russie passait de 70 a 170 millions d'habitants, celle de l'Empire allemand de 40 à 68 millions, celle de l'Angleterre de 32 à 47 millions.

La France est devenue un « pays de fils unique ».

Deux raisons à cela : la baisse de la natalité bien sûr et une mortalité assez forte mais aussi un changement des mœurs propre à la plupart des pays riches. Le pays connaîtra des années où le nombre de cercueils l'emportera sur celui des berceaux.

Deux conséquences : la première militaire avec une montée des périls face à une Allemagne à la recherche de son espace vital, la seconde économique. Comment l'industrie pourrait-elle prendre son essor faute de main-d'œuvre ? La France va recourir aux immigrants et comptera en 1913 plus d'un million d'étrangers, Belges, Italiens, Espagnols.

Signe de vieillissement du pays, le poids des habitudes et des routines. La France se montre timorée et conservatrice face à l'innovation. L'agriculture peu évoluée reste fidèle à l'ancien temps des petites propriétés morcelées malgré qu'elle occupe encore une large majorité de la population active.

Le monde de la finance n'est guère mieux loti. Le crédit difficile à obtenir suppose de lourdes garanties. L'usage du chèque bancaire est limité. L'argent scriptural ne fait pas « sérieux » et n'incite pas à la confiance. Le pays accuse un retard par rapport à ses voisins.

Les Français ne croient qu'au bas de laine et au refuge suprême vers le métal jaune. Ils sont rares à investir en valeurs industrielles mais préfèrent aligner des piles de pièces d'or improductives et détenaient au milieu du siècle près de 40% de la production mondiale d'or. Cela tient une fois de plus à la valeur puissante et indestructible du Franc dans un pays où la stabilité monétaire qui semble éternelle, relève de l'arrogance. De ce fait, pourquoi les Français prendraient-ils des risques alors qu'une rente infaillible les met à l'abri de tout besoin ?

L'industrie en subit les conséquences car les méthodes de production deviennent archaïques.

Ainsi malgré l'abondance de ses bassins miniers, la France doit importer le tiers de ses besoins en charbon. Une politique protectionniste dévolue à la consommation intérieure sclérose toute émulation. Les industries restent de taille moyenne et ne cherchent pas à abaisser leurs prix de revient par une production de masse, fidèles à l'idée empirique et dépassée de l'article de qualité qui dure et fera la différence face à ce que l'on considère alors comme de la pacotille.

Maillon final de la chaîne, le commerce n'échappe pas à la prudence ambiante. Les ports de France sont parmi les plus mal équipées d'Europe et les performances de la marine marchande très en deçà de ce qu'elles pourraient être. Malgré le développement de la grande distribution sous le second Empire, la France reste un pays de petits négociants noyés dans une multitude d'intermédiaires aux méthodes de vente vieillottes.

S'ils se sentent un peu téméraires, les Français miseront sur les placements à l'étranger sans se rendre compte que leur épargne servira à l'essor de pays qui tôt ou tard dameront le pion à une France engourdie.

Sur le plan social, peu de choses évoluent. Les grands desseins de la Commune ont été enterrés sous les pavés de Paris. On invoque avant tout les racines du pays, les leçons du passé, la sagesse de la tradition.

Dans le dernier quart du XIXe siècle et jusqu'en 1914, un adjectif aura la grande faveur des Français : « Petit ».

Il y a des « petits propriétaires », des « petits entrepreneurs », des « petits commerçants », des « petits rentiers », des « petits bourgeois », qui lisent le « Petit Journal » mais qu'en est-il de la politique en France ?

A l'Assemblée, les monarchistes se déclinent en deux courants.

Les Légitimistes ont, comme en 1815 et 1849, leurs ultras. Ils veulent une monarchie catholique, cependant nombre d'entre eux ne sont pas insensibles à la question sociale qu'ils entrevoient sous la forme d'un paternalisme anticapitaliste et qui les amènera à proposer des mesures jugées trop audacieuses par Thiers et la bourgeoisie qu'il incarne. Malgré tout, les légitimistes s'attachent au retour vers le passé ; le drapeau blanc, l'Eglise, une monarchie non constitutionnelle.

Le comte de Chambord, prétendant des légitimistes, est le fils posthume du duc de Berry assassiné en 1820 et donc petit-fils de Charles X. Il a dû quitter la France à l'âge de dix ans. D'intelligence moyenne, très catholique, il reste étranger aux réalités du pays.

Les Orléanistes plus nombreux ont moins d'emprise dans le pays. Libéraux avant tout, y compris sur la question religieuse, ils sont plus conservateurs sur le plan social. Leur position au centre droit leur permet d'entretenir des relations de bon voisinage avec les républicains modérés. Bénéficiant d'une certaine expérience parlementaire, ils ont su nouer de nombreux liens dans le milieu des affaires. Les deux fils de Louis-Philippe siègent à l'Assemblée. Le duc de Broglie, vieil aristocrate, chef de file des orléanistes, rêve d'un parlementarisme à l'anglaise.

Le prétendant des orléanistes est le comte de Paris. Lui aussi a pris le chemin de l'exil en 1848 lors de la chute de Louis-Philippe mais contrairement au Comte de Chambord, depuis son exil anglais, il n'a jamais cessé de se tenir informé de ce qui se passait en France où il rentra dès l'abrogation, en 1871, des lois d'exil contre les princes.

Adolphe Thiers au beau milieu d'une Assemblée royaliste qui le tenait pour garant d'une politique résolument conservatrice prit parti, le 13 novembre 1872, en invitant l'Assemblée à rechercher quelle organisation définitive pourrait être donnée à la République.

Le vieil homme jugeait impossible le retour à la monarchie en France en raison du progrès des idées républicaines dans l'opinion et de la division des royalistes en deux clans, compte non tenu de la faction bonapartiste : *« Il n'y a qu'un trône et l'on ne peut l'occuper à trois »* avait-il dit ou encore : *« La République est le gouvernement qui nous divise le moins. »*

Il signait de cette façon, la fin de sa carrière politique. Le pacte de Bordeaux étant rompu aux yeux des royalistes, ils limitèrent son droit d'intervention dans les débats parlementaires puis l'évincèrent après qu'il eut remanié son ministère au profit des républicains.

Adolphe Thiers donna sa démission le 24 mai 1873 pensant qu'il n'y aurait personne pour le remplacer. En l'occurrence, la majorité royaliste avait déjà un nom ou plutôt un prête-nom : le maréchal de Mac-Mahon, duc de Magenta, vieille gloire de Malakoff, vaincu à Sedan, Chef des armées versaillaises pendant la Commune et que certains surnommaient le « vainqueur du Père Lachaise ».

Avec un tel homme, peu compétent en matière politique, dont le seul programme visait au « rétablissement de l'ordre moral », le duc de Broglie, vice-président du Conseil, chef du gouvernement, pouvait à son aise travailler à l'avènement de la Restauration.

Dans le même temps et tandis que le duc de Broglie épurait l'administration qu'il jugeait trop républicaine, on assistait en France à une montée spectaculaire de la religion. De grands pèlerinages furent organisés vers Lourdes, Chartres ou Paray-le-Monial.

L'Etat accorda son soutien en favorisant la presse catholique et bientôt en France s'éleva à l'unisson le fameux : *« Sauvez Rome et la France au nom du Sacré-Cœur . »*

En 1873, l'Assemblée nationale déclare d'utilité publique la construction d'une basilique de vœu national à Montmartre ; le Sacré Cœur dont l'édification connaîtra bien des déboires et le profond ressentiment de nombreux Parisiens. La basilique n'était-elle pas entreprise en expiation des crimes de la Commune ?

Une association du Vœu National est constituée pour recueillir les fonds. Le cahier des charges imposé à l'architecte est précis ; ainsi une coupole doit-elle dominer la butte. La fonction du Sacré-Cœur étant le pèlerinage, de larges dégagements permettront l'accès des processions. En bref, il s'agissait ni plus ni moins que d'écraser Montmartre sous les coupoles, démolir ce qu'il y avait autour et qui pourrait trop rappeler qu'à cet endroit précis furent stockés les canons des fédérés.

Le projet de Paul Abadie, élève de Viollet-le-Duc, fut retenu pour son style romano-byzantin pour lequel il utilisera la pierre blanche de Château-Landon. Le chantier est évalué à 7 millions de Francs.

Les premiers coups de pioche sont donnés en 1877 mais comme un signe de mauvais augure ils s'enfoncent trop dans le sol meuble. Il faut revoir les fondations en raison de la nature particulière du sol de la Butte. Le chantier connaîtra un sérieux retard. L'architecte meurt en 1884 alors que les travaux sont loin d'être achevés. Lucien Magne prend la relève et profite de l'occasion pour surélever un peu plus la coupole, ce qui, du coup, privera l'intérieur d'une bonne part de lumière.

Le Sacré Cœur sera consacré en 1919 mais officiellement achevé en 1923, cinquante ans après le vœu national de ses souscripteurs dont bon nombre ne verront jamais la fin des travaux dans un Paris devenu ironiquement celui des années folles.

Dès son achèvement, la basilique du Sacré-Cœur est déjà le symbole d'un passé révolu.

Alors que le pouvoir n'a jamais été aussi proche d'une restauration monarchiste, il va asseoir définitivement la République en France. La IIIe République ne s'éteindra que sous le régime de Vichy.

En août 73, le comte de Paris rendit visite au comte de Chambord à Frohsdorf et s'inclina devant celui qu'il considérait comme *« seul représentant du parti monarchique en France »*. En contrepartie, il devenait son héritier, le comte de Chambord étant dépourvu de descendance.

La question du drapeau blanc restait en suspens et nombreux étaient ceux qui, dans les rangs monarchistes, auraient pu la croire secondaire face à l'importance de l'enjeu. On prépara donc l'entrée solennelle à Paris et en carrosse du comte de Chambord, qui régnerait sous le nom d'Henri V, lorsque le 27 octobre, dans une lettre publique, il dissipa toutes les illusions en ressassant la sempiternelle question du drapeau tricolore qu'il refusait : « *Ma personne n'est rien, mon principe est tout. La France verra la fin de ses épreuves quand elle voudra le comprendre»*.

La France le comprit si bien que le comte de Chambord put s'épargner les fatigues d'un retour au pays. Pour la majorité monarchiste, le désarroi fut total. Henri V ne régnerait jamais.

Seul un homme ne renonçait pas. Le duc de Broglie, pour offrir une nouvelle chance à la monarchie le moment venu, si par exemple le comte de Chambord venait à disparaître et qu'il faille faire appel au comte de Paris plus libéral, imagina de prolonger les pouvoirs de Mac-Mahon et fit voter le 20 novembre 73 la Loi du Septennat qui prolongeait les pouvoirs de Mac-Mahon avec le titre de Président de la République. A cela s'ajoutait la mise en place d'une commission parlementaire chargée de l'examen des lois constitutionnelles. Le vieux duc Albert de Broglie, fils d'un ministre de Louis-Philippe, chef de file des notables, édifiait ainsi et assurément sans le savoir les bases de la République en France.

Durant cette même année 1873, en janvier, Napoléon III meurt en Angleterre mais il laisse un fils, le jeune prince impérial pour lequel les bonapartistes mènent une campagne active qui enregistrera ça et là des premiers succès. Pour les conservateurs et les républicains, il n'est pas question de laisser une telle porte ouverte à la restauration de l'Empire. Aussitôt ils font mettre à l'ordre du jour le vote des lois constitutionnelles.

Les débats s'ouvrent en janvier 1875. Comme le mot « République » ne figure pas dans les projets, un député du centre, Henri Wallon, originaire de Valenciennes, normalien agrégé d'histoire, constatant que *« La France veut savoir sous quel régime elle doit vivre »* va l'introduire par un amendement à une voix de majorité : *Le président de la République française est élu par le Sénat et la chambre des députés réunis en Assemblée nationale.*

Dès lors, la France a tourné la page du passé faisant de la République son régime définitif.

Lois sur le Sénat, sur l'organisation et les rapports des pouvoirs publics forment la Constitution de 1875. L'exécutif appartient au Président de la République élu pour sept ans par les deux chambres réunies en Assemblée nationale. Le législatif appartient aux deux chambres. Le Sénat est composé de 75 membres désignés par l'Assemblée nationale tandis que 225 sénateurs sont élus par un collège électoral dans chaque département. Il est renouvelé par tiers tous les trois ans. Les députés sont élus pour quatre ans au suffrage universel.

L'Assemblée nationale se sépare le 31 décembre 1875.

Monarchiste, elle a fondé la République. Cette même année a vu l'inauguration à Paris de la statue de Jeanne d'Arc et celle de l'Opéra

Garnier. On a aussi relevé la colonne Vendôme abattue lors de la Commune. Les Tuileries incendiées mais qui auraient pu être restaurées comme l'avait plaidé en vain le vieux baron Haussmann, furent laissées à l'abandon avant de disparaître.

Les élections de janvier-février 1876 donnèrent une faible majorité conservatrice au Sénat de 151 élus contre 149 républicains. A l'inverse, à la Chambre, une forte majorité républicaine se dégagea avec 340 élus sur 553 députés.

Mac-Mahon n'eut d'autre alternative que de choisir ses ministres parmi la majorité républicaine et après la nomination de Dufaure, chef des républicains conservateurs contraint à la démission, son choix se fixa sur Jules Simon, républicain modéré en 1848, ministre de l'Instruction publique dans le gouvernement de Défense nationale et ennemi juré de Léon Gambetta.

Des pétitions des comités français d'Action catholique avaient circulé en faveur du pouvoir temporel du pape Pie IX, demandant aux pouvoirs publics d'utiliser *« tous les moyens pour faire respecter l'indépendance du Saint-Siège »*. L'occasion était trop belle, pour Gambetta et la gauche radicale, d'interpeller le 5 mai 1877 le gouvernement qui tolérait ces manifestations ultramontaines ; *« Je ne fais que traduire le sentiment intime du peuple de France en disant du cléricanisme ce qu'en disait un jour mon ami Peyrat : Le cléricanisme, voila l'ennemi ! »*

Le maréchal Mac-Mahon considéra que Jules Simon avait manqué de fermeté devant les attaques anticléricales. Le 16 mai, il lui adressa une lettre de blâme qui amena le ministère à démissionner. Le 17 juin, un ordre du jour de défiance accueillit le nouveau cabinet. Huit jours plus tard, après avoir reçu l'accord du Sénat et pour la première fois, Mac Mahon prononça la dissolution de la Chambre.

Les nouvelles élections furent fixées au 14 octobre. La lutte fut âpre entre monarchistes et républicains. Pour Léon Gambetta, l'enjeu était clairement désigné et à Lille, le 15 août, il déclara ; *« Quand la France aura fait entendre sa voix souveraine, il faudra se soumettre ou se démettre »*.

Durant la campagne électorale, le nom d'Adolphe Thiers circula avec insistance dans les rangs républicains au cas où Mac-Mahon se démettrait mais le 3 septembre une crise d'apoplexie emportait le vieil homme.

318 républicains entrèrent à la Chambre où ils conservaient 120 voix de majorité. Le premier à se démettre fut le comte de Broglie tandis que Mac-Mahon constituait un énième gouvernement refusé par la Chambre parce qu'il n'était pas républicain. Mac-Mahon accepta alors de se « soumettre » à la volonté majoritaire et rappela Dufaure le 12 décembre.

Un an plus tard, les élections partielles sénatoriales ayant amené une majorité républicaine à la Chambre Haute et devant les exigences républicaines d'une épuration du haut commandement militaire, Mac-Mahon préféra cette fois « se démettre ».

Ainsi prenait fin la République des Ducs qui avait vu l'émergence d'un nouveau pouvoir parlementaire.

La République des ...républicains est en marche mais cahote sur des chemins difficiles. Doit-elle s'affirmer « radicale » et vouloir reprendre le programme de Belleville formulé en 1869 par le bouillonnant Léon Gambetta qui a depuis mis beaucoup d'eau dans son vin ou doit-elle se montrer « opportuniste » et suivre ce même Gambetta qui déclare aujourd'hui ne vouloir s'engager à fond, sans brutalité pour ne pas heurter le pays, que lorsqu'il est sûr d'avoir la majorité ?

Ces républicains opportunistes se repartissent en deux groupes ; l'Union républicaine de Léon Gambetta et la Gauche républicaine de l'austère Jules Ferry.

L'opposition entre ces deux familles va favoriser l'instabilité ministérielle à laquelle les Français auront peine à s'habituer. Jules Grévy, élu à la présidence de la République après la démission du maréchal Mac-Mahon, va faire peu de cas du tribun de Belleville dont l'impétuosité l'agace. Il poussera Léon Gambetta à la présidence de la Chambre en 1879 pour l'écarter du gouvernement puis fera appel à lui fin 1881 mais au lieu de pouvoir former un grand ministère, Gambetta, devant le refus des personnalités de gauche d'y collaborer, n'aura d'autres ressources pour gouverner que de faire appel à ses amis. Son ministère durera soixante-treize jours durant lesquels il s'attirera une vive hostilité politique qui l'amènera à démissionner.

A la suite d'un accident au cours duquel il manipulait un revolver, il succombe le 31 décembre suivant dans sa maison de Ville d'Avray.

Trop rapidement disparu à l'âge de 44 ans, Gambetta incarnait à ce point l'idéal républicain que sa mort donna l'espoir aux royalistes et bonapartistes de pouvoir revenir au pouvoir. On pouvait craindre alors un coup de force et Floquet, député de l'Union républicaine présenta une proposition de loi visant à interdire de séjour sur le territoire de la République les membres de familles ayant régné sur la France. Le président du Conseil, Duclerc, qualifiant la proposition d'inopportune préféra démissionner le 28 janvier 83. Grévy fit alors appel à Armand Fallières qui dirigea un cabinet de transition.

De 1879 à 1885, la France républicaine va engranger, malgré ses aléas et son instabilité, une moisson législative très fructueuse.

Le 19 juin 1879, les deux Chambres réunies en Congrès votent le retour des deux Assemblées à Paris. En 1879, *La Marseillaise* devient l'hymne national tandis que la première célébration du 14 juillet a lieu en 1880. Trois jours auparavant, les Communards sont amnistiés.

Les grandes libertés publiques sont reconnues par la loi en juin-juillet 1881; liberté de réunion et liberté de la Presse.

Laïcisation systématique de l'enseignement puis gratuité en 1881. En 1882, Jules Ferry en fait voter l'obligation. Les écoles sont à la charge des communes et de l'Etat, la fréquentation scolaire devient obligatoire pour les enfants de six à treize ans. L'instruction religieuse fait place à l'instruction civique. Le droit au divorce, supprimé par la Restauration, est rétabli par la loi Naquet le 27 juillet 1884. Cette même année enfin, la loi Waldeck-Rousseau autorise les syndicats professionnels jusqu'alors tolérés.

1885 : après un premier tour catastrophique en raison de leurs divisions, les républicains ont sauvé la partie et obtenu 383 sièges contre 201 à « l'Union des droites ».

Le comte de Chambord mort en 1883, les légitimistes ont formé des listes d'union avec les orléanistes. Les bonapartistes plus isolés que jamais ont vu après la disparition de Napoléon III, celle en 1979 de son fils unique, le prince impérial.

Dès lors, comment expliquer que monarchistes et bonapartistes parviennent malgré tout à obtenir 201 sièges ?

En fait, les partis de droite n'ont aucune difficulté à mobiliser l'opinion. Ils ont su exploiter le mécontentement latent et tout d'abord ce sérieux malaise économique que traverse le pays même si Paris découvre le miracle de l'électricité.

Août-novembre 1881, les Parisiens se sont pressés pour découvrir l'exposition consacrée à l'électricité. Au palais de l'Industrie où se tient l'exposition, la foule se presse devant les grandes machines génératrices et découvre aussi les fameuses lampes Edison. La nuit venue, le miracle s'accomplit, certains quartiers de la capitale s'illuminent de tous leurs feux. Paris devient, momentanément, la ville lumière.

Ville lumière qui ne parviendra pas à dissiper le pessimisme ambiant. Il y a eu en janvier 1882, ce krach bancaire de l'Union générale qui plonge de nombreux petits actionnaires dans la ruine. Peu importe les manigances des Rothschild ou du Crédit Lyonnais, Eugène Bontoux, brillant polytechnicien, conseiller général des Hautes-Alpes, a accumulé les irrégularités de gestion et provoqué le pire. Or, on ne plaisante pas avec la valeur sacrée de l'argent en cette fin du XIXe siècle. Et moins encore lorsque le coupable est un politique.

L'année suivante, émeutes de la faim dans le Paris de 1883. Plus de deux cents mille chômeurs ont défilé dans les rues de la capitale début mars.

Sur leur passage, plusieurs boulangeries ont été pillées. La police n'a pu empêcher certains débordements. Parmi les arrestations, l'ex-petite institutrice de la Commune de Paris, déportée en Nouvelle Calédonie et amnistiée trois ans plus tôt, Louise Michel, aujourd'hui quinquagénaire alerte venue prêter main forte à la cause du peuple. Une « anarchiste » selon le nouveau vocable du pouvoir…

1884 : Les choses ne s'arrangent pas. Certes, il y a les clins d'œil de l'Histoire ; Eugène Poubelle, préfet de police, impose aux propriétaires parisiens de mettre à la disposition de leurs locataires un ou plusieurs *« récipients communs pour recevoir les résidus de ménage »*. Chaque matin, des balayeurs municipaux qui annoncent leur venue à l'aide d'une trompe, videront ces boîtes à ordures dans des tombereaux prévus à cet effet.

Et puis, le 4 juillet, la France offre à l'ambassadeur des Etats-Unis, une statue dite de « La liberté éclairant le monde », haute de 46 mètres, œuvre d'Auguste Bartholdi. La ville de New York où elle sera édifiée est à la recherche d'un financement pour la construction du piédestal.

Mais en cette même année 1884, en avril, les mineurs de la Compagnie d'Anzin dans le Nord, vaincus par la faim après huit semaines de grève et sans avoir obtenu la moindre satisfaction de leurs revendications, n'ont d'autres choix que de reprendre le travail, sous la surveillance de l'armée.

L'année suivante, la pièce « Germinal » adaptée du roman d'Emile Zola pour le théâtre est interdite par la censure : il s'agit d'une œuvre socialiste risquant de troubler l'ordre public et qui, sans doute, pourrait trop rappeler le combat des mineurs d'Anzin. Aux critiques et intellectuels parisiens qui accusent Zola d'avoir forcer le trait dans son « Germinal », l'écrivain rétorque qu'au contraire il a retenu sa plume et que la réalité est bien pire.

Dans le Lyonnais en octobre 84, l'industrie de la soie touchée par une crise très grave, licencie de nombreux salariés.

Le second Empire avait été prospère et son empreinte avait permis le relèvement rapide de la France après la guerre franco-prusienne de 1870. Huit années s'étaient écoulées lorsque Freycinet, ministre des travaux publics, fit adopter par la Chambre un programme de grands travaux financés par l'Etat et intéressant le rail, les voies navigables et les infrastructures routières.

Quatre ans plus tard, à partir de 1882, le fléchissement des prix qui pesait sur le monde depuis 1873, se fit particulièrement sentir en France et allait se poursuivre jusqu'en 1895. Malgré la baisse des prix dont souffraient les milieux industriels, la production semblait épargnée. Pour les financiers, il n'en fut pas de même ; ils furent durement éprouvés à l'exemple de l'Union Générale dont le krach en 1882 précipita à la faillite plusieurs établissements bancaires et eut des répercussions sur la métallurgie, le bâtiment parisien et la soierie lyonnaise.

Dans l'agriculture, le vignoble, ravagé par le phylloxéra à partir de 1875 et durant dix ans, vit sa production s'effondrer aux deux tiers. Il fallut aussi compter avec la concurrence de pays jeunes sur le marché céréalier. L'arrivée en Europe des blés canadiens, américains et argentins allait provoquer un effondrement des cours. Le prix du blé perdit un tiers de sa valeur entre 1871 et 1893.

L'ensemble de ces éléments eut pour effet de réduire le rendement fiscal et donc de rendre plus onéreuse la conduite des travaux du plan Freycinet. Pour faire face à cette situation, le gouvernement dut céder en 1883 les lignes de chemins de fer aux compagnies existantes tout en garantissant à leurs actionnaires le maintien de leurs dividendes.

En 1888, une éclaircie sembla apparaître rapidement contrainte par une nouvelle dépression qui se prolongea de 1893 à 1895. Les capitaux détournés de l'industrie en crise s'accumulèrent dans les emprunts d'Etat en France et à l'étranger ou se fixèrent vers les Caisses d'Epargne.

La reprise se fit sentir à partir de 1896 et marqua l'extrême fin du XIXe siècle. Lorsque l'Exposition Universelle de 1900 ouvrit ses portes, la France avait retrouvé toute sa prospérité.

Malaise économique, dureté du régime, les monarchistes et bonapartistes ont su aussi canaliser le mécontentement latent de la France profonde désorientée par une vague laïcisante sans nuances. Le pouvoir républicain s'est écarté du peuple qui en a assez, aujourd'hui, de cette série de ministères instables dont la seule doctrine semble être et selon l'expression consacrée de « bouffer du curé ».

Une fois encore, l'exécutif semble oublier que Paris n'est pas la France. Qu'il y a dans les provinces, de vieilles traditions, que chaque village de France est fier de son clocher. Que pour bon nombre de paysans, *Monsieur le curé* est une personnalité de premier plan aux côtés de laquelle il est impensable de ne pas vivre, vieillir et mourir. N'est-ce pas lui qui unit les couples, baptise les enfants avant de conduire l'aïeul à sa dernière demeure ? N'est-ce pas lui que l'on écoute chaque dimanche à la messe et à qui l'on demandera conseil à la veille d'une importance décision à prendre ?

Le curé a bien plus d'importance que *Monsieur le maire*. Il est là depuis toujours et le Bon Dieu lui-même n'est-il pas au calvaire à la croisée des chemins, dans ce pain que l'on signe à table, sur le crucifix au mur ? Le maire, face aux aléas de la politique ne sera peut-être plus là demain.

Paris n'imagine pas un instant que ces « corbeaux » qu'on vilipende depuis 1877, où le mot « anticlérical » fait son apparition dans le Littré, ces congrégations auxquelles le pouvoir s'attaque - plus de 250 couvents fermés, 5 000 religieux expulsés - sont autant de blessures portées à l'âme de tout un peuple qui méprise les outrances. Nombreux seront les militaires et les magistrats qui préféreront démissionner plutôt que de diriger ou commander des actes d'expulsion. Dans les rangs même du pouvoir, des voix se sont élevées conte la loi de Jules Ferry adoptée par la Chambre, repoussée par le Sénat, et le gouvernement n'aura d'autre choix que de prendre deux décrets mais la fracture politique sera irréversible et ses stigmates durables.

Et puis, il y a d'autres problèmes plus urgents. La misère sociale est préoccupante. L'ouvrier aspire à une vie meilleure, un logement décent, un salaire équitable, une vie meilleure pour ses enfants. La France peut-elle lui refuser un tel avenir alors qu'elle étale toute la richesse de sa monnaie à la face du monde ?

Alors que l'instabilité du pouvoir est de règle, Georges Clemenceau, dans l'un des gouvernements éphémères du temps, fait nommer au ministère de la guerre, un général qui va peser d'un poids considérable sur l'avenir de la République.

Ce militaire s'est illustré en Kabylie, en Italie et en Cochinchine. Ensuite à Champigny lors du siège de Paris. Une blessure lui a permis de rester en retrait lors de la semaine sanglante de la Commune même si son nom est lié à la prise du Panthéon mais c'était il y a quinze ans de cela et le temps a passé.

Son nom : Ernest Georges Boulanger, né à Rennes en 1837.

Il y a un an, le vendredi 22 mai 1885 en début d'après midi, mourrait Victor Hugo. Funérailles grandioses, intense émotion dans le pays. C'est une légende vivante qui s'éteint et c'est un peuple entier qui devient orphelin. Quelques années auparavant, Adolphe Thiers, « le libérateur de la patrie » et Léon Gambetta, l'homme de la guerre à outrance contre le Prussien avaient eux mêmes disparu.

Cela fait beaucoup de deuils irréparables pour la France car les grands hommes, les hommes d'un destin d'excellence n'ont aucun droit à l'agonie. Comment le pays pourrait-il vivre sans eux ?

Dans une France engourdie dans la morosité d'un pouvoir sans éclat, controversé, usé dans la désespérance d'une crise économique interminable, l'opinion ressasse en permanence ce mauvais dessin de la carte du pays affichée dans les écoles de France, carte où l'Alsace-Lorraine a été teintée de noir, couleur de deuil national or que diraient aujourd'hui Gambetta ou Victor Hugo, en observant ce pays de France mobilisé par une aventure coloniale coûteuse en hommes et en argent et qui lui fait oublier de regarder vers ses « provinces perdues » ?

L'idée de « Revanche » est omniprésente depuis la capitulation mais aujourd'hui, quinze ans déjà se sont écoulés. Combien de temps faudra-t-il encore attendre ?

Dès 1882, année de sa fondation, la *Ligue des patriotes* harcèle le gouvernement, coupable à ses yeux, de négliger la préparation du pays à la guerre de « revanche » contre l'Allemagne.

C'est dans ce contexte troublé, ce pays sans leader charismatique que le Boulangisme va pouvoir se propager telle une gangrène. Gambetta, Thiers ou Hugo ne sont plus là à prendre haut le corps la conscience française ; le fringant Général Boulanger deviendra ce nouvel homme providentiel.

Jeune général républicain, dit-on, oubliant qu'une partie de son avancement fulgurant est l'œuvre du Duc d'Aumale, Boulanger se distingue en Tunisie où il s'accroche avec le résident civil Paul Cambon. Le conflit entre les deux hommes s'arrêtera là sans enquête : Boulanger est rappelé à Paris non pour y être blâmé mais pour se voir promu ministre de la Guerre, avec la bénédiction du pourtant radical Georges Clemenceau.

Le phénomène Boulanger est basé sur l'image qu'il faut donner, les amitiés qu'il faut savoir nouer, les cercles fermés où il faut savoir se faire admettre, du bon usage de la Presse, des familiarités et faveurs que le militaire destine aux journalistes de « La Lanterne » ou de « La France ».

L'ingrédient final pour la réussite de Boulanger serait de pouvoir pénétrer le milieu parlementaire. Georges Clemenceau lui ouvrira les portes du cénacle.

Lorsqu'il accède au Ministère de la Guerre, Boulanger peaufine plus encore son image, abusant d'une démagogie sans limite en faveur de l'armée et des braves troupiers : amélioration de l'ordinaire, port de la barbe autorisé, adoption du fusil Lebel, etc.

Surviennent les grèves dures des mineurs de Decazeville et tandis que le pouvoir attend une attitude ferme de répression, Boulanger interpellé à la Chambre annonce : *« Peut-être, à l'heure qu'il est, chaque soldat partage avec un mineur sa soupe et sa ration de pain. »*

Boulanger a fait mouche. L'image d'un général tendant sa gamelle aux grévistes emplit de larmes le regard de milliers de gens y compris les plus sceptiques. De tous bords, on se joint sans condition au *Brav' Général* dont la popularité devient immense.

Le général fait l'unanimité dans toute la classe politique qui voit en lui un formidable instrument de redressement national. Boulanger est républicain, là où les cadres de l'armée sont plutôt monarchistes. Les Radicaux voient en lui celui qui pourra établir une république solide et forte. Pour les bonapartistes, il est l'homme d'un nouvel Etat autoritaire. Les monarchistes enfin se rangent à ses côtés en espérant qu'il pourrait renverser la République.

Dans la frange populaire, les nationalistes acclament en Boulanger le « général Revanche » d'autant qu'en avril 1887 un incident va provoquer un brusque regain de tension entre la France et l'Allemagne.

Le 20 avril 1887, Schnaebelé, commissaire de police convoqué par son collègue allemand est arrêté. Bismarck averti le fera relâcher mais en France, l'opinion est unanime ; le chancelier allemand a reculé devant la fermeté du général français. Boulanger qui n'y est pour rien, ni ne s'est manifesté outre mesure lors de l'incident, devient alors le « Général Victoire ».

Outre Rhin, on s'est inquiété de l'engouement des Français pour le général Boulanger et de l'esprit revanchard qu'il inspire. Aussi, Bismarck saisit la perche que les événements français lui tendent ; il augmente les effectifs de l'armée, convoque les réservistes pour une période d'instruction et parviendra à faire adopter de nouveaux crédits militaires mais cette fois, de l'autre côté de la frontière la tension est à son comble. L'ombre de la guerre plane. Il est temps pour le gouvernement de mettre un terme à la carrière du *général Revanche*.

Paysans, ouvriers, artisans, commerçants, durement éprouvés par la crise économique, voient en Boulanger celui qui redressera le pays. Il faut, disent-ils dans un antiparlementarisme qui ne connaît plus de bornes : « Vider le Palais-Bourbon ». Et cet antiparlementarisme monte d'un cran lorsque éclate en octobre 1887, le scandale des décorations. Wilson, le propre gendre du Président Grévy usait de son influence de député et vendait la décoration de la Légion d'honneur.

L'imagerie populaire s'empare du phénomène Boulanger. Son effigie apparaît sur des assiettes, des cendriers, des fanions, des mouchoirs, des cartes à jouer, des têtes de pipes, des étiquettes de produits alimentaires.

On écrit des chansons populaires à la gloire du général : *« Le coup de balai »* qui voit le corps législatif, Ferry et Clemenceau en tête, chassé de l'Assemblée nationale par le *brav'général* en grand uniforme, l'épée levée menaçante, tandis que l'allégorie de la République ou de la France éternelle, selon que l'on est républicain ou conservateur, rayonne derrière l'intègre militaire. Autre chanson ; celle créée par Paulus à l'Alcazar d'été en juillet 1886, *En revenant de la Revue* :

Gais et contents, nous étions triomphants
De nous voir à Longchamp, le cœur à l'aise.
Sans hésiter
Nous voulions tous fêter
Voir et complimenter
L'armée française.

En dehors de ce refrain de comique troupier, le général Boulanger apparaît dans un couplet :

Ma bell-mèr' poussait des cris,
en r'luquant les spahis.
Moi j'faisais qu'admirer notr' brav' général Boulanger.

La revue du 14 juillet 1886 avait marqué l'apothéose du général dont le cabotinage marqua les foules à la recherche d'un héros national. Bicorne à plumes, uniforme impeccable, montant un fier cheval noir, Boulanger fit sensation au point d'éclipser le président de la République et déchaîna de multiples ovations.

L'année suivante, un mois après l'affaire Schnaebelé, remaniement ministériel. Boulanger n'est plus au gouvernement. Il est muté au commandement du 13ᵉ corps à Clermont-Ferrand. A l'annonce de cette mutation, la foule s'enfièvre à la gare de Lyon et refuse de le laisser rejoindre sa nouvelle affectation. Il parvient malgré tout à se hisser sur une locomotive.

Quelques mois plus tard, le 2 décembre, Jules Grévy démissionne après le scandale des décorations. Le lendemain, des manifestations anti-ferrystes éclatent dans la capitale.

Le 27 mars 1888, le général Boulanger est mis à la retraite.

Rendu à la vie civile, éligible, il apparaît être l'homme le plus populaire de France. Une élection partielle à Paris le 27 janvier 1889 le voit triompher. Dès lors, marchera-t-il ce soir-là vers l'Elysée en vue de s'emparer du pouvoir, comme le pressent ardemment tous ses amis ? Devant le coup d'Etat, Boulanger recule et rentre chez lui provoquant l'effondrement du Boulangisme.

Le pouvoir et le parlement ont compris le danger auquel ils viennent d'échapper. Le parlement abolit le système électoral des candidatures multiples tandis que le ministère de l'Intérieur, fait dissoudre la Ligue des Patriotes et décide de traduire Boulanger en Haute Cour pour complot contre la sûreté de l'Etat.

Menacé d'arrestation, Boulanger s'enfuit à Bruxelles le 1ᵉʳ avril 1889. Quelques semaines plus tard, début mai, s'ouvre l'Exposition universelle de Paris qui marque le centenaire de la Révolution française. Les Parisiens brûlant vite ce qu'ils ont adoré, leur enthousiasme fait place à une brutale indifférence car finalement, il y a beaucoup mieux que Boulanger…

Une grande dame a ravi la vedette au fringant général et se tient là, debout et droite devant la Seine, au grand dam de certains bourgeois et urbanistes qui la trouve scandaleuse, confortés par un groupe d'intellectuels parmi lesquels Guy de Maupassant, Dumas fils, Sardou, ou encore Charles Garnier, l'architecte de l'opéra de Paris qui n'ont de mots assez sévères pour critiquer « cette tour vertigineusement ridicule » qui risque de « déshonorer » Paris à jamais.

Symbole du génie français, haute de ses trois cents et quelques mètres de métal, la tour de Gustave Eiffel précipite le général Boulanger dans un oubli radical.

Pendant les six mois que va durer l'exposition universelle près de deux millions de visiteurs vont gravir les escaliers de métal de la toute nouvelle coqueluche de Paris.

Deux ans plus tard, le 30 septembre 1891, on apprendra que le général Boulanger vient de se tirer une balle dans la tête, sur la tombe de sa maîtresse, à Ixelles en Belgique.

Georges Clemenceau qui pourtant l'avait hissé au Ministère de la Guerre quelques années plus tôt, lâchera en guise d'éloge funèbre :

Il mourut comme il vécut : en sous-lieutenant.

X

La fin d'une ère

Glücklich wie Gott in Frankreich

(Heureux comme Dieu en France)
Dicton allemand

En 1881, Ferdinand de Lesseps fonde une société au capital de 300 millions de francs pour le creusement d'un canal à travers l'isthme de Panama. Le chantier se heurte à d'immenses difficultés, les dépenses excédent les prévisions, l'affaire prend une vilaine tournure. Après de nouveaux emprunts, la compagnie intervient auprès du Gouvernement pour qu'il fasse voter au Parlement une loi autorisant l'émission d'un emprunt à lots. Ce qui lui est accordé mais seul un tiers de l'emprunt est couvert et fin 1888, la Compagnie du canal de Panama doit suspendre ses paiements. Dissolution de la Compagnie le 2 février 1889, le liquidateur désigné s'apercevra qu'elle a dépensé quelques 1 280 millions de francs or.

Les souscripteurs, souvent des petits épargnants, se retrouvent ruinés. Ils se groupent et adressent une pétition au Parlement. L'enquête, freinée en haut lieu, traîne sans résultats. Enfin le garde des sceaux demande l'engagement de poursuites pour escroquerie et abus de confiance à l'encontre de Ferdinand de Lesseps, son fils Charles, l'ingénieur Eiffel et deux autres administrateurs.

Le scandale éclate le 8 novembre 1892, lorsque *La Libre Parole* fondée par Edouard Drumont, auteur de *La France juive* et père du néo-antisémitisme en France, publie une série d'articles et une liste de politiques achetés par la compagnie de Panama ; parlementaires et hauts personnages de l'Etat parmi lesquels le ministre des finances, qui ont bénéficié des faveurs financières de la Compagnie lors du vote de l'autorisation d'emprunt. Certains journaux comme *Le Figaro* sont également impliqués.

Une seconde liste est transmise au journal nationaliste *La Cocarde*.

Le 20 novembre, le baron Jacques de Reinach, financier proche des républicains, mis en cause par *La Libre Parole*, et fournisseur de la première liste à ce journal en échange de son silence, est retrouvé mort à son domicile.

L'affaire va crescendo au bonheur des anciens boulangistes et ébranle un Palais-Bourbon dominé par la peur des révélations car chaque jour de nouveaux noms sont livrés en pâture à une opinion publique stupéfaite. Cent cinquante parlementaires impliqués dans le scandale deviendront aux yeux des Français, des « chéquards », des « panamistes » ou des « vendus ».

Mais, au bout du compte, il n'y aura pas de condamnation et Clemenceau, Rouvier, Floquet, Freycinet, parmi d'autres, se retireront provisoirement ou se verront éliminés de la scène politique permettant à une nouvelle classe d'hommes politiques tels Barthou, Poincaré, Deschanel ou encore Jean Jaurès d'accéder à l'hémicycle.

Décembre 1893, l'anarchiste Auguste Vaillant jette une bombe dans la Chambre des Députés contre les *bouffe-galette de l'Aquarium* comme il désigne les parlementaires véreux.

Le 12 février 1894, une semaine après l'exécution de Vaillant dont le recours en grace a été rejeté bien que l'attentat n'ait pas fait de victime, Emile Henry lance à son tour une bombe au Café Terminus, non loin de la gare Saint-Lazare : un mort et une vingtaine de blessés.

Une déception pour Henry : *Je comptais sur quinze morts et vingt blessés*. Menottes aux poignets, il revendique l'attentat de la rue des Bons-Enfants qui visait le siège de la Société des Mines de Carmaux. L'explosif, non désamorcé à temps par les policiers, avait fait cinq morts parmi eux. Lui aussi sera condamné à mort.

Le 24 juin 1894, le président Sadi Carnot, jouissant d'une grande popularité dans le pays mais qui a refusé de gracier Vaillant, est poignardé à Lyon par l'anarchiste Caserio, un jeune ouvrier boulanger italien. En guise de représailles, la foule indignée et déchaînée va piller et incendier des boutiques italiennes trois jours durant.

Le mouvement anarchiste en France, s'il est apparu en réplique aux grandes affaires de corruption qui secouèrent le pays, trouve son origine à l'occasion du 1er mai 1891 à la suite d'une échauffourée entre manifestants et forces de l'ordre à Clichy à l'issue d'un défilé.

La bagarre avait éclaté alors qu'un groupe de manifestants arborant le drapeau rouge s'apprêtait à se disperser lorsqu'il fut interpellé par des agents qui voulurent s'emparer du drapeau. Lors du procès, deux des trois manifestants furent condamnés à cinq et deux ans de prison malgré les violences policières dont ils avaient été victimes et dont le juge d'instruction avait pu constater les séquelles. Ni le commissaire de Police, ni aucun policier ne fut sanctionné mais il s'éleva de cette affaire un sentiment d'injustice qui appela à de violentes représailles.

Ce même 1er mai 1891 avait coûté la vie à neuf personnes dont quatre jeunes femmes et deux enfants et fait de nombreux blessés parmi la foule à Fourmies dans le Nord. A l'origine du drame une très vive tension qui s'était accumulée dans la petite ville après que les patrons eurent refusé de faire de ce 1er mai un jour chômé.

La grève générale décidée par les ouvriers, donna lieu durant une partie de la journée à un face à face très tendu sur la place de l'Hôtel de Ville entre la foule et deux compagnies d'infanterie qu'avait fait envoyer le sous-préfet d'Avesnes. Alors qu'un militaire venait d'être molesté, l'ordre d'ouvrir le feu fut donné et le fusil Lebel, récemment adopté par l'armée, fit pour la première fois la preuve de sa terrible efficacité.

Ces années de fin de siècle seront également marquées par l'affaire Dreyfus. Le 26 septembre 1894, Mme Bastian, femme de ménage à l'ambassade d'Allemagne mais aussi agent du contre-espionnage français, remet au commandant Henry, des papiers froissés trouvés dans la corbeille de l'attaché militaire allemand Schwartzkoppen.

Le commandant Henry, du service de renseignement, isole parmi les papiers, une pièce connue sous le nom de « bordereau » précisant la livraison de cinq documents militaires importants relatifs à l'artillerie. Le bordereau est transmis au Ministre de la Guerre. Le président de la République Casimir-Perier et le président du Conseil Dupuy sont informés. L'enquête ouverte, les soupçons se portent sur un jeune capitaine dont l'écriture présente quelques similitudes avec celle du bordereau bien que les experts ne soient pas formels, voire divisés.

La famille Dreyfus originaire de Mulhouse avait opté pour la France en 1871. Froid, peu sympathique aux yeux de ses collègues mais d'une moralité irréprochable, le capitaine Dreyfus est juif, ce qui lui a valu des vexations à l'Ecole de guerre.

A l'origine, il n'y a pas d' « affaire ». La trahison ressort de la seule justice militaire. C'est en fait, *La Libre Parole,* le journal antisémite de Drumont qui, à la suite de l'indiscrétion préméditée d'un membre de l'État-major, va révéler ce qui deviendra l'Affaire Dreyfus. Cet événement va diviser la France plus qu'elle ne l'a jamais été.

La Une du *Petit Journal* montre l'humiliante dégradation d'un capitaine innocent à qui l'on brise le sabre après que ses galons aient été arrachés et piétinés sur le sol dans la cour de l'Ecole Militaire tandis que dans la rue proche des manifestants scandent « Mort aux Juifs ». Cette autre illustration d'un homme déporté à l'Ile du Diable, au large de la Guyane, qui porte son regard au-delà des mers. Enfin, cette pleine Une de l'Aurore que barre le magistral « J'accuse » de Zola avant qu'une totale réhabilitation du Capitaine Dreyfus en 1906 ne vienne sauver l'honneur de l'armée.

Le nouveau siècle ouvrira une ère de paix, de progrès et d'humanisme. Ces vœux sont unanimes et partout la guerre est condamnée. Le kaiser Guillaume II, s'est lui-même, un temps - un temps seulement - déclaré ami de la paix.

Le XIXe siècle n'apparaît pas vraiment pacifique et tous ces hommes qui se disent aujourd'hui ardemment convaincus par la paix, n'ont à vrai dire, jamais cessé de faire la guerre. Malgré tout, la foi est invincible dans une paix qui serait définitive mais qui, dans l'immédiat, est loin d'en prendre le chemin.

Cette paix sera universelle pour une raison essentielle ; il n'est pas une nation qui ne doive compter sans une autre. Que feraient seuls, les Belges contraints d'acheter à l'étranger 75% du blé dont ils ont besoin pour vivre ? Les Anglais, maîtres des océans du globe, importent sous peine de famine, 40% de ce qu'ils consomment. Quant à la balance commerciale de notre pays si riche, si rural et si paysan, elle marque un déficit de 20% que seules ses relations avec le monde entier parviennent à effacer. C'est dire combien dans le concert des nations, les unes ont besoin des autres.

Dans ce contexte, la paix universelle n'est plus un beau discours mais une nécessité vitale dans laquelle *l'Internationale* cesse d'appartenir à l'idéalisme prolétarien car elle est depuis longtemps le credo du monde des affaires et si une guerre venait à éclater, elle serait forcément très courte tant il est vrai qu'aucune économie nationale ne résisterait à un conflit durant plus de quelques mois. Cette notion de brièveté sera dans tous les esprits lorsque la France franchira les derniers mois de paix de l'année 1914.

La crise de 1882, sans doute la plus sévère du XIXe siècle après celle de 1846, se met à ronger une économie en pleine puissance. Le plan Freycinet de grands travaux, trois ans plus tôt, a dopé l'économie et stimulé la spéculation en bourse. La seule action de l'Union Générale a triplé en trois ans pour atteindre 1 500 F en 1881 mais au début de l'année suivante, c'est le krach qui donne le signal de la crise entraînant dans l'avalanche de multiples faillites industrielles et de banques d'affaires.

L'investisseur inquiet se réfugie vers l'Etat, pénalisant le secteur privé de fonds frais et l'avalanche se poursuit de plus belle. Qui dit crise, dit prudence et économie, chute de la consommation, dépression, chômage, conflits sociaux dans les mines d'Anzin ou de Decazeville. Rien d'étonnant donc si au cœur de cette époque apparaît alors le phénomène boulangiste.

Nouveau krach en 1889 avec la banqueroute scandaleuse de Panama et celle de la Société des Métaux qui spéculait sur le cours mondial du cuivre et entraîne dans sa chute le Comptoir d'Escompte, qui sauvé de justesse par la Banque de France, deviendra le Comptoir National d'Escompte.

D'autres secousses dépressives vont atteindre la Banque de Paris et des Pays-Bas, la Société Générale ou encore le Crédit Lyonnais.

Il faut attendre 1896 pour sortir du marasme. Depuis 1891, l'or du Transvaal arrive sur les marchés et la production mondiale qui plafonnait à 163 tonnes en 1885, remonte grâce à de nouveaux procédés d'extraction à plus de 460 tonnes en 1899 et sera de près de 770 tonnes à la veille de la première guerre mondiale. Cette production accrue provoque une hausse des prix, dynamise le crédit, la production et bien sûr les profits.

La bourse reprend alors des couleurs euphoriques.

Ce n'est pas le seul événement qui permet à la France de sortir de la crise. La société industrielle voit le triomphe du charbon et de cet acier qui supplante le fer. La France produit 40 millions de tonnes de charbon en 1910 alors qu'elle n'en produisait que 28 millions de tonnes en 1895. La production de fer et d'acier a quadruplé. La houille blanche elle-même devient un facteur essentiel de progrès. On produit de l'électricité en France bien avant 1914 or cette électricité donne naissance à des industries nouvelles au service d'une chimie ou d'une métallurgie de pointe, celle de l'aluminium par exemple, dont à l'époque on imagine mal la prodigieuse destinée.

En 1913, la France sera le premier producteur mondial de bauxite et le second producteur mondial d'aluminium.

En 1910, l'industrie chimique emploie en France 127 000 salariés. Saint-Gobain qui domine le marché, possède à lui seul 24 usines où travaillent plus de 20.000 ouvriers.

D'autres technologies avancées ont pour berceau notre pays.

Le cinématographe est inventé en 1895. Jusqu'en 1914, 90% des films projetés dans le monde entier sont français. Les frères Lumière de Lyon sont à l'origine d'une puissante industrie de construction de matériels de prise de vues ou de projection, de chimie des émulsions photographiques mais leur sphère d'investigation et de recherches débordera largement vers la mécanique, l'acoustique ou encore la médecine.

Léon Gaumont aux Buttes Chaumont produit aussi du matériel photographique, cinématographique et poursuit des recherches sur la projection sonore ainsi que Charles Pathé à Vincennes qui sème dans le monde entier des succursales portant le célèbre coq de la marque tenant la dragée haute au géant Kodak de George Eastman tandis que Georges Méliès à Montreuil jette les bases du nouvel art et côtoie Thomas Edison.

Ce ne sont pas des inventeurs un peu poètes mais de véritables industriels qui bâtiront des empires financiers considérables. Le cinéma, invention foraine *sans avenir*, selon Louis Lumière, dépassera bientôt le blé et le charbon dans les rangs du commerce international[14].

La France de cette époque, c'est le pays de l'automobile et des prémices de l'aviation. Le Salon de l'Auto, en 1901, présente la production de quelques 50 000 ouvriers français. Après Panhard et Levassor, de Dion et Bouton, Louis Renault emploie 13 000 ouvriers dans son usine de la région parisienne, hissant la marque au premier rang européen et à la deuxième place dans le monde. En 1900, deux mille voitures sortent des usines Renault. En 1913, il en sortira quarante-cinq mille.

A Clermont-Ferrand, trois mille ouvriers travaillent dans l'industrie récente du caoutchouc pour les automobiles, certes, mais aussi pour la petite

[14] De l'auteur ; Les années Lumière, France Empire, 1995.

reine dont le premier tour de France a lieu en 1903 tandis que six ans plus tard, le 25 juillet 1909, le cambrésien Louis Blériot sera le premier à traverser la Manche en avion. Quatre ans à peine après la mort d'un visionnaire tranquille nommé Jules Verne.

C'est dire si le paysage industriel de la France a évolué. Sous le Second Empire, l'industrie seule représentait 21% du revenu national. Dans la première décennie du nouveau siècle, elle en représente 36%.

Plus significatif encore : le taux de croissance annuel qui était de 1,32% pour la période 1880-85, passe à 1,94% pour la période 85-90, puis à 2,20% pour les années 1890-95. Pour les cinq premières années du nouveau siècle, il s'élève à 2,64% et à 4,57% pour la période 1905-1910.

Les dernières années du XIXe siècle et la première décennie du vingtième, ont constitué une période charnière sans précédent à de nombreux points de vue.

La Belle Epoque n'est pas un mythe. Il est juste d'employer ce terme qui laisse poindre aussi une pointe de nostalgie car la Belle Epoque l'est surtout parce que jamais plus les Français n'en traverseront une de cette nature. Ce qui les attend au crépuscule de ces années, est un véritable cauchemar dont ils n'imaginent pas l'horreur.

Si la politique intérieure passionne nos grands-parents parfois avec une virulence inouïe, ce qui se passe à l'extérieur de nos frontières ne semble pas les émouvoir. Du moins, s'y intéressent-ils sans très bien comprendre ce dont il s'agit. Pourtant les moyens de s'informer ne manquent pas ; la Presse d'information connaît son âge d'or avec *Le Petit Parisien, Le Petit Journal, Le Matin, l'Echo de Paris, Le Figaro*.

Il y a aussi *l'Humanité*, socialiste, de Jean Jaurès, *la Lanterne*, *L'Aurore* de Clemenceau, *le Gil Blas*, et *le Rappel*, cher à Victor Hugo, *le Journal des Débats*, *la Croix* plutôt conservatrice, *la Libre Parole*, antisémite et antimaçonnique, *la Patrie* d'Henri Rochefort qui fondera aussi *L'Intransigeant*, *L'Œuvre*, etc. Sans oublier, car ses informations font autorité : *le Temps* dont le prix est le plus élevé de tous les titres de la Presse quotidienne parisienne : 15 centimes, soit trois fois plus cher que la plupart des journaux. *L'illustration* présente enfin de véritables reportages photographiques et bien sûr la Presse de province n'est pas en reste. On lit à Bordeaux *la Petite Gironde* tandis qu'ailleurs on dévore les *Petit Niçois, Petit Marseillais, Petit Dauphiné, Progrès de Lyon* alors que la capitale des Flandres ne perd pas une ligne de *l'Echo du Nord*.

Malgré les menaces, malgré un monde qui évolue à toute vitesse, et avec lui les techniques modernes de transmission de l'information : photographie, cinéma, télégraphie, agence de Presse telle que Havas fondée en 1832, le Français reste profondément attaché à ses racines.

On le dit fâché avec la géographie ou ne voyageant pas. En fait, il voyage un peu mais toujours avec la détermination de ne pas s'absenter trop longtemps et à l'étranger il reste français jusqu'au bout des ongles.

Ce qu'il retient de ses séjours parfois lointains ? L'exotisme et le pittoresque. Les pyramides d'Egypte fixées en sépia sur une carte postale lors d'une croisière sur le Nil, le grand canal de Venise ou les premiers gratte-ciels américains.

La vision qu'il a de l'étranger lui permet d'évaluer souvent sans objectivité ce qu'il y a de mieux ou de plus chez lui et pas chez les autres. Il est Français, ce qui à ses yeux et, il faut bien le reconnaître, aux yeux de nombreux de ses voisins, constitue une sorte de référence. Sans trop bouger de chez lui, le Français vit dans un pays qui rayonne sur le monde par la finance bien sûr, par l'esprit aussi, par un certain style de vie.

Le mot « chic » fait son apparition dans le dictionnaire en 1902. Cette année marquée par la mort d'Emile Zola et la terrible catastrophe de la Montagne Pelée qui, à la Martinique, dévaste la ville de Saint-Pierre causant la mort de plusieurs dizaines de milliers de personnes.

On critique le Français pour son chauvinisme, son esprit frondeur, râleur, sa mauvaise foi légendaire mais comme le dit un dicton Allemand : *Heureux comme Dieu en France* et l'étranger ne s'y trompe pas. Si le comportement des Français l'horripile parfois, l'agace souvent, la France reste le plus beau pays du monde. Destination de rêve, synonyme de vie facile et légère. L'étranger n'est pas, lui non plus, très objectif lorsqu'il évoque notre pays. S'il veut placer son argent, c'est la France qu'il choisira. S'il veut au contraire le dilapider en moins de temps qu'il n'en faut pour le dire, c'est toujours la France qui aura sa préférence. Au bout du compte, il aura trouvé le pays de toutes les libertés, à défaut d'avoir trouvé celui de la fraternité et de l'égalité.

Souverain aux poches vides, grand bourgeois à présent ruiné, il gardera de Paris, un souvenir attendri et sans rancune. Paris... Deux syllabes qui le plongent dans une paradisiaque torpeur.

1900 : la grande Exposition Universelle de Paris, tout entière tournée vers la modernité et le progrès. Les témoignages enthousiastes abondent sur cette merveille des merveilles. C'est pour Paris l'occasion unique de rayonner une fois de plus vers le monde entier car pour le monde entier la France, c'est Paris.

Un paradoxe car pour les Français, Paris est simplement Paris et rien d'autre. Le Français ne donnerait pas cher du moindre politique qui n'ait d'abord fait son apprentissage en province. Alors que Paris voudrait rayonner sur le monde, il s'attend d'abord à ce que ses hommes politiques soient avant tout de solides provinciaux.

Il en va ainsi pour Georges Clemenceau, vendéen, Briand, le Nantais, Poincaré de Lorraine, Fallières du Lot-et-Garonne, Joseph Caillaux, né au Mans. Et si l'on remonte un peu plus loin vers Grévy, jurassien, Ferry, né à Saint-Dié, Adolphe Thiers, né à Marseille, le général Boulanger, Rennais, on cherche vainement des Parisiens. Pourtant, le président Félix Faure est un de ceux là, né à Paris et mort de même dans les bras, faut-il encore le préciser, de sa *connaissance*.

Cette année 1900 de l'Exposition Universelle voit l'ouverture de la première ligne du Métropolitain dans la capitale. La ligne Porte de Vincennes-Porte Maillot est prise d'assaut le 16 juillet. Il en coûte 25 centimes en première et 15 centimes en seconde. La traversée de la capitale s'effectue en 27 minutes.

Cette même année, les automobiles doivent porter un numéro d'immatriculation qui permettra aux agents de ville de verbaliser les conducteurs trop pressés que l'on qualifie déjà de « fous du volant ». Sarah Bernhardt triomphe dans « L'Aiglon », Oscar Wilde meurt dans un petit hôtel de la rue des Beaux-Arts, la Goulue se marie tandis qu'un train emballé éjecte sa locomotive à vapeur qui pendouille sur le trottoir de la Gare Montparnasse, sans que l'accident n'ait fait de victime.

La France brille par un maître mot : Stabilité. Stabilité séculaire de sa monnaie, le franc de Germinal. C'est en pièces d'or et d'argent que se règlent les dépenses. On utilise également le bronze et le nickel pour l'appoint. Pour éviter la spéculation sur la dépréciation de l'argent par rapport à l'or, la pièce de cinq francs - la fameuse thune - a cours légal bien sûr mais son tirage est limité.

Le billet existe mais on peut très bien n'en avoir jamais vu ou tenter de le faire croire... Quant au chèque, son usage reste en retrait par rapport aux us et coutumes de nos voisins. Un ministre des finances ne va-t-il pas se vanter de n'avoir point de compte bancaire ? Il faut dire que le scandale de Panama n'a pas favorisé la monnaie scripturale. L'infamie des « chèquards » est une vilaine publicité qui ne risquait pas de favoriser ce mode de paiement.

La France achète à l'étranger plus qu'elle ne lui vend. Il en résulte un déficit de sa balance commerciale. Ainsi, en 1906, la différence entre les importations (7 091 millions de francs) et les exportations (6 828 millions de francs) traduit un déficit de 263 millions de francs. Ce déficit se trouve porté à 1 464 millions de francs en 1913, mais avec des chiffres en rapport.

Tout cela ne porte pas à conséquence car le début du siècle est une de ces époques bénies où les capitaux vont et viennent en France dans la plus grande liberté et compensent ainsi tout déficit aussi important soit-il.

Les sommes que les Français ont investies à l'extérieur rapportent également de l'argent et gomment les écarts de nos importations. En 1913, les Français ont placé soixante milliards de francs hors de nos frontières. Ce qui apparaît comme une performance laisse à désirer car les placements à l'étranger ne sont pas exempts de risques. De plus ils privent l'industrie française de capitaux qui lui permettraient de se moderniser. La France reste plus un pays de rentiers qu'un paradis des investisseurs.

L'industrie du luxe : grande hôtellerie, commerce, tourisme et ce que Jacques Chastenet nomme joliment *haute galanterie* connaît une prospérité inouïe. *« Du même coup le pays s'enrichit annuellement de quelque treize cent millions de francs or*[15] *»*.

La France qui a défrayé la chronique internationale avec la guerre de 1870 puis la Commune de Paris, a en quelques dizaines d'années, ranimé la confiance à jamais. C'est une performance qui ne laisse pas insensible le voyageur étranger. De plus, le pays a tourné le dos à un retour de la monarchie. C'est une république comme il en existe peu en Europe ou dans le monde. La grande Russie, tsariste, d'Alexandre III, oublie bien volontiers ce détail navrant lorsqu'il lui faut remplir ses caisses de ce franc or républicain qui conduira la France au désastre des emprunts russes.

Fin de la guerre franco-prussienne. Lorsqu'elle dresse un premier bilan, le constat qui s'impose à la France est accablant. Le pays se trouve isolé, au ban des nations européennes. Comment compter sur l'Angleterre dont nous avons heurté à plusieurs reprises les susceptibilités ? L'Italie nous tourne le dos et oublie ce passé proche où des Français l'ont aidée sur la voie de l'indépendance. Aujourd'hui, elle amorce un rapprochement avec l'Allemagne et l'Autriche et signera le traité de Triple Alliance.

En ce qui concerne enfin la Russie, comment le tsar pourrait-il regarder sans dégoût ce « régime républicain et révolutionnaire de Paris », ce pays de France que certains proches du pouvoir à Saint-Pétersbourg apparentent à de la « pourriture » ?

Cependant, nécessité fait loi, la grande Russie n'est pas en très bons termes avec l'Allemagne depuis que celle-ci fait cause commune avec l'Autriche car il existe un contentieux territorial entre les deux pays. Il lui faut donc ravaler son dégoût et se tourner vers la France, la seule ou à peu près, à pouvoir lui fournir les capitaux nécessaires à son urgente industrialisation.

En fait, il est probable que les Russes aient d'abord songé à s'adresser à la Grande Bretagne mais devant une prudente tiédeur toute britannique, ils préféreront un enthousiasme continental aveugle car pour la France, l'opportunité est à saisir. Si elle tient à briser son isolement, comment ne pas tirer profit du refroidissement germano-russe en établissant de bonnes relations avec le géant slave ?

Dans un premier temps, il s'agit de cautionner la souscription d'un emprunt de l'Etat russe et en 1889, les ministres des Finances français et

[15] La France de M.Fallières, Jacques Chastenet, Arthème Fayard 1949

russe parviennent à un accord sur quatre émissions de 550 millions-or sur un an dont l'intérêt est fixé à 4%. Le titre est vendu 86 Francs.

Le succès est total dans un public influencé par les campagnes de presse et le gouvernement. La Russie n'est-elle pas le nouvel et grand allié de la France ? Souscrire aux emprunts russes, c'est d'abord faire preuve de grand patriotisme. L'affaire est aussi très juteuse pour un ensemble de banques françaises : Crédit Lyonnais, Banque de Paris et des Pays bas, Rothschild, pour ne citer qu'elles. Elles ont bénéficié d'une ristourne conséquente sur les prix de lancement - pratiquement 3% - et engrangeront des frais de commission considérables.

Durant l'année 1894, trois autres émissions sont proposées aux épargnants et rentiers : la première à 3% pour 166 millions, la seconde à 3,5% pour 400 millions et la fin de l'année se clôt sur une dernière émission de trois milliards à 4%.

La France est alors submergée par une véritable vague, une véritable mode russe qui trouvera son apogée durant cette année 1894 où Nicolas II en visite officielle à Paris est reçu en grande pompe par Félix Faure.

En plus de la souscription aux emprunts russes, on trouve sur le marché des titres mystérieux que la bourse rechigne à vouloir coter. Qu'à cela ne tienne, ils seront diffusés en province par des démarcheurs peu scrupuleux. Les pigeons sont nombreux à se laisser gruger par des documents barrés de curieuses mentions cyrilliques dont personne ne connaît la signification.

Que va faire la Russie de cette manne que la France lui attribue plus que fraternellement ? Va-t-elle se tourner vers les industries françaises pour entreprendre son grand bond en avant ? Pas le moins du monde. Elle s'adresse à des pays qui pratiquent, affirme-t-elle, des prix plus compétitifs que les nôtres. Paris comprend alors que ses largesses intempestives profitent surtout à l'Allemagne, à l'Angleterre et aux Etats-Unis. En 1913, les importations françaises en Russie plafonnent à 4% tandis que celles de l'Allemagne atteignent 50%.

Aussi, la France médusée va intervenir auprès de son allié russe en lui demandant de bien vouloir lui commander une cinquantaine de locomotives. Geste symbolique face aux neuf milliards de francs or qui ont d'ores et déjà quitté la France sans espoir de retour.

Après l'euphorie, vient hélas trop tardivement le temps de la réflexion : la Russie est-elle solvable et quelles garanties offre-t-elle ? D'autant que les premières rumeurs se font jour : la Russie possède de grandes richesses minières : fer, charbon, cuivre, pétrole, sans compter l'or. Encore faudrait-il qu'elles soient exploitables et puis, pour faire face à ses obligations envers d'autres pays que la France, le gouvernement du tsar doit exporter chaque année quelque 600 tonnes d'or.

Alors ne faudrait-il pas mettre un terme définitif à tout nouvel emprunt russe ? A la Bourse de Paris, la prudence s'impose mais cette nouvelle tiédeur de la France est observée à Saint-Pétersbourg. Il ne faut pas que les Français se posent trop de questions.

Un ministre du tsar va charger un émissaire obscur, apatride vivant à Paris, de rassurer les épargnants et rentiers français. Arthur Raffalovitch est reçu dans le meilleur monde et comme par hasard, il fréquente de nombreux directeurs de journaux.

Les grands quotidiens français de l'époque vont alors passer sous silence toutes les informations alarmantes en provenance de Russie : émeutes, grèves, attentats, assassinats politiques. Rapidement, le pot aux roses est découvert : les directeurs de ces journaux ont été grassement rémunérés pour leur silence. Parfois jusqu'à hauteur de 100 000 F par an.

Pour le gouvernement de la République, la situation est inextricable. Comment la France peut-elle sortir de ce guêpier sans risquer de précipiter la ruine de la Russie qui dès lors ne sera plus en mesure de rembourser quoi que ce soit ?

Bientôt, les menaces se précisent. De Russie, parviennent des injonctions à la France de ne plus accorder la plus petite aide au gouvernement de Nicolas II. D'exil, Lénine se montre plus catégorique encore : *« Le peuple russe ne paiera sous aucun prétexte les emprunts contractés par le gouvernement tsariste pendant l'époque des luttes contre le peuple »*.

La Presse se gardera bien de publier ces avertissements qui auraient provoqué, certes un vent de panique auprès des porteurs de titres, mais sans aucun doute aussi un salutaire éclair de lucidité. En 1904, lors de la guerre russo-japonaise, elle ne pourra pas taire les défaites russes. Aussitôt des porteurs inquiets se mettront à vendre au point que les banques, sur conseil du Ministère des Finances, rachèteront ces valeurs pour empêcher une dégringolade des cours.

Le pire est-il passé ? Loin s'en faut. Aussi invraisemblable que cela puisse paraître de nouveaux emprunts vont se succéder : 400 millions à 3%, 1,2 milliard à 4,5% en 1909 puis encore 400 millions.

En 1914, alors que dès le début des hostilités, la Russie suspend sans prévenir le paiement des coupons, la France se livre à un premier bilan chiffré, colossal, monstrueux : les Français détiennent 12 milliards-or de valeurs russes sous forme de chiffons de papier et dont ils ne reverront jamais plus le moindre centime. La Révolution russe est en marche et va balayer la dynastie des Romanov. On se souviendra alors des menaces de Lénine.

En 1922-1924, lors de la reconnaissance de l'URSS par la France, les Soviétiques ne prêteront pas la moindre attention aux demandes françaises d'indemnisation des porteurs de titres. En 1927, ils se montreront plus conciliants à condition que la France leur accorde un nouvel emprunt bien supérieur au montant de ceux restés sans paiement. Les Français médusés mettront alors un terme à toute négociation. Six ans plus tard, en 1933, de nouveaux pourparlers aboutiront à un accord commercial sans lendemain et le feuilleton des emprunts russes va se poursuivre durant tout le vingtième siècle.

Aujourd'hui, tous les historiens s'accordent à reconnaître que le prodigieux essor économique que connut la Russie au début du siècle est dû, beaucoup plus au bas de laine des Français qu'aux vertus du régime des soviets.

Revenons à la Belle Epoque. Comment la France, ce pays qui s'est si promptement remis sur pied, ne pourrait-elle pas susciter une sorte d'admiration ?

Les conséquences de la Guerre de 1870 n'ont pas soulevé une grande compassion pour la France. Vaincue, humiliée, le monde entier lui a tourné le dos. Ni les rigueurs du siège, ni le carnage et les incendies de la Commune de Paris n'ont ému outre mesure nos voisins. Un journal du Nord écrivait en janvier 1871 : *On nous affirme qu'une troupe de touristes anglais vient de débarquer en France avec l'intention de former un train de plaisir pour assister au bombardement de la capitale* tandis qu'un industriel de Londres proposait sans scrupule, juste après la semaine sanglante : *Une semaine à Paris, voyage, hôtel de premier ordre, ruines de Paris et champs de bataille autour de Paris, soirée à l'Opéra* (...).

Alors, effectivement, la France de ces premières années du XXe siècle boit du petit lait. Ruinée hier, elle est devenue à l'exemple de la Grande Bretagne, le banquier de l'univers. *En 1912, la France détient vingt-huit milliards de titres d'Etats étrangers dont les revenus peaufinent le redressement de notre balance des comptes (...) En fait, cette balance se solde, bon an mal an, par un excédent à notre profit variant d'un quart à un demi milliard de franc or et c'est d'autant de métal jaune que s'accroissent la circulation métallique et l'encaisse de la Banque de France. En 1912, cette encaisse se monte à trois milliards quatre cents millions et couvre 65% de la circulation fiduciaire.* écrit Jacques Chastenet.

Bref, tout va très bien et tant pis si la France de la Belle Epoque fait plus penser à une grosse tirelire ventrue un peu molle qu'à un pays dynamique et républicain affichant une politique sociale résolue. En fait, si la condition ouvrière reste rude sous la Belle Epoque, comment ne pas constater aussi les sommets qu'atteint l'épargne populaire ?

Quant aux finances publiques, elles nous semblent aujourd'hui plus que raisonnables même si le budget de l'Etat passant de moins de quatre milliards en 1906 à plus de cinq milliards en 1913 fait frémir d'épouvante le Parlement et les milieux financiers.

Ces années d'augmentation marquent en fait l'accroissement des dépenses militaires sans grande conséquence face au développement de la fortune française et les quatre vieilles contributions directes dont la patente ou encore l'impôt sur les « portes et fenêtres », ainsi que les impôts indirects, -L'impôt sur le revenu ne sera voté que le 2 juillet 1914- suffisent à résorber les débordements des finances publiques.

Le budget de l'Etat est limpide, sans ligne compliquée ou comptes obscurs ou spéciaux et peut être lu sans difficulté par le contribuable soucieux de connaître l'emploi que l'Etat fait de son argent. D'ailleurs une commission sénatoriale des Finances veille au grain avec une extrême rigueur et malheur au ministre qui, d'aventure, viendrait à franchir la ligne rouge. Pour terminer sur l'argent des Français, la perpétuelle rente 3% côte en 1906 : 98 francs. Il faudra que les menaces de guerre se précisent, en 1913, pour qu'elle s'incline à 88 francs.

Stabilité monétaire et pleine prospérité économique, les Français pourraient être heureux et sans aucun doute un certain nombre d'entre eux le sont sur le plan matériel. Cela ne signifie pas pour autant qu'ils soient optimistes. On observe même le contraire. La Belle Epoque, c'est une somptueuse époque, mais qui baigne dans une terrible morosité ambiante.

Cette stabilité, on la retrouve dans un autre domaine qui va mener à la stagnation démographique ; la France riche devient un pays où le faible accroissement de la population résulte du prolongement de l'espérance de vie.

Le phénomène s'observe bien dans les classes aisées. A Paris, 109 naissances dans l'industrieux Grenelle contre seulement 34 dans le quartier des Champs-Élysées. Les départements de France les plus riches sont ceux où la dépopulation s'observe le plus. Cette dénatalité s'explique avant tout par un changement de mœurs, un fléchissement de la religion en France et le fait que l'avenir n'apparaisse pas aussi radieux.

Résultat de ce marasme démographique : en 1913 il faudra revenir au service militaire de trois ans pour compenser l'infériorité numérique des classes correspondantes avec celles de l'Allemagne mais cela ne changera rien, car cette fois les socialistes et la classe ouvrière n'entendent pas avoir des enfants pour en faire de la *chair à canons*.

Seul aspect bénéfique de cette stagnation démographique, la faiblesse de la natalité contraint la bourgeoisie d'industrie à accueillir de plus en plus les enfants des classes moins favorisées qui deviendront les futurs cadres de leurs entreprises. *Le boursier passé par Polytechnique*, affirme Jacques Chastenet, *et parvenu à la direction d'une vaste entreprise industrielle constitue un personnage de plus en plus fréquemment rencontré*.

Dernier signe de la stabilité française ; l'indéfectible attachement de nos grands parents à la terre dont 44,2 % s'adonnent toujours à l'agriculture en 1911. Cela reste une majorité face aux 38,8% des Français employés dans l'Industrie et 10,6% dans le commerce. Les professions libérales et le fonctionnariat rassemblent 6,4% de la population active.

L'agriculture française n'échappe pas au marasme et si la production s'accroît c'est que le cultivateur recourt de plus en plus aux engrais chimiques. En règle générale, les exploitations demeurent de petites tailles et là encore, la dénatalité du pays s'explique par la volonté, nécessaire cette fois, chez le paysan de n'avoir qu'un « fils unique » qui évitera ainsi le morcellement. Se mariant à une fille de paysan et unissant ainsi leurs terres, ils en optimiseront alors l'exploitation.

Cependant la France reste le premier producteur agricole d'Europe, le troisième producteur de blé du monde après les Etats-Unis et la Russie et au premier rang des producteurs de vin, place qu'elle partage avec l'Italie. Si le pays demeure dans le peloton de tête, l'image ne doit pas faire illusion car il le doit à une politique tarifaire protectionniste qui le met à l'abri des tarifs très compétitifs pratiqués par les Etats Unis, l'Argentine ou encore l'Australie.

Grâce aux chemins de fer, les provinces agricoles de France ont vu leur production se spécialiser de plus en plus ; betteraves et céréales dans les riches plaines du Nord, élevage en Normandie, fruits et primeurs dans le Midi et en Bretagne. Cette spécialisation engendrera une surproduction qui débouchera sur la violente révolte des vignerons languedociens en 1907.

Pour tenter de comprendre les origines de la « Grande Guerre », il faut se placer dans la décade précédant 1914 pour admettre toute la dangerosité des premières années du siècle dans une Europe tout entière transformée en volcan.

1904 : les Japonais torpillent la flotte russe à Port-Arthur. La guerre s'intensifie sur tous les fronts. Cette même année sont signés les accords franco-anglais qui régissent les droits respectifs des deux puissances sur le Maroc et l'Egypte. L'année suivante, tandis que la France adopte la loi militaire du général André réduisant le service militaire à deux ans, le prince de Bülow déclare, le 29 mars, que l'Allemagne prendra toute mesure pour empêcher la France de porter atteinte à ses intérêts au Maroc. Deux jours plus tard, débarquement à Tanger de l'empereur Guillaume II qui, très théâtralement affirme qu'il soutiendra la souveraineté du sultanat du Maroc. Ses propos, mal traduits par la Presse de l'époque, avivent les tensions en France.

En janvier 1906 débute la conférence internationale d'Algésiras qui reconnaîtra des droits spéciaux de la France sur le Maroc. La crise franco-allemande sur la question marocaine a été sévère mais la paix a pu être préservée. Pour la première fois, les Etats Unis participent à une conférence internationale sur les affaires européennes.

En novembre 1908, nouvel incident franco-allemand au sujet d'une officine dirigée par le consul d'Allemagne visant à favoriser la désertion des légionnaires au Maroc. Une enquête prouve la responsabilité indéniable de l'Allemagne qui malgré tout exige des excuses officielles de la France et la libération des personnes impliquées. La Cour internationale de La Haye parviendra à clore l'incident. Une fois de plus, la guerre vient d'être évitée.

En mars 1911, des tribus du sud marocain se soulèvent contre Fès, résidence du sultan. Les troupes françaises atteignent Fès fin mai puis se dirigent vers Meknès créant ainsi deux nouvelles zones d'occupation ; Meknès et Rabat.

Le 1er juillet 1911, Guillaume II annonce qu'il va faire mouiller devant Agadir la canonnière la « Panther » pour protéger ses ressortissants installés dans la région. Elle y restera quatre mois. Pendant ce temps, le président du Conseil, Joseph Caillaux, songe à ce que Joffre lui a dit. Si la France s'engage dans la guerre, elle n'a pas plus de 70 chances sur 100 de l'emporter. Malgré ses efforts de réarmement et de modernisation de l'armée, la France n'est pas prête.

L'opinion publique française est opposée à toute négociation avec l'Allemagne. Pour Caillaux, il faut négocier pour protéger la France d'un malheur dont de nombreux politiques, parmi lesquels Georges Clemenceau, ont oublié le terrible souvenir.

Alors que la tension monte, Lord George, chancelier de l'Echiquier, laisse filtrer les vues de la Grande Bretagne qui en cas de conflit ne resterait pas neutre. Inquiet, le gouvernement allemand réduit ses exigences.

Le 4 novembre 1911, un nouvel accord sur la reconnaissance de la présence française au Maroc est signé à Berlin. En France, alors que l'on devrait acclamer Joseph Caillaux, on parle de « débâcle » et de « désastreux traité ». Une campagne de presse virulente s'attaque au président du Conseil. Dans *Le Figaro*, Gaston Calmette parle de trahison. L'avenir politique de Caillaux est ruiné. Poincaré et Clemenceau ont sonné l'hallali.

A Caillaux succède Poincaré. A la politique de « l'abandon », celle de la force qui conduira aux tranchées de Verdun. Poincaré, l'homme du « poing tendu » vers l'Allemagne est abusivement désigné comme le digne successeur de Gambetta.

Eté 1908 : la décomposition de l'Empire ottoman s'accélère. Courant juillet, les jeunes Turcs du parti des réformes s'emparent du pouvoir. L'instabilité politique engendrée par la révolution permet début octobre, le 5, à la Bulgarie de proclamer son indépendance. Le même jour, la Bosnie-Herzégovine, occupée depuis trente ans, est annexée par l'Autriche-Hongrie. Il s'agit d'y faire cesser les troubles orchestrés par les nationalistes serbes qui évoquent la « solidarité yougoslave ».

En février de l'année suivante, l'empereur François Joseph signe un accord avec l'Empire ottoman où celui-ci renonce à ses droits sur la Bosnie. Le 24 février, la Serbie soutenue par la Russie de Nicolas II, se mobilise et menace d'annexer la Dalmatie, la Croatie, la Slavonie et la Bosnie Herzégovine.

Selon les termes de l'alliance franco-russe, la Russie doit pouvoir compter sur la France mais le gouvernement français conseille la modération aux Serbes qui vont renoncer à leur projet. La Russie se trouve devant le fait accompli par l'Autriche-Hongrie mais Nicolas II n'a pas dit son dernier mot.

Octobre 1912 : défaite turque devant l'Italie. Profitant de cette occasion, une ligue balkanique composée de la Bulgarie, de la Grèce, du Monténégro et de la Serbie, soutenue par la Russie, déclare la guerre à l'Empire ottoman.

Victorieuse, la ligue balkanique devra cependant compter sur l'arbitrage des grandes puissances qui espèrent maintenir dans la région un semblant d'équilibre. Il n'est pas question que l'Albanie soit annexée par la Serbie. Elle sera érigée en principauté indépendante. La ligue, elle, devra se contenter d'un partage de la Macédoine et de la Thrace.

Juin 1913 : nouvelle guerre dans les Balkans entre la Bulgarie, soutenue par l'Autriche et les autres vainqueurs de la Turquie rejoints cette fois par la Roumanie.

Au terme de ces guerres balkaniques, une évidence s'impose : ni la France, ni l'Allemagne n'ont souhaité que les choses n'aillent trop loin. Berlin et Paris n'ont soutenu que très tièdement leurs alliés respectifs. Le problème n'est pas réglé pour autant mais la poudrière balkanique n'a pas mis le feu à l'Europe. La paix est sauve, mais pour combien de temps encore ? Et qui pourrait encore y croire ?

Vive tension dans les Balkans, incidents brûlants entre Paris et Berlin à propos du Maroc ou du Congo, l'Europe traverse une véritable psychose de guerre qui mine les esprits et conclut ou renforce les alliances de blocs.

En janvier 1913, Raymond Poincaré, à une forte majorité, est élu président de la République. Durant l'automne 1912, il a éclairci un point avec la Russie : la France la soutiendra dans le cas d'une attaque allemande même si la guerre a pour motif un regain de tension dans les Balkans.

L'Allemagne accélère son programme d'armement et décide de faire passer ses effectifs à 800 000 hommes. En France, la loi des « trois ans » votée après de nombreuses péripéties permet de placer 750 000 hommes sous les drapeaux.

Le 28 juin 1914, l'archiduc François-Ferdinand, héritier du trône d'Autriche-Hongrie et son épouse sont assassinés à Sarajevo par un étudiant bosniaque de 19 ans, Cavrilo Princip, membre d'une société secrète, la « main noire », liée au mouvement nationaliste « yougoslave ».

Si la responsabilité du gouvernement serbe n'est pas établie bien que certains officiers de renseignements aient pu aider Princip, si François-Joseph se trouve lui-même enclin à une certaine prudence, le gouvernement de Vienne et l'état-major, par contre, estiment le moment venu de régler le problème serbe.

Le 5 Juillet, pressé par l'empereur d'Allemagne Guillaume II, le gouvernement austro-hongrois rédige un ultimatum que ne sera transmis à la Serbie que le 23, au moment même où Poincaré et le président du Conseil Viviani, après une visite officielle à Saint-Pétersbourg, rentrent en France par la mer, ce qui rend les communications très difficiles entre les dirigeants des deux pays.

Le 28 juillet, l'Autriche déclare la guerre à la Serbie et bombarde aussitôt Belgrade. La Russie, en temps que protectrice des peuples slaves, décrète la mobilisation partielle contre l'Autriche en vue de soutenir les Serbes.

Dès lors, les jeux d'alliance se mettent en place et déclenchent une véritable réaction en chaîne. Tout va beaucoup trop vite et tandis que les gouvernements français, allemand et britannique tentent de rester maîtres du jeu et d'apaiser les esprits, les militaires qui ne veulent pas risquer de se faire distancer, prennent désormais une part encore plus active dans les décisions. Cette fois, il est trop tard, le mécanisme de guerre est enclenché et rien ne pourra plus l'enrayer.

Le 31 juillet, l'état de « danger de guerre » est proclamé en Allemagne et Guillaume II lance à la foule : *On nous force à mettre l'épée à la main !*

Le même jour, la fièvre s'empare des Parisiens qui s'arrachent les éditions spéciales des journaux. Dans le courant de la soirée, au Café du croissant, rue Montmartre, Jean Jaurès est assassiné par un jeune exalté, Raoul Villain, qui lui a tiré deux balles dans la tête. A ses funérailles, Léon Jouhaux, le leader de la C.G.T. anéanti par cet assassinat affirmera : *Je déclare que nous allons sur le champ de bataille avec la volonté de repousser l'agresseur.*

La volonté affirmée des socialistes de refuser en cas de mobilisation de rejoindre les frontières n'est plus d'actualité. Quelques manifestations contre la guerre émailleront ce 31 juillet mais il n'est plus question de grève générale.

Le 1er août, l'Allemagne déclare la guerre à la Russie, envahit le Luxembourg le lendemain et adresse un ultimatum à la Belgique neutre. Le 3 août, l'Allemagne déclare la guerre à la France et franchit la frontière belge. Le 4 août, la Grande Bretagne, ulcérée par le viol de la neutralité belge, déclare la guerre à l'Allemagne.

« Maintenant, les lumières s'éteignent dans toute l'Europe. On ne les rallumera plus, aussi longtemps que nous vivrons ! »

Sir Edward Grey, Foreing Office, le soir du 3 Août 1914

*

11 heures, le 11 novembre 1918. Le cauchemar s'achève.

Neuf à dix millions de morts dont 1 900 000 pour l'Allemagne et 1 500 000 pour la France. Près d'un million de morts pour l'Angleterre. Dix-sept millions de blessés et invalides de guerre. Les pertes humaines de la Première Guerre mondiale sont incalculables et il serait hasardeux de vouloir établir un bilan en quelques lignes d'autant que s'y ajoutent d'innombrables victimes civiles. Il faut aussi tenir compte de la pandémie de grippe espagnole qui, faisant rage dans toute une Europe fragilisée par la guerre, causa des millions de morts[16].

Apparue en France en avril 1918, elle fera plus de 400 000 morts dans le pays. D'autres maladies favorisées par l'état de guerre, la pénurie, les hivers très rigoureux de 1916-17 et de 17-18, progressent en France. La tuberculose notamment tandis que la syphilis, elle aussi, prolifère.

Les Français, à l'exception de ceux situés dans la zone occupée et qui dès 1914, connaîtront une existence pénible faite de privations, d'arrestations, d'exécutions, n'ont pas connu la faim mais il était grand temps que la guerre se termine car la situation alimentaire empira dans le pays en 1918 à l'approche de l'armistice. En Allemagne, la disette s'est installée dans un pays en proie au désordre.

L'Europe, à feu et à sang durant quatre années, est aujourd'hui en ruines. La Russie est en plein chaos.

Les vaincus sont anéantis mais les vainqueurs ne valent guère mieux. La France et la Grande Bretagne sortent du conflit à bout de ressources. Seuls les Américains intervenus à partir de mars 1918, parviennent à tirer de substantiels bénéfices du conflit avec une industrie en pleine expansion et des pertes militaires limitées. Désormais le poids politique de l'Amérique n'a pas fini de peser sur l'Europe tout entière.

---

[16] Source Encyclopaedia Universalis : Apparue en Chine à Canton, la grippe espagnole se serait ensuite propagée dans les bases US avant d'être véhiculée en France par les troupes américaines. La pandémie a pu faire entre 15 et 25 millions de morts dans le monde. Le virus ne fut isolé qu'en 1933.

Dans la zone qui a vu le feu de la guerre, les destructions sont incalculables. Près de 750 000 maisons ou immeubles sont endommagés en France, dont près de la moitié entièrement détruits. Plus de 20 000 usines ont été atteintes. Un quart d'entre elles sont inutilisables. La guerre a détruit 600 ponts et dévasté 6 000 kilomètres de voies ferrées, près de 60 000 kilomètres de routes sont inutilisables. Les mines de charbon du Nord sont inexploitables car deux cents puits de mines ont été sabotés durant les hostilités.

Trois millions d'hectares sont impropres à l'agriculture. Certaines campagnes jadis florissantes, prairies et forêts, sont devenues des paysages fantomatiques criblés de cratères lunaires. Treize millions de tonnes d'épaves gisent au fond des mers ou obstruent les voies maritimes. N'ont pas échappé au désastre ; églises, châteaux, monuments historiques de toutes sortes, dont bon nombre comme sous la Révolution française ne seront jamais relevés.

Le dixième de notre patrimoine a disparu dans la guerre. Pour l'économie nationale, les victimes militaires représentent la disparition d'un actif sur dix. La guerre a consommé entièrement l'enrichissement des onze années qui avaient précédé 1914.

Pour éponger ses déficits commerciaux durant le conflit, la France n'a eu d'autres choix que de céder une bonne partie de ses créances extérieures et d'avoir recours à l'emprunt, ce qui se traduit en 1919 par une dette de 32 milliards de francs alors qu'en 1914 le pays détenait une créance de 45 milliards de francs.

154 milliards de francs ; tel est le montant de la dette publique intérieure, soit cinq fois supérieure à l'endettement vis-à-vis de l'extérieur. Durant le conflit, l'impôt n'a couvert que 16% des dépenses publiques. L'Etat a eu recours à la planche à billets lorsqu'il n'appelait pas le public à souscrire aux Bons de la Défense Nationale à hauteur de 46 milliards en cinq ans.

Les Français ont sacrifié sur l'autel de la patrie ce précieux métal jaune qui fit si longtemps leur orgueil. 2 500 millions de pièces ont ainsi roulé sur les guichets de la main des Français aux poches de l'Etat.

Le 5 août 1914, une loi dispensait la Banque de France « de l'obligation de rembourser ses billets en espèces » et donc d'instaurer le cours forcé comme elle l'avait déjà fait par le passé et notamment en 1870. Personne ne s'en était inquiété outre mesure.

Cette fois, l'entrée en guerre s'est accompagné de mesures d'exception plus importantes : moratoire des effets de commerce, limitation des retraits dans les banques et les caisses d'épargne, blocage des loyers.

Chemin faisant, alors que les poilus s'enterrent chaque jour un peu plus dans la boue des tranchées, la France va renouer avec des attitudes dont on la croyait à jamais guérie depuis la Révolution. Pour suppléer à la disparition des pièces thésaurisées, municipalités, caisses d'épargne locales, chambres de commerce émettent des *Bons de paiement* de la même façon qu'il existait jadis des *monnaies de confiance*.

On en dénombrera en 1916 plus de 1 200 variétés. Rien de dramatique en vérité mais comment dans un pays aussi riche que la France ait pu l'être, aussi jaloux et sourcilleux de la valeur du Franc, ne pas considérer cette monnaie d'appoint, cette monnaie de papier sans valeur comme le premier signe d'une inexorable agonie du Franc or de Germinal ?

Le 14 mars, la Grande Bretagne et les Etats-Unis mettront un terme à la solidarité monétaire qui avait prévalu durant la guerre. Le pacte du cours forcé à cinq francs pour un dollar est rompu. Le franc, livré à lui-même s'effondre de moitié. Il faut onze francs pour un dollar et quarante deux francs pour une livre sterling au lieu de 25 en 1914.

En 1919, la paix revenue ne permettra pas au Franc de Germinal dont Bonaparte avait doté le pays en 1803, de retrouver la solidité qui en fit l'une des monnaies les plus puissantes du monde.

Il vient d'entrer dans la légende des gloires du passé.

XI

Les années folles du Franc

« L'Allemagne paiera ! »

Lucien Klotz, ministre des finances
dans le deuxième ministère Clemenceau

Le cauchemar de la grande guerre achevé, le défilé de la victoire est un moment historique qu'immortalisent en tournant la manivelle au rythme de « Sambre et Meuse » les opérateurs des grandes firmes cinématographiques Gaumont ou Pathé. Gaumont a même mis au point, avant la guerre, un procédé technique, le chronochrome, qui permet la projection du *Défilé de la Victoire* en couleurs naturelles et de telles prouesses - en 1919 et donc bien avant l'invention du Technicolor - connaîtront un vif succès avant de sombrer dans l'oubli car le cinéma français, lui aussi, a souffert de la Première guerre mondiale perdant la première place qu'il occupait dans le monde.

De telles projections trichromiques même imparfaites changent de ces films gris et sombres, que l'arrière a pris l'habitude de voir tout au long de ces quatre années. Charges héroïques et muettes de poilus émergeant d'une tranchée de boue, gerbes de terre jaillissant du sol au cours d'une explosion sans bruit, terrain criblé de gigantesques cratères de la mort, tranchées silencieuses encore où s'agglutinent des hommes figés par les gaz de combats.

Partout du sang dépourvu de couleur, des cadavres mutilés, de la boue de la couleur des rats, et encore des morts gris, sombres qui portent à jamais le deuil d'une nation.

Le Défilé de la Victoire était bien inspiré de redonner un peu de couleurs à la vie mais s'agissait-il d'une victoire et à qui appartenait-elle ?

Quatre longues années de combats fratricides ont défiguré l'Europe. Désormais, il va falloir vivre dans un nouvel ordre des choses en sachant bien qu'une nouvelle catastrophe dont l'immédiate après-guerre voit poindre les prémices, est à redouter dans les vingt ans à venir. Cette sombre perspective apparaîtra vite dans l'esprit de ceux qui ont fait « 14 ».

Le vieil allié russe a disparu pour faire place à un nouveau régime dont on peut tout craindre et ne rien espérer : le bolchevisme.

« Il faut avoir le courage de dire qu'une action en Russie demeure nécessaire, pour défendre contre l'oppression russe les minorités nationales

et pour obliger le gouvernement bolchevique à se soumettre aux règles des nations civilisées » affirme le socialiste et ancien ministre Albert Thomas tandis que le journal *Excelsior* du 17 janvier consacre sa une entière à cette pieuvre dont les tentacules menacent l'Europe. *Contre l'invasion du bolchevisme* titre le quotidien.

En cette année 1919, à l'occasion des élections législatives qui auront lieu en novembre, une affiche imprimée par la maison Draeger montre un bolchevique hirsute, la face sanguinaire et tenant un couteau entre les dents.

Le 1er mai, des ouvriers, femmes et enfants compris, défileront dans les rues tenant chacun un couteau entre les dents, comme sur l'affiche mais par dérision.

Le mot d'ordre de la manifestation organisée par la CGT vise à obtenir la journée de 8 heures, la démobilisation générale et la fin de toute intervention contre les Soviets. Près de l'Opéra, les forces de l'ordre interviennent et les affrontements se poursuivent jusqu'à République : deux morts et plusieurs centaines de blessés.

A la mi-novembre, les législatives portent à l'assemblée, la Chambre la plus à droite dont le pays se soit doté depuis 1875. C'est la Chambre « bleu horizon » tant les anciens combattants y sont nombreux.

Le 17 janvier, Paul Deschanel est élu président de la République contre Clemenceau. Le « tigre » s'incline et démissionne de la présidence du Conseil.

Infortuné Deschanel, errant solitaire sur une voie de chemin de fer moins de six mois plus tard, en pyjama, après être tombé du train présidentiel. En septembre, on retrouvera le président de la République entièrement nu barbotant dans le canal du parc du château de Rambouillet où il s'était retiré pour raisons de santé. Le mardi 21 septembre, au Sénat et à la Chambre, lecture est donnée de sa démission. Deux jours plus tard, Alexandre Millerand lui succède.

Sombre année 1920. La France tente de se remettre à vivre comme avant, comme si rien n'avait changé depuis 1914. Le pays est pourtant en pleine mutation. Il lui faut redémarrer son économie même si bon nombre de ses ouvriers ne prendront plus leur place derrière l'établi et reconvertir toute une économie de guerre en économie de paix. Donner du travail à tous les démobilisés n'est pas une mince affaire. Le pays draine une très lourde dette, la hausse des prix à l'étranger et le cours des changes stimulent l'inflation.

A l'automne 1920, l'indice des prix de détails dépasse 400 (base 100 = 1914), celui des prix de gros avoisine les 535 mais pour les salaires, la situation est préoccupante : il est à peine à 115 au premier trimestre et pour les derniers mois de l'année, il fléchira à 99.

Aussi des conflits sociaux éclatent dans les chemins de fer, la métallurgie et le bâtiment ainsi que chez les dockers et le pouvoir prend peur car l'exemple bolchevique hante les esprits.

Détail accablant, la France au moment où elle en aurait le plus grand besoin peut faire le deuil de l'une de ses plus importantes créances à l'extérieur. Les Français ne reverront jamais le moindre centime des emprunts russes.

Si la Russie a changé de régime politique, d'autres empires ont été démembrés. Celui des Habsbourg voit l'Autriche réduite des Alpes orientales et à un fragment de la plaine danubienne. La Hongrie se limite à 90.000 kilomètres carrés. Les deux pays comptent désormais 6 et 8 millions d'habitants. Sont-ils viables ?

L'avenir portera bientôt le regard vers les troubles qui éclatent en Hongrie et pourraient bien faire de ce pays, le premier satellite des Soviets.

Trois nouveaux états bénéficient de ce démembrement : la Tchécoslovaquie qui groupe l'ancien royaume de Bohème, la Slovaquie et la Ruthénie sud-carpatique, la Serbie absorbant le royaume du Monténégro, la Bosnie, l'Herzégovine, la Slovénie, la Dalmatie et la Croatie, devient la Yougoslavie - *pays des Slaves du Sud.*

La Pologne reconstituée reçoit la Galicie. Pour lui donner un accès à la mer, un corridor dont la population est essentiellement polonaise, sépare la Prusse orientale du reste de l'Allemagne. Dantzig (Gdansk), ville libre, sera placée sous le contrôle de la Société des Nations.

L'Empire ottoman est liquidé par la diplomatie britannique à son profit ou à celui des Grecs et des Arabes. Déjà l'œuvre de révolte du monde arabe avait été entreprise de 1915 à 1918, sous la férule de l'orientaliste et agent de l'Intelligence Service, Thomas Edward Lawrence, Laurence d'Arabie.

Des ruines de l'Empire ottoman naissent de nouvelles nations : Irak, Syrie, Liban, Palestine, Transjordanie et bien sûr la Turquie. Elles constitueront souvent une pomme de discorde entre la France et la Grande Bretagne.

La France se retrouve seule face à une Allemagne blessée à mort comme elle. Personne ne lui conteste le retour de l'Alsace et de la Lorraine qui depuis 1870, ont bénéficié d'une dynamisation industrielle significative. Ce sera un point majeur pour redresser le pays de ces ruines mais cela ne signifie pas qu'Allemagne et France soient à hauteur d'équilibre.

La France de l'après-guerre ne représente que les deux tiers de la population allemande. Sur le plan industriel, l'écart est encore plus flagrant, l'Allemagne domine en maître absolu. Notre potentiel industriel représente à peine le tiers, voire le quart, de la puissance germanique.

La guerre a brisé un rêve fou qu'envisageaient de nombreux Allemands : un démembrement de l'hexagone par l'est et le nord. Pour contrecarrer ce dessein, la France a été conduite à de lourds sacrifices. Pays moins peuplé que l'Allemagne, elle se trouve proportionnellement plus atteinte même si le nombre des morts et invalides l'emporte en Allemagne.

La défaillance nataliste de la France aura des conséquences prévisibles une fois la paix retrouvée. Les jeunes générations réduites à la veille des combats ont payé un lourd tribut à la guerre ; le renouvellement de la population se fera donc mal. Le phénomène des *classes creuses* va peser dans les décennies à venir. Il faudra attendre la fin d'une autre guerre mondiale, pour assister au rajeunissement du pays avec le baby-boom des années cinquante. En attendant, la France des années vingt vieillit plus encore et se ride dans d'archaïques comportements.

En 1921, la population française ne compte que 39,2 millions d'habitants, soit 400 000 de moins qu'en 1911, malgré le retour des provinces annexées.

Le chiffre noir des morts, blessés et invalides de la grande guerre n'est pas le seul à retenir. Comment ne pas songer aux destructions de toutes natures et au martyr des villes du Nord et de Belgique ?

Paris a été frappé par les tirs de canons géants. Plus de quatre cents obus lourds causant plusieurs centaines de victimes mais quelle comparaison peut être faite avec l'ampleur des ruines d'Arras, Lille, Douai, Cambrai, Lens, Saint-Quentin et sa collégiale incendiée, Reims dont la cathédrale qui vit se prosterner les rois de France a tant souffert ou encore Ypres en Belgique qui vit tomber 200 000 hommes pour sa défense ?

La région du Nord, l'une des plus prospères de France, envahie dès le début des hostilités, traverse une misère incommensurable. Pour tenter d'atténuer sa souffrance, la Croix Rouge va déplacer des centaines d'enfants vers des régions de France que le conflit a épargnées. Souvent le temps presse, l'urgence s'impose.

Dans les mines, plus de deux cents puits ont été détruits ou inondés. L'occupant, au moment de son repli, a saboté de nombreuses installations industrielles. Parfois, ces installations ont été pillées, démontées, déménagées.

Dans la métallurgie, trente-cinq mille wagons ont emporté outre-Rhin le matériel complet de la compagnie Denain & Anzin. Dans l'Est, le bilan est le même : démontages, démolitions, bombardements de hauts-fourneaux, démontages et déménagements de laminoirs vers Dusseldorf.

En attendant la difficile remise en état de son bassin minier, la France devra acheter quelque trente millions de tonnes de charbon à la Grande Bretagne.

Face aux 16 000 modestes maisons de mineurs détruites durant la guerre, la Société des Mines prend le « pari » d'en reconstruire au moins 2 000 par an. Pari dérisoire pour des milliers de sans logis qui souffrent de froid et de faim.

Dans le Nord, aux routes éventrées interdisant tout trafic, s'ajoute la dévastation du réseau ferré sur plus de 2 000 kilomètres dont les trois quarts à double voie. Ponts et viaducs détruits, tunnels hors d'état. Le voyageur parisien met plus de huit heures pour se rendre à Lille et à la vue du spectacle que lui offrent les régions dévastées de la Picardie et du Nord, il ne parvient pas à retenir son émotion.

C'est de la plume d'un journaliste consterné que naîtra cette expression de « L'enfer du Nord ». Quant aux marchandises de toutes sortes qui doivent répondre à l'urgence extrême de la situation, il leur faut une semaine pour faire ce même trajet.

Dans « Les conséquences économiques de la Paix »[17] Keynes écrit : *« Un voyage à travers les régions dévastées de la France est plus impressionnant pour les yeux et l'imagination qu'on ne peut le dire... L'horreur et la désolation apparaissent avec une grandeur effroyable... sur des kilomètres et des kilomètres, rien ne subsiste, nul bâtiment ne peut être habité. »*

On comprend à la lueur sinistre des chiffres combien était nécessaire un Ministère de la Reconstitution Industrielle, de la même façon qu'était indispensable un Comité d'Alimentation pour répondre à la situation critique que connaissaient les gens du Nord.

Pour le pays, la guerre 1914-1918, c'est l'amputation d'un quart de sa richesse. Chiffre inouï car au bas mot, seize années seront nécessaires pour reconstruire ce que quatre années de guerre ont anéanti. Pour les pertes industrielles d'usines bombardées ou hors d'état de fonctionner dans la zone des combats, les estimations précises de dommages et d'indemnisations n'apparaîtront parfois que vers 1928, dix ans après la fin des combats.

Le premier conflit mondial aura aussi des répercussions irréversibles sur les comportements, les mœurs. Chez les hommes qui reviennent des tranchées de l'horreur, c'est l'union fraternelle des combattants animés d'un devoir moral vis à vis de tous ceux qui ne rentreront pas afin qu'ils ne soient pas morts pour rien.

Ce « plus jamais ça... » fera place à un sentiment politique avec lequel il faudra compter. Ainsi, les « croix de feu » ne sont à l'origine qu'une association d'anciens combattants dans laquelle la droite nationaliste va puiser une partie de ses effectifs.

La France s'est scindée entre ceux du front et ceux de l'arrière. Une gravure publiée durant la guerre montre bien cette fracture. Un poilu s'adresse à son compagnon de tranchée et parlant de ceux de l'arrière qu'il imagine faisant la fête une coupe de champagne à la main, il lâche : « Pourvu qu'ils tiennent... »

---

[17] Traduit de l'anglais et publié à la NRF (1920)

En plus des veuves et orphelins, il y a ceux que la guerre a ruinés, les petits rentiers qui avaient cru aux emprunts russes et qui, alors que la France s'enfonçait dans le carnage, n'ont pas lu cette information en 1917 selon laquelle les banques russes venaient d'être nationalisées. Il y a aussi les petits bourgeois, les négociants et artisans que le départ au front et la durée interminable du conflit, ont jeté sur la paille.

Il y a les autres encore, ceux que les hostilités ont enrichis ; banquiers, commerçants, fermiers pour le ravitaillement et tous les industriels qui ont bénéficié des commandes de guerre ou de généreuses subventions : Citröen pour les obus, Boussac pour la toile d'avion, Renault pour les chars, Schneider pour l'artillerie…

Il y a chez les anciens combattants une profonde réprobation pour tous ces profiteurs de guerre, ces nouveaux riches, au point que dix ans plus tard, au cours d'une réflexion sur l'organisation de la nation en cas de guerre, le gouvernement et les parlementaires interdiront tout bénéfice commercial sur les commandes de guerre.

Chez les femmes aussi, la guerre a provoqué d'immenses changements. Plus question pour elles, de revenir derrière les fourneaux et de se voir cantonner au rôle de la bonne épouse servile d'avant-guerre. Pendant le conflit, elles ont pris la place des hommes dans les usines d'armements. On les a vues conduire des tramways, des locomotives, des camions, la charrue aux labours. On les a croisées dans les hôpitaux militaires de campagne, dans les sanatoriums pour les gazés. Elles furent cantinières, infirmières ou médecins.

La femme de l'après-guerre, femme des années vingt, est résolue à goûter aux fruits de la victoire. Premiers pas de Colette. Suzanne Lenglen, la Française, devient la coqueluche de Wimbledon. L'année 1921 voit la création du N°5 de Chanel mais « La Garçonne » qui fait scandale et se vend à 750 000 exemplaires vaut à son auteur, Victor Marguerite, d'être exclu de la Légion d'honneur tandis que la Chambre bleu horizon réprime plus que jamais l'avortement.

L'après-guerre a un goût de rancœur pour la grande majorité des Français. La vie est chère; on manque de tout. La France industrielle, paralysée par l'effort de guerre et les destructions qu'elle a subies, doit tout acheter à l'extérieur, le charbon à la Grande Bretagne mais également ses denrées alimentaires, huiles, essence, machines de toutes sortes, camions, aux Américains et souvent à prix d'or.

Le pays saigné à blanc, endetté par son effort de guerre tant à l'intérieur qu'à l'extérieur doit rembourser ses emprunts. Du coup, on a fait fonctionner la planche à billets, ce a qui déchaîné l'inflation.

La Conférence de la Paix qui réunit 32 états s'est ouverte à Paris dès janvier 1919. On n'a pas tenu à y faire participer les vaincus ; ils seront invités voire convoqués lorsque les vainqueurs le jugeront utile lorsqu'il faudra signer ces accords qu'ils auront au préalable élaborés.

Plusieurs dizaines de commissions d'experts ont été constituées en raison de la complexité de la situation. C'est la première fois qu'une guerre dure aussi longtemps, qu'elle cause autant de morts et occasionne de telles destructions.

Aussi est-ce sur les travaux complexes de ces commissions d'experts que s'appuient les quatre grands : le président américain Woodrow Wilson, Georges Clemenceau, Lloyd George qui représente la Grande Bretagne et le président du Conseil italien Orlando.

Déception pour notre pays : la langue anglaise l'emporte pour les négociations. C'est un mauvais coup porté au français, langue diplomatique par excellence.

Les « Quatorze points » formulés en janvier 1918 par le Président Wilson devant le Congrès des États-Unis seront au premier plan de la Conférence de Paix, un an plus tard à Paris. C'est le quatorzième point qui prévoit la création de la Société des Nations.

Le jugement porté par l'histoire à l'encontre de la SDN est sévère : instance morale dépourvue de tout arsenal de contrainte car l'idée de Clemenceau de la doter de moyens réels de pression, de forces militaires d'intervention, ne sera pas retenue. Enfin, le Sénat américain ayant refusé de ratifier les traités, les États-Unis ne participeront pas à la Société des Nations. La France qui s'était engagée dans une voie de compromis contre la seule garantie anglo-américaine, se trouve donc flouée et l'efficacité de la SDN réduite à néant.

Ces quatorze points reflètent bien l'idéalisme naïf et une volonté de moralisation de la part d'une nation dont la méconnaissance du contexte européen est flagrante. Par ailleurs, ils ne reconnaissent pas les engagements pris par les alliés avant l'entrée en guerre des États-Unis. Dès lors, comment une conférence de la paix pourrait-elle s'engager sur des bases solides ?

Par l'attitude américaine, l'Italie se trouve lésée des accords de Londres d'avril 1915 qui l'avaient décidé à entrer en guerre aux côtés des alliés, avec l'assurance d'obtenir satisfaction sur une revendication ancienne des *terres irrédentes*. Promesse non tenue et qui expliquera plus tard la montée du fascisme en Italie.

Prônant la sécurité française face à l'Allemagne, Georges Clemenceau insiste sur la question de l'Autriche-Hongrie tandis que Lloyd George, redoutant une hégémonie de la France sur la question d'Orient fait échouer plusieurs revendications françaises.

Si le démembrement de l'empire austro-hongrois et la question d'une Pologne reconstituée et indépendante se voient rapidement réglés par les vainqueurs, comment pourrait-il en être de même pour l'application du principe des nationalités qui se heurte à un véritable puzzle enchevêtré de cultures et de langues en Europe ?

Or, le vieux continent n'en finit pas de se craqueler et de se métamorphoser.

Le 11 novembre 1918 ne signifie pas que la guerre se soit arrêtée partout sur notre continent. De certains foyers encore incandescents resurgit l'incendie, en Europe Centrale ou en Europe du Nord. D'autres secteurs encore constituent autant de bombes à retardement qui embraseront à nouveau des peuples. Certaines zones érigées en nations nouvelles, jadis unies par l'histoire, seront opposées demain par leur toute jeune indépendance.

Des empires ont disparu dont le géant russe gagné par le bolchevisme. Si les quatre alliés veulent gagner la paix, comment ne pas observer ce nouveau régime qui risque de gagner le reste de l'Europe en pénétrant une Allemagne affaiblie et ruinée, elle-même au bord de la révolution ?

Pour la question des réparations, 132 milliards de marks-or sont demandés à l'Allemagne. La France devrait en percevoir 52%, l'empire britannique 22%, la Belgique et l'Italie recevront le reste or si l'on veut préserver l'Europe du bolchevisme, il faut aider l'Allemagne à se relever de ses ruines, ne pas risquer de la déstabiliser par une lourde dette qu'elle ne sera jamais à hauteur de régler. Thèse dont Keynes est un vibrant porte-parole.

La France, dans l'illusion d'une Allemagne qui « paiera », indemnise les anciens combattants qui représentent une force nouvelle dans le pays, verse des pensions aux veuves de guerre, aux mutilés et invalides, prend en charge les pupilles de la nation et règle sans compter des dommages de guerre. Au bout du compte le rideau tombera sur de cruelles réalités budgétaires.

Le financement de la guerre n'a été possible pour les Anglais et les Français que grâce au soutien financier des États-Unis : 5 milliards de dollars pour l'approvisionnement durant le conflit auxquels s'ajoutent 3 milliards de dollars pour la reconstruction.

Grâce aux Américains, et à l'instauration du cours forcé dès août 1914, les changes sont restés stables durant le conflit alors que leurs taux ne correspondaient ni au mouvement de la circulation, ni à celui des prix.

En France, la masse en circulation passant de dix milliards de francs en 1914 à près de 34 milliards au printemps 1919, a plus que triplé. Quant à l'indice des prix, il a suivi le mouvement durant la même période passant de 100 à 325. La Grande Bretagne traverse la même situation. L'extraordinaire durée du conflit et son amplitude parviennent à expliquer que les économies nationales soient désorganisées pour longtemps.

Aussi des dissensions apparaîtront vite sur le chapitre des réparations, non seulement avec l'Allemagne dévorée par une inflation allant jusqu'à la démence mais aussi avec ses alliés qui penseront que les Français exagèrent la valeur de leurs pertes. Comment alors qu'ils n'ont pas connu cette guerre sur leurs sols respectifs, pourraient-ils être les mieux placés pour dresser l'interminable inventaire des destructions de toutes natures qui jalonnent la zone des combats et puis faut-il se baser sur la valeur d'avant-guerre ou sur celle bien différente du coût de la reconstruction ?

Dès août 1919, tel est le point de vue des États-Unis. En fait, le secrétaire d'État américain au Trésor prend à son compte et pour les besoins de la cause, une allégation de l'économiste anglais John Maynard Keynes qui, invité à se prononcer sur le montant des réparations dues par l'Allemagne à la Grande Bretagne, les avait estimées à 2 milliards de livres sterling tandis qu'une autre estimation sous l'influence de la Bank of England les chiffrait à 24 milliards de livres, soit pratiquement le coût total de la guerre supporté par les alliés.

En France, la situation financière imposait un réel effort national. Le gouvernement y pensa par une augmentation de la fiscalité. Ce fut une volée de bois vert dans la Presse et le ministre des Finances, le radical socialiste Klotz, n'alla pas plus loin dans l'évocation d'un impôt sur le capital, ce capital qui avait engrangé les immenses bénéfices des commandes de guerre. La France ne ferait aucun effort notable alors que d'autres pays s'y résolvaient vaille que vaille.

Si l'Allemagne ruinée ne pouvait payer, pourquoi la France ne recevrait-elle pas, de son allié américain, une sorte de crédit de relais[18] ? Dans le même sens, pourquoi la France qui avait le plus souffert de la guerre tandis que le conflit avait permis aux Américains un formidable accroissement de leur puissance économique et financière en Europe, ne pourrait-elle pas obtenir d'eux une remise de tout ou partie de ses dettes ?

A ces questions, les États-Unis opposèrent une fin de non-recevoir et au nom du sacro-saint libéralisme, Britanniques et Américains cessèrent, le 13 mars 1919, de soutenir le Franc. S'en était bien fini de la solidarité interalliée. Pourquoi les Américains dorénavant largement implantés en Europe auraient-ils dû aider un allié certes, la France, mais un concurrent aussi avant le conflit, à regagner grâce à eux la place qu'il avait perdue et dont ils avaient su profiter ?

Conséquence financière du conflit ; en décembre 1919, il fallait 42 francs pour une livre contre 25 francs en 1914 et 11 francs pour un dollar, contre cinq avant la guerre. Durant l'année 1920, la dégringolade se poursuivit. En avril, il fallait 16 francs pour un dollar et près de 17 francs en

[18] Proposition française dérivée de celle de Keynes de faire préfinancer les réparations allemandes par des prêts américains.

décembre tandis que la livre valait 60 francs. Le franc avait perdu plus des deux tiers de sa valeur mais le pire restait encore à venir.

Par la convention du 14 avril 1920, l'État va s'engager, comme après la guerre de 1870, à rembourser les avances que lui a accordées la Banque de France à raison de deux milliards par an mais fin 1922, il limite son versement à 1 milliard, l'année suivante à 800 millions, fin 1924 à 1,2 milliard. A ce rythme, il n'est pas près d'éteindre sa dette envers la Banque.

Le 11 janvier 1923, les troupes franco-belges occupent la Ruhr pour prélever directement les réparations que l'Allemagne en crise ne peut plus payer. L'occupation jusqu'en août 1924 sera émaillée d'incidents graves : le 12 mars 1923, 2 soldats français sont assassinés, treize ouvriers allemands tués lors d'une manifestation une dizaine de jours plus tard. Courant mai 1923, les mineurs se mettent en grève contre l'occupation, les manifestations se poursuivent tandis que les communistes européens dénoncent « l'impérialisme » des vainqueurs.

Des militants du P.C.F. sont arrêtés, une perquisition est ordonnée au siège de « L'Humanité », Marcel Cachin dont la Chambre a levé l'immunité parlementaire est incarcéré aussitôt. Les Radicaux se désolidarisent du Gouvernement. Le pape Pie XI et le roi Georges V condamnent eux aussi l'occupation de la Ruhr.

L'Allemagne est au bord du gouffre. L'inflation ne connaît plus de bornes : une valise contenant 200 millions de marks est nécessaire pour acquérir un timbre-poste, des lessiveuses débordant de billets pour un malheureux achat domestique. En novembre 1923, le dollar décolle face au mark à raison de plus de 600 000 marks par seconde.

Cette poussée d'inflation liée à l'occupation de la Ruhr est entretenue par l'Allemagne de sorte qu'elle soit hors d'état de verser les réparations mais sème la ruine parmi son peuple désemparé provoquant une montée significative de l'agitation d'extrême droite. En quelques mois, deux cents hommes politiques ou personnalités diverses sont victimes d'attentats. Début novembre de cette même année 1923, un obscur agitateur déclenche à Munich un putsch qui échoue. Son nom : Adolf Hitler.

La coûteuse opération d'intimidation dans la Ruhr n'a fait que confirmer le désastre allemand. La situation sur le marché des changes est tendue, on frise la panique générale ; le franc chute vertigineusement. Les premières alertes sont apparues dans les derniers jours de 1923 et la situation n'a fait que se détériorer dès les premières semaines de 1924. Le 18 février, à l'ouverture, la livre sterling et le dollar s'échangent à 98,50 et 22,95 F. En clôture, on atteindra les chiffres de 102,40 F pour une livre et 23,88 F pour un dollar... La chute se poursuivra : la livre passe à 116 francs, le dollar à 27.

Jules Decamps, directeur des Études économiques de la Banque de France déclare : *« On s'acharne sur notre devise nationale, parce que l'on espère atteindre le moral de la France à travers le franc ».* Il n'a pas tort et les coupables ne sont pas si éloignés de nos frontières.

A la crise de trésorerie de l'État, s'ajoute une spéculation internationale contre le franc. Face à une diplomatie française jugée « belliqueuse » par son occupation de la Ruhr, Anglais et Américains ripostent en rapatriant les devises fortes et en augmentant l'offre de francs sur le marché des changes, ils contribuent à aggraver la chute des cours.

L'année 1924 qui voit le revirement de l'attitude française et la signature des accords Dawes, ne parvient pas à faire sortir le franc de l'impasse. Cette fois, il n'est plus question de spéculation internationale, c'est dans les caisses même de l'État que se tapissent les difficultés.

Par une série de décrets-lois, Raymond Poincaré, l'homme de l'occupation de la Ruhr, adopte un train de mesures draconiennes pour enrayer l'érosion du franc : tous les impôts sont augmentés de 20% - C'est le « double décime » -, la surveillance fiscale est sévèrement renforcée pour mettre en échec la spéculation. L'État lui-même se serre la ceinture par de consistantes économies.

Mesures adoptées dans leur ensemble par la Chambre le 23 février. Désormais, le contrôle des changes est soumis à autorisation écrite, toujours révocable, du ministère des Finances mais cela ne suffit pas. Avec une masse en circulation de 38 milliards de billets, soit quatre fois plus qu'avant-guerre, le ver est dans le fruit et début mars, nouvelle rechute : il faut 113,25 F pour une livre sterling.

Alors, pour la France, il n'y a d'autres choix que celui de tendre la main, le profil bas, vers les États-Unis et la Grande Bretagne qui lui accordent 100 millions de dollars et 4 millions de livres.

« Bonne nouvelle » qui barre la Une des journaux parisiens.

Le résultat est rapide, le marché des changes se calme, le Franc se redresse. Le 3 avril, la livre retombe à 73,35 F et le dollar à 17,05 F. La fin du mois les verra passer sous la barre des 66 F pour une livre tandis qu'il faudra 14,82 F pour un billet vert.

Les prix de détails vont enregistrer l'euphorie et joueront eux aussi à la baisse : moins 20% sur des denrées de consommations.

Dix ans après le début de la Grande Guerre, un banquier en mal de mots historiques lâchera : *« La France a gagné le Verdun du franc ».*

Mais remporter une victoire, est-ce vraiment gagner la guerre ?

Le « double décime » qui aggrave les impôts, va faire tomber Raymond Poincaré qui avait gagné la bataille du franc. Une nouvelle majorité sort des urnes et met en sommeil le plan de redressement.

Spéculation Internationale, crise de trésorerie de l'État ou crise de nerfs sur une monnaie que l'on ne parvient plus à redresser ? La crise à présent est surtout psychologique. Les Français se sont enfin réveillés. La Belle Époque à laquelle ils croyaient pouvoir revenir sitôt la guerre terminée leur apparaît à jamais inaccessible. Cette Belle Époque qui aurait vu le Franc reprendre sa place parmi les monnaies mondiales de référence tourne à présent au cauchemar ; c'est la ruine et la désolation, l'époque des vaches maigres qui dévoile un franc affaibli. Et si le franc venait à suivre la terrifiante expérience du mark ? Les Français voient se profiler à nouveau le spectre maudit des Assignats.

Mai 1924, le jeu des alliances et le mode de scrutin qui avaient joué en faveur de la droite en 1919, fait aujourd'hui le succès du Cartel des gauches. Un mois plus tard, Alexandre Millerand cède l'Élysée à Gaston Doumergue qui désigne le chef du parti radical, le rondouillard Édouard Herriot pour former le nouveau gouvernement.

L'homme qui affirmait que *« Les Français ont le cœur à gauche et le portefeuille à droite »*.

Cette fois, il faut faire des choix : ou appliquer un vigoureux programme de gauche, ou sauver la monnaie de toutes urgences au détriment d'une politique sociale mais Herriot, hésitant entre socialisme et libéralisme, se disperse en mesures symboliques comme celle du transfert des cendres de Jean Jaurès au Panthéon ou de vouloir laïciser le statut de l'Alsace-Lorraine qui, pendant l'annexion, avait échappé aux lois de Séparation. Sans doute, y avait-il mieux à faire alors.

Car l'inflation, pendant ce temps-là, va déferler par le canal des avances de la Banque de France au Trésor. Chaque jour, les besoins de la trésorerie mettent l'État dans la nécessité de solliciter directement la Banque de France et de 41 milliards, le plafond de la circulation des billets est porté à 58,5 milliards.

L'encaisse or qui ne représente plus que 3,5 milliards couvre à peine le quinzième des billets. Les ministères tombent l'un après l'autre. De 1924 à 1926, onze gouvernements se succéderont. D'octobre 1925 à juillet 1926, la durée d'exercice d'un ministre des Finances excède à peine un mois. A la crise politique, la crise financière apporte son quota d'expédients en tout genre : prélèvement anticipé des impôts, appels aux banques, demande des pleins pouvoirs au Parlement. En vain.

Bientôt le pouvoir n'a plus de sous, le Trésor n'a plus de francs. La dette flottante représente 60 milliards. A tout instant, le gouvernement peut être mis en demeure de rembourser les porteurs de bons du Trésor. Si l'on spécule sur la baisse du franc hors de nos frontières, les demandes de remboursement vont se faire plus fréquentes. A l'intérieur, la reprise des affaires mobilise l'argent et l'épargne et précarise un renouvellement éventuel des bons.

Dans tous les cas de figure, l'impasse est prévisible et précipite le Cartel des gauches contre le « mur d'argent » qu'il ne cesse de dénoncer à plus ou moins juste titre mais sur lequel il va se fracasser.

L'annonce de mesures fiscales, le sempiternel impôt sur le capital pour *« prendre l'argent là où il est »* suffisent à édifier ce « mur d'argent » qui voit la fuite quasi-immédiate des capitaux à l'étranger et le déchaînement des journaux économiques à jouer contre le franc et contre le gouvernement qui, pour faire face aux demandes croissantes de remboursement des bons du trésor, n'aura d'autres parades que l'inflation monétaire. Elle emportera avec elle dans la tourmente un Édouard Herriot sévèrement attaqué par les régents de la Banque de France.

Mis en minorité au Sénat, le 17 avril 1925, Édouard Herriot démissionne.

Cette année-là, Maurice Chevalier triomphe au théâtre de l'Empire avec un air qui fait : *« Elle avait de tout petits petons, Valentine... Valentine... »*. Parmi les spectateurs, Édouard Herriot, Aristide Briand et Raymond Poincaré. C'est l'année du premier journal parlé à la T.S.F., l'année aussi de l'Exposition des Arts décoratifs à Paris.

1926 : Joséphine Baker triomphe aux Folies Bergère. Elle a fait du chemin depuis l'année dernière qui la voyait, dans la Revue Nègre, simplement vêtue d'un régime de bananes autour de la taille.

En politique, au premier plan de l'actualité, voici de nouveau Raymond Poincaré qui doit être le sauveur du Franc comme il avait commencé à l'être en 1924.

Le 19 juillet, la Chambre avait refusé les pleins pouvoirs au gouvernement Briand-Caillaux, autrement dit à un énième plan de sauvetage monétaire de Joseph Caillaux, cette fois, mais dont la Chambre se méfie. Le lendemain avait vu la constitution d'un gouvernement Herriot-de Monzie auquel elle refusera également ses suffrages.

Le 21 juillet, au cours d'une séance pathétique à la Chambre, Herriot reconnaît son impuissance et lance un nouvel appel aux États-Unis et aux banques françaises qui font la sourde oreille et n'entendent pas débourser un centime tandis que De Monzie n'hésite pas à proposer la vente des forêts domaniales !

Le 23 juillet, devant l'ampleur de la catastrophe financière, le président Gaston Doumergue met un terme à l'expérience du Cartel des gauches.

Le Trésor ne possède plus que 60 millions en caisse.

La 3% perpétuelle est tombée à 51 Francs tandis que le Suez lui, atteint 16 000 francs. Les commerçants paniqués face à une monnaie qui perd chaque jour de sa valeur, font valser les étiquettes.

Dehors, non loin de l'hémicycle, la foule manifeste. Depuis quelques temps, elle fait la queue devant les caisses d'épargne ou les banques pour retirer son argent car la Presse de droite a pronostiqué une banqueroute générale et pour la première fois, elle dit sans doute la vérité. On ne diffuse plus les cours de la bourse à la radio mais qui pourrait ignorer que le dollar avoisine les 49 francs et la livre sterling 243 ?

La vraie nature de la crise financière est psychologique. Le « mur d'argent » dénoncé par la gauche n'est pas bâti par des financiers ou des spéculateurs, c'est un mur de défiance populaire. Pour preuve, l'économie de la France est saine, ses comptes sont équilibrés.

Un comité d'experts est formel ; si des solutions techniques doivent être mises en place, il faut avant tout restaurer *« une confiance absolue dans la sécurité des capitaux, dans le respect des engagements, dans la continuité des vues »*. Il faut, selon le gouverneur de la Banque de France, constatant le *« sauve-qui-peut général »* devant les billets, *« renverser la situation psychologique »*.

Raymond Poincaré qui a accepté la succession apparaît être pour l'homme de la rue, l'unique sauveur possible et tous les regards se tournent vers lui. Comme par magie d'ailleurs, le jour même de la formation de son gouvernement et alors qu'aucune mesure n'a encore été prise, la confiance revient ; la livre retombe à 208 francs.

Les devises britanniques et américaines fléchiront durablement à 204 puis 196 francs pour la livre, de 49 à 41 francs pour le billet vert en moins de deux semaines.

Le nouveau gouvernement d'Union nationale incarne la concorde à laquelle aspirent les Français, de la droite modérée aux radicaux.

Suivent alors, le 3 août, des réformes administratives et fiscales en vue de diminuer les dépenses et d'accroître les recettes. Il s'agit bien évidemment des recettes fiscales qui traduisent une augmentation de l'impôt. Il faut trouver 6 milliards de recettes annuelles nouvelles. Côté économie : Poincaré supprime une centaine de sous-préfectures, autant de tribunaux d'arrondissement et de perceptions. Le 10 août, une caisse autonome d'amortissement de la dette publique est créée.

Raymond Poincaré va plus loin. Il va donner à la Banque de France qui relève son taux d'escompte à 7,5%, le moyen légal d'agir sur le marché en émettant des francs en contrepartie de ses achats d'or et de devises afin de reconstituer son encaisse.

Certes, ce train de mesure ne va pas sans mécontenter l'opinion publique mais l'amère potion Poincaré se révèle salvatrice. Rapidement, le budget s'avère excédentaire.

Les capitaux refluent vers la France.

Poincaré a joué la carte de la Banque de France : les résultats sont encourageants. Le prix d'achat du gramme d'or fin, fixé à 19,75 francs le 27 septembre, se trouve ramené à 14 francs.

La livre se stabilise à 120 francs, le dollar à 25.

On se met alors à rêver : Et si le franc venait à reconquérir sa parité de Germinal ? Car toute la spéculation internationale joue la hausse du franc et bientôt, le 20 décembre 1926, c'est une nouvelle panique à la Banque mais cette fois pour contenir la hausse du franc et non plus sa déchéance.

Quant une monnaie se délite et s'affiche à la baisse, elle lèse tout un peuple et diminue la crédibilité d'une nation mais lorsqu'elle flambe à la hausse, c'est toute l'économie du pays qui s'achemine au désastre car il lui est difficile de vendre ses produits devenus trop chers à l'extérieur. C'est alors inévitablement, le chômage qui s'installe.

Alors, il va falloir tenir coûte que coûte pendant des mois et des mois pour stabiliser la livre à 122 francs, le dollar à 25 francs et le gramme d'or à 14 francs. Pour y parvenir, la Banque va absorber près de 3 milliards d'or et quelque 31 milliards de devises et comme l'argent attire l'argent, les francs de la Banque de France s'investiront en Bons du Trésor, tant et si bien que l'État peut rembourser à la Banque une bonne partie de ses avances.

Face au renouveau du franc, face à la consolidation de notre monnaie, le gouvernement Poincaré peut desserrer l'étau et abolir le contrôle des changes rendant ainsi une certaine liberté de mouvement aux capitaux. On assainit encore les finances du passé ; avances indirectes consenties par la Banque à l'État durant la guerre.

L'œuvre de Poincaré ne sera complète que lorsque le franc sera stabilisé avec libre convertibilité du papier en métal. Ne pas y songer n'aurait d'autres résultats que de prolonger la spéculation à la hausse qui essouffle la Banque et irrite la livre sterling en particulier. Encore faut-il savoir à quel taux stabiliser le franc ? Faut-il faire renaître le franc de 1913 afin de restituer leur argent à tous les Français qui ont versé leurs Louis contre 20 francs papier ? Solution de loyauté et d'équité mais dont les conséquences économiques seraient néfastes pour l'emploi. Il faut agir vite et bien d'autant que le gouverneur de la Banque menace de démissionner si l'on hésite encore à stabiliser.

Le 29 avril, le deuxième tour des législatives a conforté la majorité de centre droit de Raymond Poincaré. Le pays est stable, ses finances saines, pourquoi attendre davantage ? Le lundi 25 juin 1928 verra la dévaluation officielle du franc qui vaut 1/5 de sa valeur de 1913.

Au franc de Germinal vient de succéder après plus d'un siècle le franc Poincaré. Le bimétallisme argent et or est abandonné au seul profit du métal jaune.

Le franc Poincaré pèse 65,5 mg à 9/10 (58,95 mg de fin) contre 322,58 mg à 9/10 soit 290,3225 mg d'or fin. C'est un franc de « quatre sous ». Il reste convertible en or mais uniquement en lingots et pratiquement pour les seuls règlements internationaux.

Nouvelle règle du jeu pour la Banque de France qui est tenue de conserver une encaisse-or *« égale, au minimum, à 35% du montant cumulé des billets au porteur en circulation et des comptes courants créditeurs »*.

Le franc est couvert à 40%.

La réforme de juin s'accompagne d'une levée de l'embargo sur l'or.

Désormais, le franc retrouve sa liberté face à un dollar à 25,52 francs, une livre à 124,21 francs, et un Reichsmark à plus de 6 francs. Ce qui ne va pas sans grincement de dents. Quant à l'Union Latine, désertée dans le courant des années vingt par la Belgique d'abord puis la Suisse, la France, l'Italie et la Grèce, son trépas n'a suscité aucune émotion, l'indifférence générale l'a emporté.

Les années qui vont suivre seront des années de gloire pour le franc dont l'encaisse or passera de 29 milliards à plus de 83 milliards, soit en tonnes d'or fin de 1709 à 4 910 tonnes. La monnaie nationale est désormais couverte à 80%. Nous sommes en 1932.

Quatre années se sont écoulées depuis la stabilisation du Franc et l'on accusera bientôt la France d'être trop riche et de détenir, à elle seule, beaucoup trop d'or dans ses réserves de la Banque de France.

XII

Le chaos des années trente

« Il ne suffit pas de connaître le passé.
Il faut le comprendre. »

Paul Claudel

Depuis octobre 1929, l'impression nous est donnée d'une France préservée de la grande dépression qui s'étend au monde entier. Préservée mais jusqu'à quand et que cache en réalité cette façade de prospérité en trompe-l'œil ?

L'année 1932 constitue un tournant décisif de la vie française

L'architecture économique de la France paraît solide à toutes les épreuves du temps. Raymond Poincaré a rendu au pays une monnaie forte, convertible en or, même si elle a ruiné de nombreux rentiers spoliés aux quatre cinquièmes. La situation du pays suscite de nombreuses convoitises et attire toujours plus de financiers comme au plus beau temps de l'avant-guerre, avec un franc amputé mais sain.

Poincaré, malade, s'en est allé en 1929, emportant la gratitude de la nation tout entière. La confortable majorité de centre-droit qu'il a laissée à la Chambre s'est pourtant lentement fissurée. En novembre 1928, à Angers, le Congrès du parti radical-socialiste prenant prétexte d'un article de la loi de finances autorisant des congrégations missionnaires enseignantes à ouvrir des noviciats, dénonce la politique gouvernementale de l'Union nationale. Les quatre ministres radicaux quittent le gouvernement et Poincaré remet à l'Élysée la démission de son cabinet tout entier. Son cinquième ministère s'achèvera le 26 juillet 1929 pour raison de santé. Moins de trois mois plus tard, le 14 octobre 1929, krach boursier à New York. L'une des plus grandes crises économiques mondiales vient d'éclater.

Un premier ministère Tardieu contre lequel a voté l'ancien Cartel, succède à celui de Briand qui conserve les Affaires étrangères puis le 2 mars 1930, un deuxième ministère, avec toujours André Tardieu, à la fois président du Conseil et ministre de l'Intérieur, est mis en place. Paul Reynaud accède aux Finances tandis qu'André Maginot est reconduit au ministère de la Guerre. L'année précédente a vu, d'ailleurs, le début des travaux de la ligne Maginot qui vont engloutir des milliards de francs en pure perte car la guerre qui éclatera dix ans plus tard ne sera plus une guerre de position mais de mouvement. Sur un plan plus pacifique, la loi Loucheur permet la construction immobilière à bon marché. On parle aussi des assurances sociales pour les salariés.

1929, c'est enfin l'année du plan Young, du commencement de l'évacuation de la Rhénanie et de l'idée d'une fédération européenne que défend Briand à la tribune d'une Société des Nations impuissante édifiée sans la participation des États-Unis dont le Sénat n'a pas ratifié le Traité de Versailles. Les Américains entendent laisser les Européens conduire leurs propres affaires, exception faite de la question des dettes dont ils restent les créanciers vigilants.

Preuve que la France croit plus que tout à la paix, c'est en 1929 et non l'année suivante comme prévu que la classe n'accomplira plus que douze mois de service militaire. Il n'est pas de plus grand symbole pour un pays qui dix ans auparavant dressait le terrifiant inventaire de ses morts.

1929 et 1930 sont les années culminantes d'une prospérité de l'entre-deux-guerres qui voit l'apogée d'un capitalisme à la française. Au cours d'une déclaration ministérielle, en novembre 1929, André Tardieu se félicitait de cette prospérité sans même faire allusion au *jeudi noir* qui avait pourtant vu l'effondrement de Wall Street, le mois précédent.

Dans ces derniers moments où le soleil est à son zénith, l'excédent budgétaire avoisine les quatre milliards. Entre mai 29 et mai 31, le stock d'or de la Banque de France est passé de 29 à 55 milliards de francs puis fin 1932 à 83 milliards, soit 4 910 tonnes de fin. La France détient, à elle seule, quelque 27% des réserves d'or mondiales, soit 5 300 tonnes au total, compte tenu des 7 milliards de lingots et pièces thésaurisés par ailleurs. La couverture métallique du franc est assurée à plus de 80%. Avec un tel montant de réserves, que pourrait-il donc arriver de fâcheux à la France ?

Aussi lorsqu'en mars 1930, le ministre des Finances, Paul Reynaud, dénonce avec gravité *« derrière le marasme de la Bourse, une immense crise économique »*, on l'écoute poliment pour mieux contredire cet oiseau de mauvais augure. Quelques mois plus tard, les prix agricoles enregistrent une première tendance à la baisse...

A y regarder de plus près, comment croire un instant à la stabilité d'un tel gonflement de nos réserves et d'ailleurs d'où proviennent-elles ?

Il s'agit d'abord, de la conversion en métal des devises accumulées par la Banque et propres à garantir le nouveau statut du franc. Conserver en l'état de telles devises risquerait à la fois de porter atteinte à l'indépendance du franc et de soumettre le portefeuille de la banque à toutes les fluctuations d'un marché monétaire très hasardeux en temps de crise. L'exemple du mouvement de la livre en 1931 et du dollar deux ans plus tard plaide pour la prudente sagesse de la Banque.

Il s'agit ensuite très souvent de capitaux flottants venus ici, se mettre à l'abri de la tourmente mondiale, en sécurité près d'une monnaie stable et qui pourraient bien repartir aussi vite qu'ils sont venus dès que la pluie cessera de tomber.

Autres locataires de la Banque de France, ces capitaux qui eux aussi vont et viennent à des fins plus politiques cette fois. Capitaux qui ont fui comme la peste le Cartel des gauches de 1923-1926 et sont revenus sous Poincaré. Ils repartiront au plus petit écart de la vie politique intérieure, au plus petit attroupement inopiné dans les couloirs du palais Bourbon, à la moindre rumeur circulant autour de la corbeille du palais Brogniart.

Si la santé financière de la France lui permet d'afficher un si bel optimisme, c'est aussi parce que le pays a connu un réel progrès dans pratiquement tous les secteurs.

La dynamique économique de la guerre a joué une fois de plus puisqu'en dix années, il a fallu reconstruire et par là même moderniser l'outil industriel. En outre, la cession de brevets allemands à la France, dans les secteurs de la chimie en particulier, a accru les capacités et compétences industrielles du pays.

Là encore pourtant, on n'observera mal un essoufflement des indices d'activité entre le début 29 et la fin du premier semestre de l'année suivante.

Secteur sensible et vital, la sidérurgie marque déjà son déclin avec une baisse de sa production de fonte et d'acier, de 400 000 et 600 000 tonnes respectivement entre 1929 et 1930. Il en est de même pour l'industrie textile.

Au passage, les politiques devront reconnaître tôt ou tard que rien n'est jamais moderne très longtemps en matière industrielle. Pour maintenir la croissance, il apparaît indispensable de sauvegarder la modernité d'une entreprise par l'investissement permanent. Dans la France des années trente, cette notion échappe encore à tous les acteurs économiques.

Autre signe précurseur d'un danger immédiat, les colonies plus engagées dans l'économie mondiale que la métropole sont frappées de plein fouet et très vite par la crise. C'est le cas pour l'Indochine mais en métropole, la vie parlementaire, sans jamais avoir su décoder le moindre signal d'alarme en matière d'économie, bercée dans l'illusion d'une prospérité éternelle, se poursuit sans heurts majeurs jusqu'en 1932. La politique se veut et demeure politicienne.

Une fois de plus, la France fait figure de tour d'ivoire que rien ne pourrait atteindre et une fois encore, on retrouve malgré la guerre et l'évolution des mœurs, un pays proche de la France de M. Falliéres voire du Second empire où Paris est reine du monde, capitale des arts et des lettres ainsi qu'en témoigne la prodigieuse effervescence intellectuelle qui anime ces années de fin de règne.

Les touristes anglais qui, profitant d'un change plus que confortable, avaient envahi la capitale à l'époque de la faillite du franc, s'en sont retournés chez eux, rassasiés, cédant la place à des Américains qui choisissent la France pour d'autres raisons : *« J'avais moi-même quitté l'Amérique sur un cargo à bestiaux une semaine avant le début du procès. Scopes, professeur à l'école secondaire de Dayton (Tenn.), accusé par William Jennings Bryan, deux fois candidat à la présidence et ancien secrétaire d'État entre autres, d'avoir professé la théorie darwinienne de l'évolution, contrairement aux enseignements de la Bible, (...) fut reconnu coupable et condamné à une amende de 100 dollars, le 21 juillet 1925. Pour beaucoup de gens de ma génération,* poursuit William L. Shirer, *ce procès paraissait être un exemple achevé du néant de la vie américaine à cette époque inepte.*[19] »

L'Amérique des années folles est aussi celle de la prohibition, du règne d'Al Capone tandis qu'en août 1927, Nicolas Sacco et Bartolomeo Vanzetti, anarchistes italiens condamnés sans preuve et par des témoignages orientés pour hold up et meurtre, sont exécutés. Episode dramatique de la « terreur rouge » qui frappe les États-Unis de l'entre deux guerres, tétanisés par le syndrome bolchevique. L'émotion est immense dans le monde où les appels à la clémence sont restés vains.

A Paris, les manifestations de protestation du 27 août pour Sacco et Vanzetti dégénèrent en violents affrontements avec la police.

La capitale, pour de nombreux jeunes écrivains américains, reste une sorte de paradis terrestre paradoxal tant il apparaît isolé au cœur d'un vieux continent qui tente de vivre sous le nouvel ordre d'un après-Versailles fourmillant de rancœurs et de multiples dangers, oscillant entre la contamination bolchevique et la montée irrémédiable des dictatures.

Fitzgerald traîne au bar du Ritz tandis que l'on peut croiser Hemingway sur la rive gauche. Tous les autres sont trop absorbés par les problèmes de la création dans leur langue pour s'occuper beaucoup des milieux littéraires français bien que certains soient en rapport avec les dadaïstes et les surréalistes.

A Paris, on peut rencontrer James Joyce ou Isadora Duncan qui trouvera la mort à Nice en septembre 27 tandis que cinq mois plus tôt, Charles Lindbergh, parti de New York, choisit après 33 heures et 29 minutes de vol, la pelouse du Bourget pour poser son *Spirit of Saint-Louis*.

Remontons encore la machine du temps et arrêtons-nous au Montparnasse d'avant les années folles. Imaginons un instant ce dialogue :

« Modi, tu es le plus grand peintre vivant ».

« Non, le plus grand peintre vivant, c'est toi ! »

Ces deux hommes ne sont autres que Maurice Utrillo et Amadeo Modigliani, ce dernier, mort le 24 janvier 1920, à l'âge de 36 ans alors que la gloire commençait à lui sourire.

Ce que n'imaginaient pas alors ces deux peintres de génie, c'est que la faillite du franc, son instabilité chronique, allaient faire grimper la cote de

---

[19] La chute de la Troisième République, William L.Shirer, Ed Stock, 1970

leurs toiles car lorsqu'une monnaie est malmenée, toutes les stratégies de refuge sont bonnes pour préserver son capital. On place alors son argent dans tout ce que l'on peut et pourquoi pas dans le luxe : immobilier, bijoux, toiles, dont on suppose qu'ils seront préservés de l'érosion monétaire et mieux réaliseront lors de la revente une jolie plus-value.

Ce mouvement amplifie plus encore celui de l'immédiate après-guerre qui avait vu les profiteurs de guerre acheter souvent à vil prix tout ce qu'ils pouvaient sur le marché de l'immobilier, du grand luxe et de l'art.

Mais revenons aux grandes heures de Montparnasse et à la « Rotonde », bien curieux endroit qui vit, un temps, deux Russes jouer aux échecs sans dire un mot, Lénine et Trotski tandis que Picasso et son épaisse tignasse brune logée sous un chapeau melon, les mains sortant avides d'un veston aux manches trop courtes se faufile, à présent, dans les rues que commencent à envahir les « autos » de Monsieur André Citroën, un large sourire aux lèvres sans imaginer que viendra l'heure de Guernica. Ici le taciturne Braque ou encore Fernand Léger et pourquoi ne pas s'attarder une nuit durant à « la Coupole » ?

Cocteau aurait pu écrire l'histoire de ce Montparnasse que rejoignait parfois à pied un Erik Satie fatigué sans le sou, curieux bonhomme malingre aux manches de chemise élimées qui vivait dans une telle pauvreté qu'il n'acceptait jamais que personne ne le raccompagne chez lui, dans sa petite chambre d'hôtel au dessus d'un bistrot d'Arcueil et dans laquelle il mourut, seul, en 1925. Lorsque ses amis découvrirent l'univers de quatre murs qu'il leur avait si bien caché, ils ne purent retenir leur émotion d'avoir cru si bien connaître un homme dont la dignité et l'élégance dissimulaient à leurs yeux une détresse immense.

Georges Auric, Darius Milhaud ou encore Francis Poulenc battent eux aussi le pavé de Montparnasse. Au cinéma, on ne verra plus le distingué Max Linder, chapeau huit reflets, queue de pie et gants beurre frais qui, déprimé, se suicide en compagnie de sa jeune épouse dans la chambre d'un grand hôtel parisien en 1925 alors que le cinéma américain commence à envahir la France. Le cinéma sera bientôt sonore. Les Français Charles Pathé et Léon Gaumont y travaillent sans relâche mais en 1927, il est trop tard : à New York, le miracle vient de s'accomplir avec Al Jolson, dans « le chanteur de jazz ».

Pour Chaplin, grand défenseur de l'universalité du cinéma muet qui a atteint ces années-là son apogée, c'est la consternation mais il faut pourtant se faire une raison : les spectateurs veulent du « parlant ».

A Hollywood, ce sera bientôt la période du *100% talking, singing and dancing*. Les premières bases de l'âge d'or de la Comédie musicale américaine seront jetées, démolissant et transformant tous les studios, précipitant dans l'oubli et la misère autant de réalisateurs et acteurs qui permirent pourtant au cinéma, alors muet, de devenir un art majeur. En attendant, Paris danse le charleston dans un décor de Modern Style et se presse à l'exposition des Arts Décoratifs dont le prix d'entrée : 2,50 F suscite de nombreux mécontents.

Le spectacle triomphe aussi sur les planches des boulevards parisiens. Sont acclamés Michel Simon, Elvire Popesco et l'incontournable Sacha Guitry mais les regards se tournent vers un jeune auteur, Marcel Pagnol, dont la pièce « Topaze » en 1928, fait grincer les dents.

On se souviendra du mot « prévaricateur » tour à tour ânonné solennellement par Louis Jouvet et son regard en coin, articulé par Fernandel, la mâchoire tremblante et l'œil stupéfait, mais peut-on ignorer que ces années-là verront l'éclosion d'affaires louches -où l'on ne déplace pas de vespasiennes le long d'une avenue, en face de la terrasse de tel ou tel café, comme dans la pièce de Pagnol- mais plus grave, des scandales financiers vont porter de très mauvais coups à la démocratie française à l'instant où au-delà de nos frontières la ruine des parlementarismes fait résonner les premiers bruits de bottes.

La crise de la Bourse de New York le jeudi 24 octobre 1929 va se répandre sur le monde. Le capitalisme américain qui avait beaucoup misé sur l'Allemagne, va rapatrier ses capitaux au plus vite laissant outre-Rhin six millions de chômeurs permettant ainsi à Hitler de se faire entendre chaque jour un peu plus.

La Grande-Bretagne est, à son tour, touchée et sa monnaie mise à mal se détache de l'or en septembre 1931 avant de renoncer au libre-échange. Paris qui, par courtoisie vis à vis de Londres, a utilisé de la livre pour ses échanges, subira du même coup une perte sèche de 2 milliards sur son solde de sterling. Il n'est plus question aujourd'hui de bâtir une Europe monétaire et solidaire. C'est le chacun pour soi.

D'autres pays sont frappés par la grande dépression dont le continent sud-américain dans son ensemble.

La France va connaître à son tour la crise, plus faible en vigueur mais qui va se poursuivre plus longuement, jusqu'à l'aube de la seconde guerre mondiale.

La raison de ce décalage, de cette entrée plus tardive au cœur de la crise, réside dans le fait que l'économie nationale est moins engagée dans le commerce mondial, l'industrie française travaille avant tout pour un marché intérieur à dominante rurale.

La réduction du volume des exportations, de 50 milliards en 1929, à 30 milliards en 1931 puis à 20 seulement en 1932, va cependant provoquer à partir de 1931 une contraction de la production industrielle et des ressources fiscales. Les premiers signes du chômage apparaissent. Le crédit de l'État va permettre le sauvetage des premiers établissements bancaires touchés par la crise mais bientôt trop de banques sauteront et l'État ne pourra plus intervenir.

André Tardieu domine la période 1929-1932. Il bénéficie de la confiance du président Doumergue mais le Sénat est hostile à ce normalien, journaliste diplomatique au « Temps » à ses débuts, ministre depuis 1926 et président du Conseil en novembre 1929, dont le regard, derrière ses fines lunettes, est caustique, dont l'arrogance se dessine parfois derrière le fume-cigarettes qu'il porte à ses lèvres après quelques propos acides dont il a l'incorrigible secret.

Tardieu est doté d'une forte personnalité et d'une intelligence brillante mais il possède un grave défaut pour un homme politique aussi doué : il déteste le régime parlementaire. Dès novembre 1929, les radicaux refuseront d'entrer dans son ministère et quelques années plus tard, ils l'élimineront.

Pour la gauche et une majorité du Parlement, il évoque une voie française vers le fascisme. Sans doute, la fonction de ministre de l'Intérieur qu'il cumule à celle de président du Conseil ne plaide pas en sa faveur. Personnage énigmatique à qui l'on reproche certaines nominations dans les hautes sphères de la police. Pour d'autres, son nom reste lié à un vaste programme de relance économique, de grands travaux et de modernisation dont les prodigalités sociales inquiètent les parlementaires de droite et font hurler au paternalisme bourgeois la gauche la plus dure.

Le climat politique depuis le début des années 30 est caractérisé par une vive instabilité gouvernementale. Ainsi, le ministère Chautemps a-t-il duré neuf jours, le second ministère Tardieu, 286 jours, le ministère Steeg 44 jours. Il y a presque autant de ministères que d'affaires financières qui défrayent la chronique et ces dernières ne manquent pas. Parfois, les deux genres se confondent sans distinction au grand bonheur des ligueurs, de ces gens qui veulent une France pure et dure et qualifient la République de « gueuse ». Ils voudraient vider la Chambre comme on vide un égout.

Pourquoi y a-t-il tant d'affaires financières ? Sans doute parce que Poincaré a fait renaître le franc de ses cendres, la monnaie nationale est redevenue forte et l'on se plaît à rêver que la fortune est au coin de la rue, qu'il suffit de tendre la main ou de boursicoter un peu, la nouvelle marotte à la mode, pour qu'elle sourie à l'audacieux.

Un temps malmené et discrédité puis de nouveau glorifié et magnifié, l'argent n'a plus les mêmes repères dans la société française.

En 1928, l'ancien ministre des Finances de Clemenceau, Lucien Klotz, ex-plénipotentiaire à Versailles et auteur de la phrase imprudente : *« L'Allemagne paiera ! »* est arrêté pour l'émission de plusieurs millions de francs de chèques sans provision. Le jeu, l'hippodrome de Longchamp ou le Casino de Biarritz, les femmes - il offre à l'une d'entre elles une automobile de 230 000 francs payée avec de fausses traites - et de solides inimitiés politiques l'ont fait trébucher. Malgré que toutes les plaintes aient été retirées, Klotz est condamné à deux ans de prison mais bien vite, ce sera la libération conditionnelle.

L'année suivante, en 1929, le parfumeur Coty fait éclater le scandale de la « Gazette du Franc » qui conduit à l'incarcération de la « banquière » Marthe Hanau, particulièrement écoutée au Palais Bourbon et dans la presse de Gauche. A l'époque qui voit l'émergence d'un véritable fascisme à la Française, Coty n'est pas un inconnu. Il a fondé en 1928, un quotidien démagogique, anti-parlementaire et antisémite ; *l'Ami du peuple* et ne cessera par la suite de subventionner les organisations d'extrême droite notamment les Croix-de-Feu dont l'importance sera effective à partir de 1929 lors de l'adhésion du lieutenant-colonel de la Rocque, président du mouvement deux ans plus tard.

« Il est injuste que les épargnants soient exclus du fructueux partage des bénéfices au moyen de leurs capitaux par tous les financiers professionnels. Il faut donc grouper les isolés et leur permettre ainsi d'opérer comme une seule personnalité capable pour son compte propre cette fois, de manier en professionnel une masse compacte de capitaux ».

Cet article de *la Gazette du Franc* paru en septembre 1928 provoque une ruée des petits épargnants vers les guichets de la « Banquière » car enfin, ils seront de véritables investisseurs reconnus percevant des intérêts allant de 7 à 8%, ce qui est très alléchant pour l'époque.

Le procédé semble a priori relever de la « boule de neige » : c'est l'apport des épargnants suivants qui permet, en fait, d'offrir aux premiers de tels intérêts.

Le système comporte un talon d'Achille : la confiance. Les premiers doutes apparaissent sur la régularité des moyens de versements d'intérêts aux souscripteurs. Faut-il la dénoncer brutalement et risquer de provoquer l'effondrement irrémédiable du château de cartes ?

Dans cette affaire complexe de Marthe Hanau subsistent de nombreux facteurs troubles, tel le rôle joué par le journal *la Rumeur* que dirige un certain Georges Anquetil, individu peu recommandable.

Le scandale éclate mais l'affaire traînera ruinant la confiance. Les experts sont dépassés et certains liquidateurs ne résisteront pas à la tentation de subtiliser une dizaine de millions avant de partir sans laisser d'adresse et au moment du procès, un dossier contenant plus d'une soixantaine de pièces, va disparaître du bureau du substitut.

Marthe Hanau se battra avec énergie mais son combat semble perdu d'avance. Que fait donc une femme dans cet univers de la finance que monopolisent les hommes depuis toujours ? Aucun coup bas ne lui sera épargné.

« Je n'ai jamais trompé personne. dira-t-elle sans relâche *: En matière financière, j'avais des idées excellentes. Que m'a-t-on laissée en paix pour les appliquer ?... »*

Les multiples remous de « l'affaire » mineront l'édifice dans son ensemble, là où il aurait été possible de sauver les meubles. Condamnée à deux ans de prison, elle interjette aussitôt appel pour prouver son innocence et se lance dans une tournée en France afin de retrouver la confiance de ses souscripteurs lorsque l'arrêt de la cour d'appel alourdit sa peine à trois ans de prison.

Le 14 juillet 1935 au matin, dix jours avant sa sortie de prison, Marthe Hanau, « la banquière » est retrouvée inanimée dans sa cellule. Sur le sol, deux ampoules vides de barbituriques. Elle a renoncé à se battre.

Il y aura aussi l'affaire de la banque Oustric qui dépose son bilan après avoir monté des « coups de Bourse », compromettant le garde des Sceaux, un ambassadeur et deux anciens secrétaires d'État. L'affaire entraînera la chute du ministère Tardieu mais se soldera le 23 juillet 1931 par un acquittement général prononcé par la Haute Cour et cet inventaire serait incomplet sans l'affaire Stavisky sur laquelle nous reviendrons.

En 1931, le pays compte 41,8 millions d'habitants contre 37,2 en 1921 et 39,8 en 1913. Il a vu sa population étrangère progresser de 1 million en 1914, à 1,5 million en 1921 et à 3 millions en 1930. Declerck, ouvrier d'usine ; Puchalski, mineur de fond, Lopez aux vendanges et autre Cassini, peintre en bâtiment. Belges, Polonais, Espagnols, Italiens connaîtront le racisme ordinaire. Pourtant, composante indispensable après l'hécatombe de la Première guerre mondiale, ils ont permis à la France de se relever et de se reconstruire.

Le taux de natalité chez nos compatriotes n'a que peu varié depuis 1913 où il était de 1,88%. Fléchissant en 1929 à 1,77%, il a poursuivi son érosion à 1,73% en 1931. Naturellement, le vieillissement se généralise et si 11,7% des hommes étaient âgés de plus de soixante ans en 1913, ils sont en 1931, plus de 13,5%.

Sur le plan économique, l'indice des prix de détail n'a cessé de grimper : 1920 : 366, 1926 : 532, 1931 : 578. Celui des salaires ouvriers journaliers a suivi : 1920 : 384, 1926 : 537, 1931 : 700. L'indice du pouvoir d'achat (base 100=1914) s'établit ainsi : 1920 : 106, 1926 : 101, 1931 : 123.

Globalement le coût de la vie a baissé ainsi qu'en témoigne le nombre d'heures de travail nécessaires pour acquérir les produits suivants en 1914 et 1930 :

1 kilo de beurre : 1,8 en 1930 contre 2,7 en 1914
1 litre de lait : 2,2 contre 2,6
1 kilo de pain : 0,5 contre 0,9

Enfin, le paquet de Gauloises ainsi que le kilomètre parcouru en chemin de fer et en 3ème classe ont baissé de moitié entre 1914 et 1930.

En 1930, il y a deux fois plus de candidats au baccalauréat qu'en 1913.

Le profil de la France a changé. La classe moyenne s'est confortée après la guerre. Ce n'est pas une classe de bourgeois mais, en faux col, ils aspirent à le devenir et marquent une position bien différenciée avec le monde ouvrier. C'est l'électorat classique radical-socialiste.

Il y a en France en 1931, 8,4 millions d'ouvriers contre un peu moins de 7,5 millions en 1913. C'est les « Temps modernes » où l'ouvrier spécialisé, l'O.S., travaille à la chaîne.

L'exode rural explique en partie l'augmentation du monde ouvrier et pour la première fois en France, la population urbaine devient majoritaire en 1931 avec 51,2% contre 44,2% en 1917.

Deux éléments expliquent ce fait nouveau.

En 1931, la rémunération du travail de la terre est inférieure de 14% par rapport à ce qu'elle était à la veille de première guerre mondiale et puis comment oublier ces 673 000 agriculteurs morts durant le conflit ?

Ce chiffre d'une nouvelle France plus urbaine que paysanne est significatif dans un pays comme le nôtre qui a marqué longtemps son identité et sa tradition rurale.

Si la vie chère et l'exemple de la révolution bolchevique ont provoqué en 1919 et 1920 des tensions sociales extrêmes débouchant sur des conflits du travail très durement réprimés par Clemenceau puis Millerand, - 20 000 cheminots révoqués - l'échec du mouvement ouvrier, la scission de la CGT et du parti socialiste, ont entraîné une certaine indifférence envers le syndicalisme. Les syndiqués sont peu nombreux et le Parti Communiste Français, créé en 1920, recrute avec peine.

La loi des huit heures du 23 avril 1919, les assurances sociales de 1928 et 1930, la modération de la hausse des loyers et l'augmentation des salaires ont amélioré la condition ouvrière. L'ouvrier se nourrit mieux : sucre et viande prennent une part plus importante dans son alimentation au détriment du pain. Là encore, la chute de la consommation de pain au profit de denrées plus « riches » est un signe fort.

Victoire des « cartellistes » en mai 1932 et retour aux affaires de Édouard Herriot. Bref retour car son cabinet « tombera » en décembre de la même année. Le projet de paiement des dettes françaises envers les États-Unis qu'il a présenté, repoussé par 402 voix contre 187 lui a été fatal. Échec cinglant, Herriot se voit du même coup abandonné par ses soutiens socialistes et bon nombre de radicaux. Décidément, la finance ne lui réussit pas. Pourtant, nous sommes loin à présent du Cartel des Gauches et, à vrai dire, loin de tout.

En mars 1932, l'apôtre de la paix, Aristide Briand est mort. L'année précédente avait été celle de son échec à la présidence de la République que Paul Doumer remporta au second tour. On retrouvera Briand aux Affaires étrangères du ministère Laval mais la carrière de cet idéaliste breton dix-sept fois ministre, treize fois président du Conseil, sera bien effacée. Lorsqu'il rend le dernier soupir, la Société des Nations, à Genève, interrompt ses travaux en signe de deuil.

Le véritable patron de la diplomatie française n'était plus Briand mais Laval, député non-inscrit qui eut en son temps des amitiés pour les anarchistes avant de s'engager, fortune faite, plus sérieusement en politique. Pour ses contemporains, Laval est le prototype même du « parvenu » et fait à ses dépens le bonheur d'une presse assassine qui croque au vitriol son visage de romanichel, ses dents gâtées et son éternelle cigarette aux lèvres.

Paul Doumer fait exception dans la politique française. Député radical, ministre des Finances en 1895, il présenta le premier projet d'impôt sur le revenu avant d'entamer une carrière de Gouverneur général de l'Indochine jusqu'en 1902. Il est ensuite président de la Chambre en 1905 mais échoue l'année suivante à la présidence de la République devant Fallières. Il sera à nouveau ministre des Finances en 1921 et 1925. A 74 ans, lorsqu'il est élu à la magistrature suprême, ce natif d'Aurillac est un vieil homme, une figure du passé.

C'est un homme droit, incorruptible, peu souriant, d'une grande rigueur morale que d'aucuns assimilent à une certaine raideur. Durement éprouvé par la vie ; il a perdu quatre de ses cinq fils lors de la première guerre mondiale, il est aimé au Sénat dont il fut le président en 1927. On voit en lui le successeur de Poincaré dont le pays a tant besoin en ces temps troublés.

A l'Élysée, travailleur infatigable, il se met au travail dès cinq heures du matin et n'achève pas sa journée avant minuit. Sa mémoire est vive, son intelligence équilibrée mais dépourvue d'imagination. Il ne boit que de l'eau, ne fume pas, néglige toute forme de fantaisie et semble tout ignorer des mœurs de ses contemporains.

Le vendredi 6 mai 1932, Paul Doumer doit se rendre à la vente des Écrivains anciens combattants, au 11 de la rue Berryer, dans les salons de la fondation Salomon de Rothschild. Il y est accueilli vers 15 heures par deux ministres, Paul Reynaud et François Piétri. Claude Farrière, président de l'Association des écrivains anciens combattants lui fait les honneurs du Salon.

Les officiels, Paul Doumer en tête, montent au premier. Le président achète quelques livres qu'il tient à payer de ses deniers. Il est 15h10 lorsque cinq coups de feu éclatent. Une pile de livres se renverse, Paul Doumer s'effondre. Un colosse qui se cache le regard derrière des lunettes noires et que parvient à désarmer le directeur de la police judiciaire vocifère : *« Ce n'est que le commencement ! Ce n'est que le commencement ! »*

Une autre voix plus grave se fait bientôt entendre :

« Monsieur le président de la République est mort. »

En réalité, Paul Doumer s'éteindra vers 4 heures et demie, le lendemain matin, à l'Hôpital Beaujon tout proche où il a été transporté. Une balle lui a sectionné l'artère du bras droit, une seconde balle lui a traversé la tête de part en part au niveau des oreilles. Il a perdu deux litres de sang mais sa résistance à la mort surprend les chirurgiens à son chevet.

A 23 heures, il reprend connaissance et murmure :

« Qu'est-il arrivé ? »

« Un simple accident d'auto, monsieur le Président » lui répond-on.

A deux heures trente du matin, le Président entre dans le coma. Deux heures plus tard, le décès est constaté.

Après des funérailles nationales célébrées à Notre-Dame, Paul Doumer sera inhumé au cimetière de Vaugirard, à côté de ses fils morts au combat en 14-18.

Millerand, Tardieu et d'autres verront dans l'attentat perpétré en pleines élections législatives qui donneront à la gauche non communiste la majorité absolue de 335 sièges, un crime organisé par la révolution bolchevique qu'ils voudraient « internationale ». La réalité est autre, Gorguloff, émigré russe, traînant la savate tour à tour à Varsovie, Prague, Paris, Monaco, est un déséquilibré.

Loin d'être un agent bolchevique, il rêve, au contraire, d'une république russe fasciste dont il dresse les plans dans un programme dérisoire de « dictature verte »... Gorguloff sera exécuté le 14 septembre 1932.

Paul Doumer avait été élu président de la République un 13 mai 1931. Il était le 13ème président de la IIIe République et lorsqu'il commenta son élection à la magistrature suprême, le 13 juin 31, il lâcha avec un sourire mince dont il était peu coutumier :

« Avec des chiffres pareils, je ne peux qu'être assassiné. »

Quatre jours après l'assassinat de Paul Doumer, Albert Lebrun lui succède, élu le 10 mai 1932, au premier tour par 633 voix sur 826 suffrages. Paradoxe de la IIIe République : les législatives viennent de voir la victoire de la gauche mais l'élection du nouveau président de la République devant se faire sans délai et la nouvelle Chambre issue des urnes n'entrant en fonction qu'au 1er juin, c'est à la Chambre sortante qu'il est fait appel pour élire le Président de la République.

Albert Lebrun qui, réélu en avril 1939, sera le dernier président de la IIIe République, semble l'avoir emporté sur sa mine de bon père de famille au regard narquois, perpétuellement humide qui lui donne si souvent l'impression de larmoyer et fait le bonheur de chansonniers selon lesquels il pleurniche tout le temps.

En vérité, Albert Lebrun, plutôt bel homme selon les canons de l'époque, avec ses cheveux en brosse et sa moustache en croc, est myope mais il est aussi coquet, de cette coquetterie qui lui interdit de porter des lunettes. Ajoutons à cela qu'il parle avec des trémolos dans la voix. Il n'en faut pas davantage pour que les chansonniers en fassent un inconsolable Pierrot.

En lui, se retrouvent les qualités de droiture dans la plus pure tradition française mais pour la plupart des Français, l'indifférence domine à son endroit. On ne pense de Lebrun, ni bien, ni mal. On ne pense rien de lui.

Lebrun invitera Herriot, chef du groupe le plus nombreux dans la Chambre issue des urnes, à former un gouvernement.

Ce ministère ne durera pas se heurtant cette fois, non plus au « mur d'argent » mais à l'intransigeante question de la dette américaine gangrenée par l'épineux domaine des réparations, malgré la prudence affichée d'Herriot qui a mis bien de l'eau dans son vin depuis le désastre du Cartel des gauches.

Ainsi avait-il fait appel à Germain-Martin, économiste libéral, ex-ministre d'un cabinet Tardieu. Pour contrebalancer cette nomination hardie qui heurte de nombreux élus de gauche, c'est le radical Palmade qui prendra en main les destinées du ministère du Budget.

Un mois plus tard à Lausanne, un point final est mis au chapitre lancinant des Réparations et pour la France, l'amertume et la colère sont vives. L'Allemagne faisant valoir son impossibilité de payer même les annuités du Plan Young en ces temps de crise économique mondiale propose un moratoire indéfini de sa dette.

L'Italie et l'Angleterre se déclarent alors favorables à l'effacement intégral des dettes et réparations. Mais si les Américains ont accepté, eux aussi, de passer l'éponge sur les dettes allemandes, il en va tout autrement de l'argent qu'ils ont prêté à la France et à la Grande-Bretagne. Notre dette s'élève à 480 millions de francs par an or l'ajournement de l'échéance du 15 décembre 1932 ayant été refusé par les Américains, Herriot va engager l'existence de son ministère sur le paiement de cette échéance et bien sûr la Chambre, dans un climat de violent anti-américanisme, va le renverser sans hésiter.

Il est probable que Edouard Herriot ait volontairement choisi de jouer ce rôle de « fusible ». Sans doute était-il las de l'exercice d'un pouvoir inefficace ou peut-être se sentait-il dépassé par les événements qui se précipitaient chaque jour un peu plus en Europe.

L'année 1932 s'achève. Elle a vu l'assassinat d'un président de la République et un cosaque fou monter à l'échafaud sans rien comprendre du geste meurtrier qui l'a conduit à cet invraisemblable attentat. Le grand journaliste Albert Londres qui a tant œuvré pour l'abolition du Bagne de Guyane disparaît lui aussi, cette année-là, dans l'incendie d'un paquebot à l'entrée du golfe d'Aden.

Louis-Ferdinand Céline publie son *Voyage au bout de la nuit.*

Cette année-là, la venue au monde du petit Jacques fait le bonheur de ses parents, M. et Mme Chirac et tandis que Jean Vigo achève le tournage de « Zéro de conduite » qui sera interdit par la censure, un certain François Truffaut naît à Paris tandis que Claude Nougaro ouvre les yeux dans la ville rose de Toulouse.

1932, c'est aussi le 20 octobre, le lancement d'un des fleurons de la Compagnie générale transatlantique sur la ligne de New York, le *Normandie*, après vingt et un mois de travaux confiés aux Chantiers et Ateliers de Saint-Nazaire.

Le Normandie, un bâtiment superbe dont les dimensions avoisinent et parfois dépassent celles du France ; longueur hors tout : 313,75 m contre 315,66 m pour le France, soit 45 mètres de plus que le Titanic. Largeur au pont-promenade 36,40 m contre 33,10 m pour le France et pour le tonnage brut : 83 423 tonneaux contre 66 348 pour le France.

Le Normandie est l'un des paquebots les plus admirés et les plus aimés au monde. La salle à manger a la dimension de la Galerie des Glaces de Versailles. 150 tables, 700 couverts et 187 cuisiniers officiant sur un fourneau de dix-sept mètres de long dans une cuisine de 2 000 mètres carrés.

Pendant dix ans, le géant des mers va sillonner l'Atlantique, véritable ambassadeur du raffinement à la française. Le 9 février 1942, c'est le drame. Alors que le Normandie à quai à New York, pour raison de guerre en Europe, subissait des travaux destinés à le transformer en transport de troupes américaines sous le nom du « La Fayette », un feu éclate faisant près de 200 blessés parmi les ouvriers qui travaillaient à bord.

L'enquête privilégiera la thèse de l'accident lorsqu'un nouvel incendie achève de délabrer le Normandie dévasté par les flammes et les tonnes d'eau. Les travaux de renflouement et de pompage s'achèvent en octobre 43 où l'épave peut être remorquée. Le coût des travaux s'est élevé à près de quatre millions de dollars mais en janvier 1945, l'ultime décision tombe ; le paquebot étant inutilisable, les travaux entrepris à son bord sont abandonnés.

On va alors photographier le Normandie, sinistre carcasse calcinée privée de ces trois cheminées, remorqué pour son dernier voyage vers le dépôt de Scrap Yard où ce qu'il restait de cet orgueil des mers allait être voué aux chalumeaux des ferrailleurs.

« La Boldoflorine, la Boldoflorine, la bonne tisane pour le foie... »

Ils sont un million de Français à être équipés d'un récepteur de TSF. Ce n'est plus un poste à galène mais un appareil moderne dans son ébénisterie soignée avec son haut parleur puissant et son gros œil magique vert qui témoigne de la meilleure réception du Poste Parisien ou de Radio Paris.

L'année 1932 s'achève. Que sera l'année 1933 ?

En France, c'est la continuation logique de la valse des ministères. Il n'y a aucune raison pour que ça change même si le monde est toujours en crise.

Ainsi, le 28 janvier 1933, le ministère Paul-Boncour, qui avait succédé au ministère Herriot, est mis en minorité sur le projet du ministre des Finances Henri Chéron, d'instaurer un plan de redressement fondé sur des économies budgétaires. Durée de vie du ministère : 41 jours.

Deux jours plus tard, les Français fredonnent un succès entendu dans le « poste » et composé par deux inconnus dont une jeune femme à la voix aigrelette, Mireille, et un jeune homme qui répond au nom de Jean Nohain : *« Couchés dans le foin... »*

A l'heure du « Journal Parlé », « nos chers auditeurs » entendront-ils peut-être que : *« Monsieur Hitler a été nommé chancelier d'Allemagne ».*

Deux jours plus tard, dissolution du Reichstag, un mois plus tard, abolition de la Constitution de Weimar et victoire absolue des nazis aux élections législatives. Le 23 mars, Hitler obtient du Reichstag les pleins pouvoirs par 441 voix contre 94. Durée prévue du Reich : 1 000 ans.

Pendant ce temps-là en France, constitution du premier ministère Daladier, le deuxième Édouard après Herriot, tous deux Radicaux Socialistes, tous deux ayant brigué la présidence du parti, quelques mois auparavant au congrès de Toulouse. Présidence attribuée au vieux briscard du Cartel des gauches et de la dette américaine. Édouard Daladier est président du Conseil mais aussi ministre de la Guerre.

De décembre 1932 à février 1934, cinq ministères vont se suivre et se ressembler : Paul-Boncour, Daladier, Sarraut, Chautemps, Daladier... Les trois premiers tomberont sur leurs projets de redressement économique car la crise perdure. Le chômage augmente. Les usines ferment. Des banques font faillite. Les efforts fiscaux sont toujours demandés aux mêmes catégories sociales dont le mécontentement grandit.

Les derniers mois de 1932 observent un ralentissement de la crise et laissent percevoir une certaine reprise économique de courte durée et l'illusion se dissipe en 1933. Les prix agricoles vont poursuivre leur chute. Aucun secteur industriel n'est épargné. Partout la production et les exportations françaises s'effondrent.

Les Anglais ont dévalué la livre en 1931, les Américains dévalueront le dollar en avril 1933. Pour rester compétitive, freiner les importations qui alimentent plus encore le chômage et regagner des marchés perdus à l'exportation, la France n'a pas le choix ; il lui faut, elle aussi, dévaluer le franc mais ni à gauche, ni à droite, on ne veut prendre cette responsabilité toujours impopulaire.

Aussi la tendance est-elle à la déflation, un procédé brutal de restriction de la demande en vue de lutter contre la hausse des prix et de provoquer leur baisse. En clair, si la pression fiscale augmente, la consommation baissera naturellement entraînant un repli de la demande et par conséquent une baisse des prix. Le procédé n'est pas plus glorieux que la dévaluation mais les apparences d'une monnaie forte restent sauves, ce qui ne favorise en rien le volume de nos exportations, bien au contraire.

C'est l'austérité, le cran supplémentaire que l'on fait à sa ceinture, que propose l'Union des gauches et ses impuissants gouvernements radicaux-socialistes.

Les deux ministères suivants sombreront dans l'affaire Stavisky.

Le régime, discrédité, l'antiparlementarisme renaît, les ligues progressent. La démocratie française est au bord du gouffre.

XIII

Le 6 février 1934

« La justice suit son cours »
Camille Chautemps.

Légende publiée lors de l'affaire Stavisky montrant une allégorie de la justice, noyée, dérivant au fil de l'eau.

L'affaire Stavisky ne représente pas une grosse affaire comme le scandale de Panama par exemple, ou le drame des emprunts russes qui ruinèrent des milliers de modestes rentiers.

Il s'agit d'un fait divers presque banal, d'une escroquerie d'importance, certes, mais sur laquelle il n'y aurait jamais dû y avoir matière à réflexion.

Pourtant, cette affaire criminelle va devenir une boîte de Pandore d'où jailliront les pires maux de notre société avec une violence jamais atteinte. Des morts resteront sur le pavé.

L'affaire Stavisky va révéler les faiblesses d'une trop longue IIIe République qui voit valser des ministères plus incapables les uns que les autres à faire face à une crise qui s'éternise et aligne des soupes populaires toujours plus nombreuses.

Peut-être faut-il voir dans cette indigence de la IIIe République, le signe d'une société française vieillissante ? La France a vieilli, le corps électoral a vieilli, les structures politiques ont vieilli. Par quel miracle, les représentants politiques et les élus du peuple auraient-ils échappé à ce vieillissement généralisé qui caractérisait le pays ?

Paul Doumer, le président assassiné, était un honnête homme mais aussi un vieil homme. On le disait alerte, préservé par une vie austère sans tabac ni alcool, ayant le cœur d'un quadragénaire sportif mais il allait sur ses soixante-quinze ans. Bon nombre de choses de la vie quotidienne lui étaient étrangères. Il ne croyait ni au progrès, ni à l'aviation, à l'heure où le pays était à moins de sept années de la seconde guerre mondiale, à une époque où un jeune officier, De Gaulle, mettait en lumière la nécessité de mécaniser l'armée, de la moderniser.

Un jour, à l'Élysée, le président Doumer questionna l'un de ses collaborateurs. *« Est-il vrai,* lui demanda-t-il, *qu'il existe à Paris des restaurants où des jeunes filles ou des jeunes femmes appartenant à des familles honnêtes peuvent danser avec n'importe qui ? Où il y a des entraîneurs et des entraîneuses appointés par ces établissements ? Et où il règne une familiarité et une promiscuité indécentes ? De pareilles mœurs sont-elles possibles ? »*

La réponse lui fut donnée par une invitation que lui glissa malicieusement Barthou à une matinée théâtrale donnée au Casino de Paris au profit d'œuvres sociales. Le spectacle commence. Doumer reste impassible mais il fulmine et s'éclipse dès l'entracte.

De retour à l'Élysée, il laisse exploser son indignation : *« Une société qui se plaît à de pareils spectacles est une société pourrie. Il faudrait y porter le fer rouge. »*

Doumer était né sous le second Empire. Il avait 13 ans lorsque la guerre de 70 éclata et que Napoléon III fut vaincu à Sedan, déjà 28 ans lorsque mourut Victor Hugo. Il était ministre des Finances en 1895, l'année où les frères Lumière inventèrent le cinématographe et ministre des Colonies durant la guerre de 1914-18. Doumer avait vu les premiers miracles de l'électricité, la naissance de la Radio et de l'aviation.

Albert Lebrun, son successeur à l'Élysée, faisait figure de jeune homme lorsqu'il accéda vers la soixantaine à la présidence de la République bien qu'il fût né à l'époque de la Commune de Paris.

Doumer et Lebrun, ne sont pas des exceptions. La classe politique de l'époque est majoritairement représentée par le troisième âge et les exemples sont légion.

La IIIe République a pris fin à Vichy. Née sous Mac-Mahon, elle est morte sous Pétain. Elle est morte comme un vieillard qui s'éteint. Le rôle et la fonction du Président de la République y étaient devenus purement honorifiques. Il suffisait que la droiture et le patriotisme soient évoqués, que le cheveu soit gris et l'âge bien avancé.

« Mon vieux, nous sommes cuits ! »

L'homme qui entend cette phrase au téléphone, repose le combiné sans dire un mot le regard soucieux. Nous sommes dans une suite du Claridge, sur les Champs-Élysées. Le même soir, cet homme distingué dont l'épouse est ravissante et les deux enfants, Claude et Micheline, adorables, a eu une discussion orageuse avec plusieurs de ses collaborateurs ou amis parmi lesquels l'avocat Bonnaure qui, député de Paris sous l'étiquette radical, siège au palais Bourbon. Contrairement à son habitude, au lieu de les recevoir dans le hall puis de les quitter après un verre au bar, il les fait monter dans ses appartements. Après une brève discussion, il leur ordonne sèchement de partir.

Homme d'affaires, il voyage beaucoup. Directeur de sociétés, il est propriétaire avec l'un de ses associés, du Théâtre de l'Empire mais possède aussi une écurie de course et bientôt un journal. Sa fortune serait considérable mais l'homme est resté sympathique, prévenant, généreux.

Ami de ministres, il côtoie le monde des Arts et celui de la Presse. Il est l'un des membres les plus en vue du Tout-Paris. Sa voisine d'étage au Claridge n'est autre que la grande Colette avec laquelle il lui arrive parfois d'échanger quelques propos. Il vit au Claridge, non par goût de la vie en hôtel, bien que les palaces lui soient familiers tels ceux de Deauville, de Cannes, du Touquet ou de Biarritz, mais en attendant que son hôtel, particulier cette fois, du parc Monceau soit achevé.

Cet homme, c'est Monsieur Alexandre.

Noël 1933 : Faillite du Crédit Municipal de Bayonne dont le directeur, Gustave Tissier, a été arrêté le 23 décembre pour fraude et escroquerie. Plus de cent soixante millions de faux bons de caisse ont été émis mais les chiffres s'avéreront plus élevés et atteindront les deux cents soixante millions. Un individu d'origine ukrainienne, Sacha Stavisky, s'enfuit vers la Suisse. Il serait l'un des complices importants, sinon le cerveau de cette escroquerie.

La famille Stavisky est juive et avait choisi la France pour échapper aux pogroms. En 1900, Sacha obtiendra la nationalité française.

Ce nom de Stavisky ne dit rien à personne dans l'opinion publique, cependant l'homme n'est pas inconnu des services de Police. Dix-neuf fois déjà, il a échappé à des poursuites et à la prison, non par l'évasion ou la fuite, mais grâce à la protection d'hommes politiques influents.

Il n'est pas facile pour le policier de mettre la main au collet de Stavisky et de procéder à son inculpation. Chaque fois, les choses traînent et les meilleurs avocats de Paris ne sont jamais loin pour invoquer un vice de forme ou des problèmes de santé du prévenu. Il se peut aussi que des pièces de son dossier disparaissent du bureau même du commissaire ou que le téléphone se mette à sonner : *« Sans problème, Monsieur. C'est entendu. Mes respects, Monsieur le... »*

Monsieur le Député ? Monsieur le Préfet de Police ? Monsieur le Ministre de l'Intérieur ?

De quoi décourager le policier le plus consciencieux de faire honnêtement son travail et pas question de désobéir, Monsieur Stavisky possède de très hautes protections.

Le mécanisme de l'escroquerie de Bayonne est simple. Un expert véreux estime pour des sommes considérables des bijoux sans valeur. Ainsi un lot qui valait à peine quelques dizaines de milliers de francs fut-il estimé à un million et demi ; or la loi autorisait les monts-de-piété à émettre des bons de caisse garantis sur la valeur des objets gagés pour financer les prêts et assurer leur trésorerie.

Mieux, l'achat de ces bons de caisse de Bayonne avait été chaudement recommandé aux banques *« étant donné les avantages de sécurité que présentent de tels placements »* par une lettre circulaire signée par le ministre Dalimier.

Pourquoi Bayonne ? Parce que non loin de là, c'est l'Espagne. Une Espagne politique au bord du chaos. Nombreux sont les Espagnols à franchir la frontière pour y vendre leurs bijoux et trouver de l'argent frais sans se montrer trop regardant. Stavisky a compris qu'il y avait beaucoup d'argent à se faire.

Avant Bayonne, il avait expérimenté son escroquerie au Crédit Municipal d'Orléans. Stavisky fonde en 1928, la « Société Alex » de bijoux et d'orfèvrerie. Les bijoux de la société Alex sont faux mais accompagnés de certificats d'authenticité plus vrais que nature. Ils seront déposés en gages au Crédit municipal d'Orléans qui prêtera à Stavisky près d'une quarantaine de millions de francs.

Le coup de Bayonne sera destiné, dans un premier temps, à combler le trou laissé à Orléans avant que le scandale n'éclate mais après Bayonne, il y aura autre chose, une escroquerie plus audacieuse encore, cette fois au plan européen, auprès d'un État né de la dislocation par le traité de Versailles, du double Empire des Hassbourg : la Hongrie.

Là, Stavisky grisé par le succès, a visé trop haut. L'escroquerie devrait lui ramener un milliard de francs mais les arrangements ne se passent pas comme il l'escomptait. Certes, ses relations politiques lui font rencontrer le futur ministre des Finances de l'époque, Georges Bonnet, car Stavisky a réussi à placer l'un de ses plus anciens complices, avocat, dans le cabinet du ministre, rue de Rivoli, mais entre les deux hommes, le courant ne passe pas. D'ailleurs pour que l'affaire puisse se faire, le ministère des Finances n'est pas seul compétent. Il faudrait aussi l'appui du Quai d'Orsay. Mais Bonnet ne pense rien de bon de cet entreprenant brasseur d'affaires et c'est l'échec.

Pour Bayonne, une compagnie d'assurances, « L'Urbaine-vie », va découvrir la fraude et comme la « soudure » d'une escroquerie sur l'autre n'a pu se faire, le scandale éclate lorsqu'un contrôleur des Finances plonge le nez dans les livres de compte mais surtout dans les carnets à souche du Crédit Municipal.

La presse s'empare de l'affaire des faux bons de caisse de Bayonne.

Les monts-de-piété sont une véritable institution en France. De plus en plus de Français en ces temps de crise y ont recours et vont « chez ma tante » chercher quelque liquidité provisoire. Par modernité ou par pudeur, les monts-de-piété sont devenus des « Crédits Municipaux » et il peut s'en ouvrir dans toutes les villes de France, à condition d'avoir les appuis nécessaires.

Le 7 janvier 1934, le député-maire de Bayonne, Garat, tombe sous l'inculpation de complicité avec Stavisky.

Le lendemain, dans un chalet de Chamonix, « le vieux logis », on découvre le cadavre de Stavisky mort d'une balle dans la tête. En fait, il serait plus précis de dire que c'est au moment même où la police avait trouvé la planque, à l'instant où le commissaire Charpentier lançait : *« Stavisky !... Au nom de la loi... »*, qu'une sourde détonation se faisait entendre à l'intérieur d'une chambre du chalet.

La police n'a pas trouvé cette adresse par hasard, il s'agit d'une dénonciation.

Stavisky n'est pas mort sur le coup, il ne décédera que le lendemain. Une balle lui a traversé la tempe mais les chirurgiens sont formels : *« Si on nous l'avait apporté tout de suite, nous aurions pu pratiquer le trépan. »* avant d'ajouter *« Mais on l'a laissé trop longtemps sans soins et il s'est vidé de tout son sang »*.

Pourquoi une telle attente, un tel retard de la part des policiers à faire transporter le blessé ? N'avaient-ils pas hâte de le sauver afin qu'il puisse prononcer des aveux complets et si possible, dévoiler d'autres noms que le sien ?

L'homme grièvement blessé est resté une heure, peut-être deux, sans recevoir le moindre soin tandis que les policiers fouillaient le chalet. Parfois, un policier venait observer le blessé dont les mains tremblaient comme un appel de détresse, avant de retourner à sa fouille.

La thèse du suicide étonne ceux qui ont connu Stavisky. A commencer par Arlette, sa femme, qui ne reconnaît pas le revolver, un 6,35, comme ayant pu appartenir à son mari. L'ex-mannequin de chez Chanel est la première à croire qu'en haut lieu, on a voulu liquider un homme avant qu'il ne parle et faire croire au suicide.

Par ailleurs, la trajectoire de la balle, en ligne droite à 1,34m de hauteur, apparaît étonnante pour un homme qui mesurait 1,80m. Il est impossible de croire qu'il se soit courbé, penché en avant de la sorte pour se brûler la cervelle. Si tel avait été le cas, il serait, de toutes manières, tombé en avant et aurait été retrouvé gisant face contre sol or il fut retrouvé couché sur le dos. A moins qu'il n'était déjà inconscient et soutenu à demi agenouillé par deux hommes dont l'un aurait pu presser la gâchette ?

« On dirait que Stavisky avait pris ses mesures de façon à tomber «exactement » de tout son long, sans heurter aucun meuble... » écrira un journaliste parisien. Le Canard enchaîné aura une formule plus lapidaire : *« Stavisky s'est suicidé d'une balle qui a été tirée à bout portant »*

D'autres détails significatifs : aucune autopsie n'est ordonnée et l'inhumation se fera très vite, sans même respecter le délai légal pour les sépultures.

Le sol de la petite chambre où Stavisky a été retrouvé inanimé gisant sur le dos et dans laquelle aucun objet n'a été déplacé par la chute d'un homme de cette taille, va être frotté à la paille de fer. Mieux, on a remplacé dans l'urgence une vitre brisée et le lit de la chambre a mystérieusement disparu. Pourquoi ?

On peut s'étonner que bon nombre de questions n'aient jamais été posées. La balistique a simplement reconnu que la balle s'était profondément fichée dans le mur après avoir traversé le crâne de part en part.

Pourquoi Stavisky aurait-il choisi d'aller se suicider à Chamonix dans un chalet de montagne ? Dans une lettre, il évoque une volonté de « disparaître » mais quelle interprétation peut-on faire de ce verbe ? Disparaître ne veut-il pas dire : prendre la fuite, quitter la France et franchir la frontière ? Chamonix n'est pas si éloigné de la Suisse.

« Trépas opportun » titre Le Figaro. Pour le peuple de la rue, Stavisky ne s'est pas suicidé : on l'a « suicidé » avant qu'il ne livre des noms et place dans l'embarras les puissants du pouvoir avec lesquels il était en cheville.

Le même jour, le ministre Dalimier démissionne. Vague d'arrestations dont celles de trois directeurs de journaux.

« L'affaire des faux bons de caisse de Bayonne » devenue à présent « L'affaire Stavisky » va soulever l'opinion lasse des scandales en tous genres qui non seulement ruinent l'épargne en un moment où le pays traverse une crise économique sévère mais permettent aussi à des personnalités de premier plan à l'abri des poursuites de s'en mettre plein les poches.

Les scandales Rochette, Sacazan, Oustric, Marthe Hanau, sans oublier le ministre Klotz ou encore la grande affaire Pathé-Natan qui défraie les milieux du cinéma et à présent l'affaire Stavisky exaspèrent au plus haut point les Français écœurés.

Ce n'est plus uniquement la finance qui est en cause, c'est aussi le monde des élus, maires, députés, les milieux du gouvernement, les partis politiques et en particulier les radicaux, la police, la magistrature, la presse.

Comment le monde politique va-t-il réagir pour apaiser la fièvre qui secoue le pays ? Le gouvernement, une fois de plus débordé par les événements, prendra quelques mesures timides et sans effet : inculpation de quelques lampistes, là où il faudrait atteindre les vrais responsables dont les noms sont sur toutes les lèvres et l'arsenal de la Justice se met au diapason de cette véritable mascarade.

Une violente réaction antiparlementaire, un sentiment extrême d'indignation morale vont secouer le pays. La colère trouvera son point culminant avec la manifestation du 6 février 1934.

Les factions d'extrême droite, les ligues : Croix-de-feu, Camelots du roi, n'ont aucune difficulté à mobiliser l'opinion. S'y joindront un grand nombre de Français, sincèrement républicains, lassés de l'instabilité du régime, angoissés par la crise ou le chômage, ponctionnés par des impôts toujours croissants, persuadés que le gouvernement ferme les yeux sur les magouilles de toutes sortes au lieu de se mobiliser pour mettre fin au marasme.

Les premiers signes de troubles sont perceptibles au lendemain de la découverte du « suicide » de Stavisky à Chamonix, dès le 9 janvier.

A l'appel de l'Action française, les Jeunesses patriotes, les Camelots du roi, des groupes d'anciens combattants mais aussi des gens de tous les horizons et de toutes conditions arpentent le boulevard Saint-Germain et marchent vers le palais Bourbon. Ils crient : « A bas les voleurs ».

Le 11 janvier toujours sur le boulevard Saint-Germain, les Camelots du roi et les Jeunesses patriotes s'affrontent violemment avec la police.

Le lendemain, grand débat dans un palais Bourbon dominé par la peur des révélations. L'avocat Bonnaure, député radical de Paris, voit la levée de son immunité parlementaire et sera arrêté. L'homme qu'il a rencontré au Claridge fin décembre 1933 comme il l'a fait si souvent, cet homme d'affaires si distingué, n'était autre que Sacha Stavisky à qui, grâce à une campagne de presse grassement payée, il doit son siège de député. Stavisky dont il n'a pas hésité, pourtant, à balancer la planque de Chamonix.

On a cru que le ministère Chautemps sauterait mais il obtient la confiance tandis que les troubles dans la rue reprennent quelques jours plus tard. On ne comprend pas comment Chautemps a pu rester au pouvoir : son frère a été l'avocat de Stavisky et son beau-frère n'est autre que M. Pressard, procureur général de la République au tribunal de la Seine. C'est grâce à lui si Stavisky a toujours évité la prison. Quand de nouveaux soupçons pesaient sur Stavisky, Pressard classait inévitablement l'affaire sans suite.

Aux Camelots du roi, aux Jeunesses patriotes et à Solidarité française, se joignent des fonctionnaires. Il s'agit pour eux, bien mal inspirés de se trouver là en telle compagnie, de défendre leurs salaires. Car crise oblige, c'est de cette façon, par l'austérité, la déflation, en laminant le traitement des fonctionnaires que les différents cabinets qui se succèdent pensent pouvoir réduire les déficits budgétaires. Cautère sur une jambe de bois car ce n'est pas ainsi que le pays sortira de la crise économique mondiale.

Le 27 janvier, Eugène Raynaldi, garde des Sceaux, vivement critiqué pour sa mollesse dans l'affaire Stavisky démissionne. Il faut savoir que Raynaldi est déjà impliqué dans une autre escroquerie, celle du banquier Sacazan. Cette fois, avec sa démission, c'est tout le cabinet Chautemps qui saute.

Le 30 janvier, Constitution du deuxième ministère Daladier.

Quelques jours plus tard, le 3 février, Jean Chiappe, préfet de police depuis sept ans est « remercié ». Il se voit nommé résident général au Maroc. Nomination qu'il refuse. Par solidarité avec Chiappe, les ministres des Finances, François Pietri, et de la Guerre, Jean Fabry, démissionnent. Le préfet de la Seine en fait autant.

Le 5 février, les Croix-de-feu et les Camelots du roi appellent à l'action directe. La C.G.T. lance un appel similaire.

Une affiche de Solidarité française placardée sur les murs de la capitale, le 5 février donne le ton : antiparlementarisme, xénophobie, antisémitisme :

« Daladier vous mène comme un troupeau de foire aux Blum, aux Kaiserstein, aux Schweinkopf et autres Zyromski, dont le nom bien français est tout un programme.

Voila vos maîtres, les patriotes !
Voila la dictature qui t'attend, peuple de France !
Ton parlement est pourri.
Tes politiciens compromis.
Ton pays livré à la boue des scandales.
Ta sécurité menacée.
La guerre civile grogne.
La guerre tout court rôde.
Paysan, la ruine te menace : vois le scandale des blés.
Ouvriers, intellectuels, votre situation est assaillie par des étrangers.
Ni les uns, ni les autres n'êtes plus chez vous.
La France aux Français ! »

La tension monte Place Beauvau où les manifestations dégénèrent en batailles rangées. La gauche se félicite du limogeage de Chiappe et parle de fascisme et de dictature. Le nom de Chiappe revient sans cesse lorsque l'on évoque celui d'André Tardieu dont il était l'homme de confiance, sinon l'homme de mains, l'éminence grise prête à manipuler la rue et soutenir les ligues.

En 1940, il sera nommé Haut Commissaire en Syrie par le gouvernement de Vichy et tandis qu'il rejoignait son poste, son avion sera abattu par les Anglais dans des circonstances demeurées inexpliquées.

Le lendemain, 6 février, « l'Humanité » consacre toute sa une au scandale Stavisky et appelle à la manifestation générale : *« Sous prétexte du départ de Chiappe, les organisations fascistes et les troupes gouvernementales sont mobilisées contre les travailleurs »*.

Effectivement, on signale la veille des mouvements de troupes en direction de la capitale et vers midi des gardes mobiles prennent position. Des automitrailleuses sont arrivées dans la nuit. Les Parisiens observent aussi que l'on a disposé des chars vers les anciennes fortifications. Ils savent enfin que l'armée s'est vue distribuer des balles réelles.

Les grilles métalliques qui entourent les arbres ont été démontées par des agents de la voirie ainsi que du mobilier urbain et tout ce qui pourrait se transformer en projectile ou présenter un obstacle aux mouvements de troupe. La journée s'écoule dans une atmosphère pesante. Paris a été désertée par les chauffeurs de taxi en grève. Des bus circulent difficilement.

Les députés qui se rendent à la Chambre sont conspués aux abords du palais Bourbon. *« Tous pourris »* scande une foule massive en colère.

Sous l'hémicycle, la tension est vive : hurlements, invectives, on en vient aux mains. Les communistes crient : *« Les Soviets, les Soviets »* puis entonnent *l'Internationale* auxquels d'autres députés répondent par *la Marseillaise*.

Place de la Concorde, les gardes à cheval ne parviennent plus à faire refluer les manifestants dont certains armés de gourdins au bout desquels sont fichées des lames de rasoirs, parviennent à trancher les jarrets des chevaux. On jette aussi des billes d'acier sous leurs sabots pour les faire trébucher. Des flammes s'élèvent d'un autobus de la ligne Champ-de-mars/Gare du Nord. La masse déchaînée des manifestants s'approche du palais Bourbon.

Dans la soirée, les manifestations seront sanglantes Place de la Concorde, rue royale, place de l'Opéra où les manifestants se replient devant la police. Ils vont aussi marcher sur l'Élysée avant d'être stoppés à moins d'une centaine de mètres de la résidence présidentielle.

Des chevaux agonisent éventrés à coups de couteaux ou de rasoir.

Des autobus achèvent de brûler dans une épaisse fumée noire. On raconte que l'on a saisi le député Herriot alors qu'il quittait par une issue discrète le palais Bourbon et qu'il a bien failli être jeté à la Seine.

Dans les rues avoisinantes, des voitures ont été renversées et incendiées, des lampadaires ont été abattus, des kiosques à journaux ont été détruits par le feu, des palissades arrachées, des vitrines brisées.

Et puis, il y a des cadavres. Seize morts, la plupart par armes à feu et six cent soixante-cinq blessés du côté des manifestants, un mort et mille six cent soixante-quatre blessés du côté des forces de l'ordre.

La Radio d'État a reçu l'ordre de ne faire aucun commentaire et de ne donner aucune information sur les affrontements parisiens.

D'autres incidents graves émailleront les jours suivants tandis que Edouard Daladier apporte au président de la République Albert Lebrun la démission de son cabinet. Le président de la République, lui-même, envisage de se démettre.

Sur les édifices publics, les drapeaux sont mis en berne.

On retrouvera une pancarte abandonnée sur le lieu des affrontements sanglants. Elle porte la mention : *« On ne suicidera pas la République comme on a suicidé Stavisky »*.

Au-delà des manifestations de mécontentement qui ont dégénéré dans la plus extrême violence, y a-t-il eu, en arrière-plan, complot visant à renverser la République ?

Certains verront dans les événements du 6 février, une révolte contre le Parlement et un attentat contre le régime : *« On a voulu, par un soulèvement populaire, disperser les députés, s'emparer de la salle des séances et proclamer à l'hôtel de Ville de Paris un gouvernement autoritaire. On n'est pas en présence d'une manifestation spontanée mais d'une véritable insurrection.* » est-il affirmé dans un rapport fourni par Charles Serre à une commission d'enquête formée par l'Assemblée nationale.

Deux mois après les événements, le colonel de La Rocque écrira à Gaston Doumergue : *« Si nous avions voulu, nous aurions occupé la Chambre. Nous ne l'avons pas voulu parce que nous poursuivions le rétablissement de l'ordre et non la réalisation d'un coup de force. »*

En effet, au moment où les Croix-de-feu atteignaient les grilles du palais Bourbon et auraient pu faire irruption dans l'Assemblée, le colonel de La Rocque leur donnait l'ordre de regagner la rive droite en direction de l'opéra. Ordre auquel les manifestants se soumettront sans broncher.

Léon Blum qui avait déclaré devant la commission d'enquête : *« Si la poignée de gardes mobiles qui défendaient le pont de la Concorde n'avait pas tenu, nul doute que l'Assemblée aurait été envahie par l'insurrection. Elle avait à l'intérieur de la Chambre, des représentants et des chefs . »* mais il affirmera aussi, seize ans plus tard, quelques semaines avant sa mort : *« L'attaque par la rive gauche s'arrêta d'elle-même à quelques mètres du palais Bourbon, devant un faible rideau de police. Pourquoi ? Comment ? C'est ce qui, à ma connaissance, n'a jamais été complètement éclairci ».*

Pour un responsable des ligues d'extrême droite, il s'agissait d'investir le palais Bourbon et d'y exercer : *« après les discriminations nécessaires, de solides représailles, solides mais non sanglantes. »*

Pour Alfred Fabre-Luce, le 6 février aura été *« la fête sanglante de l'incohérence française. »*

« Vingt mois de manifestations, de révolte latente, de mécontentements, de chômage et d'impôts croissants, vingt mois d'instabilité ministérielle, Hitler triomphant en Allemagne, toutes les conférences internationales en échec, le marasme total des échanges, les scandales se succédant, voilà, estime pour sa part J.-P. Maxence, *les vraies causes du 6 février. »*

Sans doute, cette conclusion mesurée se rapproche-t-elle le plus de la réalité objective des événements du 6 février 1934.

Le 7 février, le cabinet se démantèle. Les ministres modérés se retirent. A la Banque de France, c'est l'inquiétude. Il faut fermer les caisses publiques devant l'afflux des demandes de retraits.

Malgré la visite de Léon Blum qui lui apporte le soutien de la SFIO et lui demande de rester, malgré Jouhaux qui à la tête d'une délégation de la CGT exhorte Daladier à résister, ce dernier se rend à l'Élysée : *« Je donne,* dit-il, *la démission du Cabinet pour éviter de nouvelles effusions de sang. »*

De nouvelles manifestations de rue feront trois nouvelles victimes, 226 blessés et 436 arrestations seront opérées.

Le chef de l'Etat est effondré. Laval va lui suggérer de faire appel à Gaston Doumergue, très aimé des Français et seul capable à ses yeux de ramener le calme et la confiance dans le pays mais ce dernier hésite et se dérobe. Il faut l'insistante démarche commune des présidents des deux assemblées pour qu'il accepte enfin après quelques heures de réflexion de quitter sa résidence de Haute-Garonne pour Paris afin de former le nouveau gouvernement.

Lorsque le rapide de Toulouse arrive en gare d'Orsay, Gaston Doumergue est acclamé en héros national. C'est la liesse populaire, on chante la Marseillaise, « Vive le Président! », « Vive la France! », « Vive Gastounet! ». Une voiture emmène Doumergue à l'Élysée sans se rendre compte que Madame Doumergue est restée seule, perdue sur le quai.

« Retour à 1900 », ironise le Canard enchaîné en constatant que tous les postes importants du Cabinet sont confiés à des personnalités âgées. Une plaisanterie circule : *« Pourquoi la France est-elle gouvernée par des hommes de 75 ans ? Parce que ceux de 80 ans sont morts. »*

Dans un message radiodiffusé, le nouveau président du Conseil annonce qu'il a constitué *un « gouvernement de trêve, d'apaisement et de justice »*. Les socialistes ont refusé d'y participer, les communistes n'y ont pas été invités. Le ministère que Doumergue a présenté au président Albert Lebrun dès le lendemain de son arrivée à Paris associe un éventail de personnalités assez large : Philippe Pétain au ministère de la Guerre, André Tardieu, Louis Berthou aux Affaires étrangères, Herriot, Albert Sarraut à l'Intérieur, Marquet, Henri Chéron, Garde des Sceaux, Germain-Martin aux Finances. Le cabinet obtiendra la confiance le 15 par 402 voix contre 127.

Pour Germain-Martin aux Finances, la situation est alarmante : *« Il ne reste que quatre millions dans les caisses de l'Etat. Demain pour ouvrir les guichets, il faut au moins cinquante millions »*. Doumergue lui demande s'il a vu les Banques.

« Elles n'ont plus confiance » répond le nouveau locataire de la rue de Rivoli. Doumergue fera appel au président de la Banque de Paris et des Pays-Bas, ancien gouverneur de la Banque de France. Il faut assurer l'ouverture des guichets, rassurer ainsi le public sans faire appel une fois de plus, ni aux Anglais ni aux Américains.

Le lendemain du vote de confiance, une commission d'enquête parlementaire sur l'affaire Stavisky est constituée mais cela n'empêche nullement l'agitation de se poursuivre en France : manifestations antifascistes, bagarres, coups de feu, affrontements, grèves générales particulièrement suivies à Marseille qui a connu de graves incidents. Le 12 février, socialistes et communistes manifestent ensemble dans les rues de Paris en chantant « l'Internationale ». Il y aura encore des morts et des blessés mais le Front populaire est en train de se former.

Un magistrat a observé que lorsque Stavisky avait fondé la « Foncière d'Entreprise », cette société n'offrait aucune garantie aux souscripteurs. Mieux, il a relevé dans le Conseil d'Administration, les noms de personnes hauts placées : anciens fonctionnaires, préfets, chefs de cabinet, etc... mais l'affaire n'est pas allée plus loin, Pressard n'ayant pas donné suite au rapport.

Ce magistrat réputé intègre, Albert Prince, va être chargé par le garde des Sceaux, de lever le voile sur l'affaire Stavisky et d'étaler au grand jour, les noms de toutes les personnalités compromises dans le scandale.

Tâche périlleuse à jamais inachevée.

Il manque dans le dossier, des pièces du puzzle pour confondre tous ceux qui ont bénéficié des largesses de Monsieur Alexandre car Stavisky, bien sûr, a pris toutes les précautions pour le cas où les choses tourneraient mal pour lui. Ces pièces du puzzle, documents de la plus haute importance, ce sont les souches des chéquiers sur lesquelles Stavisky inscrivait les noms de tous ceux dont il achetait la bienveillance, le silence ou la complicité.

Rôle du conseiller Prince : retrouver ces chéquiers coûte que coûte, en fouillant la France entière de fond en comble s'il le faut car si l'on ne retrouve pas ces documents, il n'y aura plus d'affaire Stavisky.

20 février, le soir tombe à Dijon, le mécanicien du train en provenance de Paris se livre ce soir-là à une inspection rapide de sa locomotive comme il le fait d'ordinaire, burette et marteau en main, lorsqu'il aperçoit des traces de sang sur l'avant de la motrice puis des traces de chair et des débris humains. La gendarmerie alertée et accompagnée de cheminots, lance des patrouilles sur la voie.

Vers minuit, une de ces patrouilles découvre à la Combe-aux-Fées, le cadavre d'un homme méconnaissable sur le ballast. La carte d'identité retrouvée dans une poche de ses vêtements permet l'identification : il s'agit d'Albert Prince. Le porte-documents contenant le dossier que le conseiller transportait avec lui a disparu mais pour la Presse, il s'agit une fois de plus d'un suicide.

Le conseiller Prince menait une double vie. L'image de l'époux fidèle avait aussi son revers avec des mœurs condamnables pour l'époque et surtout pour un homme honorablement connu. Craignant des révélations et sa révocation, il se serait suicidé en maquillant son acte en crime crapuleux de sorte que son épouse puisse bénéficier d'une pension. Cette thèse alambiquée du suicide, soutenue par quelques historiens, ne résiste pas à l'analyse.

Pourquoi ce voyage à Dijon ? Prince a reçu la veille un coup de téléphone lui donnant des nouvelles alarmantes de l'état de santé de sa mère, pensionnaire d'une maison de retraite à Dijon. Ce qui a entraîné son départ pour cette ville. Propos démentis par le responsable de la maison de retraite : Madame Prince mère se porte comme un charme. Un témoin, à Dijon, affirme que deux hommes, à la gare, ont fait monter le conseiller dans une voiture.

Un détail majeur est oublié : si le conseiller Prince s'est rendu au chevet de sa mère souffrante à Dijon, il avait rendez-vous le lendemain à Paris pour témoigner devant le premier président de la Cour de cassation, au sujet de l'affaire Stavisky et sans doute avait-il des révélations à faire. Peut-être avait-il mis la main sur ces fameuses souches des chéquiers ? Sans doute, valait-il mieux qu'il ne se rende pas à une telle convocation ?

Les 26 et 27 février, nouvelles inculpations dans l'affaire Stavisky. Des avocats, des magistrats et des policiers sont sanctionnés. D'autres inculpations se produiront : levée de l'immunité parlementaire du député Louis Proust, Me Eugène Frot, ministre des Travaux publics dans le cabinet Chautemps, est suspendu dans l'ordre des avocats, le général Bardi de Fourtou est également inculpé.

Le 12 mai, le congrès du Parti radical lave son linge sale et vote l'exclusion de six parlementaires radicaux impliqués dans l'affaire Stavisky.

Au cours de l'autopsie du conseiller Prince, les médecins vont relever des traces de chloroforme dans les poumons de la victime que l'on a dû endormir avant de la ligoter aux chevilles sur les rails. Le rapport d'autopsie, signé de six ou sept praticiens faisant autorité en médecine légale, s'oppose formellement à la thèse du suicide. Cependant, la commission d'enquête ne va pas s'estimer en mesure : *« d'infirmer ou de confirmer la thèse de l'assassinat, ni celle du suicide »* !

Un nouveau personnage va apparaître dans l'affaire Stavisky ; l'inspecteur Bonny à qui le garde des Sceaux, Henri Chéron, confie l'enquête sur la disparition du conseiller Prince. Curieux personnage qui officiant pour la police allemande en 1941 rue Lauriston, sera condamné à mort à la Libération malgré les services qu'il aurait rendu à la Résistance.

Bonny - c'est Jacques Bonny qui l'affirme dans un livre qu'il a consacré à son père[20] aurait retrouvé les fameux chéquiers et les aurait remis en présence du procureur de la République : *« Chaque talon de chèque fut placé dans une enveloppe numérotée et scellée »*. Dans cet ouvrage, le fils du policier désigne le politicien qui chargea son père d'organiser, en invoquant la raison d'Etat, l'exécution du conseiller.

Dans le fourgon qui le conduisait au peloton d'exécution, Bonny se confia au médecin légiste qui l'accompagnait et s'accusa du meurtre du conseiller Prince destiné à permettre le classement de l'histoire. C'est lui aussi qui avait alimenté en ragots certains journaux accréditant les rumeurs qui avaient couru sur les mœurs du magistrat.

Le 4 novembre 1935, vingt accusés sont dans le box des assises de la Seine. Il s'y trouve là bien sûr les grands ténors du barreau. Le procès sera

[20] Mon père, l'inspecteur Bonny, Ed Laffont, 1975.

interminable à tel point que l'on reverra à la hausse l'indemnité quotidienne que perçoivent les jurés. Ils auront à répondre à 1 956 questions.

Le 17 janvier 1936, onze des accusés dont, Arlette, l'épouse de Stavisky, Aymard et Dubarry sont acquittés. D'autres sont condamnés à des peines de travaux forcés : Tissier et Hayotte à sept ans chacun.

Parmi les parlementaires les plus compromis, seuls les députés Garat et Bonnaure se verront infliger des peines de prison mais avec sursis. Deux ans pour Garat.

Camille Chautemps et son beau-frère, le procureur Pressard, seront mis hors de cause mais l'on se souviendra de ce dessin paru dans « L'Écho de Paris » montrant un luxueux cercueil avec le nom de Stavisky et portant en légende, parodiant une réclame de l'époque :

« Un meuble Pressard-Chautemps est garanti pour longtemps »

Le 21 avril 1934, Gaston Doumergue demandait au cours d'une allocution à la radio, aux Français de le soutenir dans son œuvre de redressement financier mais en juin, l'agitation politique et sociale se poursuivait. Des bagarres éclataient toujours entre extrémistes de droite et de gauche faisant deux nouvelles victimes.

Le même mois, à Munich, c'était la nuit des longs couteaux. Le chef des S.A. était destitué et exécuté, le général von Schleicher et sa femme étaient assassinés, l'ancien chancelier von Papen gardé à vue. En France, les grandes manœuvres militaires de juillet étaient supprimées par mesure d'économie. Quinze jours plus tard, après la mort du maréchal Hindenburg, Hitler s'arrogeait sa succession et devenait à la fois chef de l'État et chancelier. Décision ratifiée par le peuple allemand par 38 300 000 voix contre 4 300 000.

Le 15 octobre 1934, Raymond Poincaré, le sauveur du franc, l'homme de la Ruhr, disparaissait. Quelques jours auparavant, le roi Alexandre de Yougoslavie avait été assassiné à Marseille et Louis Barthou, ministre des Affaires étrangères, qui l'accompagnait avait succombé à ses blessures. Mussolini refusa l'extradition vers la France d'Ante Pavlevitch et d'Eugène Kvatesnik, responsables de l'attentat.

Louis Barthou fut remplacé au Quai d'Orsay par Pierre Laval.

Le 7 novembre, les ministres radicaux, hostiles au projet de réforme de la Constitution - qui permettait notamment au président de la République de dissoudre l'Assemblée - prenaient prétexte d'un désaccord sur un projet financier pour démissionner en bloc et provoquaient ainsi la chute du ministère Doumergue.

XIV

Les flots bleus du Tréport

« Il faut savoir terminer une grève
dès que satisfaction a été obtenue.
Il faut même savoir consentir au compromis si toutes
les revendications n'ont pas encore été acceptées,
mais que l'on a obtenu la victoire sur les plus
essentielles revendications. Tout n'est pas possible. »

Maurice Thorez, le 11 juin 1936.

Le 14 juillet 1935, les responsables des partis radical, socialiste et communiste, Édouard Daladier, Léon Blum et Maurice Thorez, accompagnés du professeur Paul Langevin, du philosophe Alain et de l'écrivain Henri Barbusse, suivis par plusieurs centaines de milliers de Parisiens défilent de la Bastille à la porte de Vincennes, en chantant *la Marseillaise*, poing fermé et bras tendu contre les ligues fascistes.

Le « Rassemblement Populaire » réunit aussi les centrales syndicales, la Ligue des Droits de l'Homme, le Comité Amsterdam-Pleyel de lutte contre la guerre et le fascisme, le Comité de vigilance des Intellectuels antifascistes, le Mouvement d'action combattante représentant les anciens combattants de gauche.

Le sens de la manifestation est inhabituel car les manifestants vont déboucher vers la périphérie de la capitale. Le même jour, les Croix-de-Feu remontent les Champs-Élysées pour déposer une gerbe au soldat inconnu. Eux aussi seront canalisés vers l'extérieur de Paris. Les deux manifestations s'éloignant l'une de l'autre, tout affrontement sera évité. Les organisateurs des deux manifestations ont donné leur accord sur le tracé ainsi établi.

On scande des slogans contre les « marchands de canons », les « 200 familles » et les « puissances d'argent ». Derrière la tête de la manifestation, défile le peuple de Paris et de sa banlieue. Une immense clameur monte du cortège : « Paix, pain, liberté ! ».

Courant mai, les élections municipales avaient marqué un glissement à gauche de l'électorat et les meetings des organisations de gauche se multipliaient.

Le succès du défilé du 14 juillet s'explique pour plusieurs raisons. Le 6 février 34 a vu la République vaciller sur le pavé de l'émeute. Les ligues ont réussi une démonstration de force dont les Français ont mesuré tous les dangers. Le régime politique s'est trouvé affaibli par les affrontements de la rue. Ses jours sont comptés, les Français veulent autre chose.

Les forces populaires n'ont d'autre choix que de s'unir en un véritable « front » si elles veulent sauvegarder la démocratie et la liberté. Il suffit de regarder ce qui se passe aux frontières de l'hexagone, pour comprendre combien ces deux mots sont menacés : Allemagne, Italie, Espagne et même la Belgique avec Léon Degrelle et ses « rexistes ».

Face au « Front populaire », se dresse le « Front National » qui va de l'Action française, jusqu'aux radicaux hostiles à l'union du Front populaire, comme Joseph Caillaux, l'ancien président du Conseil.

Le slogan rabâché du Front national est simple ; seule la fermeté peut empêcher la guerre civile en France et il prend l'exemple espagnol qui voit se multiplier troubles, attentats ou émeutes : *« Veut-on la même chose en France ? »* Les menaces se précisent dans son discours : *« Hitler se jettera sur vous à la première occasion »* et le pays sera terrassé par la guerre.

En fait, la droite craint plus le Front populaire qu'elle ne redoute la croix gammée. On entendra souvent par la suite : *« Plutôt Hitler que Blum ».*

Ensuite, les Français restent marqués par les grands scandales de l'argent dont l'affaire Stavisky a constitué le point d'orgue.

« Tous pourris, tous des assassins ».

Les hommes de l'Action française, des Croix de feu ou des Camelots du roi n'étaient pas les seuls à s'en prendre aux parlementaires véreux. Parmi les voix qui s'élevaient place de la Concorde aux abords du palais Bourbon, figuraient aussi celles de l'ouvrier, du chômeur sans ressources, des petits commerçants et artisans auxquels aurait pu se joindre l'ensemble du monde rural : agriculteurs, éleveurs durement frappés par la crise.

Au ministère Doumergue va succéder un ministère Flandin puis un ministère Bouisson renversé trois jours plus tard. La Chambre lui a refusé les pleins pouvoirs économiques et financiers comme elle les a refusés au ministère précédent. L'un après l'autre, les ministères, se heurtent aux même impasses : la crise s'aggrave ; comment en sortir ?

Le pays, depuis le 10 mai 1935, traverse une poussée aiguë de la crise économique et financière qui se traduit par la vente massive de valeurs à revenu fixe. On achète beaucoup de devises, notamment de la livre, du dollar, et l'on constate de grosses sorties de métal précieux du pays. En l'espace de cinq jours, fin mai 1935, le taux d'escompte de la Banque de France est porté en trois fois, de 2 1/2 à 6%. Pour le reste, tous les indicateurs industriels sont au rouge. La France de 1935 produit deux fois moins d'acier, les deux tiers de ce qu'elle produisait en fer, L'automobile et le textile sont touchés. Le bâtiment n'échappe pas à la crise et l'agriculture, céréalière et viticole, traverse des années noires.

Tout va de plus en plus mal et tout ne pourrait qu'aller mieux si l'on changeait radicalement de politique. Il faut au gouvernement des hommes nouveaux et en France, des idées neuves. Des idées nouvelles en matière économique, il y en a peu. Sans doute parce que l'économie d'une nation est une discipline complexe et périlleuse mais ce qui l'est plus encore, c'est l'art de la politique dans une démocratie, cette science de l'éternel compromis qui consiste à dire oui aux uns sans jamais dire non aux autres.

Pour le reste, il en va des finances publiques, comme du budget d'une famille. Les règles d'une bonne gestion sont, a priori, simples : ne pas dépenser plus d'argent qu'il n'y en a dans le porte-monnaie du ménage. Dans le cas contraire et à l'échelle d'un pays, cela s'appelle un déficit budgétaire dont il faudra bien rembourser intérêts et principal.

La géométrie économique d'une nation se fonde sur la ligne droite verticale. D'un côté, les recettes et de l'autre, les dépenses. Horizontalement, les chiffres doivent se balancer jusqu'à l'équilibre et tant mieux s'il y a plus de recettes que de dépenses.

Les différents ministères de la IIIe République ont assimilé ces principes de base. C'est la suite qui les chiffonne.

Sur le plan international, lorsque des monnaies lourdes comme la livre ou le dollar dévaluent, malheur aux autres devises avec lesquelles elles voisinent et c'est le cas du franc qui lui n'a pas bougé. Nos partenaires n'achètent plus chez nous car notre monnaie pèse sur nos prix. Ils éviteront des vacances en France car le change leur serait défavorable.

Par contre, nous achèterons chez eux car, dévaluation oblige, leurs prix nous apparaissent plus attractifs. Résultat : nouveau déséquilibre dangereux pour notre production industrielle. Nos clients se font rares, les touristes désertent la France ; il faut d'autant plus réduire la production non seulement parce que nous vendons moins mais aussi parce que nous achetons plus à l'extérieur. Pour tenir bon, les entreprises n'ont qu'une solution : le chômage qui freine la consommation, réduit les recettes fiscales, et creuse plus encore les déficits.

Alors, quelles solutions ?

La première, c'est la déflation. C'est la voie choisie par les gouvernements de ces années trente : augmentation des impôts et limitation des déficits budgétaires. Par des impôts plus lourds qui vont réduire le budget des ménages, on donne un sérieux coup de frein à la consommation. Du coup, selon les principes de l'offre et de la demande, on peut espérer que la demande diminuant, les prix vont s'orienter à la baisse. Stratégie brutale et injuste dont les résultats sont loin d'être garantis. Le chômage lui va flamber.

L'austérité est un facteur de mécontentement social évident qui renforce les oppositions et risque de compromettre toute liberté de mouvement gouvernemental. C'est le syndrome même de la IIIe République qui se caractérise par une valse tragi-comique des ministères.

L'exemple d'une telle politique de déflation est donné en juillet 1935 au lendemain du défilé du 14 juillet des forces de gauche.

Le Conseil des ministres de Laval, profitant des vacances parlementaires et après que la Chambre lui ait accordé les pleins pouvoirs économiques et financiers adopte, le 7 juin, un ensemble de décrets-lois portant sur dix milliards d'économie.

C'est ce que la gauche appellera « les décrets de la misère ».

Déjà rongés de 10% en 1934, les traitements des fonctionnaires et les allocations des anciens combattants se verront encore amputés de 10 à 15%. Les impôts directs et indirects seront augmentés tandis que le taux des rentes est abaissé. Un impôt est fixé sur les revenus supérieurs à 80 000 francs.

Résultats mitigés de ce plan.

Selon les uns, la reprise économique qui s'amorçait au printemps est brisée nette avec les décrets-lois, le franc apparaît toujours surévalué, le mécontentement gagne tandis que l'opposition de gauche promet, elle, *« du pain et non des larmes ».*

Selon les autres, l'effort, conjugué à celui du ministère Flandin qui l'avait précédé et à celui du ministère Sarraut qui lui succédera, aurait permis au pays une éclaircie, cette fois, remise en question par l'arrivée au pouvoir du Front populaire.

En fait, dans les deux cas de figure et avec les arguments électoraux que l'on devine, nous ne sommes plus dans l'économie mais bien dans la politique.

Deuxième solution : la dévaluation. Il faut harmoniser la valeur de notre monnaie par rapport à celles de nos voisins. Si la livre et le dollar ont été dévalués, il faut en faire autant sans tarder pour rétablir l'équilibre des échanges car plus on attendra et plus la facture sera lourde. Face à ces deux monnaies-phares qui régissent le monde, il serait présomptueux de croire que l'on pourra faire autrement. Solution de bon sens adoptée par la Belgique en mars 1935 et qui entraîne, au passage, la fuite de capitaux français.

En France, personne ne veut d'une dévaluation. Dévaluer c'est avilir notre monnaie et blesser l'orgueil national. En 1935, la classe politique ne comprend pas l'époque où elle vit. Ses principes d'économie sont figés dans le marbre du Franc de Germinal. Une monnaie de rêve qui n'existe plus que dans la mémoire et le souvenir des anciens.

Paul Reynaud qui a le courage de prôner la dévaluation, fin décembre 1935, ne sera pas écouté. Pourtant, il avait vu venir la crise mais on avait haussé les épaules. Pourquoi serait-il écouté aujourd'hui ?

En 1936, la population française s'élève à 41 960 000 habitants contre 41 834 923 habitants en 1931. Cette période marque le développement de la banlieue parisienne où résident plus de 2 millions et demi d'habitants contre moins de 1 million au début du siècle.

La crise qui frappe l'Amérique en 1929 n'atteint la France qu'en 1932. A l'origine, seuls les agriculteurs la ressentent. Pour la majorité des Français, cela ne changera rien avant que le marasme ne s'étende. Entre 1929 et 1936, les revenus privés des Français s'effritent de 30% (contre près de 60% dans le monde rural).

Le chiffre d'affaires d'un grand magasin parisien de 715 millions en 1929, tombera à 505 millions en 1933 puis 364 millions en 1936, soit une chute pure et simple de près de 50%.

Au-delà de ces chiffres, le coût de la vie avait lui aussi baissé : près de 20% à Paris, plus de 22% en province. Lorsque les salariés de l'industrie réagiront à la réduction de leur salaire, ils n'évoqueront pas la baisse des prix à la consommation.

La crise, c'est aussi le chômage. 1929 : 900 chômeurs officiellement recensés, 465 000 fin 1935. Sachant que sans assurance obligatoire contre le chômage, la privation d'emploi du chef de famille revêt un caractère dramatique pour la plupart des ménages touchés. Quoi qu'il en soit et même si les statistiques ne reflètent pas la réalité, notre pays n'a pas été parmi les plus touchés par le chômage.

La France, au début de l'année 1936, se prépare aux élections législatives qui doivent avoir lieu les 26 avril et 6 mai.

Le 12 janvier, les forces de gauche publient le programme du Rassemblement populaire, sorte de « programme commun », plus social qu'économique ; relever le pouvoir d'achat relancera la consommation et ravivera l'économie. Il s'agit de faire l'inverse de ce qui a été fait jusqu'à présent mais la formule reste vide de sens et cette équation ne tiendra pas la route.

Comment fera-t-on ? En augmentant les salaires ? La masse monétaire en circulation au risque de relancer l'inflation ? En réduisant les impôts et en « faisant payer les riches » comme le demande Jacques Duclos et tous les communistes, quitte à favoriser plus encore la fuite des capitaux ? En surendettant l'État déjà bien mal en point ?

Le programme du Rassemblement populaire est plus un programme d'intentions et de formules qu'un véritable programme de relance économique. A croire que l'on a fait que survoler les questions sans entrer dans le détail afin de ménager les différentes sensibilités socialistes, communistes et radicales.

Politiquement, le programme prévoit la dissolution des ligues d'extrême droite, la défense de l'école laïque, la prolongation de la scolarité obligatoire jusqu'à 14 ans et « la mise en pratique dans l'enseignement du second degré d'une sélection indispensable comme complément de la gratuité », la défense des droits syndicaux, une réforme de la presse et de la radiodiffusion -prévoyant la publication des bilans de la presse quotidienne afin de connaître quels intérêts se cachent derrière certains organes de presse-, la mise en place d'une commission d'enquête parlementaire sur la situation dans les territoires d'outre-mer (Algérie comprise).

Sur le chapitre économique, l'équation : « ni déflation, ni dévaluation » semble bien problématique à résoudre.

Le programme économique prévoit outre des nationalisations, la réforme de la Banque de France dont le conseil des régents était soumis à l'influence des deux cents plus gros actionnaires, les fameuses « 200 familles ».

En fait, le Front populaire ne sera jamais révolutionnaire en matière économique. Bien au contraire, Léon Blum adopte un conservatisme prudent presque paradoxal. Son programme semble calqué, trait pour trait, sur le fameux « new deal » du président Roosevelt aux États-Unis, à ceci près que le président américain n'aura pas à opposer le libéralisme radical au dirigisme communiste, donnant au new deal une efficacité que n'atteindra jamais le Front populaire.

Le Front populaire préconise un programme de vastes travaux, la création d'un fonds de chômage, des retraites suffisantes pour les vieux travailleurs et bien entendu les congés payés annuels et la semaine de quarante heures sans diminution de salaire.

85% des Français se rendront aux urnes deux dimanches de suite. C'est la plus forte participation à un scrutin législatif depuis 1914 et c'est la dernière fois aussi que seuls les hommes ont le droit de vote. La campagne est passionnée. Droite et Gauche s'empoignent sans pitié. Les murs sont couverts d'affiches, les attaques sont virulentes.

Le premier tour n'est pas décisif : seuls sont élus 174 députés face à quelques 424 ballottages. La consigne de vote est formelle pour le second tour : *« faire bloc sur celui des candidats que le suffrage universel a mis en tête au premier tour »*. On constate que la droite a peu reculé par rapport aux élections de 1932 : de 37,35% à 35,88% et les résultats ne sont pas aussi spectaculaires qu'on ne le pense généralement. D'autant qu'avant ces élections, les partis formant le Front populaire avaient déjà la majorité avec 322 élus.

Les socialistes SFIO arrivent en tête pour la première fois, avec 146 sièges contre 97. Les radicaux perdent une quarantaine de sièges : 116 contre 159 qui profitent aux divers gauche et aux communistes qui de 10 députés dans la Chambre de 1932 passent à 72 dans celle de 1936. De nombreux départements ruraux du Centre et du Sud-Ouest ont voté communiste. Le groupe Union Socialiste Républicaine, constitué de « néo-socialistes » dissidents de la SFIO depuis 1933 tombe de 45 à 26 députés tandis que le Parti d'Unité Prolétarienne, le P.U.P., passe de 11 à dix députés.

Les partis « nationaux », modérés ou de droite, perdent 46 sièges mais resteront tout de même 212 députés dans la nouvelle Assemblée face aux 370 députés du Rassemblement populaire. C'est une force d'opposition avec laquelle les élus de gauche devront compter.

Le lendemain, la presse qui donne l'ensemble des résultats s'interroge sur l'identité du nouveau gouvernement. Dans l'après midi, une édition spéciale du *Populaire* dans laquelle on devine l'influence de Léon Blum dissipe tout mystère : *« C'est un gouvernement de Front populaire qui doit se présenter devant la Chambre. Le Parti Socialiste est devenu le groupe le plus puissant non seulement de la majorité, mais de la Chambre entière. (...) Nous tenons donc à déclarer, sans perdre une heure, que nous sommes prêts à remplir le rôle qui nous appartient, c'est à dire à constituer et à diriger le gouvernement de Front populaire . »*

Conformément à la Constitution, la Chambre élue en 1932 demeure en fonction jusqu'à la fin mai 1936. Le gouvernement de Front populaire n'accédera donc aux affaires que le 6 juin.

L'homme qui se dégage, au grand dam de certains qui voudraient déjà l'effacer d'un pouvoir qu'il ne dirige pas encore, au profit de Vincent Auriol, est Léon Blum.

Né à Paris en 1872, Blum est un ancien élève de l'École normale supérieure. Il entre à 23 ans au Conseil d'État, est élu député en 1919. Il a soutenu Herriot et s'est opposé à Poincaré. Aux élections de 1928, il est battu par Jacques Duclos du Parti Communiste. Il sera élu député de Narbonne jusqu'en 1940.

Dans le bureau de l'aile basse de l'Élysée, le président Albert Lebrun convoque Léon Blum et lui tient un discours étonnant : *« Je dois vous appeler. Je vous appellerai donc. Mais ne pensez-vous pas qu'il vaudrait mieux renoncer à être chef du gouvernement ? Il n'y a jamais eu de socialistes au gouvernement. Ne pensez-vous pas que cela va provoquer des grèves ? ».*

« Il avait l'air, racontera Léon Blum, *d'une poule ayant couvé un œuf de canard. Je suis resté ferme et il a renoncé à sa suggestion. »*

En fait, le président Lebrun n'est pas aussi myope qu'il n'y paraît.

Léon Blum est un homme fin et cultivé, passionné et ardent, généreux, scrupuleux mais irréaliste et tourmenté. Orateur brillant, il n'a aucune expérience du pouvoir. C'est un homme intègre mais son esprit critique le pousse davantage à la réflexion qu'à la réalisation concrète. C'est un théoricien abstrait. Il brille plus par sa sensibilité que par son imagination ou ses capacités de prévision.

La presse de droite ne manquera jamais l'occasion de lui rappeler une de ses phrases malheureuses. Léon Blum avait écrit : *« Hitler est désormais exclu du pouvoir, il est même exclu, si je peux dire, de l'espérance du pouvoir. »* or deux mois plus tard, Adolf Hitler accédait à la tête de l'Allemagne.

Le physique de Léon Blum en fait la tête de turc des caricaturistes ; sexagénaire alerte à la chevelure ondulante et au geste précieux, toujours tiré à quatre épingle, lunettes rondes posées sur un nez à piquer les gaufrettes, lèvres fines masquées par une moustache drue en saule pleureur, aspect longiligne et maigre, il a la voix frêle et chevrotante.

Trop enfoncé dans ses pensées, il donne parfois l'impression d'une irrésolution exaspérante. Il est israélite et bon nombre de ses contemporains vont laisser libre cours à un antisémitisme qui à son égard, ne connaîtra plus de bornes.

Léon Daudet et Charles Maurras, dans *l'Action française* s'élèveront contre « les juifs au pouvoir », le « cabinet crétins-talmud ». Pour Daudet, Léon Blum est un « gentleyoutre », un « hébreu radiophonique ». *L'Action française* titrera le 10 juin 36 : « Tout va très bien, monsieur le Rabbin » ou encore « La grande Offensive juive » le 21 juin 36.

Dans le mois qui s'écoule entre la victoire du Rassemblement populaire le 3 mai, et la formation du premier cabinet Blum le 4 juin 1936, la France va connaître ses premières grèves avec occupation d'usines.

Elles éclatent tout d'abord au Havre le 11 mai à la suite des licenciements décidés par les patrons à l'encontre d'ouvriers ayant chômé le 1er mai. Deux jours plus tard, une grève similaire gagne Toulouse sans que la Presse n'en fasse ses gros titres malgré la nouveauté de l'occupation des lieux de travail.

Dès réintégration des ouvriers licenciés, la reprise du travail l'emporte mais bientôt, la région parisienne connaît à son tour des mouvements sociaux notamment à Courbevoie.

Ces grèves sur lesquelles cèdent parfois les directions pourvu que l'on évacue les usines, sont-elles spontanées ? Il semble bien que les communistes aient été à l'origine de ces mouvements qui les ont rapidement déconcertés par leur ampleur inattendue. Auraient-ils voulu ainsi priver Léon Blum du bénéfice politique de mesures sociales qu'il se préparait à prendre ?

Les communistes n'ont pas été les seuls à pousser au mouvement. Les trotskistes et l'extrême gauche de la SFIO ainsi que la C.G.T. à présent réunifiée, ont œuvré dans le même sens.

Ces grèves demeurent populaires et spontanées, grèves de méfiance et d'avertissement au pouvoir qui va se mettre en place le 6 juin, grèves de la joie et de l'espoir qui saluent l'arrivée de la gauche au gouvernement. Grèves improvisées, non pas qu'il n'y ait pas de revendications à satisfaire mais parce que l'on ne sait pas comment s'y prendre parce que l'usine ne compte pas un seul syndiqué. Le chiffre d'un syndiqué pour mille salariés est parfois cité. Alors quelle revendication est justifiée ? Quelle revendication est utopique ? Comment se comporter devant un patron ? Comment entamer des négociations ? Le plus simple est de demander conseil à la C.G.T.

La classe ouvrière dans son ensemble fait son apprentissage de la lutte sociale sous le regard stupéfait du patronat que les syndicalistes sont parfois contraints de protéger de la masse. La plupart du temps cependant les choses se passent dans une atmosphère bon enfant où l'on saucissonne, où l'on danse au son de l'accordéon, où des artistes à l'exemple de Mistinguett viennent pousser la chansonnette à l'intention des grévistes « sur le tas ».

Les succès à la mode ne manquent pas : *« Quand on s'promène au bord de l'eau »* chante Gabin dans « La belle équipe », l'histoire de cinq chômeurs qui, gagnant à la Loterie nationale, vont acheter une guinguette des bords de Marne qu'ils vont retaper au nom de l'amitié. Parmi eux, Mario, l'espagnol clandestin qui sera expulsé de France et quittera le premier ses amis.

« La belle équipe » est le film culte du Front populaire. Julien Duvivier tournera deux fins différentes à cette histoire ; l'une pessimiste qu'il préférera, l'autre optimiste que les exploitants de salles adopteront.

Le 28 mai, les 35 000 ouvriers de Renault se mettent en grève avec occupation des usines. Le mouvement s'étend bientôt à toute la sidérurgie puis gagne dans les jours qui suivent et jusqu'au 7 juin, tous les secteurs de l'industrie et du commerce.

Pendant ce temps, Léon Blum achève de constituer son gouvernement et le présente au président Lebrun le 4 juin à 21 heures.

Conformément à ce qu'ils avaient déclaré dès le 14 mai, les communistes n'y participeront pas. Veulent-ils exercer « du dehors, une sorte de ministères des masses » comme l'affirmera Paul Vaillant-Couturier ou ont-ils obéi à la recommandation des soviétiques de ne pas participer au gouvernement afin de ne pas effrayer l'opinion modérée ?

Le cabinet Blum réduit aux seules tendances SFIO, USR et Radicaux, constitue un savant dosage politique dans lequel on retrouve Daladier, vice-président du Conseil et ministre de la Guerre. Ce n'est pas un homme nouveau en politique. Son nom reste associé dans l'esprit des Français aux événements du 7 février 1934.

Figurent aussi Vincent Auriol aux Finances et Roger Salengro à l'Intérieur. A Léo Lagrange, on confie un sous-secrétariat d'État aux loisirs et aux Sports. Autre innovation : trois femmes sont nommées au gouvernement : Mesdames Léon Brunschwig, Suzanne Lacore et Irène Joliot-Curie.

Malgré les conseils pressants du président de la République qui demande à Léon Blum de tout mettre en œuvre pour résoudre le conflit social qui paralyse le pays chaque jour un peu plus, le président du Conseil n'entend prendre aucune initiative tant que son gouvernement n'aura pas obtenu la confiance de la Chambre. C'est chose fait le 6 juin par 384 voix contre 210, la gauche indépendante ayant voté pour le Front populaire.

Le programme est annoncé aux députés : amnistie, semaine de quarante heures, plans de grands travaux, prolongation de la scolarité de 13 à 14 ans, réforme du statut de la Banque de France, création d'un office du blé puis dans un deuxième temps : fonds national de chômage, assurances contre les calamités agricoles et aménagement des dettes agricoles, retraites des vieux travailleurs.

Dès le lendemain, 7 juin, s'ouvrent de difficiles négociations entre le patronat et les syndicats qui aboutiront aux accords Matignon. En fait, dès le vendredi 5 juin, dans la soirée, Léon Blum avait reçu une délégation patronale venue lui faire part de ses inquiétudes face aux grèves. Les négociations s'ouvriront le dimanche 7 juin à 15 heures à l'Hôtel Matignon. Le gouvernement propose son arbitrage mais les discussions s'avèrent difficiles. L'augmentation générale des salaires de 10 à 15% demandée par les syndicalistes apparaît inacceptable pour les représentants du patronat. Après trois heures de négociations aux cours desquelles on a très peu progressé, la séance est suspendue.

Vers minuit, les discussions n'étant parvenues qu'à dresser les grandes lignes des conventions collectives, Léon Blum, de retour d'un meeting au Vélodrome d'hiver où il a pris la parole en compagnie de Maurice Thorez, apporte son arbitrage sur la question du relèvement des salaires.

A une heure du matin, les accords Matignon sont signés.

Les salaires à la date de la reprise du travail seront augmentés de 15% pour les plus faibles et jusqu'à 7% pour les plus élevés, soit 12% en moyenne. Les employeurs s'engagent par ailleurs à ne prendre aucune sanction pour fait de grèves et à respecter les libertés syndicales. Pour les organisations syndicales, l'exercice du droit syndical ne doit pas avoir pour conséquence des actes contraires aux lois.

Pour le patronat, il s'agit d'en finir au plus vite avec les grèves et tant pis si l'urgence de la situation lui fait céder un peu de terrain. Mieux, il préconise l'idée de délégués du personnel élus. Non sans arrière pensée bien sûr : ces délégués du personnel syndiqués ou non, mais forcément plus modérés, pourront utilement faire barrage aux organisations syndicales. Là, il se trompe, il vient de doter le syndicalisme d'un instrument décisif.

Les accords Matignon ne seront pas ovationnés et susciteront même une certaine méfiance. La France ne va pas se remettre au travail tout de suite, bien au contraire. Aux grévistes, se joignent les salariés des grands magasins. On veut des engagements signés usine par usine. Les trotskistes et la gauche révolutionnaire poussent dans ce sens.

Il ne faut pas, selon la C.G.T. qui tente de ramener le calme dans les esprits, que les ouvriers se coupent de la paysannerie et de la bourgeoisie et le 11 Juin, Maurice Thorez lance la fameuse phrase : *« Il faut savoir terminer une grève »* suivie d'une réplique à Marceau Pivert qui avait écrit dans *Le Populaire* : *« Tout est possible »*, le leader communiste annonce gravement : *« Tout n'est pas possible. »*

Le Parti communiste, pas plus que le Parti socialiste auparavant, ne s'engagera dans une voie révolutionnaire. Leurs actions respectives s'imbriqueront dans la légitimité républicaine. Il ne saurait être question de vouloir changer la face du monde en instituant en France un nouveau régime. On a rendu hommage à la Révolution française, on défilera devant le mur des fédérés au Père Lachaise en souvenir de la Commune mais comment pourrait-on aller plus loin sans observer la montée des périls en Europe ?

Le 9 juin, trois textes sont déposés par Léon Blum à l'Assemblée nationale : conventions collectives et congés payés sont votés le 11 juin. Le troisième texte sur la semaine de 40 heures est voté le lendemain, non sans inquiétude de la part de plusieurs orateurs dont Paul Reynaud qui souligne l'élévation du prix de revient qui résultera d'un abaissement de la semaine à quarante heures sans diminution de salaire.

La réponse du chef du gouvernement ne parvient pas à convaincre. La semaine de quarante heures ne créera pas de nouveaux emplois, pas plus qu'elle ne parviendra à ranimer, selon Blum, la capacité de production qui devrait gommer sur un plus grand nombre d'objets produits, les frais de gestion dont le surcoût de la main d'œuvre lié à l'abaissement de la durée du travail et à l'augmentation des salaires.

La mesure essentiellement sociale tombe dans une conjoncture de marasme. On risque de produire autant sinon moins mais cela restera, de toutes façons, hors de compétitivité. Quant aux augmentations de salaire, elles vont mettre à mal de nombreuses petites entreprises incapables de faire face au surcoût salarial et dont certaines disparaîtront. Quant aux plus solides, on notera un ralentissement de leurs investissements et l'outil industriel vieillira.

D'autres réformes seront menées dans les semaines et les mois qui viennent : l'office national interprofessionnel du blé rédigé par Georges Monnet et déposé le 18 juin, ne sera voté que le 14 août par le Sénat au terme d'incessantes navettes.

Le 30 juin 1936, dissolution des quatre ligues : Croix de feu du colonel de la Rocque, Jeunesses Patriotes, Solidarité Française du commandant Jean Renaud et Francistes de Marcel Bucard.

La prolongation de la scolarité de 13 à 14 ans et la création de plusieurs milliers de postes d'instituteurs sont adoptées le 9 août. Suivent ensuite la nationalisation des industries de guerre, les fameux « marchands de canons ».

Pour la Banque de France, le droit de vote est étendu aux 40 000 actionnaires au lieu des « 200 » principaux actionnaires. Le Conseil des régents supprimé est remplacé par un Conseil constitué de fonctionnaires, de techniciens et de représentants des grandes organisations économiques. Le texte est voté par 444 voix contre 77. Une partie de l'opposition s'est désolidarisée des 200 familles.

Léon Blum ne peut ignorer la situation financière délicate dans laquelle se trouve le pays. Depuis 1932, rien ne va plus. Le métal précieux, au lieu d'affluer vers la Banque de France, prend le chemin de l'étranger. Avec l'arrivée du Front populaire, l'hémorragie va s'amplifier.

Dans les réserves de la Banque de France, des 83 milliards d'or de 1932, il ne reste plus guère en septembre 1936 que 50 milliards, soit moins de 3 000 tonnes contre près de 5 000. Mais il en faudrait plus à la Banque pour s'inquiéter. On fait valoir la crise économique et l'on s'interdit de porter atteinte au libre jeu monétaire même si ce libre jeu tourne à l'extérieur de nos frontières à l'anarchique pagaille, à la règle du chacun pour soi. Et puis, dans ce chaos, l'or apparaît être un vestige du passé, un « dogme désuet », un « vieux fétiche », une « relique barbare » ou un « facteur d'oppression des peuples ».

Malheur donc à la monnaie qui resterait fidèle à l'or et c'est le cas du Franc qui, progressivement, se trouvant isolé sur un marché très instable, se met à douter de lui-même. L'initiative de créer un « Bloc de l'or », réunissant la Belgique, la Suisse, les Pays Bas, l'Italie et la Pologne fera long feu et ne parviendra pas à dresser un rempart contre le Bloc sterling auquel s'ajoute à présent le Bloc dollar qui gagne chaque jour plus d'assurance. Contrôle monétaire chez les uns, dévaluation chez les autres auront raison de cette ultime tentative de résistance.

Léon Blum et Vincent Auriol, son ministre des finances, ont hérité d'une situation difficile qui va le devenir plus encore avec les mesures sociales mises en œuvre en juin 36.

Le 19 juin, quatorze milliards de Bons du Trésor et autres fonds de l'État qui avaient été réescomptés par la Banque de France seront transformés en avances directes de la Banque à l'État. L'intérêt est ramené de 6 à 2% et la Banque ouvre 10 milliards de crédits supplémentaires au Trésor au même taux. Léon Blum laissera passer ce moment favorable à la dévaluation : *« Le pays n'a pas à attendre de nous, ni à redouter de nous, que nous couvrions un beau matin, les murs des affiches blanches de la dévaluation. Ce n'est pas notre pensée, ce n'est pas notre intention. »*

Pourtant, dans le propre camp du Front populaire, certains savent qu'il n'y a aucune illusion à se faire. *« Il est évident aujourd'hui*, écrit Georges Boris dès le 30 mai, *que le Front populaire hérite d'une situation qui n'a pas d'issue si on s'en tient aux règles classiques. Il est évident qu'on lui a légué une dévaluation à faire »* et de conclure avec lucidité : *« Et comme on sait qu'une partie de ses troupes - spécialement du côté communiste - s'est déclarée hostile à la dévaluation, on escompte qu'il se brisera, presque au départ, sur cet écueil.* »

Promesse de ne pas dévaluer lancée aux communistes dont on craint les réactions hostiles et elles le seront dans *l'Humanité*, aux classes moyennes, aux Anglais et aux Américains que l'on veut ménager, mais promesse jetée aux oubliettes quatre mois plus tard.

En une centaine de jours en effet, l'inflation s'est ranimée, du fait de la hausse des prix, le déficit de la balance des comptes s'est creusé, enfin la sortie des capitaux s'est accentuée. Avant la fin de l'année, il y a lieu de prévoir un déficit d'une dizaine de milliards.

Le 1er octobre 1936, le Franc est dévalué sans que l'on fixe sa nouvelle parité. Elle ne devra pas être inférieure à 43 milligrammes d'or à 0,900, soit 38,7 de fin, ni supérieure à 49 milligrammes toujours à 900/1000, soit 44,1 de fin.

Face au Franc Poincaré de 65,5 milligrammes à 0,900 (58,95 mg de fin), le Franc Auriol perd entre 25 et 34% de sa valeur. On pense que dans ce nouveau costume trop vaste pour lui, le franc va retrouver une plus grande liberté de mouvement. En fait, il entre dans une errance de semi-liberté, de liberté conditionnelle, de vagabondage surveillé par un fonds de stabilisation des changes de la Banque de France pour le compte du Trésor.

Comme la livre depuis 1931 et comme le dollar depuis 1933, le Franc va donc flotter sans parité s'appréciant ou se dépréciant au gré des mouvements de capitaux.

Demeure-t-il convertible ? Oui mais au seul usage des banques internationales en fonction d'un accord avec l'Angleterre et les États-Unis. Les banques d'émission assureront une convertibilité de leurs billets en or mais à leur usage personnel.

De toutes évidences, la dévaluation n'a pas été seulement tardive, elle a été insuffisante. Aller plus loin aurait lésé le bénéfice qu'Américains et Anglais tiraient de leurs propres dévaluations et c'est sous leurs pressions que la France n'a pas dévalué autant qu'il l'aurait fallu.

Si auparavant un écart de 25% rendait nos prix prohibitifs, la dévaluation de Vincent Auriol ne sera pas suffisante pour permettre une reprise de nos exportations, ni pour freiner la sortie des capitaux.

C'est un coup dur pour le pays et la Presse dans son ensemble, sauf *Le Populaire,* condamne la dévaluation. Les communistes sont véhéments : *« Ce sont les riches qui doivent payer »* et bientôt les premiers reproches se font jour : pourquoi le gouvernement n'a-t-il pas accepté le prélèvement progressif sur les grandes fortunes au-dessus d'un million ?

L'alliance socialo-communiste est menacée mais les communistes voteront non pour la dévaluation mais pour le gouvernement afin de le maintenir au pouvoir et d'éviter la rupture.

Pour les Français, la confiance psychologique est ruinée mais avait-on d'autres choix ? Ne fallait-il pas opérer cette manœuvre délicate plus tôt qu'on ne l'a fait ? Fallait-il que Vincent Auriol déclare le 15 juillet : *« Le danger de dévaluation est écarté. »* ?

Ce « Franc élastique » comme on le surnomme avec mépris, n'est-il pas le premier maillon d'une longue chaîne de désespérance du Franc ? Ne va-t-on pas banaliser le lent avilissement d'une monnaie devenue aussi bancale qu'une autre ?

Aujourd'hui, en 1936, il faudrait un peu moins de 7 francs Auriol pour retrouver la valeur d'un Franc d'août 1914. Il ne s'est pourtant écoulé que 22 années. Cela semble long et à priori peu inquiétant puisque le franc a poursuivi son déclin mais il suffit d'imaginer la réaction de nos grands-parents qui avaient connu un franc intangible n'ayant pas bougé depuis un siècle. La victoire de 1918 leur offrit un franc affaibli qu'il fallut revoir à la baisse dix ans plus tard sous Poincaré, puis encore huit ans plus tard sous le Front populaire. Où s'arrêtera cette dégringolade ?

Plus d'un mois et demi après la dévaluation, le gouvernement du Front populaire est frappé de stupeur : Roger Salengro, ministre de l'Intérieur et député-maire de Lille vient de se suicider. Ce n'est pas une crise cardiaque qui l'a terrassé à son domicile du boulevard Carnot à Lille ; il s'agît bien d'un suicide par le gaz. Dans une lettre adressée à Léon Blum, Salengro exprime son surmenage, sa peine inconsolable après la mort de sa femme terrassée par une attaque quelques mois auparavant mais surtout Salengro a été victime d'une calomnie lancée et entretenue par l'Action française suivie par l'hebdomadaire *Gringoire*.

Pourquoi une telle calomnie ? Parce que c'est Roger Salengro, ministre de l'Intérieur qui, le 18 juin 36, a fait signer par le président de la République les décrets de dissolution des ligues et associations d'extrême droite. L'extrême droite vient de lui rendre la monnaie de sa pièce.

Par ailleurs, comment croire un instant que les ligues auraient pu se dissoudre par décrets, tel un cachet d'aspirine dans un verre d'eau ?

Les Croix-de-feu étaient devenues le Parti Social Français. Jacques Doriot, ex-communiste devenu fasciste avait lancé le Parti Populaire Français. On parlait de plus en plus d'une organisation secrète de militaires et d'anciens combattants subventionnée par des industriels, « la Cagoule », du Comité secret d'action révolutionnaire (CSAR). Enfin, d'autres voulaient encore un « Socialisme national » sans se rendre compte que l'inversion de ces deux mots désignait déjà le Nazisme en marche dans l'Allemagne du chancelier Hitler.

La campagne de calomnie touche au passé de combattant du maire de Lille durant la grande guerre et l'argument de désertion à l'encontre de Roger Salengro n'est pas nouveau. Il a été lancé en 1921 par les communistes du Nord et c'est le même argument que reprendra Henri Beraud dans *Gringoire*, un hebdomadaire dans lequel André Tardieu signe des articles et l'on est à peine surpris de savoir que l'ancien préfet de police Chiappe n'est autre que le beau-frère d'Horace de Carbuccia, directeur du journal. *Gringoire* tire chaque semaine à plus de cinq cent mille exemplaires, ce qui est considérable.

Henri Beraud, auteur de la campagne de calomnie qui conduisit Salengro au suicide, condamné à mort pour faits de collaboration après la Libération, verra sa peine commuée en prison à vie avant d'être libéré peu avant sa mort en 1958.

Dévaluation, fuite des capitaux, pays paralysé par les grèves, virulence de l'extrême droite, premiers craquements entre socialistes et communistes, les jours du Front populaire sont comptés.

Le 1er août 1936 s'ouvrent les jeux olympiques de Berlin. Passant devant la tribune pavoisée de la croix gammée, la délégation française salue Hitler, bras tendus, à la manière olympique, dira-t-on.

Une dizaine de jours auparavant, le 19 juillet, deux jours après l'insurrection de Franco, le gouvernement espagnol, né de la victoire électorale du Frente Popular avait appelé à l'aide le gouvernement français mais pour Léon Blum, ce sera une « non-intervention » de façade dans la guerre d'Espagne et de nouveaux coups sévères portés au Front populaire. Le leader socialiste ne veut pas risquer une guerre européenne et s'aligne sur la position britannique qui recommande une stricte neutralité. Mais que signifie cette non-intervention alors qu'Italiens et Allemands appuient sans vergogne la rébellion franquiste en lui faisant parvenir tout l'armement dont elle a besoin ?

Le leader socialiste, déchiré entre les élans du cœur et la rigueur d'une diplomatie européenne songera à démissionner alors que le Front populaire n'est pas au pouvoir depuis plus de trois mois.

Août 36 voit les premiers congés payés et de nombreux tandems sillonner les routes de France. On fait du camping pour aller voir la mer. On part en train grâce au billet de congé populaire de Léo Lagrange mais malgré les auberges de jeunesse, les vacances restent un luxe. Alors, on part dans sa famille de province ou bien, on ne part pas du tout.

La guerre d'Espagne va attiser en France les passions les plus extrêmes. Les communistes fulminent de ne pas pouvoir entraîner la majorité dans ce combat contre le fascisme. Les radicaux et les pacifistes inclinent Léon Blum à la plus grande prudence. Une fois encore, Blum hésite.

Dans le pays, les grèves se poursuivent tantôt pour des augmentations de salaires, tantôt pour « des avions pour l'Espagne ».

Le Front populaire est attaqué de toutes parts pour ses contradictions permanentes. Les communistes se montrent de plus en plus hostiles, les radicaux de plus en plus réservés. Léon Blum est fréquemment hué, sifflé par les ouvriers.

Le 13 février 1937, s'adressant aux fonctionnaires, il leur annonce gravement : *« Un temps de pause est nécessaire... L'économie privée se trouve dans un état de convalescence encore fragile, parce que la coïncidence de grandes réformes sociales introduites en peu de temps avec l'alignement monétaire l'a placée dans des conditions toutes nouvelles, dont l'équilibre n'est pas encore consolidé. »*

En effet, si les signes encourageants de la dévaluation se sont fait sentir dans les derniers mois de l'année, ils se sont trouvés gommés par l'entrée en vigueur des décrets d'application de la semaine de 40 heures. Là où il aurait fallu user de prudence et de modération, réglant les cas branche par branche, les syndicats ont préféré une application stricte et rapide. De ce fait, les quarante heures se sont transformées en une sorte de goulot d'étranglement de l'appareil de production. Quant au chômage que l'on s'attendait à voir diminuer, son fléchissement sera plus que modeste.

Les charges sociales nouvelles ayant majoré les salaires de 32% en moyenne, l'incidence sur les prix de revient varie de 16 à 30%, ce qui ruine les effets bénéfiques de la dévaluation sur nos exportations. Or il est indispensable de relancer les exportations au simple regard de deux chiffres : la France exportait pour 52 milliards de francs en 1929. En 1934, les exportations françaises ne représentaient plus que 18 milliards de francs. La France n'a pas su observer par exemple que le flottement de la Livre avait fait perdre à la monnaie britannique jusqu'à 30% de sa valeur. Du coup, ce marché d'outre-Manche nous était interdit.

Enfin, le patronat français n'est plus impressionné par le Front populaire. On parle d'un nouvel accord Matignon qui réglerait les points litigieux et des négociations s'engagent en octobre entre le C.G.P.F., la C.G.T. et le gouvernement mais le 28 novembre, le patronat quitte la table des négociations. Parmi les raisons qu'il invoque, celle des occupations d'usines qui n'ont toujours pas cessé. Il dénonce aussi le contrôle syndical sur l'embauche et le licenciement que voudrait instituer la C.G.T.

Mars 37 va être marqué par un nouveau drame. Le Parti Social Français du colonel de la Rocque a prévu d'organiser une réunion à Clichy le 16. Le gouvernement ne s'oppose pas à la réunion mais les militants socialistes et communistes de Clichy décident d'organiser une contre-manifestation. Des incidents éclatent avec le service d'ordre, des coups de feu sont tirés : 5 morts, entre deux cents et cinq cents blessés.

Léon Blum bouleversé songe une nouvelle fois à démissionner.

Un malaise persistant s'installe dans la classe ouvrière. Quel est donc ce gouvernement de gauche dont les forces de l'ordre ont tiré sur le peuple ? On réclame la démission du ministre de l'Intérieur. Pour la presse d'extrême droite, l'occasion est trop belle. Reprenant le vieil argument antisémite, une caricature signée de Ralph Soupault dans *L'Insurgé* représente Léon Blum, les pieds dans le sang de Clichy avec une légende : *Qui a dit que je n'avais pas de sang français ?*

Les incidents se sont produits alors que le gouvernement avait lancé un emprunt de Défense nationale 4,5% à garantie de change dont la première tranche, le 12 mars, fut couverte en quelques heures.

Après Clichy, et pour la seconde tranche, les souscripteurs ne se précipitent plus aux guichets. La confiance dans le gouvernement a pris un mauvais coup. On parlera alors de machinations. L'enquête établira que certains manifestants de Clichy étaient, en fait, des briseurs de grève utilisés dans le Nord par des patrons. La provocation ne fait plus l'ombre d'un doute et déjà le nom de la Cagoule est sur toutes les lèvres.

Mai 1937 : le 1er mai est décrété Fête nationale mais comment les ouvriers pourraient-ils avoir le cœur à la joie ? Quelques jours plus tôt, le 26 avril, des avions allemands ont bombardé Guernica faisant plus de 1 500 morts.

Le 24 mai, c'est l'humiliante inauguration de l'Exposition internationale de Paris, « Arts et Technique 1937 ».

Une inauguration prévue le 1er mars mais qui a dû être reportée tant le retard du chantier était important. Grèves continues, affrontements provoqués par l'emploi de non-syndiqués ou de syndicalistes chrétiens, application sans nuance de la semaine de quarante heures pour un chantier de cette nature, provoqueront la risée des nations.

« Un échec du Front populaire serait le triomphe des fascismes, avait prédit Léon Blum : *« Un retard de l'Exposition serait leur victoire ».*

En écho, l'auditoire couvrant sa voix grêle et mal assurée lui rétorque :

« Des avions pour l'Espagne ! », « Des canons pour l'Espagne ! »

Les fascistes, eux, ne sont pas en retard. Les pavillons italiens et allemands sont prêts. Les Italiens n'ont pas hésité un instant ; ils ont travaillé tous les jours de la semaine y compris le samedi et le dimanche. Ils sont fiers du pavillon mussolinien devant lequel ils se font photographier, endimanchés, un large sourire aux lèvres.

La première pierre du pavillon allemand a été posée le 16 janvier par le chargé d'affaires du Reich. Huit jours plus tard, les charpentes laissaient deviner l'ampleur d'une tour de dix mille tonnes de pierre, de béton et d'acier. Les ouvriers allemands travaillent ici soixante heures par semaine sous le contrôle du propre architecte du Führer.

Le 24 mai, le président Albert Lebrun inaugure l'Exposition. Un miracle s'est produit dans les dernières quarante huit heures. En déployant des prouesses de camouflages, en déblayant, en nettoyant, en dissimulant, on est enfin parvenu à maquiller la grande misère de l'Exposition et de ses multiples pavillons inachevés dont majoritairement ceux de la France.

Alors, les quolibets sur l'esplanade du Trocadéro se font cruels : *« En tout cas, la tour Eiffel est prête pour l'Exposition... »*

Encore a-t-on évité le pire car trois heures à peine avant l'arrivée des officiels, les équipes de nettoyage décidaient de se mettre en grève pour obtenir le paiement de leurs heures supplémentaires. Il a fallu que les architectes mettent aussitôt la main au portefeuille pour éloigner la menace.

Face à face, les pavillons de l'URSS et du Troisième Reich, tous les deux achevés, tous les deux surplombés l'un d'un couple triomphant tendant une faucille vers l'azur, un peu à la manière d'un immense bouchon de radiateur pour automobile de luxe, l'autre de l'aigle hitlérien de dimensions à peine plus modestes.

Mais bon nombre d'autres pavillons ne ressemblent à rien ; échafaudages, sombres carcasses sans âme, palissades de la honte, promenoirs de plantes vertes ou de jardins subitement fleuris pour camoufler la détresse du néant. Aussi les guides qui accompagnent le cortège présidentiel se prennent-ils à hâter le pas lorsque le spectacle ne vaut pas que l'on s'y attarde. L'exposition de 1937 ne sera jamais achevée. Elle a coûté 1 380 millions de francs et n'en rapportera que 160. Bien peu de visiteurs s'y presseront.

Le 25 novembre, elle ferme ses portes au public et tombe dans l'oubli sommairement peuplée de gardiens errants qui constatent la rapide dégradation des palais sous les pluies froides de l'hiver. Le 23 décembre, la Chambre vote la prolongation de l'exposition mais la Commission des finances du Sénat rejette le projet. La ville de Paris a juré qu'elle ne débourserait plus un centime pour l'exposition. Alors, les démolisseurs, à leurs tours, vont visiter l'Exposition avant d'accomplir leur mission.

En juin 37, de nouvelles tensions pèsent sur le franc. La situation financière continue de se détériorer. Une nouvelle menace de dévaluation apparaît imminente. Il faut au gouvernement demander le 10 juin les pleins pouvoirs financiers. Trois experts qui travaillaient sur les finances du pays depuis mars dernier, ont remis leur démission. Selon eux, un temps précieux a été perdu, un plan d'ensemble leur paraît nécessaire. Pourquoi démissionnent-ils alors qu'il y a urgence ? Parce qu'ils ne croient pas le gouvernement qualifié pour mener ce plan d'actions.

La majorité de la Chambre sera fidèle au Front populaire par 346 voix contre 247 mais au Sénat, Joseph Caillaux dont l'influence est déterminante, se dresse contre Léon Blum et lui demande comment il compte s'y prendre pour faire rentrer les milliards de francs migrateurs.

La sanction tombe ; le gouvernement est battu par 188 voix contre 72. Léon Blum ne désarme pas. Sa voix ne porte pas. De nombreux sénateurs l'invectivent : « *Plus haut !* » mais l'homme a horreur des effets de tribune. La Chambre adopte un texte transactionnel que le Sénat écartera à nouveau par 168 voix contre 96.

Déjà, les ministres radicaux s'éloignent non sans faire comprendre à Léon Blum qu'il a perdu la bataille. Ils savent qu'il est temps pour eux de viser de nouveaux portefeuilles et de songer à leur avenir après la chute du Front populaire.

Le 22 juin 1937 à 2h45, le gouvernement Léon Blum remet sa démission. Il aura duré un an et seize jours. Ce n'est pas un record de brièveté. D'autres gouvernements de l'époque furent bien plus éphémères et s'inscrivirent moins durablement que le Front populaire dans la mémoire du peuple de France.

Une crise qui n'en finissait pas, une dévaluation sans bénéfice, le manque à gagner des journées de grève, ont porté de mauvais coups au budget des ménages. Tous ne profiteront pas de ces douze journées de congés payés annuels. Nombreux sont ceux qui ne partiront pas en vacances.

L'année prochaine, si tout va bien, si tout va mieux, mais vraiment beaucoup mieux, ils pourront enfin découvrir la mer et ses flots bleus au Tréport.

Le Tréport, c'est sur la Manche, en Seine Maritime. La mer y est parfois bleue lorsque le vent du large chasse les nuages d'averse.

XV

Les années terribles

« On n'entendit guère que les porte-parole des hommes et des groupes qui s'estimaient lésés dans la combinaison. Le danger couru par la patrie, la nécessité de l'effort national, le concours du monde libre n'étaient évoqués que pour décorer les prétentions et les rancœurs. »

Le colonel de Gaulle après le discours à la Chambre de Paul Reynaud le 22 mars 1940

« Français. C'est le cœur serré que je vous dis aujourd'hui qu'il faut cesser le combat. Je me suis adressé cette nuit à l'adversaire pour lui demander s'il est prêt à rechercher avec nous, entre soldats, après la lutte et dans l'honneur, les moyens de mettre un terme aux hostilités. Que tous les Français se groupent autour du gouvernement que je préside pendant ces dures épreuves et fassent taire leur angoisse pour n'écouter que leur foi dans le destin de la patrie. »

L'homme qui fait don de sa personne à la France sur les ondes de la TSF est âgé de 84 ans et se trouve là par la force des circonstances, le désarroi de la situation. Sans la première Guerre mondiale, personne n'aurait jamais entendu parler d'un colonel de 58 ans qui, en 1914, s'acheminait vers la retraite ; Philippe Pétain, aujourd'hui Maréchal de France, survivance en cette fin des années trente, d'un passé de larmes, de sacrifices et de sang.

Souvent, l'homme de la rue reprendra cette formule pernicieuse distillée par la droite et selon laquelle : *« tout ça, c'est de la faute du Front populaire ».*

Bien avant la guerre, on avait procédé à la « liquidation » de Front populaire, selon l'expression de l'époque, comme on liquide le maigre stock, les victuailles défraîchies et clairsemées d'un épicier en faillite avant de jeter ses livres de comptes au feu sans y porter un dernier regard.

Ici, on liquide des millions de suffrages tournés vers l'espoir d'une condition plus humaine, mais cette liquidation marque bien l'esprit de revanche vis-à-vis d'un régime dont certains avaient tant redouté les réformes. Bon nombre d'entre eux gagneront les rangs du maréchal.

On s'attaqua à la semaine de quarante heures à laquelle on mit quelques réserves approuvées par la majorité du parlement. La crise financière, que la gauche n'avait su juguler, vint rappeler la réalité d'une économie bousculée que nul slogan trop scandé n'était jamais parvenu à redresser.

« Pain, paix et liberté » n'avait aucun écho dans un pays où le Franc était si malmené. Pouvait-on croire que ces mots suffiraient à relancer nos exportations, accroître la production, infléchir la courbe du chômage ? Et qu'en serait-il de la liberté alors que le pays des Droits de l'homme sous un régime de gauche renonçait à porter un regard vers l'Espagne ?

L'Europe entière réarmait. Les usines tournaient jour et nuit, sauf *« en France et au Mexique »* comme l'avait souligné Edouard Daladier, le 21 août 1938 dans un discours radiodiffusé où il réclamait le retour à la semaine de plus de 40 heures et jusqu'à 48 heures *« dans les entreprises qui intéressent la défense nationale »,* ce qui entraîna la démission des ministres Ramadier et Frossard, tous deux SFIO, tandis que « L'Humanité » et « le Populaire » de Léon Blum fustigeaient ce *« traître au Front populaire et aux travailleurs »* qu'était devenu à leurs yeux Edouard Daladier.

Face à une Allemagne et une Italie engagées dans une folle course aux armements, l'allié britannique ne parvenait pas à dissimuler son retard à équiper son armée au point que sa diplomatie en portait les séquelles. C'est uniquement armé de son parapluie, tout un symbole, que Neville Chamberlain se rendra à Munich.

Quelques jours avant le discours de Daladier à la radio, le général Vuillemain, chef d'État-major de l'armée de l'Air, avait été l'invité de Göering qui, en Allemagne, lui avait fait les honneurs d'une démonstration de la Luftwaffe. De retour en France, Vuillemain confiera à Georges Bonnet au Quai d'Orsay : *« Si nous avons la guerre, l'aviation française sera anéantie en 15 jours. »*

Pour le seul mois d'août 1938, l'Allemagne a sorti de ses usines 800 avions, la France n'en a fabriqué que deux. Comment comprendre ces grèves qui éclatent dans l'aéronautique ou qui touchent les dockers à Marseille même si elles sont légitimes ?

Le désastre de mai-juin 1940 ne peut être imputé au Front populaire dont l'effort de guerre à l'époque où il dirigeait le pays, fut a contrario significatif. On peut se souvenir de ces « marchands de canons » qu'il fustigeait mais pour l'urgente nationalisation des usines d'armement. Cette réforme reposant sur le fait qu'il fallait rassembler les moyens de production, en assurer l'efficacité industrielle mais il est rare que l'arbre sitôt planté porte du fruit. Il faut du temps avant que le prototype d'un bombardier passe de la planche à dessin à la production en série.

Comment en est-on arrivé à cette drôle de guerre selon l'expression de Roland Dorgelès ?

En janvier 1935, alors qu'après l'affaire Stavisky, la France tente de reprendre un second souffle, les Sarrois votent à plus de 90% leur rattachement à l'Allemagne. Deux mois plus tard, prenant prétexte que les autres membres de la Société des Nations ne désarmaient pas, Hitler rétablit sans préavis le service militaire obligatoire, violant les clauses militaires du Traité de Versailles vis à vis desquelles il ne s'estime plus lié.

Premier coup de force du chancelier allemand. Hitler a joué et gagné. Mieux, il a même négocié avec la Grande Bretagne, pays qu'il admire, d'égal à égal. Ce qui flatte au plus haut point son orgueil et lui donnera à l'avenir toutes les audaces.

L'homme de la diplomatie française est Pierre Laval qui confiera un jour : *« Il y a de par le monde cinq ou six hommes dont dépend la paix. Je suis l'un d'entre eux »*. Cette poursuite de la paix lui fera commettre bien des erreurs car à tant vouloir la paix, le pays a négligé de préparer la guerre.

Le 7 mars 1936, les troupes allemandes pénètrent en Rhénanie violant une nouvelle fois le Traité de Versailles et le pacte de Locarno.

Stupéfaction en France. Pourtant, un homme, André François-Poncet, ambassadeur de France à Berlin, n'a jamais cessé d'alerter Paris sur les intentions du chancelier allemand.

Après la Sarre et la remilitarisation de l'Allemagne, l'occupation militaire de la Rhénanie par l'armée allemande aurait du appeler la France à une riposte immédiate au moment où elle pouvait encore le faire mais elle ne sut comprendre qu'Hitler, une fois de plus, tentait un terrible banco alors qu'il n'en possédait pas les moyens réels dans son jeu.

Pour l'Etat-major allemand, l'opération en Rhénanie, zone démilitarisée, était très risquée et nul ne pouvait diagnostiquer la moindre chance de succès. Le général Fritsch objecta même : *« le grand État-major ne prendra pas d'un cœur léger la responsabilité d'une opération aussi dangereuse. » « L'armée allemande,* ajoutait-il, *en complète réorganisation, n'est pas prête pour la guerre. Elle peut être tenue en échec par l'armée française seule. »*

Le « coup » de la Rhénanie donnera lieu à de nombreuses hésitations. Hitler savait qu'il risquait gros et il confia à ses officiers qu'au cas où les choses tourneraient mal, il disparaîtrait à jamais. Les soldats qui pénétreront en Rhénanie ne posséderont pas de munitions. Ni les avions, ni les chars, ne seront armés. Les militaires n'occuperont pas les villes mais camperont en périphérie dans un premier temps. C'est dire si l'on craignait une réaction française qui stopperait nette cette aventure.

De nombreux historiens estiment qu'une intervention française en Rhénanie aurait été décisive et fatale pour Hitler. Est-ce à dire que la Seconde Guerre mondiale aurait pu être évitée ?

La France a renoncé, avec sans doute un terrible sentiment d'amertume, l'Angleterre ne voulant pas s'aventurer en Rhénanie. Hitler, lui, avait compris que la France, sans l'Angleterre, ne tenterait rien. *« La France,* affirma-t-il pour vaincre les réticences de son État-major, *est en pleine période électorale, divisée, déchirée par les luttes de partis ».*

Vers la fin avril aura lieu, en effet, le premier tour des législatives. En mai, la victoire est acquise par le Front Populaire. Durant la campagne électorale, aucun parti n'aurait pu prendre le risque de baser son programme sur une intervention française en Rhénanie, ce qui signifiait une mobilisation à court terme.

Après tout, diront les plus modérés, la Rhénanie ne fait-elle pas partie intégrante de l'Allemagne ? Le souvenir de l'Alsace-Lorraine renaît dans les esprits et explique aussi pourquoi la France ne tentera rien.

La non-intervention en Rhénanie restera une erreur dont les nazis exploiteront toutes les ressources devant les instances internationales pour discréditer la France. Ce succès grisant les rendra plus dangereux encore.

Devant la Société des Nations, les délégués allemands après avoir déclaré que l'Allemagne venait d'offrir vingt cinq ans de paix à l'Europe affirmeront : *« Les Français veulent vivre tranquilles chez eux, à n'importe quel prix ! »* avant de lâcher cette petite phrase assassine à l'adresse des Tchèques et des Polonais : *« Les garanties qu'ils ont données à tous leurs alliés lointains sont donc illusoires. »*

Le 13 mars 1938, l'Allemagne et l'Autriche sont réunies. Adolf Hitler se proclame Führer de l'Anschluss.

Le même jour en France débute le deuxième ministère Blum qui ne durera pas un mois, le Sénat lui refusant, une fois de plus, les pleins pouvoirs financiers.

Deux jours plus tard, à la Bourse de Paris, le dollar et la livre sterling flambent face au franc. Il faut 167 francs pour une livre, et 33 francs pour un dollar, soit plus du double qu'il n'en fallait, deux ans plus tôt, en mars 1936. La dévaluation de Vincent Auriol n'aura servi à rien.

C'est alors que l'on commence à parler d'une nouvelle crise politique en Tchécoslovaquie où à l'exemple des parlementaires autonomistes allemands dont ce n'est qu'un prétexte, les minorités polonaises, slovaques et hongroises revendiquent à leur tour leurs autonomies respectives.

La crise des Sudètes va amener l'Europe dans l'antichambre de la guerre. Une fois encore, le couple franco-anglais fera pâle figure devant un chancelier allemand plus sûr de lui que jamais. On laissera la Tchécoslovaquie à son triste sort en clamant pourtant que : *« La paix est sauvée. »*

La terrible phrase des délégués allemands à la SDN lors du coup de la Rhénanie prend une résonance cruelle pour nos alliés lointains qui admettent alors qu'il est bien vrai que *« Les Français veulent vivre tranquilles chez eux, à n'importe quel prix ! »* et fera dire aux Tchèques qu'ils n'auraient jamais pensé que l'ultimatum puisse venir de leurs propres alliés.

Pour la crise des Sudètes, Hitler met à profit un principe du Traité de Versailles du droit des minorités à disposer d'elles-mêmes. Principe que les vainqueurs de la première guerre ne peuvent contredire aujourd'hui. Ce n'est que de la poudre aux yeux car en fait, Hitler vise à éliminer le fameux « quadrilatère de Bohème », la Tchécoslovaquie, afin de pouvoir envahir la Pologne sans aucune difficulté.

En France, Edouard Daladier après avoir collaboré au Front populaire, avait besoin de la droite pour se maintenir au pouvoir et il se devait de lui fournir un certain nombre de garanties. Or, défendre la Tchécoslovaquie n'était-ce pas faire un affront à une partie de la droite française pour qui ce pays était l'œuvre de Clemenceau, son ennemi juré ?

Enfin, la droite considérait que l'ennemi n'était pas le nazisme mais le communisme. La mollesse des réactions contre Hitler s'explique en partie parce que les démocraties s'attendaient à ce que le Reich allemand entre en guerre contre la Russie soviétique. En attendant ce moment, il fallait donc tempérer et ne pas risquer de compromettre les événements.

« La Tchécoslovaquie est un porte-avions soviétique au cœur de l'Europe », selon une formule du chancelier allemand.

Pour les démocraties, se porter au secours de la Tchécoslovaquie risquait de gêner le Reich allemand dans son entrée en guerre contre le géant communiste.

Les démocraties occidentales se faisaient berner par une magistrale entreprise de désinformation. Lorsqu'elles ouvriront les yeux, l'Allemagne et la Russie auront envahi la Pologne.

Après l'abandon de la Tchécoslovaquie, Chamberlain à Londres, Daladier au Bourget, sont accueillis en héros alors que le Président du conseil, le sourcil épais en bataille et la mine fermée s'attendait à être lynché par la foule venue à sa descente d'avion. Devant une telle ovation, il lâche entre ses dents : *« Les c...! »*

Les accords de Munich sont signés le 29 septembre 1938. En France, le parlement les approuve par 555 voix contre 75 et dans l'allégresse, il donne les pleins pouvoirs politiques et financiers au gouvernement.

Tous les journaux titrent sur la paix « sauvée » à Munich et inscrivent le mot de Victoire en caractère gras. Léon Blum, lui-même, écrit dans *« le Populaire »* : *« La guerre est écartée. Le fléau s'éloigne. On peut reprendre son travail et retrouver son sommeil. On peut jouir de la beauté d'un soleil d'automne. »*

A la mi-mars 39, le dépeçage est terminé. Prague est allemande, la Tchécoslovaquie a cessé d'exister mais ce n'est pas pour autant que les troupes du Reich se précipitent vers Moscou, comme l'avaient espéré Londres et Paris.

Après l'euphorie française de l'après-Munich, l'heure revint aux réalités économiques qu'affrontait le pays au rythme d'une crise monétaire qui se prolongeait depuis l'automne 36. Le 1er novembre 38, Paul Reynaud succède aux Finances à Paul Marchandeau. Leurs deux noms seront synonymes de dévaluation. La première, ratée, la seconde réussie autant que puisse l'être une dévaluation.

Les vieux expédients ont été remis au goût du jour et notamment les demandes d'avances directes à la Banque de France pour plus de 50 milliards mais également indirectes par un décret-loi de juin 38 qui permettait à la Banque de France d'acheter des effets du Trésor sur le marché libre.

Le pays connaîtra près d'une soixantaine de décrets-lois en novembre 38 mais cette fois plus question de les railler sous le terme de « décrets de la misère ». La situation est ardue et l'opposition qui a connu l'expérience du pouvoir, sait désormais, que si la critique est aisée, l'art est difficile.

Comme à l'accoutumée, on a accru la masse de billets en circulation, de 86 à 111 milliards et des coupures de 5 000 francs verront le jour.

Au franc Auriol d'octobre 1936, a succédé en juillet 1937, un franc Bonnet. Le premier valait 44,1 mg d'or fin, le suivant 38,7 mg. Suivra un franc Marchandeau dont la valeur est fixée par rapport à la livre sterling : *« Désormais, le cours de 179 francs pour une livre ne sera pas dépassé. »* affirme-t-on sans rire.

Ni Napoléon, ni même Poincaré, n'auraient imaginé que notre monnaie serait mise en demeure de s'aligner sur la livre. Signe que les temps ont bien changé car elle n'est pas si lointaine l'époque où le franc soutenait généreusement la devise britannique.

Aujourd'hui, temps bien incertains à vaciller entre la guerre et la paix selon le mouvement lancinant du Yo-Yo qui depuis 1932 a envahi la France. On parle même d'une épidémie tant sont nombreux les adeptes de ce jouet constitué de deux petits disques de bois remontant le long d'une ficelle. Remontant et descendant comme le franc, qui lui ne fait que descendre tandis que les capitaux, eux, s'évadent, loin de toute ficelle du Yo-Yo de notre économie.

Le Front populaire ne voulait pas d'un contrôle des changes. Ce sont, affirmait-il, les pays totalitaires qui en abusent. Cependant Léon Blum y songeait lorsque son deuxième ministère fut conduit à la démission en avril 38. Paul Marchandeau, y pense lui aussi avant d'être remplacé par Paul Reynaud pour qui aucune liberté ne peut être entravée.

Le Franc restera donc libre mais sous surveillance.

12 novembre 1938 : naissance du franc Reynaud à 24,75 mg d'or fin, soit une dévaluation de 58% sur le franc Poincaré et de plus de 91% par rapport au franc de Germinal.

La guerre n'est pas loin. Paul Reynaud va profiter des derniers mois de paix pour tenter l'impossible. Les finances publiques sont assainies, les impôts relevés ainsi que les prix des services publics mais, dans le même temps, des économies sont entreprises. Un remboursement partiel des avances de la Banque est engagé. Puis un effort de travail supplémentaire est demandé aux Français sans concession, ce qui entraîne aussitôt l'appel de la CGT à la grève générale fin novembre mais pour la centrale syndicale, c'est l'échec.

Les Français n'ont pas suivi, les fruits de leurs efforts mûrissent : les exportations dopées par la dévaluation et l'accroissement de la production industrielle regagnent du terrain améliorant notre balance. Mieux, à la fuite des capitaux succède un retour du métal précieux vers la France dont les stocks à la Banque atteindront près de 2 500 tonnes.

Plus de 25 milliards regagnent ainsi le chemin de l'hexagone en moins d'un an.

Le Franc se redresse ; il est en train de gagner la partie. La France sort de la crise. En fait, tout pourrait porter à l'optimisme mais il est trop tard. Hitler a trompé le monde en déclarant que ses revendications d'annexion étaient les dernières. Cette fois, l'Allemagne évoque dès octobre 38, dans le mois qui suit Munich, le retour de Dantzig, ville libre depuis 1919, et la suppression du fameux corridor coupant la Prusse orientale du reste de l'Allemagne. Une de ces bombes à retardement nées de Versailles et dont Foch avait indiqué à l'époque, qu'elle serait la source d'un conflit inévitable.

Les Polonais surévaluant leurs forces, n'accepteront pas l'ultimatum allemand. La France est inquiète car en vertu d'une convention militaire et du pacte de Locarno, elle se doit de protéger la Pologne or elle n'a guère le cœur à le faire depuis que ce pays a, lui-même, participé au dépeçage de la Tchécoslovaquie avec ses revendications territoriales de Teschen. Par ailleurs, elle n'est pas prête à la guerre et veut gagner du temps. Le pourra-t-elle au moment même où il faut s'opposer énergiquement à Hitler comme semble vouloir le faire l'Angleterre sous l'impulsion de Churchill ?

Le 1er avril 1939 voit la fin de la Guerre d'Espagne qui a fait plus d'un million de morts et duré près de trois ans, le 5 avril en France, Albert Lebrun est réélu à la présidence de la République. L'Albanie est envahie le 7 avril par les troupes de Mussolini. Le 26 avril, le service militaire obligatoire est institué en Grande Bretagne mais le 28 avril 1939, Hitler dénonce le pacte germano-polonais et exige le retour de Dantzig à l'Allemagne et le libre passage à travers le Corridor.

Au début du mois d'août 1939, des missions franco-britanniques se rendent à Moscou en vue d'édifier un accord militaire anglo-franco-russe mais le 24 août les anglo-français apprendront, consternés, qu'un pacte de non-agression a été conclu la veille entre l'Allemagne nazie et l'Union soviétique. Evénement majeur qui bouscule l'équilibre des forces et bien curieux mélange de genres et d'intérêts troublant pour de nombreux communistes français à la recherche d'une désespérante réponse.

Le 1er septembre à l'aube, les troupes allemandes pénètrent en Pologne. Le surlendemain, à 11h15, Neville Chamberlain annonce aux Communes l'état de guerre contre l'Allemagne. Six heures plus tard, la France affiche la même intention.

Un quotidien parisien évoque la mobilisation qui s'effectue *« dans un calme et un ordre parfaits »* et annonce toujours à la une : *« Les troupes allemandes n'ont pu entamer notre défense » déclarent les Polonais ».*

La mobilisation s'effectue dans une ambiance maussade de résignation et de soulagement à la fois. Ingrédients contradictoires mais on a cru jusqu'à la dernière minute qu'un élément nouveau changerait le cours de l'histoire. Par ailleurs depuis Munich, on sait que la machine de guerre du Reich allemand est en marche. Alors résignation mais soulagement aussi car il est temps de crever l'abcès. La terreur, les tensions et l'inquiétude n'ont que trop duré.

Les quotidiens parisiens qui titrent sur les contre-attaques de la Pologne à l'exemple de *« L'Intransigeant »* du 4 septembre, ignorent que ce pays sera foudroyé par les troupes allemandes deux jours plus tard et que le 17 septembre les troupes russes vont à y pénétrer mettant à profit les clauses militaires secrètes de leur nouvelle alliance avec le Reich allemand.

Le 28 septembre 1939, la Pologne capitule. Le même jour, à Moscou, est ratifié le traité germano-soviétique qui confirme le pacte de non-agression du 23 août.

Pour les alliés, c'est la consternation et la colère.

En France, par décret, le Parti Communiste Français est dissous.

Quelques jours après la déclaration de guerre, neuf divisions françaises sous les ordres du général Gamelin, commandant en chef, ont pénétré en Sarre sans rencontrer d'opposition. Après une progression d'une dizaine de kilomètres sur un front de 25 kilomètres, elles ont reçu l'ordre de s'arrêter et de s'établir sur une position défensive. Lorsque la bataille de Pologne va se conclure permettant ainsi aux troupes allemandes de redescendre vers l'ouest, le général Gamelin va ordonner un invraisemblable repli vers la ligne Maginot.

Comme le souligne Jacques Chastenet[21] : *« les Allemands furent stupéfaits de voir que les Français n'avaient pas profité de l'occasion qui s'offrait. Keitel dira plus tard : « Une attaque française se serait heurtée du côté allemand à une simple couverture et non à une défense réelle. Une fois de plus, on laissait à Hitler la liberté d'agir quand il le voudrait ».*

---

[21] Historia hors série N°13, La drôle de guerre

Toute la symbolique de la guerre semble résumer dans cette attitude présumée incompréhensible du Général Gamelin, brillant soldat, expert militaire incontesté mais piètre décideur. Tout se passe comme si la France qui a déclaré la guerre à l'Allemagne s'attendait à ne pas devoir la faire. La France se blottit dans une stérile position défensive. Gamelin a renoncé à s'engager plus loin, comme on a renoncé pour la Sarre, la Rhénanie, la Tchécoslovaquie et cette attitude va se refléter, en France, durant toute la « drôle de guerre » jusqu'à l'écrasement du 10 mai 1940.

La faiblesse en moyens mécaniques et une progression trop lente paraissent justifier l'abandon de cette opération. Les moyens mécaniques, les fameux blindés, dont De Gaulle n'a cessé de souligner toute l'importance ont fait défaut dans le déroulement de ce mouvement en Sarre et le feront plus encore dans les jours qui viennent précipitant la France dans la défaite.

La Ligne Maginot, clef de notre dispositif, ne fera pas illusion longtemps. Sa construction qui remonte à dix ans est restée inachevée faute de crédits. Les ouvrages ont vieilli, l'armement y est inadapté à la guerre moderne avec le fameux canon de 75 qu'auraient du remplacer des batteries antiaériennes et des armements antichars.

Après la mobilisation, le pays s'installe dans une longue attente qui lui permet de renforcer son armement, mais dans le même temps, taraude le moral des soldats occupés à de stériles travaux de terrassements et de tranchées ponctués par quelques compétitions sportives et autres représentations du « Théâtre aux Armées ». L'alcoolisme gagne du terrain, l'ennui est mortel, des cas de suicide sont signalés. Bientôt s'établit un large régime de permissions ; *les affectations spéciales*. Si l'ouvrier spécialisé a l'ordre de rejoindre son usine, le paysan a la permission de regagner sa ferme pour les travaux des champs.

Permissions de tous styles qui accentuent le sentiment d'inutilité de cette guerre.

Quant à la vie civile, c'en sera bientôt fini des restrictions de prudence. On a fixé du papier collant sur les vitres et disposé des seaux d'eau sur chaque palier d'immeuble, on a protégé les monuments de Paris, on a occulté les phares de tous les véhicules. La nuit tombée, les lumières sont interdites aux fenêtres. Des affiches sur les murs des immeubles signalent la proximité d'un abri placé sous la responsabilité de chefs d'îlots qui ont perçu un casque et un brassard.

Les civils doivent porter en bandoulière une boîte de métal cylindrique contenant un masque à gaz mais très vite on l'oublie à la maison. Le couvre-feu, lui-même, sera assoupli. Les salles de spectacles, les cinémas, les restaurants, les boîtes de nuit reprennent leurs activités vers la normale à partir de la mi-septembre même si la vie nocturne se trouve très ralentie.

La mobilisation a certes, bousculé l'activité industrielle, commerciale et agricole du pays cependant les réquisitions ont été mesurées.

Il n'y a pas de mécontentement, ni de rationnement véritable. A la Bourse, la baisse inévitable observée lors de la déclaration de guerre, a été compensée par une tendance à la hausse qui affichera près de 10% à la fin de l'année.

Les salaires ont été bloqués tandis que l'on observe une hausse des prix qui atteindra au terme des huit mois de la drôle de guerre 20% sur les prix de détail.

Aucune agitation dans les banques, ni aux guichets des caisses d'épargne. Durant le premier dimanche qui a suivi la déclaration de guerre à l'Allemagne, le contrôle monétaire a été instauré par Paul Reynaud. D'autres restrictions vont suivre ; suppression de la liberté des opérations de changes qui appartiennent désormais à l'Etat, embargo sur les capitaux, déclaration ou rapatriement des avoirs français à l'étranger. Le commerce extérieur est encadré avec obligation de rapatriement des devises de nos exportations. Le commerce de l'or est lui aussi réglementé avec rigueur.

Pour le financement de la guerre, outre le recours à l'impôt, l'Etat lance des bons à court terme et s'adresse à la Banque. Lorsque sonnera l'heure de la débâcle, celle-ci aura avancé au Trésor moins d'une quarantaine de milliards tandis que la circulation est passée de 123 à 175 milliards. Des pièces d'argent et de nickel seront démonétisées au profit de coupures de 5 à 20 francs. L'encaisse de la Banque va se réduire à 1 777 tonnes de fin en raison de nos commandes à l'extérieur. Les changes fixent le dollar à 43,80 f et la livre à 176,625 f mais en réalité il est des cours moins flatteurs pour le franc sur les places étrangères.

Le 10 mai 1940, le dollar avoisinera les 59 francs.

Dans l'intervalle, le 29 février 1940, la France avait procédé à un nouveau « réajustement » monétaire qui venait ainsi renforcer l'arsenal des décrets de mobilisation économique décidés par Paul Reynaud en septembre 39. Il fallait faire face au rythme accru des dépenses budgétaires ordinaires et extraordinaires mais surtout consolider nos moyens de changes nécessaires au règlement des achats à l'étranger notamment aux Etats-Unis. Paul Reynaud et le Gouverneur de la Banque de France convinrent d'une nouvelle réévaluation de l'encaisse-or et des devises sur la base de 23,34 mg d'or au titre de 0,900, au lieu de 27,5 mg, ce qui représentait globalement une dépréciation de l'ordre de 15% par rapport à la précédente dévaluation de novembre 38.

La Banque de France est parvenue à placer son encaisse en lieu sûr. Curieux déménagement que cet éparpillement de la fortune de la France. Une partie de l'encaisse est en Martinique, une autre en Turquie ou au Sénégal voire en Amérique.

On oublie la guerre. Au front, mais s'agit-il d'un front puisque rien ne se passe, les soldats souffrent du rigoureux hiver 39. La France a les yeux tournés vers la Ligne Maginot puisque c'est là que l'ennemi va venir se fracasser. A moins que plus prudent il ne choisisse les Flandres ? Des bruits courent ; la guerre n'aura pas lieu car l'Allemagne ne va pas supporter longtemps les sanctions économiques prises à son encontre. Et puis, les Allemands, eux aussi, traumatisés par la première guerre mondiale, ne vont pas laisser Hitler faire ce qu'il veut et vont rapidement l'éliminer.

L'offensive allemande qui va foudroyer la France était prévisible. Le rôle du renseignement à cette époque est déjà considérable. L'information, le renseignement, l'espionnage mais aussi la désinformation et la propagande mènent le jeu et les germano-soviétiques s'y entendent à merveille pour brouiller les cartes.

A partir du 8 mai 1940, des renseignements laissent filtrer qu'il se prépare quelque chose du côté allemand. Le lendemain, un coup de téléphone d'un officier du 2e Bureau au ministère de la Guerre confirme l'imminence d'une attaque allemande. Dans les bureaux du ministère, on reste calme. Rappeler les permissionnaires ? Non, ce n'est pas encore demain qu'ils auront à se battre...

Cela fait huit mois que la France et l'Angleterre ont déclaré la guerre à l'Allemagne.

Avec l'offensive de mai-juin 40, l'Allemagne va rattraper le temps perdu. Attendre davantage aurait compromis ses chances de victoire. L'hiver est terminé – cet hiver vif qui éprouve moralement les soldats français de la Ligne Maginot -. Le printemps revenu, l'ennemi attend le feu vert de la météo en raison du rôle nouveau joué par l'aviation.

Alors que la nuit plonge les bureaux du ministère désertés dans l'obscurité, de nouvelles informations se précisent : des colonnes ennemies seraient en marche. Bientôt la confirmation tombe : les frontières du Luxembourg ont été franchies.

Les forces du Reich ont lancé une formidable offensive à l'ouest. Elles envahiront les Pays-Bas, violeront la neutralité de la Belgique et perceront le front à Sedan, au nord de la ligne Maginot. Il faut se précipiter au secours des voisins du Nord, Belgique et Hollande pour tenter de colmater, de freiner l'avance.

Le piège a parfaitement fonctionné ; la nasse peut se refermer sur les armées françaises. Sitôt franchies nos frontières, les *Panzerdivisionen* ont dressé un cap logique. Par un mouvement enveloppant, une partie d'entre elles foncent vers la Mer du Nord, la tenaille se resserre autour de nos armées tandis qu'une seconde aile descend vers la capitale via la Somme.

Le dispositif de défense de la ligne Maginot n'aura servi à rien. Le nouveau théâtre des opérations aura pour cadre Dunkerque. C'est alors l'opération Dynamo, l'épisode d'un terrible week-end à Zuydcoote : 220 000 Anglais, 115 000 Français, sont évacués dans toutes les embarcations possibles et imaginables pilonnées et bombardées par des raids aériens ininterrompus.

Des bateaux flambent sur la mer en tentant de gagner Douvres. Parmi les hommes qui sautent par-dessus bord, beaucoup périront noyés. D'autres bâtiments, machines en avarie, ponts surchargés, sombrent corps et biens emportant par le fond des soldats qui ont tenté d'échapper au cauchemar.

Dunkerque tombe le 4 juin 1940. Suivra la Bataille de France avec son cortège de défaites, d'amertume et de rancœur à l'exemple de ces équipages de blindés, mains en l'air, contraints la rage au cœur à la reddition parce qu'ils sont tombés en panne de carburant et n'ont pu compter sur une logistique de ravitaillement.

Lot de millions de civils jetés sur les routes de l'évacuation dans un gigantesque exode. Cette masse de réfugiés descendant vers le sud va souvent gêner le mouvement de nos armées remontant vers le nord.

La France est blessée à mort. C'est le moment où l'Italie lui déclare la guerre le 10 juin. Un « coup de poignard dans le dos » selon l'expression révoltée du président des Etats-Unis, et qui va mobiliser des divisions françaises au sud alors qu'au nord, elles seraient si précieuses à retarder la fulgurante avance allemande.

Comme aux jours les plus sombres de 1870, le gouvernement français quitte Paris, déclarée ville ouverte et qui sera occupée par l'ennemi le 14 juin. Trois jours plus tard, le maréchal Pétain qui a improvisé un invraisemblable gouvernement demande l'armistice.

C'est le cœur brisé que je vous dis aujourd'hui qu'il faut cesser le combat. Autour du poste de radio, les larmes coulent, la stupéfaction jaillit, la colère gronde : pourquoi faudrait-il cesser le combat alors que les munitions abondent dans de nombreuses unités en action ?

Les hommes du maréchal vont se rendre compte de l'immense maladresse et émettre une nouvelle mouture du message mais il est trop tard, le venin du renoncement et de la bêtise a rempli son office, miné les esprits et foudroyé le cœur de nos forces. Les combats cesseront le 25 juin 1940.

Il aura fallu cinq semaines à Adolf Hitler pour mettre la France hors de combat.

De cette offensive de mai-juin 1940, subsiste l'image d'un Parisien sur le bord des Champs-Élysées qui voyant défiler les troupes allemandes, ne parvient pas à retenir ses larmes. Il y a dans ce regard toute l'expression désemparée d'un peuple conduit à l'abîme.

Une autre image : celle d'une fillette blonde endimanchée, gisant morte près du cadavre de sa mère, foudroyées toutes deux sur le macadam d'une route nationale par l'aviation allemande lors de l'évacuation.

92 000 tués ou disparus, 1 527 000 prisonniers. Chiffre considérable qui témoigne de l'âpreté des combats. A titre de comparaison, les pertes françaises, au plus fort de la bataille de Verdun, du 21 février à la fin avril 1916, s'étaient élevées à 68 000 morts.

Pour les forces du Reich, on se congratule au plus haut niveau. On ne parvient pas à comprendre comment la victoire a pu être aussi rapidement acquise.

Les étendards à croix gammée supplantent sur tous les édifices le drapeau national. Au pas de charge car Adolf Hitler n'apprécie guère la France, le führer effectue le 17 juin, une visite éclair de la capitale. Il jette un regard indifférent vers la Tour Eiffel, se rend au Luxembourg puis médite quelques instants, les yeux figés sur le tombeau de Napoléon aux Invalides avant de quitter Paris où il ne reviendra plus. Descendant de son train qui le conduisait de son QG de Charleville à Munich où il devait rencontrer Mussolini, le chancelier allemand ivre de bonheur aurait esquissé ce fameux pas de danse furieusement tyrolien après avoir pris connaissance de la note du gouvernement espagnol transmettant la demande française d'armistice.

L'acte solennel sera signé, là où le 11 novembre 1918, l'Allemagne avait rendu les armes.

Ainsi l'affront de Rethondes sera effacé à Rethondes.

La lecture des conditions d'armistice est faite par le général Keitel. Le lendemain, 22 juin, le général Huntziger qui préside la délégation française reçoit l'ordre de signer la convention d'armistice. Deux jours plus tard, le wagon historique remorqué jusqu'à Berlin sera exposé Porte de Brandebourg. L'honneur allemand est ainsi vengé. La fête terminée, le wagon sera vulgairement relégué dans une gare de triage anonyme.

La France va devoir apprendre à vivre sous la botte allemande. Coupée en deux par une ligne de démarcation qui sépare une zone libre au sud de la Loire, d'une zone occupée dans laquelle s'inscrivent des secteurs interdits comprenant le Nord annexé à l'administration de Bruxelles et l'Est rattaché au Reich allemand, le pays doit d'abord retrouver une certaine cohésion et remettre en route son économie au profit, bien sûr, de l'Allemagne.

Pour cela, il faut inverser le flux de l'exode. Les infrastructures routières endommagées, les ponts dynamités, les voies de chemins de fer inutilisables, les privations de téléphone ou d'électricité font de ce trajet du retour un périple interminable. Cette reprise en main du pays par l'Allemagne fera les beaux jours de sa propagande : *« Populations abandonnées, faites confiance au soldat allemand ».*

Comment ces populations de femmes, enfants et vieillards sans défense, mitraillées sur les routes de l'évacuation par des avions allemands pourraient-elles faire confiance à l'ennemi ?

D'un autre côté, la propagande allemande a beau jeu : les élus, notables, les politiques et autres décideurs n'ont-ils pas été les premiers à fuir sans se soucier du sort des populations civiles ? Aussi l'occupant désigne-t-il parmi ceux qu'il trouve, des hommes qui feront office de maires.

Il faut éteindre les incendies, déblayer les routes, rallumer le four du boulanger, assurer la traite des vaches après le départ des fermiers. Il faut enfin assurer le ravitaillement des populations, gérer l'État civil, enregistrer les naissances et pourvoir à l'ensevelissement des morts.

A la tête de ces nouvelles fonctions qui ne s'improvisent pas, les *faisant office* se débrouilleront sans avoir le choix de décliner une semblable reconversion. On est même allé chercher certains d'entre eux en prison.

Pour tous ceux qui rentrent, c'est l'angoisse ou la désolation. La maison familiale, le pavillon de banlieue ou le modeste trois pièces, n'existe plus, porte la cicatrice d'un bombardement ou de l'incendie lorsqu'il n'a pas reçu la visite de pillards. Le logement peut aussi avoir été réquisitionné ou être occupé par des réfugiés démunis.

L'Allemand a tout prévu et de longue date. Les Français vont s'en rendre compte en mélangeant souvent le vrai du faux. L'exemple de la 5e colonne fourmille d'enseignements. Si le parachutiste déguisé en religieuse semble relever de l'imaginaire, on sait que tel officier allemand sera affecté dans tel secteur parce qu'il le connaissait pour y avoir séjourné fortuitement des années auparavant en temps de paix. On verra ainsi des convois militaires mettre le cap sans la moindre hésitation sur tel itinéraire ou des groupes d'officiers se diriger vers des bâtiments dont ils ne pouvaient deviner l'affectation. C'est cela la fameuse organisation allemande dans un pays soumis et vaincu qui se flatte pourtant de son infaillible système D.

Les murs des villes et villages de France se couvrent d'affiches en tous genres tandis que des panneaux d'indications en noir sur fond blanc se superposent jusqu'à l'excès, *GrossParis, Kommandanturr...*

Parmi les affiches, *Tableau des Monnaies Allemandes ayant cours – Avis à la population.*

Paris n'est plus la capitale de la France. Berlin domine le nouvel espace européen. Si les Alsaciens sont contraints de devoir rédiger tous les actes de la vie courante dans la langue de Goethe, leurs concitoyens des autres provinces ne sont guère mieux lotis, du moins sur le plan de la monnaie.

A Berlin, on a fixé pour les pays vaincus, une règle monétaire intangible ; le taux de change est fixé unilatéralement par rapport au mark. En France, il vaudra 20 francs. Il n'est plus question d'histoire, de crédibilité financière, de puissance économique ou d'équivalence-or. Les Français vont faire le deuil d'une monnaie qui ne représente plus que quelques pièces germaniques de mauvais métal : un vingtième de mark. Ce qui ne correspond à rien comme le souligne René Sédillot[22] : *« Vingt francs pour le mark : c'est un taux de spoliation caractérisée. Le mark, selon ses variétés, peut valoir de 1,50 franc à 8 francs. Le rapport des prix allemands et français*

[22] Du franc Bonaparte au franc de Gaulle, déjà cité.

peut le situer entre 9 et 11 francs. A 20 francs, l'occupant s'octroie un pouvoir d'achat qui n'est que l'expression juridique d'un pillage organisé. »

L'occupant va puiser à pleines brassées dans la fortune de la France. Face à ce change idéal, il n'affiche pas le moindre état d'âme. Paris devient pour le soldat qui s'est bien comporté au feu, la promesse d'une permission de rêve. A lui, le repos doré du guerrier, les tables de bonnes chères, les cadeaux princiers et le champagne coulant à flots. De retour chez lui, il comblera sa famille car en France, rien ne manque. Pas même de ce pain blanc dont les Allemands ont perdu le goût et qui provoque la colère des dignitaires du régime : les Français ne manquaient de rien ? Ils vont apprendre à se priver de tout ! Au rayon des fruits et légumes, l'émerveillement est complet devant la banane ou l'ananas. Que dire enfin du café ou du chocolat ? L'Allemagne et son peuple vont sortir de l'autarcie et des privations dans lesquelles la crise économique des années 20 puis le régime nazi les ont plongés durant toutes ces longues années.

Pendant qu'ils goûteront aux fruits multiples de la victoire, les Français, eux, feront connaissance avec le tabac sans tabac, les jours sans, la saccharine, les tickets de rationnement, les bons-matière, le rutabaga et les topinambours sans compter un retour à des siècles barbares où règnaient le troc et le marché noir.

Les Français humiliés et vaincus ont faim et froid. Bientôt, ils auront peur. Certains d'entre eux se lèveront refusant la défaite.

Pour la maîtresse de maison, faire bouillir la marmite relève du défi quotidien dans un étonnant univers où les rationnements s'affrontent aux restrictions. La viande est rare, on fait un festin de denrées jadis méprisées. Les épluchures, fines, donneront du goût au potage clairet du soir. On publie des petites guides sur l'Art non pas d'accommoder les restes mais d'accommoder ce que l'on a pour qu'il n'en reste rien. On boit de la chicorée qui permettra ensuite à Madame de se teindre les jambes pour remplacer les bas dont elle dessinera ensuite la couture au crayon gras. On invente des décoctions à base de malt.

On redécouvre la tourbe qui remplace le charbon, la marmite norvégienne qui permet des économies de cuisson, le gazogène qui permet à quelques automobilistes privilégiés ou prioritaires de se passer de l'introuvable essence. Les autres redécouvriront la bicyclette. Paris est envahie de ces vélos qui quelques années plus tôt avaient symbolisé les congés payés du Front populaire, aujourd'hui indispensables au quotidien, parfois transformés en vélo-remorque, en vélo-taxi…

Sur les balcons, dans les jardinières, le géranium a cédé la place à des plantes plus comestibles sur lesquelles on veille avec un soin jaloux. On ramassera sans honte une pomme de terre à demi gâtée égarée par miracle dans un caniveau. Le fumeur enfreindra les interdits pour quelques plants clandestins. Retour aux vertus de la terre de France, qui elle *ne ment pas*, on a même transformé le Jardin des Tuileries en potager sous l'œil bienveillant du Maréchal qui bien sûr encourage ces cultures ...maraîchères.

Si la majorité des Français affichait toujours à l'heure de la défaite une ardeur pétainiste, le vernis s'est vite craquelé dès que les assiettes furent vides et que les privations devinrent une obsession lancinante. Il n'y a pas d'autres mots pour absoudre l'immense majorité de nos concitoyens qui se livrèrent au marché noir avec cette belle assurance morale qui leur faisait croire qu'au moins c'était toujours cela « *que les boches n'auraient pas* ».

Le marché noir fut autre chose que ces deux boîtes de sardines échangées sans gloire contre une paire de souliers pas trop usagés ou un morceau d'étoffe. Des fortunes se bâtirent sur la pénurie, les nouveaux marchés à satisfaire et sur la demande colossale pour faits de guerre, des officines virent le jour. On se livra bientôt à tous les trafics qui promettaient un enrichissement rapide et parfois trop voyant tandis qu'il fallait prudemment réserver une table dans les meilleurs restaurants pour être sûr de pouvoir y festoyer sans tickets tant les affaires marchaient bien. La morale, elle, était réduite au dixième de l'addition qui serait versé, affirmait-on le cœur sur la main, aux indigents du Secours National. C'est à dire à tous ceux qui ne fréquentaient pas les restaurants, ni n'avaient la chance de posséder de la famille à la campagne.

Marché noir aussi pour les troupes d'occupation. L'Allemand assimile bien vite notre Système D surtout si de bonnes âmes l'entraînent sur cette voie d'une collaboration selon laquelle l'argent n'a pas d'odeur. Qui pourrait bien, au fil des mois qui passent, tandis que les défaites succèdent à présent aux victoires, savoir de quoi demain sera fait ?

Le régime des maîtres de l'Europe ne croyait pas à la valeur de l'or mais loin des théoriciens de Berlin, il va changer d'avis. Si dans les camps de la mort, on arrache les alliances et les dents en or sans oublier la gourmette du nourrisson, l'officier en poste à Paris, n'hésitera pas à faire l'acquisition de quelques napoléons vendus sous le manteau, au point de faire flamber les cours. La pièce marquée 20 f qui valait 275 F en 1939 est échangée à 1 220 F début 1941 et vaudra 5 200 F en novembre 1942.

L'économie nationale quant à elle, chamboulée, écrasée, mise en pièces alimente en finalité le prodigieux effort de guerre allemand. Le grand Reich pratique un vampirisme financier de haute voltige des pays asservis qui pourrait lui permettre de faire la guerre indéfiniment. L'addition finale sera salée pour la France.

La convention d'armistice a fixé les frais d'occupation à 20 millions de Reichmarks par jour, soit 400 millions de Francs/jour, somme colossale ramenée à 15 millions/jour à partir de mai 1941 mais portée ensuite à 25 millions/jour après l'invasion de la zone sud. En y ajoutant les frais complémentaires, l'addition pour le Trésor se chiffre à plus de 700 milliards de Francs auxquels peuvent s'ajouter quelques 160 milliards de Francs que représentent nos livraisons à l'Allemagne et qui resteront à jamais impayées.

Pour palier ces dépenses considérables, l'inflation est le seul remède. D'août 1940 à juillet 1944, au terme d'autorisations successives, la Banque de France va fabriquer 426 milliards de billets. A la Libération, 633 milliards seront en circulation, soit quatre à cinq fois plus qu'avant l'occupation. En y ajoutant le montant des dépôts, la masse monétaire dépasse les 900 milliards.

Si l'on se reporte aux règles de l'encaisse-or, la règle des 35% fait figure d'antiquité et ne veut plus rien dire. La monnaie sans argent et sans garantie est née.

Le rapport de l'encaisse-or aux engagements à vue glisse, en fait, sous la barre des 13%.

Vichy s'est accommodé du pire et faisant preuve de rigueur, parvient à réduire les déficits. Une raison l'explique ; la hausse des prix et la restriction des profits permettent des recettes budgétaires en plus-values constantes. Par ailleurs, les capitaux ne pouvant franchir les frontières, ni se fondre en marchandises, le Trésor n'a aucune peine à placer ses emprunts, mieux vaut cela à de nouvelles sollicitations de la Banque.

Si le régime du maréchal se montre docile face à l'Allemagne, il tendra aussi à vouloir resserrer la cohésion nationale comme si pour se doter d'une nouvelle légitimité, la politique qu'il mène pouvait donner des leçons à la gauche. En fait, avec Vichy, la France au travail retrouve l'heure d'un paternalisme sénile digne du siècle dernier.

Cependant sous le règne de Pétain vont naître les Comités sociaux d'établissement, préfigurations de nos Comités d'Entreprises tandis que la Fête des Mères ou ce Code de la famille ne seront pas étrangers à une certaine reprise démographique dans notre pays. La retraite des vieux, promise à plusieurs occasions sous la IIIe République, sera instituée le 14 mars 1941 avec une phrase célèbre du Maréchal Pétain : *« Je tiens les promesses, même celles des autres... »*

Bon nombre d'autres réformes en tous genres touchant par exemple le Conseil Général de la Banque de France seront mises en œuvre par la France de Vichy. On parlera aussi pour les travailleurs d'un « salaire minimum vital ».

Et puis, il y aura tout le reste, les lois anti-juives, les cent neuf lois de spoliation, au nom de l'aryanisation et ce coup de pouce final donné à la persécution des innocents.

Lorsque le désastre de 40 est consommé, le pays est anéanti. Un million cinq cents mille hommes sont prisonniers. Un nombre quasiment égal d'ouvriers sont au chômage. Plusieurs millions de Français divaguent sur les routes à la recherche d'un gîte où dormir dans l'angoisse des privations. De nombreux secteurs de l'industrie sont inopérants ; entreprises fermées ou détruites. Un demi millier de communes de France sont endommagées sinon dévastées. Les infrastructures ont subi de gros dommages. Des statistiques publiées juste après la guerre donnent l'ampleur des destructions bien plus vastes que celles subies par le pays durant la première guerre mondiale.

Pour aggraver encore la situation, le territoire national est divisé en deux, le blocus des côtes le prive de toutes matières premières. Le désordre est complet, plus rien ne fonctionne. Les caisses de l'Etat sont vides et les indemnités quotidiennes à verser aux troupes d'occupation sont exorbitantes.

Le régime de Vichy va être confronté à une situation très critique or en l'espace de trois mois, la plupart des réfugiés sont rapatriés. Les banques et les caisses d'épargne recommencent à fonctionner dès juillet 1940 accordant des prêts de redémarrage aux entreprises tandis que le Crédit Agricole subventionne la reconstruction des fermes. En dix-huit mois, plus de la moitié des 2 500 ponts détruits sont rendus à la circulation, la situation du téléphone -110 000 kilomètres de lignes hors d'usage- et celle des chemins de fer s'améliorent. Ce retour progressif à la normale des conditions de vie expliquera la popularité de Pétain auprès des Français, qui après le traumatisme de la débâcle, n'aspiraient qu'à oublier les épreuves qu'ils venaient d'endurer. Fin avril 1944, à quelques six ou sept semaines du débarquement en Normandie, le maréchal Pétain rassemblait encore des foules à l'occasion de sa visite officielle à Paris et dans quelques villes de France.

Dans les premiers temps, lorsqu'il n'était pas totalement aux ordres du Reich, Vichy voulait donner une place plus importante à l'État dans une économie davantage maîtrisée. En d'autres lieux, la Résistance échafaudait les mêmes desseins dans une France libérée. Lorsque la paix revint et que disparut le régime de Vichy, bon nombre de ses décisions lui survécurent, certains de ses projets furent repris et conduits parfois par ceux-là mêmes qui, sous le maréchal, les avaient imaginés.

Les années de guerre vont s'écouler lentement. Le monde entier est à feu et à sang et tandis que les Français vivent à l'heure allemande avec une monnaie de misère, il est des coins de France, de la France d'Outre-mer, ralliée dès l'été 1940 au général de Gaulle, où la parité fixée au franc durant la « drôle de guerre » n'a pas changé : il faut toujours 43,80 f pour un dollar et 176,625 f pour une livre.

Deux ans plus tard, Américains et Anglais débarquent en Afrique du Nord et imposent des coupures militaires libellées en dollars et en livre sterling au cours de 340 pour la monnaie américaine et de 700 pour la livre, taux qui seront ramenés par la suite à 75 et 300 puis en février 43, à 50 francs pour un dollar et la livre à 200 francs.

Ces taux seront étendus à tout l'empire par décision du Comité de Libération nationale. En France, la situation sera plus complexe. En débarquant tout d'abord en Corse et pour bloquer toute tentative allemande de sabotage économique par une relance galopante de l'inflation, le Comité de Libération nationale imagine de démonétiser tous les billets de plus de 100 francs et de les remplacer par des coupures de la Banque de l'Algérie surchargées de la mention « Trésor ». Dans la foulée, pourquoi ne pas tenter de réduire la masse monétaire gonflée par les versements de la Banque à l'Allemagne ou encore de limiter la délivrance des nouveaux billets. Enfin, pourquoi ne pas bloquer les comptes bancaires au-delà de 5 000 francs ? L'amorce de cette expérience d'assainissement économique entreprise lors de la reconquête de la Corse en 1943 restera sans lendemain.

La guerre se termine mais le franc est-il hors de danger ?

Quand arrive le D-day du débarquement en Normandie, un nouveau péril menace notre monnaie. Les Américains ont prévu un organisme chargé d'administrer tous les pays d'Europe, d'y assurer la police, d'y nommer ou d'y révoquer les fonctionnaires selon leur bon vouloir et surtout d'y battre monnaie. Il s'agit de l'A.M.G.O.T.

L'Allied Military Government of Occupied Territories a prévu de subvenir à ses besoins en utilisant une monnaie de sa fabrication, exprimée en Francs, ornée du drapeau tricolore mais imprimée aux Etats-Unis.

De Gaulle qui n'a pas été averti de cette initiative proteste vivement le 10 juin à Londres considérant l'émission de l'AMGOT comme une atteinte à la souveraineté française. L'homme de la France libre bataillera avec ardeur pour que cette initiative malheureuse de *« l'émission en France d'une monnaie soi-disant française, sans aucun accord et sans aucune garantie de l'autorité française »* soit inscrite au passif des anglo-américains.

23 milliards de coupures émises, sur un total de 82 ayant été imprimées seront résorbées et remplacées par d'authentiques coupures de la Banque de France.

Si le territoire français est libéré de l'oppression, l'empreinte de Vichy subsiste. Que faire des 633 milliards de billets en circulation, soit 4 à 5 fois plus qu'avant guerre, sachant que prix et salaires ont pris du retard par rapport à la masse en circulation ?

L'inflation, elle aussi libérée du carcan administratif de Vichy, va pouvoir se déchaîner alors que les bannières à croix gammée jetées sur le pavé d'un Paris libéré céderont la place aux couleurs nationales d'une France nouvelle à inventer.

XVI

La France de la reconstruction

« La marée, en se retirant, découvre donc soudain, d'un bout à l'autre, le corps bouleversé de la France »

Charles de Gaulle
Mémoires de guerre, Le Salut (1944-46)

Le 25 août 1944, sous un soleil d'été, le général De Gaulle, après avoir ranimé la flamme du soldat inconnu, descend l'avenue des Champs-Élysées et se dirige vers Notre Dame. L'homme du 18 juin a déjoué la surveillance des Américains qui savent que l'Allemand n'est pas loin et qu'il est encore en mesure de mettre Paris à feu et à sang comme il en a reçu l'ordre formel de Berlin. Mais, pour une foule massive qui scande des « Vive De Gaulle », pressée le long de la plus belle avenue du monde, le pouvoir est en marche et il porte un nom.

Le symbole d'une souveraineté nationale retrouvée porte ce même nom car à ce moment, le risque était grand que les Alliés, qui n'ont jamais épargné à De Gaulle la moindre vexation, ne prennent en main l'administration de la France.

Pour dissiper ce risque, les acclamations des Parisiens ne suffisent pas. Il lui faut affirmer son autorité aussi auprès de la Résistance et des communistes et à tout un pays qui découvre l'homme de Londres. Puis renforcer l'effort militaire car la Libération de Paris n'est qu'une étape sur le chemin de la victoire finale à laquelle la France entend participer or il y a encore près d'une année à se battre. La Libération de Paris, ce n'est pas la fin de la guerre même si dans le monde entier, elle prend un relief particulier et donne lieu à de vives réjouissances.

Pour bien fixer les esprits, De Gaulle ne proclamera pas la République à l'Hôtel de Ville de Paris, lieu hautement symbolique. La République, affirme-t-il, n'a jamais cessé d'exister, avant de s'installer au Ministère de la Guerre, rue Saint Dominique.

La guerre de 1939-1945 s'avère quatre fois plus meurtrière que celle de 1914-1918. Conflit le plus sanglant de l'histoire du monde et qui a fait autant de victimes civiles que militaires.

Avec ce conflit, l'humanité est entrée dans de la guerre dite industrielle car c'est bien un effort technologique sans précédent exploitant à des fins militaires tous les progrès de la science qui a permis une telle hécatombe.

La seconde Guerre mondiale aurait engendré entre quarante et cinquante millions de morts. Vingt millions de personnes ont perdu la vie en URSS, soit près de 10% de la population. Parmi les victimes, la moitié était des civils. Près de six millions de morts en Pologne, 1,5 million morts en Yougoslavie majoritairement des civils.

La France compte 600 000 disparus dont les deux tiers sont des civils tandis que six millions d'Allemands ont perdu la vie, la moitié sur les fronts de l'Est.

Entre six et huit millions de Chinois et trois millions de Japonais sont morts. Sur un effectif de plus de 12 millions d'hommes engagés, autant que l'armée rouge, les Américains ont perdu un peu moins de trois cent mille hommes dont les deux tiers sur le front européen, le reste en Méditerranée et dans le Pacifique.

A ce bilan s'ajoutent les millions de victimes de l'univers concentrationnaire.

Comme le soulignent Serge Berstein et Pierre Milza[23], il faut aussi tenir compte des effets induits dont l'action perdurera au delà des hostilités : *aux pertes directes, causées par la guerre, il faut ajouter les pertes indirectes liées à une diminution des naissances et à l'augmentation de la mortalité. A cet égard, la sous-alimentation a produit des effets négatifs durables sur la population.* Progression de la tuberculose, accroissement du rachitisme, fragilisation de la population soumise aux privations de guerre, puis à la pénurie et au rationnement la paix retrouvée.

Au final, l'espérance de vie s'effondre d'environ huit ans en France, ce qui nous replonge aux pires moments de notre histoire.

Sur le plan des dévastations, et pour la France qui n'est pas la nation ayant le plus souffert du conflit, la seconde guerre mondiale est bien plus destructrice que la première. La zone des combats limitée en 1914-1918 au nord et à l'est du pays, s'est étendue en 1939-1945 à la majorité du territoire.

En France, sur le plan des dégâts, la quasi-totalité de l'infrastructure portuaire est hors d'usage ainsi que les sept huitièmes de nos voies navigables. Le Havre est le port le plus endommagé d'Europe. Des villes de Normandie sont anéanties à plus de 90% par les bombardements à l'exemple de Caen. Trois cent mille bâtiments d'habitation sont totalement détruits, soit un sur 22 et plus d'un million l'est partiellement (soit 1 sur 6), ce qui représente plus de 50 millions de mètres cube de déblais à évacuer tandis que de nombreuses terres agricoles sont impropres à la culture. Il faudra aussi déminer quelques 370 000 hectares, des kilomètres de plages et combler des tranchées sans nombre. Dix mille ouvrages d'art ont été anéantis et la guerre

[23] Histoire du Vingtième Siècle, Hatier, 1992

a endommagé la moitié du réseau ferré tandis que le parc ferroviaire se réduit au quart des effectifs de 1938 pour cause de destructions ou de pillages.

L'occupant s'est abondamment servi des richesses de la France : *« On évalue à 9 759 millions de francs les installations industrielles démontées et transférées en Allemagne, dont 2 629 millions pour les seules machines-outils, soit 60% du parc français. En France, les Allemands ont prélevé plus de 60 millions de tonnes de charbon, 16 milliards de KWh électriques, 750 000 véhicules automobiles, etc. »*

Les rouages clés de l'appareil industriel de la France ont souffert du conflit ; usines dévastées en grand nombre, unités de production neutralisées, complexes chimiques ou installations sensibles très stratégiques, ont constitué autant d'enjeux capitaux ou de cibles privilégiées tant pour les forces d'occupation que pour l'aviation alliée ou la Résistance.

Sur le plan alimentaire, *« Les Allemands ont prélevé, au total, pour 126 655 millions de francs de produits alimentaires, les ponctions affectant surtout les céréales, la viande et les produits laitiers ».* Ces ponctions ne servaient pas qu'à nourrir les forces d'occupation sur le territoire national, une large partie prenait la direction de l'Allemagne à destination des populations civiles puis plus tard permit le ravitaillement du front de l'Est. Il faut parler, non en millions de francs mais en millions de tonnes de céréales, en centaines de milliers de tonnes de viande, en centaines de milliers de tonnes de pommes de terre, etc.

Pour gommer ces années de guerre et relever le pays de ses ruines, le coût du retour à la normale est estimé en 1946 à 4 900 milliards de francs, soit l'équivalent de deux à trois années de revenu national de l'avant-guerre. L'addition est très lourde et les conséquences économiques du conflit vont longtemps peser sur les épaules des Français.

En 1945, la reconstruction du seul réseau routier est estimée à 20% du budget de l'État. Imagine-t-on régler une telle facture alors que les Français manquent de tout ? Comment reconstruire le pays et pourvoir à son ravitaillement sans rendre à la circulation nos infrastructures routières ? Sans route, le pays court à l'asphyxie. La guerre terminée, il faut plus de quinze heures pour se rendre de Paris à Strasbourg.

Il faut d'urgence relancer la sidérurgie mais comment le faire sans charbon ? Cette fois, c'est la consommation des ménages que l'on sera contraint de réduire car le rôle joué par le charbon est décisif dans l'approvisionnement énergétique de la France.

Le pays manque de bras et l'on attend le retour des prisonniers. Il manque de matières premières ; il faut renouer les liens du commerce international et se montrer solvable. Dans l'agriculture, les engrais font défaut et les récoltes de pommes de terre ou de céréales en porteront les séquelles. Les récoltes pénalisées par un hiver 44-45 rigoureux et des gelées printanières seront médiocres.

La France de 1945 ne produit plus que 65% de ce qui est nécessaire à sa consommation. En 1939, elle en produisait plus de 87%. Il lui faut donc acheter massivement à l'extérieur de ses frontières avec un franc dont la valeur ne cesse de fléchir : de cinquante francs pour un dollar, il en faudra bientôt cent vingt tandis que sur le marché noir, l'écart se creuse plus encore.

Aux privations de guerre, s'ajoutent de nouvelles privations de paix. Les Français ont un goût amer dans la bouche. La guerre est terminée, mais comme en 1918, ils ne comprennent pas pourquoi le retour à la paix ne signifie pas le retour à l'abondance et comme en 1918, ils vont renouer avec les affres d'une inflation cauchemardesque.

Ils vont devoir admettre que s'en est bien fini de l'image qu'ils se faisaient de la France. Le pays n'est plus cette grande nation respectée, parfois redoutée ou admirée, lorsqu'elle n'était pas l'un des banquiers les plus influents du monde. Le redeviendra-t-elle lorsque le temps se sera écoulé et que ses plaies se seront cicatrisées ? C'est peu probable car la guerre a permis l'émergence de puissances nouvelles telles le Canada, le Brésil ou l'Argentine, avec lesquelles il va falloir compter.

L'issue de la guerre, c'est la confirmation sans appel d'un jeu désormais arbitré par les États-Unis et l'Union soviétique qui sort du conflit auréolée d'un prestige immense. La France ne sera pas à Yalta, pas plus qu'elle n'était à Bretton Woods, en juillet 1944 parmi les pays industrialisés invités à donner leurs avis sur la constitution du Fonds Monétaire International et de la Banque Internationale de Reconstruction et de Développement.

Bientôt, la guerre froide va séparer le monde en deux blocs vis à vis desquels il faudra se situer, à l'est ou à l'ouest mais sûrement pas au cœur de ce vieux continent moribond bientôt tranché par le rideau de fer.

L'Europe est anéantie. La France, nation en ruines, ne peut plus prétendre qu'au rôle subalterne des pays sans importance même si De Gaulle rêve d'une grandeur que le pays ne retrouvera plus.

La paix en France, c'est aussi le retour des prisonniers et celui bien moins massif des déportés des camps de la mort. Combien d'entre eux sont-ils rentrés ? Que sont devenus tous ces regards croisés dans les autobus parisiens filant vers le Vel'd'Hiv ?

Alors, la paix, c'est le goût d'un chewing-gum que l'on crache, un air de Glenn Miller qui s'éteint sur la colère sans borne de l'épuration avec son lot d'arbitraire, de femmes tondues promenées nues sur le pavé des villes pour avoir « fait les boches », d'exécutions sommaires de collabos, de Français par milliers frappés d'indignité nationale, de vengeances aveugles parfois orchestrés par de soit disant résistants de la dernière heure dont le seul acte de bravoure a été de décrocher un peu avant les autres le portrait du maréchal qui ornait le mur de leur salle à manger.

Près d'un Français sur vingt a connu des ennuis plus ou moins graves à la Libération. Officiellement, cent soixante mille affaires ont été instruites, plus de sept mille condamnations à mort dont plus de la moitié par contumace ont été prononcées aboutissant à quelques trois mille huit cents exécutions. On a aussi condamné près de trois mille Français aux travaux forcés à perpétuité, plus de dix mille autres à des peines de travaux forcés, plus de vingt cinq mille à des peines d'emprisonnement, près de soixante mille à la dégradation ou à l'indignité nationale. Les Comités d'épuration Professionnels ont traité plus de trois cent mille dossiers tandis que cent vingt mille peines et sanctions frappaient les milieux de l'administration.

Officieusement cette fois, quels sont les chiffres ? Combien de citoyens innocents ont-ils fait les frais d'une dénonciation mensongère, d'une méprise manifeste, d'une ressemblance troublante ou d'une fâcheuse homonymie voire d'un acte de pure crapulerie visant à éliminer un concurrent ?

L'épuration officielle n'a-t-elle pas institué une justice de classe dans laquelle ont surtout trinqué les plus modestes, ceux qui ne pouvaient s'offrir le luxe d'un avocat compétent dans l'art de faire durer les procédures ou d'obtenir que l'affaire soit traitée dans un autre département ? Combien de gamins engagés par pure bêtise dans les derniers jours de la milice ne sont-ils pas tombés sous les balles du peloton d'exécution en criant : « Vive la France » alors qu'au même moment de gros bonnets du trafic en tous genres et de la collaboration économique filaient sur la pointe des pieds ?

A l'heure de la Libération, la France ivre de bonheur sombre dans la tourmente. Malheur à la petite phrase maladroite trop rapidement échangée. Danger que d'avoir serré la main de tel individu dont la rumeur a fait un « collabo » notoire. Certains journaux n'incitent-ils pas *« chaque Français a faire lui-même la police dans son immeuble et dans son quartier »* ?

La IIIe République est morte à Vichy étranglée par ceux qui confièrent au Maréchal Pétain, les pleins pouvoirs. A présent, il faut doter la France d'une nouvelle Constitution. C'est la voie dans laquelle s'engagera le général De Gaulle. D'abord en tentant de réconcilier les Français, *tous les Français*, en favorisant le retour à une véritable souveraineté nationale menacée par ces temps d'après-guerre dans ce pays sans légitimité qu'était devenue la France et dans lequel il faut sans tarder restaurer l'autorité de l'État.

L'échiquier politique du pays s'est simplifié. Les partis de droite qui ont joué la carte de Vichy et a fortiori ceux d'extrême droite n'existent plus. Les Radicaux que l'on associe à toutes les compromissions de la IIIe République ainsi que les modérés ont perdu une large surface politique.

Les socialistes, appelés à un rôle politique majeur, s'expriment en deux tendances, celle de Léon Blum, qui a connu l'expérience du pouvoir, évoluant vers le Parti Travailliste et celle de Guy Mollet, plus radicale, d'inspiration davantage marxiste.

Les communistes apparaissent au premier plan et d'autant plus vigoureusement avec la CGT qui enregistre un nombre record d'adhésions.

Le M.R.P., Mouvement Républicain Populaire, rassemblant majoritairement des résistants chrétiens, s'apparente à la démocratie chrétienne. Les femmes constituent les deux tiers de ses sympathisants et puisqu'elles voteront bientôt pour la première fois, de son électorat. Parti jeune, sans passé et donc sans passif, représentant un catholicisme moderne et social dans la lignée de « Témoignage chrétien ». Le militant MRP a pris ses distances avec l'image traditionnelle de l'Église mais la question de la laïcité l'incitera toujours à marquer sa différence avec les partis de Gauche. S'il n'est pas à proprement parler un parti gaulliste, le général de Gaulle reste tout de même la figure de proue du mouvement pour deux raisons : le refus du désastre de 40 et celui plus diffus du jeu traditionnel des partis.

Ces formations et bien d'autres encore de dimensions plus modestes mais qui joueront souvent le rôle de « charnière » voire de trouble-fête à l'exemple de l'UDSR dont François Mitterrand prendra la direction dans le début des années cinquante, jetteront les bases politiques, le fameux « système de partis », sur lequel tentera de s'édifier la IVe République.

Une première consultation nationale a lieu le 21 octobre 1945. Il a fallu attendre le retour des prisonniers et pour la première fois, les femmes sont appelées aux urnes.

La question posée est double : faut-il travailler à la rédaction d'une nouvelle constitution qui remplacerait celle de la IIIe République, jugée responsable de la faiblesse de la France ? La seconde question concerne les pouvoirs de l'Assemblée que les Français élisent le même jour : doit-elle se contenter précisément d'élaborer cette nouvelle constitution et de le faire en un temps donné ?

A ces deux questions, le général De Gaulle appelle à un oui massif et les deux réponses seront positives. La première à une écrasante majorité (96%). La seconde réponse à laquelle communistes et radicaux ont appelé à voter non, est plus nuancée même si elle demeure majoritaire à 66% de suffrages favorables.

La nouvelle Assemblée à la durée et aux pouvoirs limités sera donc Constituante. Les communistes y recueillent 160 sièges et confirment leur prépondérance dans la vie politique, le MRP obtient 152 sièges, les socialistes SFIO, 142 sièges.

Communistes et socialistes disposent donc de la majorité absolue à l'Assemblée. Le général De Gaulle est élu à l'unanimité, par l'Assemblée Constituante, Président du gouvernement provisoire mais très vite des tensions vont apparaître entre l'homme de la France libre et les deux partis de gauche. Tensions inévitables engendrées par deux conceptions opposées du pouvoir.

Socialistes et communistes veulent un législatif dominant et une Chambre unique. Le général De Gaulle qui redoute au contraire le jeu stérile des partis tel qu'il existait sous la IIIe République, se prononce pour un exécutif fort. *« C'est du chef de l'État placé au-dessus des partis que doit procéder le pouvoir exécutif »* répétera-t-il à Bayeux, le 16 juin, jour anniversaire de la libération de la ville alors qu'il a démissionné depuis six mois.

En effet, le 20 janvier 1946, au cours d'un Conseil des ministres exceptionnel réuni au ministère de la Guerre, rue Saint Dominique, afin de créer un choc dans l'opinion, De Gaulle arguant l'achèvement de sa mission, annonce sa démission, persuadé que le MRP le suivra et que le peuple de France le rappellera rapidement. Il n'en est rien. Désormais, De Gaulle est seul.

Quatre jours après que les Américains aient débarqué sur les plages de Normandie, le nom d'Oradour-sur-Glane devenait le symbole de la sauvagerie nazie. Un mois avant la libération de Paris, le maquis du Vercors connaissait lui aussi un véritable martyre. Aussi n'est-il pas si étonnant que la fin de cette année 1944 ait été marquée par la colère sans borne de l'épuration. Déjà en septembre, on demande des comptes, les arrestations se multiplient. Le monde de la Presse est sévèrement touché. Gare aux titres qui ont continué de paraître sous Vichy. Ils risquent la confiscation pure et simple. De nombreux journaux vont ainsi changer de propriétaires au profit de la Résistance. Le journal « Le Temps » deviendra « Le Monde ».

Le cinéma fait aussi les frais du grand déballage : Pierre Fresnay, Arletty, Albert Préjean, Madeleine Sologne, Ginette Leclerc, Mary Marquet sont arrêtés ainsi que le grand Sacha Guitry qui, à cette occasion, ne loupera pas l'occasion d'un bon mot même si intérieurement il a perdu de sa superbe.

A la question : *« Quand avez-vous été arrêté ? », « Le jour de la Libération »* répond-il posément en ajustant une élégante robe de chambre.

Combien d'autres encore parmi lesquels Robert Le Vigan, condamné à dix ans de travaux forcés, à la confiscation de ses biens, à l'indignité nationale et qui après plusieurs années de détention s'expatriera en Amérique du sud.

Certains acteurs, à l'exemple de Jean Gabin, n'ont pas hésité à prendre les armes et à s'engager dans le combat. Gabin, chef de char dans la 2ème DB participera à la campagne d'Allemagne. Lorsqu'il rentrera, le cinéma français l'oubliera durant de nombreuses années tandis que Guitry revigoré d'un patriotisme tardif produira « Si Versailles m'était conté » en couleurs naturelles.

D'autres noms de l'affiche ont été victimes de la guerre ou des persécutions. Harry Baur est de ceux-là.

Acteur principal de « L'assassinat du Père Noël », *« heureux exemple de collaboration franco-allemande »*, selon le journal « L'Illustration », Harry Baur est soupçonné d'être juif après un article paru dans « Je suis partout ». Après de multiples tracasseries, il retournera en Allemagne tourner un autre film avant d'être arrêté par la Gestapo qui cette fois le soupçonnera en plus d'être un agent anglais. Très éprouvé par un emprisonnement de plusieurs semaines, il meurt chez lui, à Paris, en avril 1943.

L'affaire Petiot monopolise les journaux mais l'enquête piétine. Quels secrets cache l'abominable docteur et qu'est il advenu de son fabuleux trésor sur lequel personne n'est jamais parvenu à mettre la main ? A-t-il été perdu pour tout le monde ou est-il tombé dans les caisses d'un puissant parti politique comme on l'affirmera alors ?

Sur le plan de l'économie, par suite des effets de la guerre et notamment du versement des indemnités d'occupation qui ont nécessité le fonctionnement de la planche à billets, la masse monétaire de la France s'est accrue de façon catastrophique. Cadeau empoisonné du régime de Vichy mais dont il faudra bien aujourd'hui gérer toutes les conséquences.

Au niveau de la Banque, point de catastrophisme. L'encaisse-or n'a que faiblement cédé du terrain. Pratiquement intacte, de près de 1 800 tonnes, elle se trouve réduite à 1 579 tonnes par suite du remboursement à la Banque nationale de Belgique d'un dépôt de 198 tonnes que Bruxelles avait confié à Paris en 1940 mais que les Allemands ont raflé avec la complicité de Pierre Laval.

Le fonds de stabilisation conserve pour sa part 190 tonnes d'or et un avoir appréciable en devises.

Cependant et toujours pour faits de guerre, l'État a du emprunter beaucoup et pour une large part à court terme. La hâte que pourraient manifester les créanciers, selon leur confiance ou non dans la monnaie, fait peser le risque de remboursements massifs qui pourraient dégrader plus encore les finances publiques.

Enfin, le marché noir a édifié des fortunes colossales à base d'argent « sale » lorsqu'il n'a pas permis à l'occupant d'engranger et d'emporter des sommes importantes en devises françaises.

Les hommes de la Résistance tiennent donc à rendre inutilisables les quantités de billets emportés par les Allemands et à contrôler l'origine des fortunes jugées trop soudaines.

Sur un plan strictement économique, il faut de toute urgence résorber la masse monétaire excédentaire en circulation de façon à la mettre en phase avec les biens disponibles et ainsi tuer dans l'œuf tout risque de dérapage de l'inflation. Par là même est visé le marché noir qui perdure dans les années d'après guerre et constitue un facteur supplémentaire de flambée des prix.

Dans une moindre mesure, il apparaît important aussi de pouvoir quantifier la masse monétaire détruite dans les combats. L'essentiel étant de dresser un état des lieux le plus précis possible.

Aux commandes du ministère de l'Économie nationale du G.P.R.F., Pierre Mendès France bien décidé à assainir la circulation fiduciaire. L'homme est persuadé que son ministère revêt une importance supérieure à celui, plus classique, des Finances qui a été confié à René Pleven. Qu'il y a dans la création de ce tout nouveau ministère de l'Économie nationale une volonté affirmée par le gouvernement de prendre les mesures urgentes qui s'imposent. Qu'il aura carte blanche et autorité sur la rue de Rivoli.

Pour réduire la masse de billets en circulation plusieurs solutions existent : prélèvement fiscal exceptionnel de solidarité, échange des billets, etc.

C'est la voie dans laquelle s'est engagée la Belgique et qu'avait initié la France lorsque la Corse fut libérée mais prudemment, on a renoncé à ce plan.

C'est sur ce point que René Pleven s'oppose à Pierre Mendès France en optant pour un appel à la raison et à la confiance des Français dont il ne souhaite pas, en ces temps très précaires, aggraver le traumatisme. De Gaulle, à la recherche d'une cohésion nationale, partage ce même avis d'une remise en ordre économique sans douleur, ni affrontement.

Dès Alger, le gouvernement s'était engagé à donner pouvoir aux commissaires de la République d'augmenter, région par région, les salaires qui avaient baissé en valeur réelle depuis Vichy. En octobre 1944, ils seront revalorisés de 50% en moyenne et une majoration similaire sera appliquée aux allocations familiales. Début 1945, les salaires des fonctionnaires seront augmentés dans des proportions équivalentes.

Un mois plus tard, en novembre 1944, René Pleven, rue de Rivoli, lance contre l'avis de Mendès France, un emprunt de la Libération qui fera rentrer 164 milliards de francs dans les caisses de l'État. La circulation fiduciaire se trouve ramenée de 642 milliards en avril à 572 milliards à Noël 1944.

Si le résultat paraît encourageant, est-il suffisant ? Mendès France ne le croit pas ; il avait son plan, un plan désormais vidé de sa substance et dont on s'éloigne de plus en plus. En opposition complète avec René Pleven sur la politique d'assainissement monétaire, il n'a d'autres choix que de remettre sa démission le 18 janvier 1945 à De Gaulle qui la refuse.

Moins d'un mois plus tard, une nouvelle pomme de discorde va surgir. Il s'agit du remplacement des billets de banque par des coupures fabriquées aux États Unis et en Grande Bretagne. Mendès France préconise un blocage temporaire qui permettrait l'inventaire des comptes et de fixer un plafond aux dépenses de chaque particulier qui serait compatible avec le volume de la production. C'est un remède de cheval, bien sûr, mais dont l'efficacité permettrait d'assainir la situation. En attendant, il ne fait qu'aggraver plus encore la tension entre les deux hommes.

René Pleven, soutenu davantage par le gouvernement et, bien entendu, par une large partie de l'opinion publique pour qui l'annonce d'un plan d'austérité n'est jamais bien accueillie, préfère un échange pur et simple, franc pour franc, sans aucun blocage, ni frein d'aucune sorte. Sa position modérée pour ne pas dire démagogique l'emporte fin mars.

A ce moment, Mendès France sait qu'il a perdu la partie. Sa démission intervient le 5 avril. Dans une lettre teintée d'amertume, il ne mâche pas ses mots à l'encontre des *« égoïstes, des parvenus et des cupides »* : *« est-ce en* (les) *ménageant, en nous appuyant inconsciemment sur eux, est-ce en bafouant ceux qui ont cru que nous voulions une république pure et dure, que nous referons la France ? »*

De Gaulle qui craint qu'un tel plan ne remette en question la fragile cohésion politique par l'éclatement de troubles sociaux dont pourraient tirer profit les communistes, lui répondra : *« Le pays est malade et blessé. Je tiens donc pour préférable de ne pas, en ce moment, bouleverser sa subsistance et son activité, d'autant que les mois à venir vont, par la force des choses, améliorer sa condition. »*

Rien n'était moins certain que la « force des choses » puisse améliorer la condition du pays et moins encore celle des Français même si, en économie autant qu'en politique, il faut savoir donner du temps au temps.

Pleven cumulera dès lors les deux ministères ; celui des Finances et de l'Économie nationale.

L'échange des billets se déroule courant juin et concerne toutes les coupures de plus de vingt francs, il est associé un mois plus tard à un impôt dit de Solidarité nationale. L'ensemble du dispositif parvient à réduire la masse en circulation à 444 milliards. Mais Mendès France avait raison, ces mesures ne suffiront pas à comprimer durablement la masse en circulation qui fin 1945 aura repris son volume de 1944.

En fait, la France n'a pas su saisir l'occasion et le pays va s'engager dans une spirale inflationniste qui restera l'une des plaies de l'après-guerre. On pourra augmenter les salaires autant qu'on le voudra, cela n'accroîtra pas pour autant le pouvoir d'achat. Le franc, lui, n'a pas fini de subir les conséquences de dévaluations successives.

A l'origine de cet état de fait que le pays avait les moyens d'éviter, outre un contexte social et politique particulier, deux hommes dont l'un se faisait une certaine idée de la France, et l'autre une idée certaine de l'importance de la monnaie dans les rouages de l'économie. Deux notions aussi où rigorisme et libéralisme s'affrontaient dans une lutte au finish avec prime offerte au sentiment de confort immédiat.

Les deux hommes avaient cependant raison mais le pouvoir, en faisant l'économie d'un plan de rigueur dont Mendès France pensait qu'en deux ans, il suffirait à assainir l'économie, à relever la France de ses ruines et à consolider notre monnaie, hypothéquait gravement la décennie à venir.

Désormais, l'inflation allait régner et les dévaluations se succéder. Notre économie vivrait d'expédients de toutes sortes, de prêts et de dettes, de manœuvres de toutes natures visant à dissimuler les vrais indices, à truquer les véritables chiffres du désarroi d'une nation.

Les politiques qui lancent courageusement des plans d'austérité s'y cassent souvent les dents et y gagnent la plus ingrate impopularité. L'histoire du Franc et de notre économie en ont ainsi sacrifié quelques-uns uns avant que le Franc lui-même ne soit à son tour définitivement dépecé sur l'autel des politiques à court terme et des promesses électorales qui lavent plus blanc.

Le discours de Mendès France n'a pas su convaincre. L'homme aura été bien peu et bien mal soutenu par les socialistes, laissé pour compte par le MRP et violemment combattu par les communistes.

Seul l'avenir lui donnera raison.

La Constitution de la IVe République est adoptée sans triomphe au terme d'un fastidieux second projet pour lequel seuls 36% des électeurs inscrits se sont prononcés positivement. Il y a eu 31,2% d'abstentions et le même pourcentage de suffrages pour le non. C'est dire à quel point les Français sont divisés, fatigués par un débat dans lequel ils se perdent, résignés par ces grandes manœuvres dont ils se désintéressent tandis que leur vie quotidienne, entre marché noir et difficultés d'approvisionnement, tarde à s'améliorer

Il leur faudra patienter jusqu'en 1949 avant de voir disparaître les cartes de rationnement.

Selon les termes de la nouvelle constitution, le Sénat se voit réduit au rang d'un Conseil de la République sans grand pouvoir, à la voix purement consultative, au grand dam des Radicaux et des modérés. N'est-ce pas au Sénat qu'ils avaient fait chuter Léon Blum à l'époque du Front populaire ? Si les radicaux s'en souviennent, comment les socialistes pourraient-ils l'avoir oublié ?

La Constitution de la IVe République, complexe, satisfait peu de monde. Au point que le MRP tout en appelant ses électeurs à voter pour la constitution, envisage par avance une révision de ses institutions. Socialistes et communistes ont écarté De Gaulle de toute espérance du pouvoir et ruinent ses arguments. Le pouvoir appartiendra seul à l'Assemblée. Sans doute se souviennent-ils du précédent fâcheux d'un Pétain aux pleins pouvoirs. Ce risque du pouvoir personnel, ils ne veulent plus le courir.

Dans l'opinion, n'a-t-on pas vu certains Français rêvant d'une invraisemblable réconciliation entre Pétain et De Gaulle, n'a-t-on pas observé au fil des semaines et des mois qui passaient, le procès de Pétain susciter des sentiments contradictoires ?

Par ailleurs, ces deux hommes, « providentiels » en leurs temps, n'étaient-ils pas des militaires et l'Espagne du général Franco témoignait-elle d'un exemple de démocratie ?

Sans doute, ce climat, ces passions encore vives, ont-il hâté la nécessité de doter la France d'une Constitution pour laquelle il aurait sans doute mieux valu réfléchir davantage. Dans ce contexte, l'homme de la France libre pouvait-il paraître à présent vouloir mener un pouvoir autoritaire alors qu'il avait rendu au pays sa liberté, sa dignité et son honneur ?

De Gaulle va être écarté du pouvoir pendant les douze années que va durer la IVe République. Il arrivera que celui qui s'est fait connaître des Français sur les ondes de la BBC, soit interdit d'antenne dans son propre pays.

Dans la tradition gaulliste, il était d'usage de ne pas porter une grande estime à ceux que le général nommait avec mépris les *hommes de la 4e*.

Le bilan de la IVe République apparaît controversé. L'œuvre accomplie durant ces douze années mérite cependant que l'on s'y arrête.

La France n'avait pas seulement besoin de se reconstruire après la Seconde Guerre mondiale, il lui fallait aussi rattraper le retard accumulé durant les années de crise et de dépression, en matière de logements, de modernisation du pays, de rétablissement de l'économie, etc.

Le but visé à l'occasion du Premier Plan, sera de retrouver fin 1947, le volume de production du pays en 1929, année charnière de référence qui vit les nations industrielles s'enliser dans la grande dépression.

Cette modernisation indispensable qui n'excluait pas un changement radical des mentalités, le pays va y parvenir en quelques années avec une énergie magistrale issue des grands idéaux de la Résistance et de la Libération, même si à la longue, les ambitions politiques personnelles finiront par mener à mal cet exemple de cohésion quasi unique dans l'histoire de France. De plus, ces années permettront au pays tout entier de se tourner vers l'avenir avec un grand nombre d'atouts.

Il reste surprenant de constater combien la France a pu changer en l'espace d'un peu plus d'une décennie et s'il est toujours aisé d'embellir le passé, combien de nos parents ou grands-parents évoqueraient-ils avec nostalgie le bon vieux temps des années trente ? Mise à part la brève embellie du Front populaire et des premiers congés payés, que pourraient-ils regretter des grands scandales de l'argent, de la montée des périls en tous genres, de l'accroissement du chômage, de la multiplication des faillites et des soupes populaires ?

Dès la fin de la guerre, par ordonnance du 5 octobre 1944, le droit de vote est accordé aux femmes et la Sécurité sociale devient une réalité. Cette guerre mondiale qui s'achève, a apporté son lot d'innovations multiples qui la paix revenue deviendront autant de composants majeurs du progrès industriel.

Moyens sophistiqués de transmission de l'information, radars, tissus artificiels, progrès capitaux dans la médecine d'urgence, la liste serait longue. Sans oublier, pour l'anecdote, ces stocks considérables de roues de bombardiers qui, désormais inutiles, permirent aux Italiens de produire les fameux scooters d'une nouvelle Dolce Vita.

Quant à l'outil économique de la France, la chose est entendue depuis le temps des maquis de la Résistance jusqu'à la constitution du Gouvernement provisoire ; il faut soustraire aux intérêts privés la puissance industrielle du pays, ce qui fait la richesse inaliénable de tout un chacun dans un but de progrès social. On verra qu'au-delà des généreux principes, il y a parfois loin de la coupe aux lèvres mais le discours reste teinté d'un fond de lyrisme social.

Si le cartel des gauches s'est fracassé contre le *mur d'argent* dans le milieu des années vingt, si le Front populaire a dénoncé avec ardeur les *deux cents familles* , la France de l'après-guerre s'en prendra aux *trusts* qui sous un vocable actualisé désigne toujours le même ennemi à combattre. Plus tard, elle condamnera les *multinationales* avant de redouter de nos jours une *mondialisation* susceptible d'engloutir notre économie tout entière...

Les houillères du Nord-Pas de Calais sont nationalisées en décembre 1944. Les usines de Louis Renault le sont le 16 janvier 45 par sanction contre l'attitude du constructeur durant la guerre cette fois. Gnome et Rhône, qui donnera naissance à la SNECMA, le sera le 29 mai 1945.

Les mesures sociales qui se développeront chez Renault à la suite de cette nationalisation feront de la Régie au cours des années qui suivront un véritable « laboratoire social ».

La compagnie nationale Air France voit le jour le 26 juin 1945 tandis que la BNCI et le Comptoir national d'escompte de Paris, qui formeront plus tard, la BNP, le Crédit Lyonnais et la Société Générale, sont également nationalisés début décembre 1945.

Le vieil hôtel de Toulouse, rue de la Vrillière à Paris, qui héberge la Banque de France connaît lui aussi un souffle nouveau ; le gouvernement renforce les mesures adoptées par le Front populaire en juillet 1936. La loi du 2 décembre 1945 prévoit que le capital de la Banque sera transféré à l'État au 1er janvier 1946 et que les actionnaires recevront des obligations en remplacement de leurs actions. Les dernières obligations à 3% seront remboursées à compter du 1er janvier 1965.

En avril 46, sous le gouvernement Gouin, une seconde vague de nationalisations va toucher le milieu des assurances, celui du gaz et de l'électricité et encore le domaine des charbonnages.

La vénérable Agence Havas sera la génitrice de l'Agence France Presse devenue aujourd'hui l'une des premières agences d'informations au monde.

A l'issue des grandes réformes de l'après-guerre, l'État constitue un pôle dominant de l'économie nationale, faisant travailler 10% des actifs. Pour un peu, on se croirait dans une démocratie populaire. Il contrôle 100% des ressources charbonnières, du gaz naturel et de l'atome, 88% et 78% de l'électricité et du gaz de houille, 100% des banques d'émission et 44% des autres banques. Il a sous son autorité 34 des quelques centaines de sociétés d'assurance, mais qui réalisent à elles seules 43% des activités de la branche tandis qu'il maîtrise à 100% les transports ferroviaires et aériens. Il assure 60% de la production aéronautique et près d'un tiers de la production automobile.

L'esprit de la Libération, c'est aussi vouloir planifier l'économie dans un pays qui, au sortir de la guerre en a grand besoin. Cette planification conduite par Jean Monnet ne sera pas autoritaire mais efficace. Décideurs et partenaires sociaux y seront associés. Le premier plan prévoyait de retrouver le niveau de production de 1929 en un an à la fin de l'année 1947 et de gagner ensuite 25% de plus entre 1948 et 1950. Ce plan sera prolongé en fait jusqu'en 1952. Le deuxième plan intéressera la période 1954-1957.

Si la France, à l'exemple d'autres pays européens, connut une reconstruction rapide et dynamique, elle le dut aussi à l'aide qu'elle reçut des États-Unis. En décembre 1945, la France obtient un premier prêt de 550 millions de dollars, suivi en mars 1946 d'une aide de 1 900 millions de dollars qui apurait en fait les dettes de guerre militaires et civiles de la France. La générosité américaine qui n'avait rien d'angélique, s'expliquait par la nécessité pour les Américains d'aider à la remise sur pied de leurs principaux clients européens, faute de quoi leur propre économie aurait connu une forte récession comme on l'observa plus tard en 1949.

Les Américains pensaient que deux années suffiraient à la France à se relever de ses ruines. Il s'en fallait de beaucoup. La situation était à ce point si difficile et dramatique dans notre pays qu'éclataient déjà des troubles sociaux de nature à soulever de vives inquiétudes.

L'idée du Plan Marshall fut l'un des remèdes contre la tentation du communisme qui risquait de s'étendre en Europe. L'une des contreparties de l'aide américaine, en effet, consistait pour les Français et les Anglais à ouvrir leur marché sans aucune restriction à l'industrie cinématographique américaine. D'abord, en raison des débouchés financiers considérables qu'une telle ouverture entraînerait mais aussi et surtout, en vertu du pouvoir immense de propagande du cinéma à véhiculer les idées de *l'american way of life* et du sens de sa croisade contre le communisme.

En fait, ces dispositions particulières expliquent comment l'Europe entière s'est américanisée en l'espace de trois décennies à coups de pop corn, de Coca-Cola, de cow-boys solitaire sur fond de Marlboro. Comment aussi l'industrie cinématographique européenne a failli disparaître et lutte encore pour sa survie.

Enfin, c'est durant la IVe République que furent jetées les bases de la construction européenne.

Il n'est point de médaille sans revers et si le régime de la IVe République était à ce point performant comment expliquer qu'il va s'effondrer en mai 1958 ?

Après douze années, il n'en restera rien sinon le mépris et l'indifférence. Les temps difficiles seront oubliés et l'œuvre entreprise souvent négligée, d'autant que bon nombre de réformes mises en chantier sous cette époque ne porteront leurs fruits que bien plus tard alors que le régime aura disparu.

Les institutions de la IVe République portaient en elles tous les risques de ruine. Aucun régime ne se manifesta autant par son instabilité, sa précarité, ses contradictions et son refus permanent de dire la vérité aux Français. Si la Constitution paralysait en grande partie l'action du gouvernement, certains hommes politiques conduisirent des actions diamétralement opposées aux discours qu'ils avaient tenu la main sur le cœur.

A la lassitude des Français succédèrent l'indifférence et l'écœurement qui vit bientôt renaître en France une extrême droite que l'on croyait à jamais révolue. Les élections de 1956 verront ainsi de nombreuses voix se porter sur des candidats d'extrême droite et faire entrer à l'Assemblée cinquante et un élus dont Jean Marie Le Pen.

Pour durer dans le temps, un ministère devait s'astreindre à faire de la corde raide. A d'autres moments, il pouvait espérer se maintenir à condition de s'engoncer dans l'immobilisme le plus affligeant. Au moindre faux pas, la trappe politique le précipitait dans le vide. L'appareil législatif omniprésent, les assemblages de majorité lui recommandaient la plus extrême prudence.

De Gaulle avait raison de redouter le système des partis tandis que la chute incessante des ministères faisait les vaches grasses des chansonniers qui pariaient sur les records de brièveté des différents ministères. Il nous reste des actualités cinématographiques en noir et blanc, les images maussades de ces incessantes allées et venues de tel ou tel leader de parti politique s'engouffrant à la hâte à Matignon en saluant la presse d'un coup de chapeau mais sans lui adresser le moindre mot. Cela suffisait à prévoir quel serait le prochain Président du conseil et les journalistes, entre eux, y allaient de leur pari simplement pour tuer le temps et l'ennui.

Le ministère de Georges Bidault tomba le 24 juin 1950 lors d'une réforme, combien banale, sur le traitement des fonctionnaires sur la question de savoir si l'on parlait en net ou en brut.

Lors de négociations sur l'Indochine en septembre 1946, Ho Chi Minh se vit proposer de faire de tourisme dans les Basses-Pyrénées sous le prétexte que le ministère étant tombé dans l'intervalle, il fallait quelques jours pour désigner de nouveaux ministres avant de reprendre les pourparlers. Il n'en crut pas un mot et pensa que les Français ourdissaient de sombres desseins.

Sur la scène internationale, on pouvait observer plusieurs ministres français se succéder, au fil des jours, au gré et au rythme des crises ministérielles qui se suivaient interminablement. La France devint la risée de ses partenaires et y perdit une large part de sa crédibilité.

Un autre mal endémique de la IVe République toucha directement le Franc, victime de l'impuissance des gouvernements la plupart du temps - car il y eut quelques rares embellies - à lutter contre l'inflation.

Une inflation latente inhérente au renoncement du plan Mendès France mais à présent aggravée par deux guerres coloniales : celle d'Indochine que le gouvernement n'avait pas souhaité mais qu'il ne parvint pas à empêcher et celle d'Algérie que traversa le régime et qui le conduisit à sa perte.

Si pour l'Indochine, la France fut aidée financièrement par les États-Unis, le coût de la guerre d'Algérie allait lui porter un coup fatal.

A l'occasion de la campagne électorale de janvier 1956, le Front républicain dont l'une des composantes était l'UDSR de François Mitterrand, qui détiendra onze postes ministériels sous la IVe République, promet la fin rapide des « événements d'Algérie » et la mise en œuvre d'importantes réformes sociales.

A l'issue des élections, Guy Mollet conduit le gouvernement alors que l'on imaginait qu'il serait fait appel à Pierre Mendès France. Ce dernier sera ministre d'État sans portefeuille, poste duquel il démissionnera sans tarder.

Or pour les seules années 1956 et 1957, les dépenses de guerre vont s'élever à 300 milliards de francs. Cette facture s'alourdira encore par l'envoi du contingent et la pénurie de main d'œuvre que son départ occasionnera en France métropolitaine, créant ainsi un contexte favorable de surenchérissement des salaires.

En fait de promesses de fin rapide des *événements d'Algérie* et du retour à la paix, la guerre sans nom s'étendait désormais à l'ensemble du territoire algérien et faisait courir à la France le risque d'une guerre civile.

En 1956 et 1957, le déficit budgétaire avoisinait les mille milliards de francs tandis que le déficit commercial se trouvait multiplié par cinq. La balance des paiements alors excédentaire voyait se creuser un dangereux déficit. Comment aurait-il pu être question dans de telles conditions d'un projet de vastes reformes sociales ? En fait de réformes sociales, on accordera aux Français en 1956, vingt ans après le Front populaire, une troisième semaine de congés payés.

Alors, les événements du 13 mai 1958 ont-ils fait basculer le régime selon une thèse politique généralement admise qui a pour unique fond de scène la situation en Algérie ?

Sûrement mais à l'heure où se produisirent ces événements graves, le pays courait à la ruine et les hommes politiques ne parvenaient plus à dissimuler la gravité de la situation.

Le qualificatif de « Molletiste » revêtait un caractère teinté de mépris ou de dérision. L'opinion s'était détachée du régime. La France ne parvenait plus à jouer le jeu des grandes nations, adoptant des mesures d'expédients visant à contraindre nos importations, en violation de nos propres engagements internationaux.

Nos réserves - métal et devises- n'atteignaient pas les deux tiers de nos dettes à court terme. La masse en circulation représentait 3 300 milliards pour une encaisse d'un peu moins de 300 milliards de francs. Il était temps de jeter l'éponge.

De 1945 à 1958, le pays connut trois législatures, vingt et un gouvernements et six dévaluations qui affaiblirent considérablement le franc.

Alors qu'il titrait en décembre 1945, 7,46 mg d'or fin (8,29 mg à 0,900), il en pesait quatre fois moins en décembre 1958 : 1,8 mg de fin (2 mg à 900/1000), soit 493,705 francs pour un dollar et 1.382,376 pour une livre.

Soit une valeur 160 fois moindre que celle du franc de Germinal encore en usage en août 1914.

XVII

La Ve République

« L'argent des riches ne fait pas le bonheur des pauvres. »

Coluche

Ce soir-là, une foule dense martèle la chaussée. Des jeunes, des moins jeunes, hommes et femmes, se sont mis en route ce dimanche soir. Leurs pas convergent vers le même but, leurs regards dans la même direction. Pour eux, Paris semble en fête. Une fête dont l'épicentre se concrétise en un lieu riche de symboles bien qu'aucune forteresse de la tyrannie n'y soit plus à prendre ; le quartier de la Bastille.

À vingt heures, l'écran de la télévision a dessiné un puzzle horizontal tandis que Jean-Pierre Elkabbach annonçait le nom du nouveau président de la République : François Mitterrand vient d'être élu avec 51,75 % des voix contre 48,24 % pour Valéry Giscard d'Estaing.

L'écart entre les deux candidats représente un peu plus d'un million de voix. Une forte mobilisation au second tour a surtout profité à la gauche dont l'électorat n'a pas voulu prendre le moindre risque, votant massivement, effectuant de bons reports de voix. L'électorat de droite s'est montré plus divisé. Quatre jours avant le second tour, Jacques Chirac s'était contenté de mettre en garde ses partisans contre le candidat de la gauche sans pour autant les inciter à voter pour Giscard d'Estaing. De ce fait, il a manqué au président sortant bon nombre de voix qui se sont traduits par un vote blanc ou par un vote en faveur de Mitterrand.

Mais les Présidentielles de 1981 sont bien plus riches d'enseignements.

Parmi les faits qui expliquent la victoire de la gauche, il y a la majorité à dix-huit ans. Réforme de Giscard d'Estaing promulguée le 5 juillet 1974, moins de deux mois après son élection à la Présidence de la république. Il s'agissait de faire *jeune* et de jouer cette carte de la jeunesse. N'y avait-il pas dix ans d'écart entre VGE, jeune chef d'État de 48 ans, et son concurrent malheureux des présidentielles de 1974, François Mitterrand ?

L'idée de l'abaissement de l'âge de la majorité était dans l'air dans les années qui suivirent les événements de 1968 et pour bon nombre de pays la question était réglée. Ainsi au Royaume-Uni depuis 1969, en Allemagne fédérale depuis 1970 et aux États-Unis depuis 1971.

Cette réforme va modifier le corps électoral du pays entraînant un nouveau comportement face aux urnes. Certains la qualifièrent à l'époque de « déstabilisatrice » et tentèrent de prouver que si les 2,4 millions de jeunes Français âgés de 18 à 20 ans s'étaient rendus aux urnes en 1974, François Mitterrand l'aurait emporté avec un avantage de près de 650 000 voix contre VGE. Ce rajeunissement du corps électoral constitua un petit coup de pouce supplémentaire donné à la gauche en 1981.

Sur le plan économique, on a parlé du « miracle japonais » ou du « miracle allemand ». On pourrait ajouter celui qu'a connu l'Italie du Nord mais les Français n'ont jamais voulu croire à un miracle à la Française. L'expression n'a jamais fait mouche chez nous. Seuls, les économistes internationaux considèrent ce fait remarquable, au point que la IVe République qui ne jouit pas d'une réputation brillante apparaît être l'un des tremplins de la France moderne.

Les *Trente Glorieuses* virent la France passer du charbon à la puissance nucléaire, de la 4 chevaux de 1948 à la splendide DS qui supplanta la Traction avant chez Citroën, du fleuron de l'aéronautique que fut la Caravelle dont la conception étonna les Américains, de ces Français aujourd'hui propriétaires de leur logement alors qu'ils peuplaient les premières HLM ayant déserté avec bonheur des logements exigus, mal équipés voire insalubres ?

Comment imaginer de nos jours, des enfants des écoles primaires allant vendre des timbres en faveur des Centres aérés et de lutte contre la tuberculose ? Comment imaginer qu'il fallait six mois de salaire à un smicard du milieu des années cinquante pour pouvoir acquérir un réfrigérateur ?

Dans les années cinquante, une campagne nationale de souscription populaire orchestrée par l'unique chaîne de télévision noir et blanc visait à doter la France d'un « poumon d'acier ». On parlait encore des sanatoriums et sur les plages du Nord, des ruines portaient toujours des panonceaux « Dommages de guerre ».

La promenade du dimanche permettait de visiter l'appartement témoin d'une HLM nouvellement édifiée et dont la salle de bains faisait rêver de nombreux Français. À la radio, on entendait Gloria Lasso, la famille Duraton et le fameux « Ca va bouillir » de Zappy Max, le tout ponctué de réclames pour les meubles Lévitan ou les berlingots Dop tandis que le Pyrex faisait son apparition sur nos tables en Formica.

Les informations étaient sombres. La guerre se poursuivait en Algérie. Une nuit, alors que la France entière regardait « La piste aux étoiles », la catastrophe de Fréjus endeuilla le pays.

Nous étions 35 élèves par classe sans que cela ne trouble notre vieil instituteur en blouse grise qui nous répétait tant et plus qu'il dormait fenêtre de chambre ouverte et n'hésitait pas chaque matin à se rincer la gorge d'un verre d'eau dans lequel il laissait tomber quelques gouttes de Javel. C'était *hygiénique*, disait-il et lui donnait la voix claire.

En attendant, il nous préparait avec gravité à l'examen du Certificat d'Études. Outre le précieux diplôme et un dictionnaire Larousse flambant neuf, nous nous verrions offrir par la Ville de Lille, un voyage d'une journée à la mer en autocar, à Malo les Bains près de Dunkerque, pour lequel il convenait d'emporter quelques sandwichs, la générosité de la municipalité socialiste ayant ses limites.

Engoncée dans de vieux archaïsmes qui la sclérosaient dans les domaines les plus divers, la France s'est libérée à un point tel qu'un bon nombre de nos concitoyens ne parviennent plus à suivre son évolution. Des réflexes dignes de temps révolus réapparaîtront dès les premières difficultés.

Ces difficultés précisément vont poindre sans que personne ne s'en alarme et parfois sont-elles minimisées. Elles portent une date : fin des années soixante, début des années soixante-dix. Encore reste-t-il malaisé de définir dans le temps, les signes avant-coureurs avec plus de précision.

Elles portent un label que résume une formule mille fois rabâchée et qu'à l'aube de l'an 2000 on continuait d'égrener :

C'est la crise...

Le soir du 10 mai 1981 la France a voté pour le changement. Depuis quelques années, les Français ont observé l'inflation renaître tel le feu sous la braise mais, pensent-ils, dans tous les pays à forte croissance, l'inflation constitue la rançon de la gloire, le revers de la médaille. Lorsque l'inflation sera à deux chiffres, ils n'en voudront plus. Ils ont vu aussi le nombre des chômeurs augmenter sans cesse. La démonstration est alors plus cruelle que celle, en 1980, du record peu enviable de l'une des inflations les plus fortes d'Europe avec 13,6 %.

Au printemps 1981, à l'approche des présidentielles, le chômage touche 1,7 million de personnes. Pour l'époque, ce chiffre catastrophique taraude les esprits précipitant l'usure du pouvoir. L'abominable excroissance du million de chômeurs, seuil psychologique insurmontable, est pulvérisée et les prévisions n'inclinent pas à l'optimisme avec l'arrivée chaque année de 800 000 jeunes sur le marché de l'emploi. A l'aube des années quatre-vingt, une telle calamité est inconcevable.

Comment imaginer dans une société aussi avancée socialement et industriellement que des salariés puissent être jetés à la rue, privés d'emploi ?

Ni les diamants de Bokassa, ni l'affaire des avions renifleurs ne parviendront à détourner l'attention de cette idée fixe chez la plupart des économistes : le baromètre de la croissance.

Cette croissance économique à laquelle on s'était habitué au point de la considérer naturelle est brutalement en train de s'essouffler. Demain toute la puissance de notre économie peut être remise en question. Déjà se profile le spectre d'une « croissance zéro ». Le terme, pas très heureux, de « croissance négative » ne parviendra pas à faire sourire longtemps.

Dans l'univers politique, la sanction électorale trouvera son aboutissement sur le pavé luisant de la Bastille le soir du 10 mai 1981. La droite est balayée pour n'avoir pas fait ce qu'il fallait contre la crise mais la gauche, avec son catalogue de mesures élaborées dans le confort d'une opposition douillette sera-t-elle plus heureuse dans cette nouvelle croisade ?

1958 : les événements du 13 mai ont sonné en France l'hallali d'une gauche blessée à mort emportant dans le tombeau les restes de la IVème République. Deux raisons essentielles ont conduit à cet enterrement sans gloire, ni éloge funèbre mais avec ce blâme trop excessif de l'histoire.

Première raison : la guerre d'Algérie a mené la France au bord de la guerre civile en divisant les esprits. Fallait-il rêver de conserver et pour combien de temps encore cette Algérie française alors que le pays montré du doigt naviguait à contre-courant d'idées dont il s'était lui-même porté garant claironnant une liberté des peuples à disposer d'eux-mêmes ? Comment aurait-il pu être possible enfin de concilier une volonté de paix en Algérie tandis que la répression s'y accentuait ?

Pour ceux qui ont vécu cette époque, rares sont les moments de notre histoire où l'avenir est apparu aussi gris, aussi sombre. La guerre d'Algérie fut un gâchis qui allait marquer pour longtemps notre conscience.

Seconde raison : la situation économique désastreuse de la France avec cette flagrante contradiction qui consistait à croire en un vaste programme d'expansion alors que la stabilité financière du pays s'avérait impossible à réaliser.

Après les difficultés de l'après-guerre ; pénurie, rationnement, marché noir, laxisme monétaire, alors que la croissance industrielle se réduisait à 1 % en 1952-53, elle atteignit 10 % en 1954, 9 % en 1955 tandis que le PNB augmentait de 6,5 % et 5,2 % durant ces mêmes années. Cette expansion se faisait dans une stabilité relative des prix. L'embellie allait être de courte durée.

Le 2 janvier 1956, succès aux élections législatives du Front républicain qui rassemble la SFIO de Guy Mollet, l'UDSR de François Mitterrand, les gaullistes républicains sociaux de Jacques Chaban Delmas et les radicaux de Pierre Mendès France. Succès mitigé par deux fausses notes qui témoignent du climat politique de l'époque : 51 députés poujadistes sont également élus et puis, alors que l'on attendait Mendès France, c'est Guy Mollet qui devient président du Conseil et fera un mois plus tard une désastreuse visite à Alger où il sera reçu par des jets de tomates.

En mars, à l'issue de conflits sociaux très durs, la troisième semaine de congé payé est généralisée suivant l'exemple de l'accord signé chez Renault l'année précédente, à l'ensemble des salariés de l'industrie. Des accords de branche dans le même esprit, aboutissent à des hausses de salaire. Dans ce même contexte d'embellie sociale, on crée la vignette automobile qui doit permettre à deux millions de personnes âgées à faible revenu d'être assurées d'une aide publique. Le climat social apparaît détendu dans la mesure où l'on vit sur un pouvoir d'achat qui s'est accru de 6,5 % l'an passé faisant chuter de moitié le nombre de journées de grève par rapport à l'année précédente.

À la sortie de l'usine, l'ouvrier fredonne le dernier succès à la mode : « Bambino », le premier d'une jeune chanteuse d'origine égyptienne, Dalida. À Monaco, Rainier épouse Grace Kelly. « La traversée de Paris », « Et Dieu créa la femme » sont à l'affiche tandis que le prix Louis Delluc est décerné à Albert Lamorisse pour « Le ballon rouge », film au charme émouvant qui dévoile, en toile de fond, un vieux Paris qui n'existe plus.

Mais 1956 voit se profiler de lourdes menaces. Alors que la politique sociale du nouveau gouvernement entraîne une augmentation des importations de biens de consommation mais aussi de matières premières destinées à satisfaire la croissance industrielle, la hausse des prix intérieurs consécutifs aux augmentations de salaire entraîne logiquement la chute de nos exportations.

De plus, des conditions climatiques exécrables touchent l'agriculture réduisant de moitié la production viticole. Enfin, cette fragilisation de la situation économique de la France, aggravée par son effort militaire ruineux vers l'Algérie et le début d'une récession aux États-Unis, se serait volontiers passée de la Crise de Suez qui engagea le pays dans de lourdes dépenses en vue de son approvisionnement en pétrole américain, la route du brut du Moyen-Orient étant désormais coupée après la folle aventure franco-britannique.

Alors que l'on connut à nouveau en France le rationnement de l'essence, on assista dans le même temps à une fuite des capitaux devant les risques d'une dévaluation annoncée.

Le gouvernement de Guy Mollet tombe le 21 mai 1957 sur son programme d'économies et d'augmentation fiscale mais aussi sur sa politique algérienne. Après un ministère Bourgès-Maunoury qui tombera à son tour sur la question algérienne, Félix Gaillard forme un gouvernement d'union nationale qui parvint à tenir de novembre 57 à avril 1958 tandis que la balance extérieure ne cessait de se dégrader. Il fallut céder une partie du stock d'or de la Banque de France et quémander de nouveaux prêts internationaux. On en vint ensuite à limiter les importations lorsqu'en août on procéda à une dévaluation camouflée qui consistait à verser une prime de 20 % aux exportateurs français mais aussi aux touristes étrangers. À l'inverse, les achats de devise se voyaient frappés d'une taxe similaire de 20 %. Cette dévaluation à mot couvert qui fera renâcler le FMI, sera officialisée par Antoine Pinay en juillet 1958 à la parité de 2,115 mg de fin.

Le ministère de Félix Gaillard tombera, lui aussi, sur la question algérienne tandis que des manifestations se développaient à Alger. Lorsque le Président Coty fit appel à Pflimlin, réputé plutôt favorable à la négociation avec le FLN, les manifestants prirent d'assaut le gouvernement général à Alger et formèrent un Comité de Salut Public.

Du 13 au 24 mai, l'Algérie sera coupée de la France et le 24 l'insurrection gagnait la Corse. La rébellion pouvait-elle atteindre le territoire métropolitain ? On la redouta pour la nuit du 27 au 28 mai, cette même nuit qui vit en fin de compte la démission du ministère Pflimlin.

Le nom de De Gaulle circulait avec insistance depuis le 15 mai où dans un communiqué, il se déclarait « prêt à assumer les pouvoirs de la République ». Plus tard, les 25 et 26 mai, Guy Mollet et Vincent Auriol lui demandèrent d'être garant de la légalité républicaine. Dès le lendemain, le général De Gaulle ordonnait à l'armée de rester dans le devoir. À partir de ce moment, la conclusion de la crise était proche.

Le 29 mai, le Président René Coty informa l'Assemblée que, devant la menace de guerre civile, il s'était résolu à désigner « le plus illustre des Français » pour solliciter l'investiture. La veille, une manifestation conduite par Mendès France et Mitterrand avait réuni 200 000 personnes mais sans grand espoir de sauver un régime à bout de souffle dont les Français s'étaient détachés.

Trois tâches majeures et urgentes attendaient le nouveau gouvernement : rédiger et faire accepter une nouvelle constitution selon les principes qu'avait laissé entrevoir le Général De Gaulle lors de son discours de Bayeux en 1946, régler la question algérienne, enfin relever la monnaie et rétablir les finances mises à mal à la suite des derniers événements.

« J'ai trouvé les caisses vides » affirmera l'homme de la France libre en juin 58.

En fait, 511 tonnes d'or sont en stocks à la Banque de France durant l'été 58 contre 1 579 tonnes en 1945 mais 491 tonnes en 1952 tandis que la masse en circulation avoisinait les 3 290 milliards contre 580 milliards en 1945 et 2 120 milliards en 1952, hors dépôts bancaires et postaux.

Sur le plan du redressement monétaire, Antoine Pinay, ministre des Finances et des affaires économiques jusqu'en janvier 1960, a lancé le 17 juin, un second emprunt qui portera son nom mais cette fois, « l'idole des épargnants » fait appel à un comité d'experts dirigé par Jacques Rueff.

Outre l'emprunt, il est question d'une taxe civique exceptionnelle, de l'augmentation des impôts indirects, de la suppression des subventions décidées sous le ministère de Guy Mollet en 1956, de la restriction des investissements prévus sur fonds publics et enfin d'une amnistie sur les capitaux rapatriés. Cette dernière mesure aura peu d'effets.

Jacques Rueff dans le rapport qu'il remet au ministre le 8 décembre, préconise aussi une dévaluation du franc.

Antoine Pinay, le père tranquille de l'économie, à l'allure de notaire de province, dont bon nombre de nos concitoyens appréciaient la sagesse n'avait dans ses dossiers, aucun plan miracle mais des tonnes de bon sens : c'est la croyance en l'inflation qui crée l'inflation. Une économie si puissante soit-elle n'aligne pas que des chiffres, elle réagit aussi à des facteurs psychologiques. L'inflation dure parce que l'opinion est persuadée qu'elle durera. Ainsi, le consommateur se hâte-t-il d'acheter car demain son argent sera déprécié et le producteur, lui-même, vend plus cher en pensant à la hausse prochaine. Tous deux alimentent plus encore le phénomène inflationniste.

La première grande étape du Marché Commun débutait le 1er janvier 1959. La France dotée d'une monnaie en voie de convalescence pouvait-elle repousser le Marché Commun en refusant d'honorer la signature de la IVe République ? Elle se conforma aux engagements pris mais la dévaluation s'avérait indispensable.

Fin décembre 58, trois décisions sont prises sur la base du plan Pinay-Rueff. Sur proposition de Wilfrid Baumgartner, gouverneur de la Banque de France, le général De Gaulle adopte un franc « rond » face à l'or : 2 milligrammes d'or à 900/1000.

Une dévaluation proche de 17,55 % donnant à la devise américaine la valeur de 493,70 F et au franc la parité de 1,8 mg de fin, avec retour à la convertibilité à l'extérieur en devises fortes.

Dévaluation plus vigoureuse que nécessaire visant à donner un coup de fouet à nos exportations ; libération à 90 % des échanges avec l'O.E.C.E. ; engagement dans le Marché Commun avec accord sur la première diminution des droits prévue au 1er janvier. L'adoption de ce plan, que désapprouve Guy Mollet en démissionnant du gouvernement, va permettre un relèvement rapide de la situation financière et économique.

Courant 1959, les exportations augmentent de près de 20 %, les capitaux refluent vers la France, l'encaisse de la Banque passe de 377 millions à 1 milliard de dollars. La balance commerciale s'équilibre et dégage un excédent de 600 millions de dollars. Sur le plan intérieur, la hausse des prix est freinée de moitié ; de 11,6 % en 1958 à 6 % l'année suivante mais la médaille a son revers ; durant la même période la croissance industrielle va fléchir de 3,80 % en 1958 à 2,20 %

En janvier 59, le général De Gaulle charge Michel Debré de former le nouveau gouvernement. Parmi les hommes retenus, outre Antoine Pinay aux Finances, Valéry Giscard d'Estaing entre dans l'équipe ministérielle.

Le 1er janvier 1960 : le nouveau franc verra le jour. Un franc lourd équivalent à 100 anciens francs, mesure psychologique et de commodité de calcul qui ne change rien à sa parité monétaire. Seule consolation au chapitre de la nostalgie ; l'ancien franc valait 1,80 mg ; le nouveau 180 mg ; ce qui lui faisait faire un bond vers la parité originelle de Germinal de 290 mg de fin.

Dans les années qui vont suivre, la stabilité et la confiance retrouvées, la fin de la guerre d'Algérie, vont engendrer une reprise des investissements permettant un rythme annuel d'accroissement de la production industrielle de plus de 5 % jusqu'en 1964. Le chiffre de 8,7 % est atteint en 1960. Mais la conjoncture devient hésitante dès 1964 et l'année suivante, la croissance ralentit avant de se redresser en 1966.

L'année suivante est marquée par une récession mondiale.

Quant aux prix, après la flambée de 1959 de 6 %, ils redeviennent sages jusqu'en 1961. La fin de la guerre d'Algérie marque la relance des revendications syndicales ; les salariés obtiennent des hausses de salaire pour prix de leurs efforts durant la période de stabilisation. En 1962 et 1963, le retour des rapatriés d'Algérie - et de capitaux importants d'Afrique du Nord - verra naître une nouvelle surchauffe de l'économie. Cette fois, l'inflation menace.

Le 12 septembre 1963, un plan de stabilisation est lancé par Valéry Giscard d'Estaing. L'expansion est ralentie, les prix sont bloqués, le franc consolidé. Cette fois, pour préserver la monnaie, on a pris le risque de casser l'économie. Un choix hasardeux décidé tardivement et probablement infligé trop longtemps. L'inflation sera jugulée de 1964 à 1967 avec une hausse moyenne annuelle des prix de 2,5 % mais l'année suivante, une nouvelle page se tourne.

Les événements de mai-juin 1968 vont provoquer un nouvel emballement des prix. À l'origine de ces événements, la contestation étudiante qui va s'étendre ensuite au monde du travail touchant bientôt l'ensemble du pays. Protestation contre la guerre du Vietnam, puis remise en question de l'université et de toutes les hiérarchies : *« Il est interdit d'interdire »* dérivant ensuite sur une interrogation globale de la société dite de « consommation » voire du « métro-boulot-dodo » aboutiront à une vaste réflexion qui changera durablement notre mode de pensée.

Pour le monde salarié, Mai 68 signifie aussi les accords de Grenelle signés le 27 mai après vingt-cinq heures de négociations ; relèvement du SMIG à 3 F de l'heure, augmentation des salaires de 7 % puis de 3 % en octobre, réduction du temps de travail de 1 à 2 heures avant 1970, affirmation du droit syndical dans l'entreprise, mise en place de commissions d'étude sur l'emploi et la formation professionnelle.

Cette période verra également la généralisation de la quatrième semaine de congés payés.

La hausse des prix atteint 6,5 % de juin 68 à juin 69 et se prolonge les années suivantes ; 4,7 % en 1970 et 6 % en 1971. Durant plusieurs jours, le franc ne sera pas côté, le contrôle des changes rétabli d'abord mollement puis plus fermement pour freiner la fuite des capitaux, la France va sacrifier plus d'un tiers de ses réserves d'or et de devises et devoir emprunter deux milliards de dollars à ses partenaires au F.M.I. du Club des Dix.

Le soir du 8 août 1969, alors que la Bourse est fermée et que les Français rentrent de la plage, le franc est dévalué de 12,5 %. On a anticipé que le Mark serait réévalué – il le sera en octobre de +8,5 % -. Le franc vaut désormais 160 mg de fin, le dollar passe de 4,93 à 5,55 f.

Le Franc De Gaulle a vécu. Sept mois plus tôt, il aurait pu fêter son dixième anniversaire.

En fait, les événements de mai 68 ont-ils eu une telle incidence négative sur notre économie ? Il serait abusif de le croire car un rapport de l'O.C.D.E. daté d'avril 1969 tend à démontrer le contraire : *La production a rapidement repris après les grèves et, dans les derniers mois de 1968, elle s'accroissait à une cadence très élevée. Dans l'industrie, les gains de productivité ont compensé une part importante des augmentations de salaires. Le chômage a commencé à se résorber. Le déficit de la balance des paiements courants a été maintenu dans des limites acceptables et la hausse des prix a été suffisamment contenue pour que son rythme demeure tolérable.*

Le rapport sur les comptes de la nation de l'année 1968 que l'on ne peut taxer de gauchisme parvient aux mêmes conclusions que l'OCDE soulignant : *une amélioration importante de la productivité du travail et une meilleure utilisation des capacités de production.*

On estime la perte économique occasionnée par les événements de Mai 68 à 3 % mais dès la fin de l'année, la moitié du retard se trouvait résorbée et la conjoncture demeurait très favorable.

Ainsi les événements de mai 68 ont dynamisé nos capacités de production plus qu'ils n'ont menacé de conduire le régime à l'anarchie ou à la « chienlit ». Une expression dans l'Étude de l'OCDE vaut que l'on s'y attarde : *balance des paiements courants.* Cette balance des paiements dits courants n'inclut pas les mouvements de capitaux. Et là, les choses deviennent limpides.

La chienlit de Mai 68 se résumerait donc alors aux seuls capitaux qui ont profité de l'occasion pour prendre le large et à tous ceux qui ont spéculé sur le Franc, en jouant la carte de la peur, quitte à aller défiler ensuite le 30 mai sur les Champs-Élysées pour la défense de la République et le soutien au Général De Gaulle.

En réalité, à l'époque où la France est confrontée aux événements de cette année chaude, un autre problème voyait le jour, loin des barricades du

Boulevard Saint-Michel ou de la Sorbonne occupée. Il faut pour l'observer traverser la Manche et ensuite l'Atlantique.

Le 18 novembre 1967, la livre sterling est dévaluée. Rien d'extraordinaire mais cette fois la faiblesse de la livre témoigne d'un grave désordre monétaire international qui ne semble passionner personne mis à part quelques experts et observateurs internationaux.

En traversant l'Atlantique la gravité du mal apparaît beaucoup plus profonde. C'est la première monnaie du monde, le dollar, qui est ébranlé. Les comptes américains sont en cruel déficit. La « Nouvelle frontière » voulue par Kennedy et les démocrates, d'une Amérique allant toujours de l'avant, reste à financer mais comment satisfaire en même temps les coûts démesurément élevés de la guerre au Vietnam ?

Pour y parvenir, une seule solution : recourir à la planche à billets et user de certains privilèges accordés depuis Bretton Woods à la monnaie internationale de référence et surtout de réserve du commerce international - *international reserve currency of the world*, aiment à préciser les enfants de l'oncle Sam.

Circonstance aggravante : les Eurodollars.

Durant la seconde guerre mondiale et dans les années qui ont suivi, les Américains ont déversé sur le vieux continent des milliards de dollars. D'abord pour l'effort de guerre, ensuite pour permettre à l'Europe de se reconstruire, enfin pour l'empêcher de sombrer dans le camp communiste à l'époque de la guerre froide.

Puis la paix revenue, la reconstruction achevée, les économies européennes relancées par une forte croissance et à nouveau concurrentielles y compris envers les États-Unis, cette masse d'eurodollars aurait dû regagner le chemin des banques américaines en vue de sa conversion en or. C'est ainsi que procéda le général De Gaulle en 1965 qui, craignant une dévaluation prévisible du dollar à moyen terme, présenta une encaisse en devises américaines à la conversion. D'autres pays agissant de même, le résultat pour les banques centrales américaines ne se fait pas attendre : les stocks de Fort Knox sont mis à mal. Les réserves de 23 milliards de dollars en 1957 passent à 20,5 milliards en 1958 puis fléchissent à 14 milliards fin 1965 et tomberont à 11 milliards de dollars et moins courant 1971.

Cette fois, l'alerte rouge est déclenchée, les clignotants de l'économie américaine s'allument les uns après les autres. On ne peut pas aller plus loin. Les militaires du Pentagone sont formels : il serait dangereux que les réserves U.S. tombent en dessous des dix milliards de dollars. Or comment assurer la convertibilité éventuelle des quelque 50 milliards de dollars en circulation dans le monde ? C'est évidemment impossible.

Le 15 août 1971, à vingt heures, au cours d'une allocution télévisée, le président Richard Nixon s'adresse à la nation américaine et annonce qu'il a décidé de suspendre la convertibilité du dollar en or. C'est l'un des événements les plus importants du siècle. Les États-Unis, en direct à la télévision, viennent de renier leur parole, le Gold exchange standard de Bretton Woods vient de voler en éclats et *As good as gold*[24] ne veut plus rien dire.

Les 13 et 14 décembre 71, les présidents Richard Nixon et Georges Pompidou se rencontrent aux Açores sur terrain neutre. Au cœur des entretiens, le dollar en crise bien sûr. L'un est défenseur du dollar, le Français plaide pour l'or et par voie de conséquence sur le sort des eurodollars. Les deux hommes entendent trouver *le meilleur arrangement possible*, ce qui en terme diplomatique peut signifier le contraire. Américains et Français ne s'apprécient pas outre mesure. L'un et l'autre ne céderont que sur le minimum.

Quatre jours plus tard, le 18 décembre à Washington, le billet vert est dévalué de 7,89 %, soit 818,513 mg de fin tandis que l'once sera majorée de 8,57 %, ce qui portera le dollar au trente-huitième d'once au lieu du 1/35ème d'once, ancienne parité Roosevelt de 1934.

Le dollar-Nixon a vu le jour. Pas pour très longtemps car le mal est trop profond et conduira à une nouvelle dévaluation le 13 février 1973 de 10 % portant le billet vert à 736,7 mg mais qu'en est-il des autres devises ?

Après tout, pense Washington, si les économies européennes se disent envahies d'eurodollars aujourd'hui, faisaient-elle la fin bouche en d'autres temps lorsque les Américains leur faisaient bénéficier de cette manne inespérée ? Accusées ainsi d'égoïsme et d'ingratitude par le géant américain dont il serait imprudent de vouloir s'éloigner, les banques centrales européennes et japonaises font le dos rond, docilement.

On assistera alors à une cascade de réévaluations du mark, du florin, du yen, du franc suisse et du schilling autrichien. Plus tard, bon nombre de monnaies se mettront à *flotter*. Elles n'auront plus de parité fixe mais réagiront à l'offre et à la demande lorsqu'elles n'auront pas un double cours.

De cette crise majeure, de ce désordre monétaire international, le dollar tire son épingle du jeu avec les honneurs dus à son rang même s'il est descendu définitivement de son piédestal.

La crise américaine du dollar, dont les multiples et complexes péripéties ont été simplifiées ici en quelques lignes, montre à quel point toutes les économies sont désormais imbriquées les unes dans les autres à la manière des pièces d'un puzzle et cet enseignement où le plus fort gagne constitue une idée-force sur laquelle il serait bien dérisoire de vouloir revenir aujourd'hui.

Lorsque la France de mai 68 laisse exploser son raz le bol, vilipende avec ardeur la société de consommation et rêve d'un progrès au service de

[24] Principe du dollar papier : *aussi bon que l'or.*

l'homme, imagine-t-elle notre planète tout entière précipitée durant plusieurs décennies dans la spirale d'une crise sans précédent.

- C'est la crise...

En 1970, la France va poursuivre son redressement tandis que la société change de façon rapide et profonde. Jamais elle n'a connu une telle mutation et ce changement ne se fera pas sans douleur. Le 9 novembre, disparaît celui qui se faisait une « certaine idée de la France ». Aux obsèques du général, il ne manque aucun chef d'État ou de Gouvernement. À défaut de lui faire recouvrer sa puissance d'antan, il a assuré à notre pays son indépendance entre l'Est et l'Ouest et l'a conduit à sa modernité. Mais avec la disparition de De Gaulle, le pouvoir va perdre une partie de sa base populaire que ne pourra dynamiser le rigide ministère Messmer de juillet 1972. Durant ce temps, le PCF qui a vu l'élection de Georges Marchais, deux ans plus tôt lors du XIXe congrès, adopte une ligne dure. Jean-Jacques Servan-Schreiber, pilier du Parti Radical, s'appuie sur un Manifeste qu'il qualifie de « révolutionnaire » mais en fait, les regards politiques se tournent en juin 1971 vers le congrès d'Epinay de l'Unité socialiste qui voit la création du Parti Socialiste, né de la fusion de l'ancienne SFIO et d'un certain nombre de composantes de gauche parmi lesquelles le CERES. Le programme d'Epinay prône un retour au Marxisme et François Mitterrand en est le premier secrétaire.

Mai 68 n'est pas si loin dans les esprits et des troubles universitaires continuent d'affecter le régime. Pourtant l'économie française ne s'est jamais aussi bien portée. Le Ve plan pour la période 1971-1975 se limitait à un taux de croissance de 5,8 %. En 1971-72, cette progression afficha un taux légèrement inférieur, de 5 à 5,5 % par an, mais tout de même le plus élevé d'Europe.

Point noir cependant avec un chômage structurel qui s'aggrave depuis 1969. Une inadéquation entre la demande et l'offre nécessite un vigoureux effort de formation professionnelle. Différents domaines de l'activité industrielle connaissent des mutations sans précédent. C'est la revanche des cols blancs et bientôt le déclin de la classe ouvrière.

Des grandes concentrations industrielles sont apparues après 68 et la fusion des moyens humains associée à une automatisation grandissante aboutit à une contraction des effectifs.

Le monde agricole connaît de radicales remises en question. L'agroalimentaire tend à devenir le véritable or vert de la France qui fait l'apprentissage, parfois douloureux, de l'Europe agricole.

Autres indicateurs au rouge : la hausse des prix jusqu'à 0,9 % par mois pour le second semestre 1972 ; accroissement de la masse en circulation de 15 à 20 % par l'inflation des crédits public et bancaire, augmentation des coûts unitaires de main-d'œuvre. Autant d'indicateurs qui amèneront le gouvernement à publier un plan de lutte contre l'inflation en décembre 1972.

Les législatives de 1973, dans une France riche, permirent tous les assauts de démagogie et marquèrent une volonté de changement qui profita à la gauche réunifiée du Parti Socialiste.

Puis de la morosité, on passa à l'inquiétude lorsque des bruits alarmants se mirent à courir sur l'état de santé de Georges Pompidou. Le président souffre d'une grave affection sanguine, la maladie de Waldenström. Dans la classe politique, rien ne transpire. On observera le chef de l'État marqué par la souffrance et dont le caractère s'est altéré au point de devenir cassant. Le pouvoir va ralentir sa marche. Georges Pompidou ne voulant mettre en œuvre que des réformes dont il espère voir l'aboutissement.

Moins d'une semaine après la rencontre Nixon-Pompidou de Reykjavik, le 5 juin 1973, l'Élysée annonce que le Président va restreindre ses activités or depuis le début de l'année, la crise mondiale frappe l'Allemagne et les États-Unis dont le dollar a subi une nouvelle dévaluation le 12 février. Les premiers signes de récession apparaîtront en France courant octobre par une forte augmentation du chômage aboutissant à 600 000 chômeurs au printemps 1974 et une flambée de l'inflation au point que le 19 janvier 1974, le Conseil des ministres décide le flottement du franc, la France abandonne le serpent communautaire cessant ainsi de soutenir sa monnaie à l'extérieur.

Le prix du brut va plus que quadrupler. De 110 F la tonne en avril 73, il passe à 397 F en août de l'année suivante. Pour la France, la facture est lourde : 13 % de nos importations en 1973 sont constitués de pétrole. Sur le plan énergique, la France de l'expansion a joué cette carte de l'or noir ; l'hydroélectrique étant à saturation, le thermique charbon vieillissant, le gaz peu développé, le nucléaire insignifiant.

Penser que le premier choc pétrolier né de la Guerre du Kippour est à l'origine de la crise mondiale serait confondre les effets et la cause. Le cours des matières premières fixé en dollars sur les principales places financières comme New York ou Londres conduit les acheteurs à se porter preneurs au cours le plus bas or jusqu'en 1973, le cours du brut n'excédait pas quelques dollars le baril (environ 160 l).

Après la double dévaluation du dollar de 1971 et 1973, les producteurs regroupés dans l'OPEP ont réajusté le prix du brut afin de préserver leur pouvoir d'achat. Certes, ils le firent dans un contexte de guerre ; les pays arabes voulant ainsi détacher les pays occidentaux de leur soutien à Israël. Pourtant, la France considérée comme « pays ami » des Arabes, non frappée d'embargo, subissait le même enchérissement de sa facture pétrolière exprimée en dollars.

Le président Pompidou s'éteint le 2 avril 1974. Le pays en proie à une crise morale salue le courage du président disparu. Mais, observant la maladie du chef de l'État, s'interrogeant sur ces « grippes à répétitions » et autres « crises d'hémorroïdes » annoncées par l'Élysée et qui estompaient toujours un peu plus la présence de Georges Pompidou, il n'a pas vu venir la crise et la période de transition entre de nouvelles élections prolonge le vide politique en un mauvais moment.

Avec la mort de Georges Pompidou, c'est un autre pan du gaullisme qui disparaît et lézarde un peu plus la majorité. Face à François Mitterrand, candidat unique du Programme Commun, les candidatures de la majorité sont multiples et divisées : Chaban-Delmas, l'homme de la « Nouvelle Société » mais aussi ce Premier ministre dont « Le Canard enchaîné » a publié la feuille d'impôts et l'austère Jean Royer. Troisième candidat de la majorité, Valéry Giscard d'Estaing en qui le mouvement gaulliste voit le tombeur du général lors du Referendum de 1969.

Giscard voudrait « décrisper » le monde politique et que la France fasse le « bon choix » d'une « société libérale avancée ».

Au premier tour des présidentielles, Mitterrand arrive en tête avec 43,24 % des voix.

La France est parcourue par un délicieux frisson pour les uns, un froid glacial dans le dos pour les autres.

Au second tour, Valéry Giscard d'Estaing l'emporte de peu : 50,81% contre 49,19 %. Moins d'un demi million de voix sépare les deux hommes. L'enseignement est à retenir : la France est coupée en deux. Les élections présidentielles marquent une bipolarisation frappante du pays et si Mitterrand ne franchit pas le perron de l'Élysée, il apparaît comme le grand vainqueur de l'opposition et surtout comme un logique *présidentiable*.

Les années Giscard ne seront pas simples à gérer. Difficile de concevoir un tel septennat de tous les dangers. De Gaulle et Georges Pompidou avaient conduit une France de l'expansion, il incombait à Valéry Giscard d'Estaing la lourde tâche de préserver ce qui pouvait l'être car la crise, mondiale, était cette fois bien installée en France.

Il ne fait aucun doute que Georges Pompidou avait pris conscience de l'exacte gravité de la situation qui pèserait sur la France. Avait-il songé à celui qui lui succéderait et ce dauphin était-il Jacques Chirac à qui il avait confié dans les tous derniers temps l'Intérieur au grand désarroi de Raymond Marcellin ?

Le nouveau chef de l'État suivra la ligne de Pompidou en faisant de Jacques Chirac, néo-gaulliste résolu et qui face aux « barons » semblait avoir la carrure nécessaire, son Premier ministre. La mince majorité surgie des présidentielles imposait de ménager la chèvre et le chou ; ne pas éloigner de l'action gouvernementale le mouvement gaulliste pouvait permettre en même temps à VGE de fixer de nouveaux horizons. Jean-Jacques Servan Schreiber fut ainsi nommé, non sans surprise dans l'opinion, ministre des Réformes avant qu'il ne démissionne avec fracas pour protester contre les essais nucléaires de la France.

Dans le gouvernement Chirac, les Finances furent confiées à Jean-Pierre Fourcade inconnu dans l'univers politique mais dont les cheveux en brosse firent le bonheur des caricaturistes. Son objectif : juguler l'inflation par un plan de « Refroidissement » présenté en juin 1974 qui d'une efficacité relative, permis surtout de révéler l'ampleur et la nature nouvelle de la crise.

La France traversait une phase de « stagflation ». L'inflation régnait sans que le pays ne connaisse ni croissance économique, ni plein emploi mais au contraire une période de récession comme il n'en avait pas connu depuis les années trente et le dernier conflit mondial. Situation inédite ; aucun modèle de remède classique ne pouvant être appliqué.

Au printemps de l'année suivante, les mesures jugées insuffisantes pour combattre l'inflation, un premier plan de relance orienté vers le soutien à l'économie fut mis en œuvre bientôt suivi de trois autres successifs conduisant toujours à la même impasse ; relance des travaux publics et du bâtiment, actions en faveur des familles et des personnes âgées, du crédit, des exportations ou destiné à favoriser les investissements.

Tous ces plans de relance s'avérèrent impuissants à combattre l'inflation et à endiguer la montée du chômage. La barre du million venait d'être franchie.

Il semblait impossible au gouvernement de peser véritablement sur les événements ainsi que le prouvait cette démarche du *stop and go* qui n'avait pas permis jusqu'alors de trouver une voie à suivre.

En signe d'impuissance, on relégua la faute sur le « contexte international ». En clair, nous n'étions pas responsables de ce qui nous arrivait. Piètre excuse mais qui n'était totalement dénuée de fondement.

La France n'était pas maîtresse du coût des matières premières, en particulier celui du pétrole. Le gouvernement n'avait d'autres choix que d'attendre une reprise dont les signes pouvaient venir des États-Unis ou d'Allemagne comme cela semblait être le cas.

Enfin, aucun plan ne pouvait avoir d'effets visibles avant un minimum de temps. C'était ainsi le cas des nouvelles ressources énergétiques du pays. Pour alléger la facture pétrolière, il fallait s'orienter vers le nucléaire et construire un ensemble de centrales mais les chantiers prenaient du retard devant la grogne des écologistes et pour des questions de renforcement de la sécurité.

Concernant l'électronucléaire auquel il était impossible de renoncer, le gouvernement pensait à juste titre que l'arbre ne commencerait à porter du fruit qu'en 1985, soit dix ans plus tard, en réalisant au mieux un peu moins du quart de nos besoins. Sur ce plan-là, il ne pouvait être tenu pour responsable du retard pris par les gouvernements précédents à négliger la succession des énergies fossiles comme l'avaient préconisé pourtant les experts du Plan dès 1970.

Si la récession mondiale est née entre autre du désordre monétaire international et de la crise du dollar, d'autres facteurs aggravants lui ont donné un aspect plus complexe en France ; enchérissement des matières premières bien sûr mais aussi amorce d'une nouvelle révolution industrielle, des technologies de pointe avec le développement sans précédent de la robotique, de l'informatique et des techniques de transmission de l'information, or où en étions-nous du fameux « Plan Calcul » lancé par le général De Gaulle ? Pourquoi l'informatique semblait-elle prendre tant de retard en France sinon être vouée à de mystérieuses malédictions ?

Robotique et informatique associées, il fallait beaucoup moins de temps pour fabriquer le même produit et l'exemple, frappant dans l'automobile, l'est devenu plus encore de nos jours. Émergence d'une concurrence des pays du Tiers monde, pays jeunes qui produisent vite et moins cher, quitte à faire travailler des enfants comme sous le siècle de Victor Hugo.

Enfin, et cela n'était pas nouveau pour la France, l'effondrement démographique.

Les enfants du *Baby Boom* d'après guerre étaient devenus les adultes du marché de l'emploi, potentiellement chômeurs en sursis. L'automatisation réduisait les effectifs jadis nécessaires tandis que la chute de la natalité limitait les besoins du marché intérieur.

Que dire de la donnée associée d'une France vieillissante et par là même moins innovante ou de la pression syndicale axée sur les augmentations de salaire qui seraient aussitôt synonymes de hausses des prix et nourriraient en profondeur l'inflation ?

Si les différents plans de relance furent des échecs, le redressement du franc et sa réintégration dans le serpent communautaire en juillet 1975 provoqua un ralentissement de nos exportations. L'embellie de la fin 75 jusqu'aux premiers mois de 1976 ne permit pas une amélioration de l'emploi. La reprise n'était pas au rendez-vous. Tout au plus permit-elle aux entreprises de reprendre leur souffle, à d'autres de disparaître, en un moment où elles étaient mises à l'épreuve par la concurrence extérieure. Le textile et la sidérurgie seront alors durement frappés.

Témoignage révélateur de cette époque, le film *Le téléphone rose*, d'Édouard Molinaro (1975) qu'interprète Mireille Darc, call-girl chargée de séduire un bien naïf Pierre Mondy, patron d'une PME familiale que convoite un puissant groupe américain.

Dès cette époque, on achète une entreprise non pour la sauver mais pour mieux l'éliminer. Naissent ainsi les friches industrielles. Le gouvernement lui-même cache-t-il ses intentions vis à vis de ceux qu'il considère comme les « canards boiteux » de notre économie ?

Dans un nuage de poussières s'effondre l'empire Boussac et d'autres suivent. Après une longue agonie sociale, la vénérable Manufacture d'Armes et Cycles de Saint-Étienne, « Manufrance », s'éteint pour toujours. Quant aux « Lip », ils ont perdu la bataille en avril 1976.

Symbole d'une époque révolue, la fin sur le quai de l'oubli du paquebot France, jugé non rentable. Le France avait été mis à flots en 1960, l'année qui vit la naissance du Nouveau Franc. Que restait-il aujourd'hui de l'un et de l'autre ?

Mais les années Giscard seront aussi celles de la mise en ligne de Concorde, de l'aventure Airbus et de la poursuite du projet « L3S » devenu fin décembre 1979, Ariane, le premier lanceur européen décollant de la base spatiale de Kourou. Grâce à Ariane, dont le Centre National d'Études Spatiales est le maître d'œuvre, l'indépendance spatiale de l'Europe sera désormais assurée.

Dans ce milieu des années soixante dix, pour relancer la consommation intérieure, il fallait importer davantage en un moment où la remontée du dollar associée à une demande accrue sur les marchés mondiaux provoquant une progression du prix des matières premières, risquait d'alourdir la facture et de malmener notre balance.

Facture d'autant plus lourde que la sécheresse qui sévissait en France faisait perdre un volume de production de 7 à 10 milliards de francs et entraîna le gouvernement à lancer un impôt exceptionnel. En mai 1976, le franc n'avait d'autres choix que de quitter à nouveau le serpent communautaire tandis que l'inflation flambait de plus belle.

Depuis le début des années soixante dix, les prix avaient flambé de 61% en France, contre 39% en Allemagne. Quant au franc, il avait perdu 40% sur le mark.

Le 25 août 1976, Jacques Chirac estimant *« ne pas disposer des moyens nécessaires pour assumer efficacement ses fonctions de Premier ministre »* démissionnait et était remplacé le jour même par Raymond Barre qui, à l'exemple de Poincaré en 1926 ou de Pinay en 1952, entrant à Matignon, se chargea en même temps des Finances.

Raymond Barre, inconnu des Français, qualifié de « meilleur économiste de France » bien que VGE se soit toujours défendu d'avoir utilisé cette formule qu'on lui prête, devint le nounours endormi du Bébête Show. Expert en économie politique, ancien vice-président de la Commission de Bruxelles, dressant un parallèle avec la situation allemande, avait observé que la hausse du prix des matières premières n'expliquait pas tout et sûrement pas pourquoi l'inflation était deux fois moindre outre-Rhin. Selon Raymond Barre, les difficultés françaises venaient d'une progression trop rapide des salaires entraînant un déséquilibre entre une hausse du pouvoir d'achat et un fléchissement de la production intérieure.

Ce fut l'origine du premier Plan Barre de lutte contre l'inflation qui reposait essentiellement sur la thérapie classique de déflation à mettre en œuvre ; l'austérité associée cette fois à un plan d'économie d'énergie visant à réduire à 55 milliards de francs notre facture pétrolière pour 1977 ; baisse de trois points de la TVA ; gel des prix de septembre à décembre, progression des salaires limitée à 6,5% soit le taux d'inflation prévu, avec blocage des salaires élevés tandis que des avantages seraient accordés aux salaires minimums, augmentation de la fiscalité indirecte, etc.

Las, la hausse des prix reprit sa course folle de 10% l'an après une pause en début d'année attribuée à la baisse de la TVA.

Durant ce temps, le fossé ne cessait de se creuser entre Valéry Giscard d'Estaing et son ancien Premier ministre qui avait fondé le 5 décembre 1976 le RPR et prenait de plus en plus ses distances avec la politique conduite par l'Élysée. Aux Municipales, Chirac dama le pion aux hommes du président pour la Mairie de Paris.

A gauche, le Programme Commun, vieux de cinq ans, se fissurait mais les apparences restaient sauves au point que la perspective d'une victoire de l'opposition aux prochaines élections affolait les milieux d'affaires, freinait leurs initiatives et différait leurs investissements.

La rupture de l'union de la gauche, le 14 septembre, née de *divergences fondamentales* allait apporter un ballon d'oxygène inespéré à la majorité qui recueillait 291 sièges contre 200 à l'opposition aux législatives de mars 78.

Les dernières années du septennat vont marquer un tournant dans la politique de VGE tandis que Raymond Barre reconduit à Matignon fait appel pour la rue de Rivoli à René Monory dont les SICAV portant son nom fixeront l'épargne des Français tout en apportant de l'argent frais aux entreprises.

Le Budget est confié à Maurice Papon, ancien préfet de police de Paris de 1958 à 1967 et surtout ancien secrétaire de la préfecture de Bordeaux sous Vichy mais dont le passé n'était pas encore sous les feux de l'actualité.

Libérée de l'hypothèque électorale, l'action de Raymond Barre marquera un « renversement » de sa politique économique. Plus question pour l'économie de se reposer sur l'interventionnisme de l'État qui n'assurera plus dorénavant qu'un rôle régulateur. On va jouer la carte de la libre concurrence qui se traduira par une libération des prix. Les ordonnances de 1945 sont remplacées par une nouvelle législation. L'action annoncée lors de la formation du nouveau gouvernement en avril 1978 prend un aspect symbolique lorsque le 12 août 1978 le prix du pain est libéré.

La fixation du prix du pain remontait au 19 juillet 1791 sous l'Assemblée constituante. C'était naturellement un geste destiné à marquer les esprits plus que ne pourrait le faire la libération des prix industriels. D'autres contrôles des prix furent supprimés selon le même principe.

Pour Raymond Barre, un galop inflationniste n'était pas exclu mais il pensait aussi qu'à terme ce train de mesures s'avérerait anti-inflationniste, la concurrence ouverte freinant d'elle même les hausses. Aujourd'hui, on reste mitigé à propos de ce revirement de la politique barriste et de son bilan « à demi positif » car le temps dont pensait pouvoir bénéficier Raymond Barre, nécessaire avant de laisser apparaître quelques résultats, lui était compté.

Dès la fin de l'année 1978, la France affrontait un second choc pétrolier. L'augmentation du prix du baril serait cette fois de 14,5% reparti sur les neuf premiers mois de 1979. La mauvaise surprise risquait d'anéantir en France tous les efforts du gouvernement.

Mais les choses empirèrent lorsque des troubles apparurent en Iran. Le 16 janvier 79, le shah avait quitté le pays, le 1er février l'ayatollah Khomeiny débarquait à Téhéran. La République Islamique serait proclamée le 1er avril. Dans le même temps, l'Iran réduisait ses exportations et le prix du brut se mettait à flamber.

A tout moment, on pouvait craindre la pénurie et sur les marchés internationaux, la panique se répandit. En janvier 1980, le prix du baril aura plus que doublé, passant de 12,70 dollars à plus de 27 dollars. Le pétrole algérien atteint 33 dollars le baril, le Libyen est à 34 dollars.

Ce coup de semonce international explique pourquoi il serait illusoire de vouloir porter un jugement sur la politique économique de Raymond Barre dont l'histoire est inachevée.

Le bilan est nuancé : succès économique et échec social.

Succès pour les échanges extérieurs en 1978 pour la première fois depuis trois ans accusant même un léger excédent dû au progrès de nos exportations. Le nouveau choc pétrolier va stopper net ce renouveau de la même façon qu'il va réduire à néant la décélération de l'inflation car la résistance de la France semblait se confirmer. Le franc tendait à se stabiliser en partie grâce au système monétaire européen entré en vigueur le 1er mars 1979.

Sur le plan social, rien ne parvenait à freiner la progression du chômage. Fin 1978 : 1 218 900 demandeurs d'emploi, fin 1979 : 1 370 000. Particulièrement touchés : les jeunes et les femmes. Record d'augmentation du chômage : +10,6% en un an. Sa durée moyenne augmente elle aussi.

Le chômage déboussole d'autres secteurs et malmène la Sécurité sociale aggravant un déficit chronique.

En définitive, comme le note Jean Jacques Becker[25] évoquant le bilan du Premier ministre : *« ce qui se voyait le moins allait mieux et ce qui se voyait le plus, les retombées sur la vie de tous les jours, chômage et pouvoir d'achat, allait le moins bien ».*

[25] Crises et Alternances, Seuil Histoire

XVIII

La fin d'un règne

« Les illusions s'évanouissent, les habiletés passent, la vérité reste »

Jean Jaurès, 1897

Le 8 janvier 1996, la France s'incline devant celui qui fut son président de la République du 10 mai 1981 au 7 mai 1995. Le plus long mandat de la Ve République. Il fait froid et gris à Paris. France Inter après un flash spécial a interrompu ses programmes et diffuse de la musique classique. Jacques Chirac interviendra ce soir à la télévision. Dans le courant de la journée, une chaîne publique diffuse parmi d'autres réactions internationales à la mort de François Mitterrand un portrait-express élaboré par une télévision américaine.

Portrait tout en images durement tracé : Croix de feu et maréchal Pétain, faux attentat de la rue de l'Observatoire et Algérie française. Tandis que les images défilent, le commentaire évoque un Machiavel, une obsession du pouvoir et de l'argent, un goût du mensonge, une fascination du morbide. La sensation est rude. Est-ce ainsi que fut perçu outre Atlantique le président de la République française et quel regard lui portera demain notre histoire ?

Paris, 21 mai 1981. François Mitterrand gravit les marches du Panthéon une rose à la main. Hommage à Jaurès, Schœlcher et Jean Moulin. Cérémonie de sacre du nouveau président mise en scène par Jack Lang sur fond d'*Hymne à la joie* et que retransmet en direct la télévision.

L'audiovisuel public va connaître des changements dans les jours qui suivront la cérémonie : Contamine, Ulrich, Guillaud, Baudrier sont *remerciés* tandis qu'un faux mystère plane sur le départ de Jean Pierre Elkabbach, directeur de l'information d'Antenne 2. Plus tard, les préfets seront dans le collimateur. Le 30 juillet, même valse à l'Éducation Nationale pour de nombreux recteurs.

Ce même jour du Panthéon, Pierre Mauroy, député maire de Lille est nommé Premier ministre. Le lendemain voit la dissolution de l'Assemblée nationale. Au second tour des législatives du 21 juin, le Parti Socialiste obtient la majorité absolue.

Dans la formation remaniée du gouvernement après les Législatives, quatre ministres communistes : Transports, Fonction publique, Santé,

Formation professionnelle. Pas de postes clefs mais émotion à la Maison Blanche. Le téléphone sonne. La France est observée, les capitaux se dérobent, certaines caisses se vident.

Puis les gestes et les réformes vont se succéder : régularisation de 300 000 immigrés clandestins le 11 août, abolition de la peine de mort le 18 septembre mais aussi première dévaluation du franc le 4 octobre.

Aux commandes du Ministère de l'Économie et des Finances, Jacques Delors qui dès le 29 novembre 1981 demandera *« une pause dans les réformes »*. Une phrase qui rappelle celle du Front populaire. Le 13 février 1937, s'adressant aux fonctionnaires, Léon Blum avait déclaré : *« Un temps de pause est nécessaire... »*

Coïncidence de l'histoire ou première fausse note d'un gouvernement qui a voulu brûler les étapes car Pierre Mauroy ne tiendra pas compte des craintes de son ministre.

Le premier gouvernement Mauroy va s'opposer à la politique économique de Raymond Barre sans tenter d'en extraire le moindre enseignement. Pourtant, c'est bien de la même France dont il s'agit d'assurer la destinée et de prendre en main les commandes.

Prudent, Raymond Barre publiera un bilan de son action gouvernementale où la rigueur commençait à porter ses fruits. Les socialistes en exagéreront les aspects négatifs, de même qu'ils sous-estimeront longtemps l'ampleur de la crise mondiale. Ils reprocheront à l'emprunt Giscard de 6 milliards d'en coûter près de 30 mais ne tentèrent pas de comprendre pourquoi Barre s'était engagé dans un plan d'assainissement impopulaire dont pourtant ils bénéficieraient. Un jour, ils adopteront un plan similaire dont ils renforceront l'orthodoxie et la dureté.

En attendant, *état de grâce* aidant, là où il était question d'austérité et de discipline budgétaire, le gouvernement de gauche optait pour un large plan qui relancerait la croissance et mettrait un frein au chômage, selon des vieux schémas qui n'auraient pas plus d'efficacité aujourd'hui qu'ils n'en avaient eu sous le Front populaire.

Pour sortir de la crise, il fallait accroître le pouvoir d'achat des Français. Rien n'était plus simple. Sauf pour Jacques Delors qui mâchonnait nerveusement son crayon devant le montant d'une addition qui risquait d'être lourde.

Dès juin, le SMIC qui concernait un million de travailleurs, était augmenté de 10 % et les allocations familiales de 25 %. On augmenterait aussi l'allocation logement, l'allocation aux handicapés et le minimum vieillesse dans les mêmes proportions. On dynamisait le Pacte national pour les jeunes. 55 000 emplois seraient crées dans le secteur public et social. Le gouvernement prévoyait que 600 000 jeunes pourraient trouver un emploi grâce à des mesures d'aide aux entreprises qui accepteraient d'embaucher.

Au total, l'État injectait 8 à 9 milliards de F dans l'économie pour 1981 tandis que les mesures sociales, un peu moins de 7 milliards, seraient couvertes par une pression fiscale accrue sur les revenus les plus élevés, les frais généraux des sociétés, les profits bancaires et pétroliers.

Autre chantier de la mi-juin : la réduction du temps de travail à 39 heures. On évoquerait aussi la cinquième semaine de congés payés et la retraite à soixante ans.

Cela explique la petite phrase de Delors d'une *pause dans les réformes*. En matière économique, les fruits d'une politique de rigueur sont longs à mûrir. Dans le cas inverse, la sanction de l'inflation et de l'accroissement du chômage, est plus immédiate. Comptera-t-on sur une relance des exportations pour financer les mesures sociales et les déficits budgétaires ?

La crise étant mondiale, nos partenaires conduisaient des plans d'austérité et de rigueur plus durs que celui qu'avait mis en œuvre Raymond Barre. Comment imaginer que ces pays représenteraient un marché ouvert à nos exportations ? Une relance durable n'avait de sens que dans une situation internationale qui le permettait vraiment et ce moment n'était pas venu, la crise mondiale allait même s'aggraver lorsque François Mitterrand prit ses fonctions à l'Élysée.

Premier enseignement majeur dont les socialistes vont faire l'expérience et qui expliquera qu'il y aura une rigueur de gauche, tout comme il y a eu une rigueur de droite.

En 1976, François Mitterrand avait déclaré : *« il est temps que la droite au pouvoir achève de démontrer son incapacité à maîtriser la crise »*[26]. La gauche de l'état de grâce userait de la même incapacité mais dans un laps de temps beaucoup plus court avec des conséquences autrement plus lourdes.

Nos partenaires européens, les Japonais, les Américains n'auront pas de mots assez durs pour commenter l'échec de notre politique de relance qui pénalisera l'avenir de la France de la même façon qu'un boulet que l'on traîne.

Pierre Mauroy présente aux yeux de François Mitterrand, l'image populaire d'un socialiste du Nord, fils d'instituteur et professeur lui-même dans l'enseignement technique. Il s'inscrit dans la ligne de la SFIO et fut un proche de Guy Mollet. Son aspect rassurant et populaire, sa fidélité d'homme du Nord, ont guidé le choix du président car pour le reste, le député-maire de Lille n'est pas l'unique décideur du gouvernement. Ses faits et gestes seraient surveillés, dit-on, par Pierre Bérégovoy, secrétaire général de l'Élysée.

---

[26] L' Année politique, 1976, page 449

Gravitent aussi dans les arcanes du pouvoir, les *visiteurs du soir* ou encore les *Albanais* et dont le rôle de conseil auprès du président guide les grands traits de la politique que conduira Matignon.

Le 4 octobre, le premier clignotant se met au rouge : la dévaluation du franc, tant de fois redoutée et démentie, éclate au grand jour. Les monnaies européennes, florin et mark, sont « réajustées », le franc perd 3 % par rapport au mark réévalué de 5,5 %.

Le déficit prévu du budget, de 29 milliards, porté à 51 milliards par une loi de finances rectificative votée en juillet, atteindra un peu plus de 80 milliards pour 1981.

Mais fallait-il s'arrêter là ? La politique de changement voulue par les Français faisait émerger des réflexes dont la gauche entretenait les fantasmes d'un temps révolu : les nationalisations en un moment où la plupart des économies européennes achevaient de privatiser. De surcroît, elles furent conduites à plein tarif alors que des voix au gouvernement préconisaient d'en réduire le nombre sinon le coût. La prise de contrôle à 51% s'avérant aussi efficace qu'une étatisation pure et dure à 100 %.

Cette vague de nationalisations suscitera des remous très vifs non seulement au Parlement avec le dépôt de 1438 amendements, des débats interminables, des allées retours en Conseil d'État, mais aussi au sein même du gouvernement où la question donna lieu à un conseil des Ministres très vif à Rambouillet.

De plus, outre leur coût, ces nationalisations s'avéraient complexes à mettre en œuvre du fait que bon nombre de « nationalisables » pouvaient être soit des filiales de groupes étrangers, soit posséder elles mêmes des ramifications dans de multiples sociétés reparties dans le monde. Après les secteurs de la sidérurgie, de la chimie, de l'électricité, du Bâtiment et des Travaux Publics, de l'électronique et de l'informatique, de la pharmacie, entre autre, les nationalisations porteraient sur l'appareil bancaire du pays : trente-six banques et deux compagnies financières passeraient sous le contrôle de l'État.

Le miracle de la reprise ne se produira pas. La production industrielle a régressé et cet échec a eu une répercussion sur l'emploi :

Mars 81 : 1 657 000 demandeurs d'emploi, mars 82 : 1 964 000.

Décembre 82 : la barre des deux millions de chômeurs est franchie avec 2 009 000 demandeurs d'emploi.

En cette année 1982, la France n'est pas la plus mal lotie en matière de chômage. Le record de 9 % de sa population active privée d'emploi est largement battu par les États Unis (12,1 %) ou la Grande Bretagne (13,3 %). Quant à l'Allemagne fédérale souvent citée en exemple, le chômage touche 9,1% de sa population active.

Ces chiffres ne parviennent pas à consoler les Français. François Mitterrand avait fait de la lutte contre le chômage l'un des thèmes majeurs de sa campagne électorale. Non seulement le chômage n'a pas baissé mais il s'est accru de plus de 300 000 nouveaux demandeurs d'emploi en dix huit mois.

Quant à l'inflation, le tableau ne leur apparaît guère plus brillant : 14,1 % de mars 81 à mars 82, soit une hausse, certes faible, par rapport aux derniers chiffres du gouvernement précédent mais considérable par rapport à ceux de nos partenaires dont le plus mauvais, celui de la Grande Bretagne, s'affiche à 5,4 %. Un tel différentiel d'inflation était tout aussi grave que la question du chômage.

Sur le plan du commerce extérieur, l'augmentation du pouvoir d'achat n'a profité qu'à nos importations. Nos exportations ont suivi la courbe du fléchissement de la production intérieure aggravée par la diminution du temps de travail. Le solde déficitaire, en un an, est passé de 51 à 92,7 milliards. Une année noire pour notre balance commerciale.

Le franc n'est pas épargné. La nomination de ministres communistes a inquiété les opérateurs internationaux et la fuite des capitaux a défrayé la chronique. La publicité donnée à quelques fraudeurs de renom prenant le chemin de la Suisse, loin de freiner l'hémorragie, suscita de nouvelles vocations. Depuis avril 81, un tiers des réserves de la Banque de France ont disparu dans le sauvetage du franc.

En juin 1982, se tient un sommet du G7 surréaliste. François Mitterrand a voulu marquer un grand coup et réunit les chefs des pays les plus industrialisés au Château de Versailles. Reagan, Thatcher, Kohl se promènent le long du grand canal. L'idée du président est simple : sachant qu'une relance à la française a échoué, il entend rallier à ses thèses d'une relance globale ses prestigieux invités et les convertir aussi à une meilleure entente monétaire qui permettrait une baisse des taux d'intérêt, laquelle provoquerait un apaisement des tensions sur le franc.

Fastes de Versailles, feux d'artifices royaux, soirées de prestige, aucun invité n'est dupe : les caisses sont vides et la solitude du Roi Soleil bien profonde. Versailles est un échec.

Un nouveau réajustement monétaire est indispensable : la valeur du franc cède 9,6 % par rapport au mark. Un train de mesures est mis en place : blocage des prix, des salaires, des loyers mais aussi économies budgétaires sur 1983.

Avec une dette extérieure de plus de 350 milliards de francs, fin 1982, la France rejoint le peloton des pays les plus endettés du monde.

Surviennent alors les premiers signes du désenchantement. Dans les sondages, les cotes du président et du Premier ministre se creusent. Les grandes centrales syndicales haussent le ton, les communistes s'interrogent.

De *l'état de grâce*, on passe selon l'expression rabâchée, à *l'état de disgrâce*.

Aux Municipales de mars 1983, l'opposition relève la tête. Au profit d'une nouvelle loi électorale visant à introduire par un système complexe plus de proportionnalité, elle remporte 53 villes contre 37. Pour Lionel Jospin, à la tête du PS, l'avertissement des Français a été entendu.

Dans l'esprit de François Mitterrand va germer un certain nombre d'idées. L'une d'elles consiste à vouloir sortir la France du Système Monétaire Européen. C'est la voix d'un néo-protectionnisme que préconisent les *Albanais* si bien nommés mais quel Premier ministre accepterait de gaieté de cœur de conduire une telle politique ?

Pierre Mauroy ? Il s'y refuserait.

Delors ? Cela semble machiavélique de vouloir demander à un européen convaincu d'endosser la responsabilité d'une crise majeure en Europe, fusse en lui offrant Matignon à titre de compensation.

Reste Fabius, l'un des *visiteurs du soir*, que certains socialistes agacés considèrent comme le « chouchou » du président.

Un autre personnage va entrer en scène ; le directeur du Trésor qui va dresser auprès de Laurent Fabius le scénario catastrophe que représenterait pour la France, sa sortie du S.M.E. et le tableau qu'il a déjà dressé dans une note confidentielle à Jacques Delors, est de nature à pulvériser la théorie des *Albanais*. Nul doute que le président écartera ce mauvais cauchemar.

Notre retrait du S.M.E. porterait un coup funeste à la construction européenne dont la France porterait la responsabilité. Rien ne permet de penser que notre superbe isolement rendrait au pays sa prospérité d'antan, bien au contraire. Sur le plan monétaire, le franc décrocherait très brutalement. Ce qui serait redoutable pour notre dette et nos importations. Le marché de l'emploi s'aggraverait d'un bon million de chômeurs et plus. Enfin, nous aurions l'ultime humiliation d'un plan d'austérité imposé par le FMI avec contrôle des moindres faits et gestes financiers du gouvernement.

Le relais involontaire de Fabius va fonctionner auprès du président. Du coup, Pierre Mauroy est reconduit à Matignon, Jacques Delors, promu à la tête d'un ministère des Finances qui associe le Budget. Démission de Michel Jobert qui ne veut pas porter la responsabilité du gouffre du commerce extérieur. Jean-Pierre Chevènement jugé trop « tatillon » à l'Industrie cède la place à Laurent Fabius dont les conceptions sont jugées plus ...libérales.

Parmi les premières mesures de Jacques Delors, une troisième dévaluation âprement négociée à Bruxelles avec le partenaire allemand. Le mark est réévalué de 5,5%, le franc déprécié de 2,5%, soit une dévaluation de 8 % par rapport à la devise allemande.

Quelques jours plus tard, Jacques Delors annonce la mise en place d'un plan d'austérité draconien. La balance des paiements, source des dévaluations en chaîne, doit être redressée. Pour cela, il faut limiter l'argent disponible afin de réduire la demande intérieure mais aussi les déficits publics. Les commentateurs politiques diront qu'aujourd'hui on va reprendre dans la poche des Français pratiquement le double de ce qu'on leur a donné deux ans plus tôt : emprunt obligatoire, majoration de l'impôt sur le revenu, taxe sur les carburants, réduction des crédits de financement de la RATP, de la SNCF et d'EDF qui doivent revoir leurs dépenses et augmenter leurs tarifs, prélèvement de 1% au bénéfice de la Sécurité sociale, renforcement du contrôle des changes, réduction des allocations de devises pour ceux qui se rendent à l'étranger avec interdiction supplémentaire d'y utiliser leur carte de crédit.

65 milliards de francs doivent ainsi regagner les coffres de l'État pour la seule année 1983, ce qui est considérable et d'autant plus impopulaire qu'une partie de ces mesures sera reconduite sur deux voire trois ans.

« Dur » titre Libération sur toute sa une.

Le Figaro évoque « le prix de la gabegie ». Chirac tonne contre *« ces irresponsables qui s'imaginent que la France est un terrain d'expériences pour l'idéologie socialiste »*. A gauche, le trouble s'installe. Pour le CERES, virulent à l'égard du gouvernement, ce n'est pas une parenthèse mais un véritable virage tandis que l'opposition ironise. Raymond Barre triomphe avec modestie trouvant quelques vertus à la nouvelle orientation gouvernementale.

Le CERES a vu juste : le gouvernement vient d'opérer le virage le plus spectaculaire depuis son arrivée aux affaires de la France. D'autres parlent d'un violent virage à droite.

Deux ans de pouvoir semblent avoir essoufflé les hommes du changement qui devront maintenant reconquérir l'opinion car dans le pays des troubles se développent, le consensus est rompu. Le mécontentement s'élève ; agitation paysanne, étudiants en médecine puis internes et chefs de clinique, manifestations de policiers tandis que des grèves éclatent à Aulnay, Flins, Poissy.

Le plan Delors va assainir l'économie nationale en gommant les erreurs de l'empressement. Le franc est convalescent mais son cours est stabilisé. Le déficit commercial tombe de moitié d'une année sur l'autre, de 93 à 43 milliards mais la hausse des prix demeure forte et l'objectif du gouvernement de 8% ne sera pas atteint même si l'on observe un léger mieux de 0,4% sur l'année précédente, ce qui reste insignifiant.

La tache sera rude et longue pour regagner le peloton de tête des bons élèves de l'économie. La France reste à la traîne de ses partenaires.

Chez nos voisins, le vent de reprise qui a soufflé sur les États-Unis semble atteindre l'Allemagne et le Royaume Uni. Outre Rhin, l'inflation n'a été que de 3%.

Le modèle de déflation adopté tardivement en France porte ses mauvais fruits, là où nos partenaires sortent du tunnel, creusant toujours un différentiel d'inflation de près de cinq points. Conséquences du recul de la consommation et d'une croissance pratiquement stoppée, le chômage n'en finit plus de s'alourdir malgré des mesures sociales favorisant les départs en retraite et préretraites, stages pour les jeunes, etc.

Fin 1983, le nombre de demandeurs d'emploi s'élève à 2 118 000, soit 109 000 de plus qu'en décembre 1982.

Le 17 juillet 1984, une heure après que Alain Savary, ministre de l'Éducation nationale ne démissionne après le retrait implicite de la loi portant son nom, le Premier ministre s'estimant désavoué et malgré l'insistance du président à vouloir le maintenir à Matignon, met fin à ses fonctions. Laurent Fabius le remplace.

A l'origine de la crise, la sempiternelle querelle de l'École privée. En 1981, Alain Savary avait laissé entrevoir une large réforme de l'enseignement « sans précipitation » avait-il affirmé prudemment mais deux ans plus tard, lorsque les grandes lignes furent rendues publiques, le climat politique avait changé en France et *l'État de disgrâce* n'autorisait pas le moindre faux pas entre ceux qui voulaient aller beaucoup plus loin et ceux qui refusaient tout changement.

De grandes manifestations se déroulent en France, à Rennes, Lille et d'autres grandes villes et trouveront leur aboutissement à Versailles en mars 1984 avec quelque 500 à 800 000 personnes réunies aux cris de « Liberté ». Désormais, il n'est plus question du combat entre laïques et non laïques comme au temps de l'anticléricalisme mais bien d'une liberté de choix à laquelle se ralliait une partie des gens de gauche.

Le 24 juin, une manifestation gigantesque déferle dans les rues de Paris. Pour Le Figaro, c'est *« la plus grande manifestation jamais organisée en France ».* Pour sa part, Serge July, dont Libération a consacré neuf pages à l'événement, voit dans cette grande marche *« l'émergence d'un peuple de droite ».*

Cette année 1984 de tous les dangers pour Pierre Mauroy avait débuté par la déchirante question des restructurations industrielles dans la sidérurgie, la construction navale et les charbonnages. Il était inéluctable que ces restructurations alourdiraient les chiffres noirs du chômage. Trois ans s'étaient écoulés après que François Mitterrand eut affirmé en Lorraine : *« la nationalisation de la sidérurgie sera le fer de lance de la reconquête de l'emploi ».*

Le ministère Fabius aura deux ans pour convaincre. C'est l'époque où Coluche lance les restos du cœur. La crise fait apparaître des termes nouveaux ; chômage de longue durée, SDF, exclusion, petits jobs de ces jeunes qui dans le métro vendent « Macadam », « Le lampadaire » qui leur permettent « de rester propres » et de « manger » comme ils le disent.

Des sans-abri couchés l'hiver sur des bouches de métro seront retrouvés morts de froid. Des comparaisons se font avec l'hiver 1954 qui vit l'abbé Pierre pousser son cri : *« Mes amis, au secours... »* Mais cette fois, nous sommes dans une France riche où la Bourse affiche une opulente arrogance. Jamais on a gagné autant d'argent autour de la corbeille que sous la Gauche.

Autre fléau qui prouve que l'insouciance des années passées est à jamais révolue ; en octobre 1985, l'acteur américain Rock Hudson meurt du SIDA. L'impact médiatique met en lumière le terrible virus apparu à l'aube des années quatre vingt bien que les scientifiques lui attribuent une plus grande antériorité.

Les enfants de l'amour libre devront réapprendre à aimer. Le virus est mortel dans le sens où il s'attaque aussi aux neurones où siège la tolérance. Le mot « sidaïque » naît de la bêtise tandis que le Front National n'en finit plus de marquer des points sur le ton de l'immigration et de l'insécurité. Pour l'opposition, se battre sur le même terrain risque de légitimer les thèses du FN. Elle n'hésite pas à le faire pourtant. La majorité, en affirmant que *« les immigrés sont chez eux en France »* jette le trouble dans une France qu'irrite une délinquance du mal-vivre. La petite main de Harlem Désir dit : *« Touche pas à mon pote »* tandis que dans les banlieues on parle des meufs et des keufs, de tours et de barres sur fond de chômage et de désespérance.

A la télévision, on ne ratera aucune bassesse de l'ignoble JR de « Dallas » ou une de ces séries américaines à l'exemple de « Dynastie » tandis que dans les bureaux de tabac, les jeux de grattage pour gains immédiats se multiplient : Tac-o-Tac, Tapis vert, Banco et autres Millionnaire. On court après le pognon mais honte à Gainsbourg d'avoir brûlé un billet de 500 francs en direct à la télévision pour montrer simplement ce que le fisc lui laissait.

Le nom de Laurent Fabius sera mêlé à l'affaire du sang contaminé mais d'autres affaires éclateront à cette époque ; après l'affaire du Rainbow Warrior et du mensonge d'État en juillet 1985, celle du Carrefour du Développement où se retrouvent des noms en vue du Parti Socialiste. Il y en aura d'autres qui prouveront que la gauche est en mesure de battre la droite, y compris sur le nombre des scandales en tous genres.

Dans le gouvernement Fabius, Gaston Defferre, ministre d'État et ministre du Plan et de l'Aménagement du territoire cède l'Intérieur à Pierre Joxe, Claude Cheysson qui agaçait l'Élysée[27] s'éloigne à Bruxelles, remplacé aux Relations extérieures par un ami intime du Président, Roland Dumas. Pierre Bérégovoy, autodidacte volontaire, accède au ministère de

[27] C'est à son initiative que le Ministère des Affaires étrangères devint celui des Relations Extérieures

l'Économie, des Finances et du Budget en remplacement de Jacques Delors nommé à la présidence de la Commission des communautés européennes.

Côté célébrités, Haroun Tazieff à la prévention des risques naturels tandis qu'Alain Calmat, gloire du patin à glace, entre à la Jeunesse et aux Sports. Point de ministres communistes. Sur le plan du redressement économique, Laurent Fabius n'aura d'autres choix que de suivre la ligne tracée par ses prédécesseurs. Avec deux mots clés : moderniser et rassembler, longuement expliqués chaque mois sur TF1 : *Parlons France*.

Dans ce milieu des années 80, gouverner en France, c'est savoir observer ailleurs. Vers les États Unis par exemple où le reaganisme marque des points et suscite chez nous l'admiration autant à gauche qu'à droite. Si le néo-libéralisme attribué au président Reagan est plus idéologique que réel, il profite au modèle économique américain au point de faire grimper pour un temps le billet vert à dix francs début 1985.

En réalité, un second événement sur le long terme va avoir davantage d'impact sur les économies occidentales notamment en France et expliquera comment va se gagner la bataille contre l'inflation.

La surabondance de la production pétrolière a constamment fait chuter les prix du brut ces dernières années. Le mouvement s'est amorcé en 1982 et en 1985, associé à une demande en retrait et à une baisse du dollar, il allège notre facture pétrolière permettant à la France, en 1985, une économie de 35 milliards de francs.

Véritable choc pétrolier à l'envers, qui redonne des couleurs aux économies occidentales et va doper toute l'action de Pierre Bérégovoy. De 9,3% en 1983, la hausse des prix tombe à 6,7% l'année suivante et le mouvement se poursuivra au long de la décennie. La France gagne la longue bataille contre l'inflation mais elle le doit en grande partie au seul contexte international.

D'autres points noirs subsistent : le déficit commercial réduit de moitié entre 83 et 84, se dégrade l'année suivante malgré la baisse de la facture pétrolière. Seules peuvent l'expliquer la perte de compétitivité de nos exportations et l'insuffisance des investissements des entreprises françaises. Mais pourquoi moderniser lorsque la croissance demeure aussi faible qu'en 1985 : 1,3%, soit –0,2% par rapport à l'année précédente ?

Cette faiblesse de la croissance va expliquer « l'irrésistible poussée » du chômage : 2 400 000 demandeurs d'emploi en décembre 1984 malgré la mise en place des T.U.C. (Travaux d'utilité collective) qui permettent à 75 000 jeunes de percevoir une rémunération pouvant atteindre 1 700 francs par mois pendant un an. En 1985, les chiffres ne valent guère mieux malgré 189 000 T.U.C. auxquels s'ajoutent 174 000 formations en alternance. La durée moyenne du chômage en augmentation constante atteint en 1985 : 330 jours contre 308 l'année précédente.

Nul ne pouvait ignorer le résultat des législatives de mars 1986. Ni la gauche : *« Au secours, la droite revient »*, ni la droite : *« Vivement demain »*. Le parti communiste se trouvait devancé par le Front National, 9,7% pour le premier, 9,8% pour le second, confirmant ainsi une érosion continue que n'avait pas freiné sa participation au gouvernement Mauroy. Avec 288 élus, la droite RPR-UDF-Divers droite obtenait la majorité absolue (286 sièges) tandis que la gauche PS-PC-Radicaux de gauche et divers gauche, recueillait 250 sièges.

François Mitterrand inaugurait un cas de figure dans l'histoire de la Ve République : la cohabitation. On verrait un Premier ministre de droite face à un président de la République de gauche. De qui pouvait-il s'agir ? Fallait-il appeler Valéry Giscard d'Estaing, dont certains proches du pouvoir affirmaient qu'il aurait accepté ? Raymond Barre, lui, n'avait jamais caché son opposition à la cohabitation. Jacques Chaban-Delmas avait ses partisans au sein du PS.

François Mitterrand fit appel au principal leader de l'opposition : Jacques Chirac qu'il nomma Premier ministre le 18 mars 1986 après avoir reçu l'assurance qu'il disposerait d'un droit de regard sur deux ministères essentiels ; les Affaires étrangères et la Défense. Pour le reste, ce n'était plus son affaire, ni « son » gouvernement au point qu'il refusa d'apparaître sur le perron de l'Élysée pour la traditionnelle photo lorsque Jacques Chirac, deux jours tard, eut constitué son équipe gouvernementale.

Trois noms se détachaient du gouvernement, trois hommes appartenant au R.P.R., formation plus massivement représentée que l'U.D.F. et omniprésente aux postes clés : Charles Pasqua à l'Intérieur, Édouard Balladur, Ministre d'État, ministre de l'Économie, des Finances et des Privatisations, flanqué au Budget, de Alain Juppé, jeune espoir du RPR, âgé de 41 ans, agrégé de lettres et inspecteur des finances.

Âgé de cinquante-six ans, ancien secrétaire général de l'Élysée à l'époque de la mort de Georges Pompidou, évincé sous Giscard, Balladur avait quitté la scène politique au profit d'une carrière dans l'industrie privée. Secret, discret, il était aujourd'hui l'un des hommes les plus puissants du gouvernement au point d'apparaître comme le principal conseiller de Jacques Chirac sinon comme le vice-Premier ministre du gouvernement.

Certains tentèrent de voir dans cette cohabitation, l'empreinte d'une *revanche*. Terme excessif car deux années seraient bien courtes au gouvernement pour faire la preuve de son efficacité et tenter ainsi de bien se placer en vue des présidentielles de 1988. Au contraire, disposait-il d'une marge de manœuvre suffisamment étroite pour l'incliner à une certaine prudence.

Le scrutin des Français était clair ; la lutte contre le chômage restait au premier plan de toutes les préoccupations et c'était de loin la première proposition faite aux Français par le nouveau gouvernement mais pour

Jacques Chirac elle passait par un retour au libéralisme. Sur un plan plus politique, les lois Fillioud sur la Presse, Savary sur l'enseignement supérieur et Quilliot sur le logement seraient abrogées. Au plan électoral, il était urgent de revenir au scrutin majoritaire, ce qui suscita de vives réactions du Parti Communiste et surtout du Front National. En fait, la nouvelle majorité entendait se mettre à l'abri au cas où le président déciderait soudainement de dissoudre l'Assemblée.

Si un sentiment de revanche pouvait se manifester, c'est sur le plan économique qu'il convenait de l'attendre.

Le bilan global économique de la gauche s'avérait mitigé et complexe.

Le chômage constituait depuis son arrivée aux affaires l'un des points noirs ayant occasionné sa chute après les promesses faites en 1981 tandis qu'elle enregistrait d'incontestables succès là où on l'attendait le moins ; politique de désinflation, essor de la Bourse sans précédent, qualité de gestion de la Sécurité Sociale, etc.

Si Pierre Mauroy avait été l'homme du « Changement », ses successeurs avaient été ceux de la rigueur ou de l'austérité. Bérégovoy sans renoncer au socialisme se disait parfois libéral et quelques mois avant l'échéance des législatives, il avait mis sa touche à quelques adaptations nécessaires dans le domaine des entreprises nationalisées.

Laurent Fabius à l'Industrie en 1983 avait laissé les entreprises nationalisées se rapprocher d'une gestion du privé avec suppression de sureffectifs ou gains de productivité.

Les uns à gauche comme les autres à droite avaient admis que le dirigisme d'État ne conduisait qu'à l'impasse et que jamais l'industrie française ne trouverait sa place dans le concert d'une économie mondiale. Les uns le reconnaissaient à mots couverts usant de ressources subtiles et de retouches légères. Pour les autres, il fallait rendre toutes libertés aux entreprises nationalisées par une politique urgente de privatisation.

Restait l'attitude du Président qui le 14 juillet annonça qu'il ne signerait pas les ordonnances de privatisation. Le nouveau gouvernement refusa de s'engager dans cette première crise politique. Après avoir posé la question de confiance, il fit voter une loi ordinaire par les deux assemblées. Ainsi le président était-il obligé de la ratifier et le 7 août 1986 la loi était promulguée.

Soixante-cinq groupes dans l'industrie, les assurances, la banque et la communication étaient concernés dans un délai de cinq ans et il s'y trouvait bien d'autres nationalisées que celles de 1982.

Ces privatisations rencontrèrent un incroyable succès auprès du grand public au point que l'attribution d'actions fut strictement contingentée à la grande déception des petits porteurs. Saint Gobain, décembre 86 : un million et demi d'actionnaires, Paribas, janvier 87, Havas…

Pour redonner à l'économie tout son tonus, ni l'empreinte du libéralisme, ni les privatisations ne suffisaient. Il fallait aussi multiplier les gestes : levée presque complète du contrôle des changes, rétablissement de l'anonymat pour les transactions sur l'or, amnistie douanière et fiscale visant à faciliter le rapatriement des capitaux placés irrégulièrement à l'étranger – ce qui permit le retour de quelque 16 milliards de francs-, suppression de l'impôt sur les grandes fortunes dont le rendement était jugé médiocre.

Enfin, l'une des toutes premières mesures du gouvernement Chirac avait été de dévaluer à froid le franc de 3% dès avril 1986.

L'obligation de résultats en un temps très court, moins de deux ans avant l'échéance présidentielle, justifiait que toutes les mesures soient conduites au pas de charge mais le résultat sinon le bilan serait-il à la hauteur des espérances ?

Il y avait des points noirs, des échecs, des noms tels Pasqua-Pandraud, Immigration et code de nationalité, Devaquet, dont le projet de loi réformant l'organisation de l'enseignement supérieur n'était pas censé soulever autant de passion jusqu'à cette nuit du 6 décembre où la mort d'un jeune étudiant marocain, Malik Oussekine, frappé à la tête par des policiers, allait faire basculer l'événement jusqu'au retrait de la réforme deux jours plus tard.

La France de ces années traverse une double crise. Le pays est secoué par un terrorisme intérieur avec Action directe ; bombe meurtrière à la préfecture de police le 9 juillet 86, assassinat le 17 novembre de Georges Besse, président directeur général de la Régie Renault devant son domicile et d'autres actions encore mais aussi terrorisme international dont l'attentat de la rue de Rennes, le 17 septembre, 7 morts et une cinquantaine de blessés devant le magasin Tati, plonge toute la France dans la stupeur.

Par ailleurs, le climat social se détériore rapidement.

Sitôt les manifestations étudiantes et lycéennes terminées, à l'appel non pas des organisations syndicales mais de « coordinations » suivant l'exemple donné par les étudiants, des mouvements sociaux lourds vont toucher la SNCF, le métro et le RER parisiens ainsi que l'EDF. Les syndicats parviendront à reprendre le contrôle de ces mouvements et inciteront à la reprise du travail. Il le faut d'autant plus que de violentes protestations du public se font entendre. Cet hiver 86-87 est rude, la température tombe parfois sous moins 12° à Paris.

Enfin, ce qui va mitiger le bilan de l'action du gouvernement, c'est un contexte international en dents de scie, redevenu nettement défavorable, au regard des résultats décevants de la croissance mondiale. Ainsi, au cours du dernier trimestre 1987, un premier krach boursier frappe Wall Street à l'annonce des résultats de déficits commerciaux considérables. La dégringolade new-yorkaise aura des répercussions sur les autres places financières. A deux reprises, la Bourse de Paris connaîtra des « Lundis noirs » ; les 19 et 26 octobre.

Alors une question court sur toutes les lèvres, qu'est-ce qui a vraiment différencié l'action de l'équipe Chirac de celle de l'équipe Fabius ?

A vrai dire, mis à part le discours, pas grand chose. Au point que pour bon nombre de nos contemporains le gouvernement de Jacques Chirac semble s'être inscrit plus dans la continuité que dans le changement réel. A-t-il retiré quelques bénéfices de cette cohabitation ou en a-t-il essuyé les plâtres ? La seconde hypothèse l'emporte car le 8 mai 1988, ce n'est pas Jacques Chirac qui gravira les marches du perron de l'Élysée. Les Français en ont décidé autrement.

Cependant, la cohabitation, pour laquelle ils ont témoigné la plus grande curiosité et un intérêt croissant, aura permis à Jacques Chirac d'obtenir dans l'opinion publique selon un sondage de novembre 86 le label du « leader le plus populaire » rigoureusement à l'opposé de l'image que les Français avaient de lui entre 1981 et mars 1986.

François Mitterrand, lui aussi, a bénéficié de l'effet « cohabitation » ; sa popularité atteindra son niveau le plus élevé depuis juillet 1982 – et lui permettra d'entamer un second septennat.

Alors, ce qui peut expliquer que tout le monde gagne même si le bilan n'est pas spectaculaire, avec la situation toujours aussi sombre de l'emploi, c'est que les Français en ont assez des affrontements politiques selon une bipolarité séculaire de gauche et de droite. La cohabitation leur donne l'illusion de l'union née d'un nouvel équilibre, d'un nouveau partage des pouvoirs. Et ce cas de figure va se renouveler sous François Mitterrand avec Edouard Balladur, Premier ministre du 29 mars 1993 jusqu'à l'élection Présidentielle de Jacques Chirac le 7 mai 1995. Sous la présidence de Jacques Chirac ensuite après la dissolution de l'Assemblée le 21 avril 1997 et la victoire de la gauche aux législatives du 25 mai et du 1er juin, Lionel Jospin est nommé Premier ministre au lendemain du second tour.

Deux jours après sa réélection avec 54,01% des suffrages, François Mitterrand désigne Michel Rocard Premier Ministre. Le 14 mai 1988, l'Assemblée nationale est dissoute. Les Législatives fixées aux 5 et 12 juin marqueront une victoire moins décisive pour la gauche. Les temps ont changé depuis 1981 et ce qui l'emporte durant ces deux tours, c'est une forte abstention ; 34,26% et 30,05%.

Pour le reste, ni la droite, ni la gauche ne parviennent à enlever la majorité absolue (288 sièges) : 271 sièges pour l'UDF-RPR-Divers droite, 276 sièges pour le Parti Socialiste et ses alliés dont le Parti Communiste qui poursuit sa lente érosion. Il perd huit sièges dans la nouvelle assemblée (27 contre 35), soit 14 sièges de moins depuis 1981.

Fiasco pour le FN : un seul siège, celui de Yann Piat, dans le Var, exclue quelques mois plus tard en octobre 88 et qui sera assassinée en février 1994.

Ces législatives mi-figue, mi-raisin, fortes d'une abstention record, portent elles aussi l'empreinte de la cohabitation et témoignent d'une nouvelle vision qu'ont les Français de la politique en général.

Selon un sondage IPSOS-Le Monde de mai 88 ; 82% des personnes interrogées pensent que les hommes politiques de partis différents disent de plus en plus souvent la même chose. Il apparaît à l'évidence que les notions de droite et de gauche sont beaucoup moins d'actualité en 1988 qu'elles ne l'étaient en 1981 et cette tendance se confirmera dans les années à venir.

Pourquoi François Mitterrand fit-il appel à Michel Rocard alors qu'aucune harmonie ne rassemblait les deux hommes ? En 1978, Rocard n'avait-il pas déclaré en désignant Mitterrand et le PS : *« Un certain archaïsme politique est condamné »* ?

La réponse se trouve dans les 32% d'opinions favorables que recueillait l'ancien secrétaire national du PSU et maire de Conflans-Sainte Honorine. Un pourcentage que ne parvenait à égaler aucun autre grand leader du PS.

Trois membres de l'UDF vont entrer dans le gouvernement Rocard : Michel Durafour, Lionel Stoleru et Jacques Pelletier, s'y ajouteront d'autres centristes tel que Jean Pierre Soisson ou Jean Marie Raush, du CDS. Côté « société civile » selon le vocable du temps : Léon Schwarzenberg, à la santé, Brice Lalonde à l'Environnement, Bernard Kouchner à l'Action Humanitaire ou encore Alain Decaux à la Francophonie.

C'est durant ce gouvernement Rocard, au terme de cette année 1988, qu'apparaîtra le RMI, revenu minimum d'insertion tandis que quelques mois plus tôt, Jean Marie Le Pen lance son « Durafour-crématoire ». L'année suivante verra l'inauguration du grand Louvre et de l'Opéra-Bastille, les fêtes du Bicentenaire de la Révolution qui coïncident curieusement avec un « sommet des riches » à Paris et la disparition dans l'anonymat le plus complet d'un diplôme qui a pourtant fait plancher tant de générations de Français depuis 1882 : le regretté Certificat d'Études Primaires.

Le mur de la honte est tombé à Berlin. C'est l'un des grands moments de notre siècle et la Lada qui faisait la fierté des automobilistes des pays de l'Est devient un objet de collection. Désormais la réunification de l'Allemagne est en marche.

En France, la situation économique présente un frémissement favorable. Les signes, apparents dès 1987, se confirment l'année suivante. L'augmentation du P.I.B. de 3.6% renoue avec des chiffres inconnus depuis une décennie. L'économie nationale est tirée par une forte demande mondiale. Sans doute aussi parce que nos coûts de production sont redevenus compétitifs. En novembre 88, l'indice de la production industrielle atteint 111,2 contre 99 en janvier 87.

Le chômage qui touchait en mars 87 : 2 675 900 demandeurs d'emploi après s'être stabilisé durant l'année, amorce un lent recul : 2 543 100 en décembre 1988.

Sur le plan de l'augmentation des revenus, timide embellie : +1% en 1987, +2,3% en 1988 mais l'endettement des ménages demeure préoccupant.

Michel Rocard souhaitait une modération de la rigueur mais Pierre Bérégovoy, ministre de l'Économie et des Finances n'entendait pas relâcher sa politique de désinflation, de rigueur budgétaire et de stricte surveillance des salaires. Aussi des tensions sociales finirent-elles par apparaître dans la fonction publique, l'audiovisuel public, chez les gardiens de prisons, à la poste, dans le RER et le métro suivies de grèves de transports dans plusieurs villes de France.

Sans oublier la grève des infirmières d'autant plus difficile à gérer par le gouvernement que le président de la République n'avait pas caché sa sympathie aux infirmières. Au point que l'on se demandera parfois si François Mitterrand ne confond pas le gouvernement Rocard avec celui d'une nouvelle cohabitation.

Comme tous les gouvernements qui sans nécessairement se ressembler se suivent, celui de Michel Rocard sera confronté au déficit lancinant de la Sécurité Sociale et au sempiternel problème de son financement. Naîtra alors la C.S.G. dont la mise en œuvre faillit provoquer la chute du gouvernement.

Le projet, mal vu par l'Élysée, décrié par le Ministère des Finances, fut combattu par toute la classe politique dans sa diversité, de la gauche à la droite, et par l'ensemble des formations syndicales à l'exception de la CFDT. Il n'en demeure pas moins que la CSG fait partie de notre quotidien et que personne parmi ses anciens détracteurs n'est venu à ce jour la supprimer...

Il suffit de lire *Verbatim III* de Jacques Attali pour admettre que jamais le chef de l'État ne soutint en aucune façon Michel Rocard mais au contraire le fustigea de tous les maux, le critiqua sous tous les angles, l'accabla de toutes les responsabilités, avant de le renvoyer comme un laquais. Ce qui fera dire à Michel Rocard qu'il avait été « viré ».

Le 15 mai 1991, le président de la République sans doute impressionné par l'exemple de longévité de la dame de fer qui, outre Manche, avait tenu six longues années au poste de Premier ministre, faisait appel à Edith Cresson pour former le nouveau gouvernement. Sa copie française qui n'allait pas plus s'attirer la sympathie de ses contemporains, aurait peine à boucler une année d'exercice avec une rancœur tenace vis à vis du président qui, estimait-elle, l'avait ainsi sacrifiée.

Ministre des Affaires européennes et en désaccord avec Michel Rocard dont elle critiquait le « laxisme », elle avait démissionné. Ce qui pouvait expliquer le choix de Mitterrand et surtout le fait qu'il ne risquait pas de se trouver dans son gouvernement le moindre ministre rocardien. Exit également les ministres d'ouverture.

Rapidement, le gouvernement de Madame Cresson laissa apparaître l'usure du pouvoir socialiste. Edith Cresson étonne, surprend. Mise à part sa fidélité à François Mitterrand, ce n'est ni une théoricienne, ni une idéologue mais une battante parfois maladroite lorsque de la Bourse de Paris, elle « n'a rien à cirer » ou déclare que les Anglo-Saxons sont des « homosexuels » et les Japonais des « fourmis », cible privilégiée de tous ceux qui savent isoler une phrase de son contexte pour la remettre au goût du jour, plusieurs mois voire plusieurs années plus tard.

François Mitterrand lui demandera sa démission le 2 avril 1992 et nommera Pierre Bérégovoy à qui il restait à peu près le même temps à gouverner.

Cresson s'éloigna et malgré les invitations de François Mitterrand, ils ne devaient plus se revoir avant le 4 mai 1993, à Nevers, lors des obsèques de Pierre Bérégovoy.

Pendant ces années 91 et 92, ni Edith Cresson, ni Pierre Bérégovoy ne parvinrent à sortir la France de sa léthargie. L'embellie de la croissance observée en 88-89 (+4.3 et +3.9%) qui avait fait croire à la sortie du tunnel ne s'était pas confirmée en 1990 : +2.4% avant de redevenir très faible en 1991 : 0.6% puis 1.2% en 92 et 0.8% en 1993, année noire de récession telle que la France n'en avait pas connue depuis longtemps.

Il fallait chercher les causes de cette mauvaise passe en dehors de nos frontières tant elle était la conséquence de l'environnement international : tendances à la récession de l'économie américaine dès le début de la décennie, accentuées par plusieurs événements majeurs : la guerre du Golfe, le putsch manqué de Moscou ou encore la désintégration du bloc de l'Est avec effondrement de sa production industrielle.

Sur d'autres plans, la France s'en sortait mieux. La balance du commerce extérieur s'était améliorée entre 90 et 92, passant du négatif (-50 milliards de francs en 90, -30 milliards en 91) au positif : +25 milliards en 92. La politique du Franc fort menée par Pierre Bérégovoy portait ainsi ses fruits tandis que sur le plan intérieur, l'inflation restait contenue aux alentours de 3%.

Les deux derniers gouvernements socialistes d'Edith Cresson et de Pierre Bérégovoy se heurtaient à la même difficulté poignante qu'avaient connu les gouvernements Mauroy ou Fabius, et dans une moindre mesure celui de Michel Rocard : le chômage. Alors que le chômage avait atteint son taux le plus bas avec 8,9% de la population active en 1990, il atteignait 9,3% l'année suivante et 10,3% en 1992.

Le seuil des trois millions de chômeurs en données brutes[28] devait être franchi en novembre 92 et atteindre 3 368 800[29] à la fin de l'année 1993.

Alors pour tenter de comprendre ces chiffres effroyables du chômage, des réflexions de fond vont être entreprises, des questions vont se poser et des controverses surgir inévitablement.

Pour « L'année politique[30] », la crise de doute qui a saisi la société française dans son ensemble a également affecté son économie. L'initiative économique ne saurait fleurir dans un contexte défavorable or il y a eu la fin expéditive du gouvernement Rocard, l'échec d'Edith Cresson mais aussi un affaiblissement durable du pouvoir et son usure face à toutes ces affaires qui rongent sa crédibilité, de la même façon que la maladie du président de la République fait peser de lourdes incertitudes.

A deux reprises au moins, on a annoncé à l'étranger la mort de François Mitterrand. Fausses nouvelles qui sur certaines places financières ont eu des effets plus ou moins sensibles.

On s'interrogera aussi sur le bien fondé de la politique de rigueur de Pierre Bérégovoy qui n'en finit plus de durer depuis des années. Comme figée dans le marbre, elle pourrait bien geler notre économie pour longtemps. Cette politique de rigueur que certains apparentent à un véritable immobilisme paralysant d'emblée toute croissance. Et l'on en viendra à se demander s'il n'est pas temps d'y mettre un terme ou s'il ne fallait pas, au contraire, laisser filer une inflation modérée afin qu'elle favorise une reprise économique.

Certes, Pierre Bérégovoy a gagné la bataille de l'inflation et du franc fort mais se faisant n'a-t-il pas perdu celle de la croissance et du retour au plein emploi ?

1993 fut l'année effroyable pour la majorité présidentielle. Les élections législatives des 21 et 28 mars virent une défaite socialiste des plus cuisantes. Sur les 577 sièges de l'Assemblée, la majorité présidentielle n'en sauvait que 67, le PC 24 tandis que l'UDF en raflait 207, le RPR 242 et les divers droite 36. Jamais depuis la Chambre bleu horizon, la représentation nationale n'avait été aussi marquée à droite.

Chez les socialistes, le désastre affectait les ténors du parti dont certains ne parvinrent pas à retrouver leur circonscription.

Le 1er mai 1993, l'ancien Premier ministre, Pierre Bérégovoy mettait fin à ses jours à Nevers à l'aide du revolver de son chauffeur. Le choix de cette date symbolique n'était pas le fait du hasard après la cinglante défaite que venaient d'enregistrer les socialistes aux législatives. Pierre Bérégovoy

---

28 Soit 2 972 000 demandeurs d'emplois en données corrigées.
29 Soit 3 290 000 en données corrigées.
30 1991

avait fait la une de la Presse en raison d'un prêt contracté sans intérêt pour l'achat d'un appartement à Paris. Très affecté parce qui risquait d'apparaître comme une nouvelle « affaire », l'ancien Premier ministre n'avait pas accepté qu'il soit porté atteinte à son honneur.

Le 7 avril 1994, François de Grossouvre, ami de François Mitterrand et président du Comité des chasses présidentielles, se tira une balle dans la tête dans son bureau de l'Elysée. Pourquoi s'était-il donné la mort ? Le personnage qui avait été chargé de mission de 1981 à 1985 avait récemment tenu des propos très violents sur celui qu'il fréquentait depuis toujours : *« L'argent et la mort, il n'y a plus que cela qui l'intéresse »* avait-il dit de Mitterrand.

Ces années furent les plus noires que traversa le président. Il est malaisé d'imaginer les sentiments qui devaient animer les dernières années de sa vie. Un passé sombre remontait à la surface alimenté par des titres en librairie qui levaient bien des questions. *« Une jeunesse française, François Mitterrand, 1934-1947*[31] *»*, de Pierre Péan, fut un de ces livres qui secoua l'opinion mais il y en eut d'autres.

Alors que l'Élysée semblait vivre une fin de règne, le Président ne mettait aucune ardeur à défendre son passé. C'en était bien fini de cette époque du premier septennat où la Présidence avait fait placer Jean Edern Hallier sur écoute alors que l'écrivain s'apprêtait à publier un livre sur la fille cachée du chef de l'État. Aujourd'hui, les révélations faites sur l'époque de Vichy autrement plus graves semblaient lui être indifférentes comme s'il éprouvait au crépuscule de son existence un soulagement à se voir rattraper par un passé qu'il avait âprement masqué durant toute son existence.

Durant ce temps, le Parti Socialiste se déchirait en affrontements entre pro et anti-mitterrandistes tandis qu'une large partie de la gauche écœurée souhaitait tourner la page à la manière d'une porte que l'on claque.

Septembre 1994 vit aussi s'amplifier la polémique au sujet des liens entre le président de la République et René Bousquet, impliqué dans la rafle du Vel'd'hiv, inculpé en 1992 de crimes contre l'humanité et assassiné l'année suivante tandis que le même mois François Mitterrand réitérait son refus de faire des excuses au nom de la France pour les crimes commis par Vichy.

En novembre, Paris-Match publiait les photos de Mazarine, la fille naturelle du président. Coup médiatique condamné par les uns mais auquel François Mitterrand ne s'était pas véritablement opposé.

Le 11 septembre 1992, le président de la République avait été opéré d'un cancer de la prostate mais sa maladie, un secret de polichinelle, donna lieu à de vives polémiques. On parla de faux bulletins de santé. Le Docteur Gubler, dans un livre interdit *« Le grand secret »*, affirmait que le cancer du

---

[31] Publié chez Fayard en 1994.

président avait été révélé dès novembre 1981 au Val de Grace alors que François Mitterrand était au pouvoir depuis quelques mois.

Le 14 juillet 1994, le président annonça qu'il n'avait pas l'intention de se représenter. L'événement fit peu de bruits tant il était évident pour l'opinion publique que ni l'âge du chef de l'État, ni son état de santé, ne lui permettaient d'envisager un nouveau septennat. Seul lui importait d'aller jusqu'au bout de son mandat. Quatre jours plus tard, il subissait une nouvelle intervention.

D'autres images se mêlent ; celle de la passation de pouvoir et d'une poignée de main. Sous le regard de Jacques Chirac, François Mitterrand quitte l'Élysée avec le sentiment du devoir accompli, d'une œuvre à présent achevée sur laquelle il insistera à plusieurs reprises.

Dans les derniers jours, il ne veut plus voir personne. *« Mes amis comprendront »* affirme-t-il. *« Quelle impression cela fait-il de mourir ? »* demandera-t-il aussi à celui qui le veillera jusqu'au bout.

François Mitterrand meurt le 8 janvier 1996 à 8h30 d'un cancer généralisé.

Sitôt la nouvelle connue, de nombreux anonymes viendront déposer une rose sur le seuil de l'immeuble parisien, non loin du champ de mars, avenue Frédéric Le Play, au troisième étage duquel l'ancien président de la République s'est éteint mais le lieu choisi de son dernier repos sera sujet à problème et Danielle Mitterrand devra y renoncer.

Il s'agissait d'une parcelle d'un are que le couple présidentiel avait acquis pour 1 franc en 1995 sur le Mont Beuvray, en Bourgogne, site archéologique majeur où Vercingétorix, proclamé chef des Gaulois, avait organisé le soulèvement contre l'envahisseur romain en 52 et répertorié en 1989 parmi les grands travaux du septennat.

A la veille du premier anniversaire de la mort de l'ancien président de la République, Danielle Mitterrand rétrocédera la parcelle au Parc naturel régional du Morvan non sans qualifier de *« minable »* la polémique engendrée par cette affaire.

Mitterrand fut inhumé dans le caveau familial du cimetière de Jarnac en Charente, ville où il avait vu le jour. Son histoire s'achevait là où tout avait commencé alors que la France depuis un an, en 1916, s'enfonçait chaque jour un peu plus dans le carnage de la première guerre mondiale.

A un moment, le drapeau tricolore qui recouvrait le cercueil glissa et tomba sur le sol. Deux femmes parmi lesquelles Mazarine, se baissèrent pour le remettre en place.

Epilogue

Maastricht Blues

« L'Europe se fera par la monnaie ou ne se fera pas »

Jacques Rueff, Bruxelles, 1950

L'histoire, c'est notre présent immédiat plus une seconde. A présent, le voyage s'achève à une époque où le franc redevenu stable et fort peut disparaître à jamais. Ce n'est pas un paradoxe.

François Mitterrand était-il un européen convaincu ? On peut en douter lorsque l'on observe son long parcours de la IVe République à son premier septennat. Durant cette époque, l'idée européenne semble peu l'inspirer. Le général de Gaulle n'était pas plus passionné par l'aventure européenne puisqu'il parlait du *« méli-mélo du charbon et de l'acier »* lorsque par dérision il voulait évoquer la Communauté européenne du charbon et de l'acier des premiers balbutiements du futur marché commun.

A leur décharge respective, l'un et l'autre avaient des priorités plus immédiates ; la reconstruction de la cohésion nationale, la modernisation d'un pays meurtri qui devrait encore affronter de lourds problèmes coloniaux, passaient avant toute idée de construction européenne.

En mai 1981, l'idée européenne de François Mitterrand est encore éloignée de celle qui le conduira à Maastricht. Une Europe de la paix, tiers-mondiste et généreuse, qui serait ou deviendrait socialiste mais les années d'illusions vont s'envoler. Durant le premier septennat, de lourdes menaces atteignent le franc et donc la souveraineté nationale. Au point qu'il sera question pour la France de sortir sans gloire du Système Monétaire Européen. La catastrophe sera évitée de justesse.

L'épreuve surmontée, la France mitterrandienne va jouer la carte du partenariat franco-allemand et par voie de conséquence celle de l'Europe. Rien d'étonnant à cela, De Gaulle et Adenauer, Willy Brant, VGE et Helmut Schmidt ont tracé la voie. La seule qui puisse raisonnablement se jouer. Une profonde amitié va naître entre la France et l'Allemagne, au plus haut niveau de décisions au point que le couple franco-allemand constituera le véritable moteur de l'Europe, celui qui, au besoin, arrimera au convoi la Grande-Bretagne parfois hésitante à se détacher du bloc Atlantique lorsqu'elle ne songe pas avec nostalgie à la gloire de son empire prestigieux.

Cette amitié a ses règles, ses exigences, ses instants de doute et de discorde. C'est aussi un mariage de raison. Mais s'il fallait ne retenir qu'une image de notre vingtième siècle européen, ne serait-ce pas celle où Mitterrand et Kohl se tiennent par la main lors de cérémonies officielles en hommage à tous ceux qui, d'un bord comme de l'autre, ne sont jamais sortis des tranchées de la première guerre mondiale ?

Les Français vénèrent le franc bien plus que les Allemands ne sont attachés au mark. Dans le SME, la devise germanique tient pourtant la place de l'astre du jour dans notre système solaire, cette place qu'avait le dollar à l'époque de Bretton Woods. Un système monétaire européen aussi déséquilibré qui comporte ses leaders et ses monnaies faibles relégués à la périphérie devait-il perdurer ?

Les Français ne le croient pas : il faut aller plus loin, vers la monnaie unique. Ainsi seront-ils partisans d'une monnaie unique franco-allemande, en attendant que tout le monde soit prêt. Les Allemands n'y seront pas formellement opposés mais à l'époque l'attitude britannique révèle un certain nombre d'incertitudes et l'idée n'ira pas plus loin.

Par la suite, on reprochera à Pierre Bérégovoy sa politique de rigueur sans apercevoir en arrière-plan qu'il la mène dans l'exigence d'un franc fort et afin que la France soit dans le peloton des pays qui peuvent prétendre à la monnaie unique.

Et que n'a-t-on pas dit sur la fameuse dissolution de l'Assemblée nationale décidée par Jacques Chirac le 21 avril 1997 ? Or chez la plupart des observateurs politiques, on savait pourtant de longue date que le président de la République prendrait cette lourde décision qui fit le bonheur des humoristes et des chansonniers et le malheur de sa majorité présidentielle.

Pourquoi un tel suicide parlementaire ?

Ni la rigueur de Pierre Bérégovoy, ni la décision de Jacques Chirac, ne traduisaient des idées aussi simplistes voire saugrenues qu'on a bien voulu le dire.

Maastricht, ville moyenne des Pays-Bas sur la Meuse, églises des X et XIe siècles. Voilà pour la carte postale car en fait Maastricht est surtout connue depuis le 46e sommet européen qui vit fin 1991 les chefs d'État et de gouvernement des douze adopter un traité d'union économique monétaire et politique. Quelques mois plus tard, en février 92, le traité est signé par les ministres des Affaires étrangères avant d'être approuvé par le Parlement européen en avril. La suite, on la connaît : le oui à Maastricht des Français (51,05%) et des Irlandais (69%) le d'abord non des Danois (50,7%) de juin 92, etc...

Le Traité de Maastricht est l'acte fondamental par lequel l'Europe va se doter entre autre d'une monnaie unique : l'euro. Il se compose de deux cents quarante six articles que l'on peut résumer à l'essentiel.

D'abord fixation d'une parité irrévocable pour chaque monnaie européenne et l'on comprend dès lors tout l'intérêt des pays candidats à être fins prêts et au mieux de leur économie respective.

Mais avant cela convergence : chaque pays signataire ne pourra être pris en compte que s'il réunit cinq conditions strictes d'entrée : inflation ne dépassant pas plus de 1,5% celles des trois pays les mieux placés en la matière, taux de change respectant les marges de fluctuations du SME et sans dévaluation au cours des 24 derniers mois, dette publique, déficit public et taux d'intérêt à long terme sont également soumis à de stricts critères.

Enfin, l'union monétaire suppose un processus irréversible : chaque pays respectant les conditions d'accès, autrement dit les fameux critères de convergence, est tenu obligatoirement d'entrer dans l'union monétaire et de renoncer, bien entendu, à sa monnaie traditionnelle.

Deux dates de passage étaient prévues : janvier 1997 – cette date fut abandonnée lors du sommet de Cannes en 1995 – au profit de janvier 1999. Deux pays font exception : la Grande-Bretagne et le Danemark, selon une clause dite d'*opting-out.*

Pour les autres partenaires européens, la grande roue de la monnaie unique est en marche avec toutes les promesses et toutes les inquiétudes que cela suppose. Rien désormais ne pourrait plus l'arrêter.

Le Traité de Maastricht est donc conclu dans le début des années quatre-vingt dix mais au mieux n'entrera-t-il en vigueur que quelques bonnes années plus tard et c'est bien là son terrible point faible car pendant ce temps, les spéculateurs vont pouvoir s'en donner à cœur joie. Ils le feront d'autant plus volontiers que la source à laquelle ils s'abreuvent va un jour définitivement se tarir. Aussi en profitent-ils sans vergogne. Cela fait partie du monde des affaires.

Exemple de vague spéculative : 1992, qui voit la mise en place des référendums danois et français sur la ratification du Traité de Maastricht. Résultats : la livre sterling et la lire italienne sont terrassées tandis que les attaques sur le franc français échappent de justesse grâce au soutien sans faille de l'Allemagne.

A l'origine de tout, l'annonce inhabituelle d'une éventuelle logique de baisse des taux d'intérêts allemands auquel chacun aspire. Rien de formel mais qui euphorise malgré tout les marchés. Et puis, le ton va s'envenimer du côté britannique où l'on insiste beaucoup sur ces baisses de taux sans vouloir admettre que la Bundesbank est indépendante et tient à le rester. La baisse des taux est de son unique ressort. Elle n'y est pas défavorable mais à la condition d'un réaménagement général des parités au sein du SME or seule la lire fera l'objet d'un tel réaménagement le 13 septembre 92 tandis que la livre y échappera.

Les taux allemands baisseront effectivement le 14 septembre par suite des pressions politiques exercés sur les dirigeants de la banque centrale allemande mais la livre ne perd rien pour attendre car la spéculation va se déchaîner contre elle dès le lendemain à la suite de propos qui seront du reste démentis et selon lesquels le réaménagement du SME s'est avéré tout à fait insuffisant pour ramener le calme.

Deux jours plus tard, le 16 septembre, les banques centrales renoncent à soutenir davantage la livre. La devise britannique est suspendue du SME. On laisse flotter la lire, la peseta est dévaluée de 5% et c'est alors au franc de subir à son tour l'assaut des spéculateurs. Au lendemain du oui à Maastricht avec 51,05%, la Banque de France va dépenser entre 40 et 50 milliards de francs pour soutenir sa monnaie. Le franc est au bord du gouffre, la dévaluation est imminente et pourtant elle ne va pas se produire. La Banque de France va recevoir l'appui de la Bundesbank. Dès lors, la spéculation n'a plus aucune chance et rapidement c'est l'accalmie.

Il faut se faire une idée de l'ordre de grandeur que peut atteindre une vague spéculative. On cite l'exemple d'un milliard de dollars engrangé par un unique spéculateur contre la Livre. La spéculation est aussi désastreuse que ces nuées de sauterelles qui s'abattent sur un champ prêt à être moissonné. Le résultat ne fait aucune différence pour l'économie d'une nation.

Démontage et analyse sommaire de l'événement : deux acteurs en présence : l'un international spécule et vise à l'implosion du SME et la ruine du projet d'union monétaire. Le second, lui, joue les pompiers de service et vise à limiter les dommages en dosant son intervention. Il est prompt à circonscrire le sinistre dans un camp mais peut aussi détourner le regard d'un autre foyer. But avoué ou non : laisser se fixer l'ordre des choses dans ce qui sera demain l'union monétaire.

Si les relations du couple franco-allemand sont généralement au beau fixe, des nuages peuvent surgir sur l'horizon et naître de problèmes intérieurs respectifs. Ainsi, l'ensemble des partenaires européens demeurent attachés à la baisse des taux allemands, toujours en raison du rôle leader joué par ce pays. Mais lorsque la réunification des deux Allemagnes implique une nouvelle politique budgétaire de la part de la locomotive de l'Europe et donc le renoncement partiel à sa baisse de taux et l'engagement dans une logique inflationniste tandis que la France conduit une politique inverse de déflation, le ton ne peut que monter entre les deux pays comme ce fut le cas en juillet 1993.

La crise éclate le 19 juillet lorsque la Bundesbank annonce la baisse d'un demi point de ses taux directeurs. La déception est perceptible sur les marchés qui espéraient plus et aussitôt la spéculation se déchaîne notamment contre le franc entraînant la colère de Paris. Le dialogue n'est pas interrompu mais le torchon brûle entre les deux partenaires. L'Allemagne propose un plan visant à décourager la spéculation : révision des parités, élargissement des marges de fluctuation à 6%, hausse des taux.

Paris refuse ce plan. Ce n'est pas la valeur des monnaies qui est en cause mais bien la politique inflationniste allemande qui conduit la Bundesbank à une politique monétaire restrictive. Cette fois, la France n'a rien à attendre de l'Allemagne si ce n'est des propositions de circonstance qui conduisent à l'impasse.

Au point que Edouard Balladur va avoir le feu vert de François Mitterrand, de renoncer au SME. Rien de moins. C'est l'enterrement anonyme d'une politique de coopération monétaire d'un quart de siècle et l'acceptation d'un flottement généralisé des monnaies.

Le SME échappera à ce désastre annoncé mais il lui faudra s'adapter. Il est largement déstructuré et ses marges de fluctuation élargies à 15%. Du moins survivra-t-il ou sauvera-t-il les apparences. C'est politiquement l'essentiel. Le SME, victime de ses failles, a oublié l'une de ses fonctions de base : être avant tout un système de changes ajustables. Il s'est pris pour l'Union monétaire de demain ; un système de changes fixes sans que les critères ne soient atteints par les différentes économies européennes d'où la levée de poussées contradictoires. Quand la livre et la lire sortent du SME et se livrent à des dévaluations compétitives tout en tirant profit du marché unique, la France crie au scandale car elle paie très cher sa politique d'attachement au mark or la rupture d'une telle fidélité marquerait la fin définitive du SME et surtout ruinerait toute perspective de l'Union monétaire.

Ce n'est pas l'objectif de la France.

Alors que faire sinon de coller le plus possible au mark et c'est la voie unique dans laquelle s'engageront les différents hommes politiques actuels qu'ils soient de droite ou de gauche. Coller au mark, se rapprocher le plus possible de la monnaie allemande au point, bien sûr de l'égaler avant de partager naturellement sa toute puissance monétaire au sein du bloc Euro.

A partir de cet instant, les événements deviennent limpides. Les décisions prises redeviennent compréhensibles. Entre Bérégovoy et Balladur, même combat ou presque. Balladur possède désormais des marges de fluctuations plus larges que son prédécesseur. Il ne s'en servira pas pour doper la croissance mais au contraire pour coller au mark un peu plus tant il est vrai qu'une union ne peut se faire que si les partenaires sont sur le même plan d'égalité.

Jacques Chirac à l'Élysée comprendra vite l'importance de l'enjeu du franc fort : il faut au plus vite réduire les déficits au profit d'une idée fixe : réaliser les critères de Maastricht. Courant 1995, ces critères ont un coût sévère qui mettra à mal la croissance du pays et imposera des sacrifices mais a-t-on véritablement d'autres choix ?

Début 1997, le plan mis en place en 1995 n'étant pas suffisant, une note laisse entendre qu'un nouveau tour de vis apparaît inévitable faute de quoi la France ne pourra prétendre à l'euro. Le temps presse. C'est en mai 98 que les jeux seront faits, soit dans un an environ. Or à cette époque, le gouvernement Juppé bat des records d'impopularité. Jacques Chirac doit-il changer de Premier ministre comme la pression populaire l'exige chaque jour un peu plus et qu'est-ce que cela pourrait changer aux sacrifices que le nouvel homme de Matignon sera bien obligé de demander aux Français ?

Il existe une autre solution mais bien plus audacieuse...

Le 21 avril 97, Jacques Chirac annonce la dissolution de l'Assemblée. Il le fait afin d'aborder les échéances européennes en position de force. On connaît la suite : l'échec est complet pour le président de la République qui s'y attendait sans doute et voit s'ouvrir une nouvelle cohabitation avec cette fois le socialiste Lionel Jospin à Matignon mais cette dissolution suivie d'une logique cohabitation à la Française, a sauvé l'Euro.

Courant février 2002, Jacques Chirac, candidat aux prochaines présidentielles, répondant aux questions de Patrick Poivre d'Arvor lèvera le voile en ce sens sur les motifs qui l'ont amené à cette invraisemblable dissolution de l'Assemblée. Une « révélation » qui n'en était pas une car dans les milieux généralement bien « informés », on pariait déjà sur la date prévue de cette dissolution, des semaines et des mois avant qu'elle ne se produise...

Le 3 mai 1998 – c'est un dimanche – une dépêche de l'Agence France Presse tombe anonymement dans les salles de rédaction :

La Belgique, l'Allemagne, l'Espagne, la France, l'Irlande, l'Italie, le Luxembourg, les Pays-Bas, l'Autriche, le Portugal et la Finlande remplissent les conditions nécessaires pour l'adoption de la monnaie unique le 1er janvier 1999.

C'est la naissance officielle de l'Euro et la mort annoncée des onze différentes monnaies européennes concernées par cette dépêche dont le franc. Le 1er janvier 2001, au prix d'efforts remarquables, la Grèce sera le douzième pays de l'Union européenne à rejoindre la zone Euro. Ce pays, considéré économiquement comme « l'enfant chétif de l'Europe » mais qui nous a tant légué – à commencer par le mot *oékonomia* : économie – verra disparaître la drachme, sa monnaie, jadis puissante, l'une des plus anciennes de notre civilisation. Comment ne pas y songer un instant ?

Le 1er janvier 1999, l'Euro - € - devient la monnaie officielle des onze pays concernés. Les banques sont sur le pied de guerre. Le repas de réveillon sera improvisé entre collègues : gobelet de Champagne posé sur l'écran de l'ordinateur tandis que des reliefs de dindes emplissent les corbeilles à papier mais le pari est tenu. Chacun se congratule en attendant un autre défi ; celui du bug de l'an 2000 qui fera se rééditer un semblable réveillon. Ce bug ne sera pas au rendez-vous mais la France sera frappée par une double tempête occasionnant de nombreuses victimes et causant des milliards de francs de dommages. Symbole d'une Europe solidaire, ces électriciens allemands, espagnols, italiens, belges venus prêter main forte à l'Electricité de France dont le réseau endommagé à plonger de nombreux Français dans le noir.

Pour l'euro, la valeur de chaque monnaie nationale est désormais fixe et irrévocable. Pour la France : 6,55957 francs pour un Euro.

Un chiffre que chacun se répète avec des sentiments souvent controversés. Comment fera-t-on la conversion ? Les méthodes proches du Système D prolifèrent. On ne compte plus les calculettes et convertisseurs en Euros. Pourtant, l'information n'a pas manqué. Radio France Multimédia crée même une Radio de l'Euro. Le 1er janvier 2002, le Parisien lance un numéro « historique » titrant sur toute sa Une : « L'euro est là ».

Et puis, au chapitre des clins d'œil de l'histoire, 1 euro vaut à peu près 1 franc de 1966-1967 mais il serait hasardeux de vouloir aller plus loin dans la comparaison ou le pouvoir d'achat.

A l'heure de l'Internet haut débit et du tout numérique, à quoi cela servirait-il encore de se souvenir que cette année 1967 vit la France quitter l'OTAN ? Qui se souviendra encore que cette année là, les Français purent découvrir sur des téléviseurs que bien peu d'entre eux purent s'offrir, les premières émissions de télévision en couleurs ? Que reste-t-il des Beatles, de cette époque bénie, de l'insouciance et du déclin annoncé des Trente Glorieuses, alors que l'on apprend la mort de George Harrison ou que les deux tours du World Trade Center ont été torpillées défigurant à jamais New York ?

Les packs Euro où l'on découvre un assortiment de pièces connaissent le grand succès de cette fin 2001. Des erreurs se multiplient aux guichets des distributeurs automatiques, les commerçants sont excédés par le fait de devoir rendre en euros, ce qu'on leur paie en francs, les banques ou certaines d'entre elles seront en grève le 2 janvier 2002. Il y a aussi cette menace qui pèse sur les transporteurs de fonds et cette mobilisation de l'Armée pour que l'approvisionnement en euros se passe en toute sécurité.

Alors, le prix de la baguette de 2002 ressemble-t-il à celui de 1967 ? Notre monde a tellement changé, nos besoins se sont à ce point diversifiés, notre mentalité même et nos comportements sont si étrangers à ce qu'ils pouvaient être il y a trente cinq ans, que tout cela n'a plus aucun sens.

A partir du 1er Janvier 1999 et jusqu'au 1er janvier 2002, l'utilisation de l'euro ne sera ni obligatoire, ni interdite en dehors du monde de la finance. Au 1er janvier 2002, les comptes bancaires basculent en euros mais durant une période intermédiaire de double circulation, les particuliers peuvent échanger leurs pièces et billets en francs dans les banques.

Progressivement, le franc s'efface.

Le 17 février à minuit, tous les règlements doivent s'effectuer en euros. Pièces et billets en francs peuvent toutefois être échangés auprès des banques, de la Poste ou de la Banque de France.

Au delà du 30 juin 2002, seuls le Trésor Public, la Banque de France et l'IEDOM pour les départements d'outre-mer, accepteront les pièces en francs pendant trois ans, jusqu'au 17 février 2005 et les billets pendant dix ans, jusqu'au 17 février 2012[32].

Restait à savoir ce que deviendrait la masse des billets et des pièces devenues inutiles. Un grand nombre de nos contemporains ne sut résister à la nostalgie d'en conserver quelques exemplaires, un impôt indirect et pour une fois volontaire dont Bercy, euphorique, ne parvint pas à calculer le volume précis ; probablement plusieurs centaines de millions d'euros,[33] mais pour le reste la question se posait.

Les billets subirent l'infamie dérisoire de la « trouilloteuse » avant d'être incinérés comme nos ordures ménagères. Les pièces seraient fondues même s'il fallut d'abord décapsuler ou déclipser nos anciennes pièces de dix francs et le résultat de la fonte fut vendu au poids du métal.

Si l'on connaît mal l'origine du franc, celle qui conduisit à choisir le nom de la monnaie unique ne fait aucun mystère. L'euro est né en moins de deux heures avant l'heure du déjeuner le 15 décembre 1995 lors du sommet européen de Madrid mais cela suffit-il à expliquer ces deux syllabes à consonance vaguement hispanique ?

Ne dit-on pas « Euro » comme on pourrait dire « Toro » ou « Olé » ? N'allons pas plus loin sur cette fausse route mais le fait est que le mot Euro n'est ni original ni très heureux et semble inachevé. Une chose est sûre : le baptême fut une affaire rondement menée sinon bâclée.

Jacques Chirac avait son idée : l'écu mais le chancelier allemand y était formellement opposé et pour deux raisons. L'écu était le nom de l'unité de compte européenne qui lors des crises de 92 et 93 perdit près de 40% de sa valeur par rapport au mark. Inutile donc de remuer le passé et surtout les mauvais souvenirs. Enfin, le nom de l'écu était phonétiquement trop proche de « die kuh » (la vache). Enfin, selon Helmut Kohl, il aurait fallu non pas écrire « écu » comme le souhaitaient les Français en souvenir de leur ancienne monnaie mais en majuscules : ECU pour European Currency Unit. L'écu, trouvaille de l'ancien président de la République Valéry Giscard d'Estaing, avait donc bien peu de chances de l'emporter malgré l'insistance de Jacques Chirac. Les autres partenaires durant ce duel franco-allemand semblaient avoir de grosses difficultés à réprimer de profonds bâillements.

---

[32] Source : Ministère de l'Economie, des Finances et de l'Industrie – 01/2002

[33] On a évoqué le chiffre de plus de 773 millions d'euros avec les pièces et billets perdus ou détruits.

Le « Ducat » lancé par John Major ne parvint pas à susciter l'attention. Vint alors le « Florin » mais les Néerlandais firent preuve de modestie et déclinèrent la proposition. D'ailleurs, Chirac refusa poliment même au nom du Florin d'Aquitaine.

« C'est bientôt l'heure de déjeuner et on ne va pas y passer des heures » intervint alors Felipe Gonzalez.

L'euro est dès lors sur le point de naître comme une fringale au creux de l'estomac.

*

L'histoire dira ce qu'il nous restera du franc. Sans aucun doute, aurons-nous beaucoup de mal à l'oublier, à l'effacer de notre langage.

Pendant des années, il reviendra sur nos lèvres sans que nous n'y prenions garde et pendant des années nous penserons à lui, à ces erreurs d'écriture ou d'expression qu'il nous fera commettre, à ces incessantes conversions auquel son successeur nous obligera : « combien cela ferait-il en francs ? »

Calcul inutile puisque qu'il est bien peu probable que nous revenions un jour au Franc.

Il aura dès lors le beau rôle de l'absent, de ce compagnon anonyme que nous croisions sur notre chemin sans savoir au juste qui il était, ni d'où il venait. Alors viendra le moment où nous le regretterons. Peut-être...

"Cinq grammes d'argent, au titre de neuf dixièmes de fin, constitue l'unité monétaire, qui conserve le nom de franc".

Bonaparte, Premier Consul
Charte du franc, 17 germinal de l'an XI
(7 avril 1803)

Pouvoir d'achat du franc

Coefficient de transformation du franc d'une année en francs de l'année 1999 et en €uros

1 Franc de l'année	Valait en Francs de 1999	Soit en €uros	Principaux événements de l'année
1900	**19,940**	**3,03982**	Exposition Universelle de Paris
1901	**19,940**	**3,03982**	1er juillet : Adoption de la loi sur les Associations
1902	**19,940**	**3,03982**	Catastrophe de la Montagne Pelée en Martinique
1903	**19,940**	**3,03982**	La France divisée par l'Anticléricalisme
1904	**19,940**	**3,03982**	1er N° de l'Humanité. 1ere Foire de Paris
1905	**19,940**	**3,03982**	Regain de tension entre la F. et l'Allemagne à propos du Maroc
1906	**21,602**	**3,29313**	Armand Fallieres, Prés.de la Rép. Catastrophe de Courrières
1907	**19,940**	**3,03982**	**Liberté, Egalité, Fraternité** sur les pièces de monnaie
1908	**19,940**	**3,03982**	Nouvelle tension Franco-allemande sur le Maroc
1909	**19,940**	**3,03982**	Louis Blériot traverse la Manche
1910	**19,940**	**3,03982**	Inondations catastrophiques à Paris
1911	**17,281**	**2,63451**	La France adopte l'heure de Greenwich
1912	**17,281**	**2,63451**	Naufrage du Titanic. Anéantissement de la Bande à Bonnot.
1913	**17,281**	**2,63451**	Raymond Poincaré, Prés.de la Rép.
1914	**17,281**	**2,63451**	Attentat de Sarajevo. Assassinat de Jaurès. Le monde en guerre.
1915	**14,401**	**2,19542**	**1er emprunt de Guerre.** Fondation du Canard Enchaîné,
1916	**12,961**	**1,97588**	21 février, début de l'offensive allemande à Verdun
1917	**10,801**	**1,64657**	Le chemin des Dames. Mutineries contre les massacres inutiles
1918	**8,362**	**1,27476**	Armistice de Rethondes, Epidémie de grippe espagnole
1919	**6,822**	**1,03994**	Violents affrontements du 1er mai. La Chambre Bleu horizon.
1920	**4,891**	**0,74562**	Paul Deschanel, Prés. de la Rép. puis Alexandre Millerand
1921	**5,635**	**0,85908**	Landru, condamné à mort à Versailles.
1922	**5,760**	**0,87817**	Ouverture de la Conférence sur le paiement des réparations
1923	**5,290**	**0,80648**	Les troupes franco-belges occupent la Ruhr

1924	**4,629**	**0,70567**	Gaston Doumergue, Prés.de la Rép.
1925	**4,320**	**0,65863**	**Marthe Hanau fonde *La Gazette du franc***
1926	**3,281**	**0,50022**	Poincaré forme un cabinet d'Union nationale, le franc se rétablit
1927	**3,161**	**0,48192**	Charles Lindbergh traverse l'Atlantique en avion
1928	**3,161**	**0,48192**	Dévaluation : Franc Poincaré à 58,95 mg d'or
1929	**2,980**	**0,45423**	Jeudi noir à Wall Street (le 24 octobre)
1930	**2,946**	**0,44906**	Recul marqué de la production industrielle, chute de la bourse
1931	**3,086**	**0,47045**	Paul Doumer, Prés.de la Rép. Assassiné le 6 mai 1932
1932	**3,366**	**0,51322**	Albert Lebrun, Prés.de la Rép.
1933	**3,503**	**0,53402**	Hitler, Chancelier. Arrestation de Violette Nozières
1934	**3,651**	**0,55659**	Affaire Stavisky, Emeutes du 6 février 1934
1935	**3,988**	**0,60796**	Décrets-Lois de Laval contre la crise
1936	**3,703**	**0,56454**	Victoire Front Populaire. **Dévaluation : Franc Auriol 44,1 mg**
1937	**2,946**	**0,44906**	Dévaluation : Franc Bonnet 38,7 mg
1938	**2,592**	**0,39518**	Dévaluations Marchandeau (£ :179 F) et Reynaud 24,75 mg
1939	**2,423**	**0,36932**	Ajustement : Franc Reynaud : $: 43,80 F, £ :176,625 F
1940	**2,057**	**0,31363**	Régime de Vichy, Etat Français, **Dévaluation Reynaud : 21 mg**
1941	**1,751**	**0,26701**	Création des premiers journaux de la Résistance
1942	**1,456**	**0,22201**	Dénomination du Franc à Alger : $: 75 F, £ : 300
1943	**1,173**	**0,17881**	**Dénomination du Franc à Alger : $: 50 F, £ : 200**
1944	**0,960**	**0,14636**	Gouvernement provisoire de la Rép. Française
1945	**0,646**	**0,09855**	1ère Ass. Constituante, **Dévaluation : Franc Pleven 7,46 mg**
1946	**0,424**	**0,06457**	Gouvernement de la 2e Assemblée Constituante
1947	**0,284**	**0,04328**	Vincent Auriol, Prés. de la Rép.
1948	**0,179**	**0,02727**	**Dévaluation : Franc Queuille (par rap. à £ et $)**
1949	**0,158**	**0,02410**	**Dévaluation : Franc Petsche (par rap. à £ et $)**
1950	**0,144**	**0,02191**	**Dévaluation : Franc Petsche 2,52 mg**
1951	**0,124**	**0,01884**	Communauté Européenne du charbon et de l'acier
1952	**0,110**	**0,01684**	Chute de Pleven, Démission d'Edgar Faure et du Gouv. Pinay
1953	**0,112**	**0,01713**	Enlisement en Indochine. Pierre Poujade. Crise ministérielle
1954	**0,112**	**0,01706**	René Coty, Président de la Rép., Défaite de Dîen Bîen Phu
1955	**0,111**	**0,01690**	L'Affaire algérienne devant l'ONU, la France en accusation
1956	**0,106**	**0,01622**	Victoire du Front républicain, Guy Mollet, Prés.du Conseil
1957	**0,103**	**0,01574**	**Dévaluation : Franc Gaillard (par rap. à £ et $)**
1958	**0,090**	**0,01368**	**Dévaluations : Franc Pinay (2,115 mg et 1,80 mg)**

1959	**0,085**	**0,01288**	Charles de Gaulle, Prés.de la Rép.
1960	**8,157**	**1,24347**	Création du Nouveau Franc
1961	**7,896**	**1,20370**	« Un quarteron de généraux en retraite.... »
1962	**7,533**	**1,14843**	Georges Pompidou, Premier Ministre
1963	**7,189**	**1,09588**	**Le Nouveau Franc redevient le Franc**
1964	**6,950**	**1,05945**	Jean Paul Sartre refuse le Prix Nobel de littérature
1965	**6,780**	**1,03368**	Prix Nobel de Médecine pour Jacob, Monod et Lwoff
1966	**6,603**	**1,00656**	La France quitte l'OTAN. Premiers magnétophones à cassettes
1967	**6,427**	**0,97986**	Premières émissions de télévision en couleurs
1968	**6,150**	**0,93755**	Evénements de Mai-Juin 1968
1969	**5,777**	**0,88071**	Georges Pompidou, Prés.de la Rep, **Dévaluation : -12,5%**
1970	**5,491**	**0,83706**	Mort du Général de Gaulle
1971	**5,196**	**0,79209**	**Suspension de la convertibilité du $ en or,** dévaluation du $
1972	**4,895**	**0,74618**	Pierre Messmer, Premier Ministre
1973	**4,482**	**0,68322**	2e dévaluation du $, premier choc pétrolier
1974	**3,941**	**0,60075**	Valéry Giscard d'Estaing, Prés.de la Rép.
1975	**3,526**	**0,53751**	Premier Sommet des Pays riches à Rambouillet
1976	**3,217**	**0,49035**	Raymond Barre, Premier Ministre
1977	**2,941**	**0,44835**	Rupture de l'Union de la Gauche
1978	**2,697**	**0,41108**	Reconduction de R.Barre pour un 3e gouvernement
1979	**2,435**	**0,37116**	2e choc pétrolier, **Mise en place du SME,** 1e vol pour Ariane
1980	**2,144**	**0,32686**	Attentat contre la synagogue de la rue Copernic
1981	**1,891**	**0,28822**	François Mitterrand, Prés de la Rép. **1e Dévaluation du Franc**
1982	**1,691**	**0,25776**	Sommet du G7 à Versailles, **2e dévaluation du Franc**
1983	**1,542**	**0,23514**	**3e Dévaluation du Franc** et plan d'austérité Mauroy-Delors
1984	**1,436**	**0,21892**	Choc médiatique : Le Pen à L'heure de Vérité sur Antenne 2
1985	**1,357**	**0,20687**	Démis. Hernu (Aff. Greenpeace), Coluche : Les Restos du Cœur
1986	**1,322**	**0,20151**	1e cohab. Chirac, Premier min., **Dévaluation Balladur**
1987	**1,281**	**0,19536**	**Réévaluation du Mark, perte de 3% pour le Franc**
1988	**1,248**	**0,19024**	Réélection de F.Mitterrand, M. Rocard, Premier ministre
1989	**1,204**	**0,18361**	Bicentenaire de la Révolution française. Chute du mur de Berlin
1990	**1,165**	**0,17763**	Nelson Mandela libéré. Agression Irakienne contre le Koweit
1991	**1,129**	**0,17211**	Edith Cresson, Premier Ministre. Guerre du Golfe.
1992	**1,103**	**0,16813**	Pierre Bérégovoy, Premier Min. Maastricht (Oui : 51,05%)
1993	**1,080**	**0,16470**	2e Cohabitation : Edouard Balladur, Premier Ministre

1994	**1,063**	**0,16200**	Négociations du GATT et Exception Culturelle
1995	**1,045**	**0,15925**	Jacques Chirac, Prés.de la Rép.
1996	**1,024**	**0,15617**	Mort de François Mitterrand
1997	**1,012**	**0,15428**	Cohabitation : Lionel Jospin, Premier Ministre
1998	**1,005**	**0,15321**	Premiers affrontements au Kosovo
1999	**1,000**	**0,15245**	**1 € = 6.55957 F**

Source : INSEE

BIBLIOGRAPHIE SOMMAIRE

XVIIIe Siècle :

- Paris, ses organes, ses fonctions et sa vie dans la seconde moitié du XIXe siècle, Maxime Du Camp - Librairie hachette, 1870-1875
- Lectures historiques (1789-1848) E. Lesourd - Ed. F. Lanore, 1935
- La vie quotidienne au temps de Louis XVI, F.Bluche – Hachette, 1980
- Dictionnaire de la révolution et de l'empire, Bernardine Melchior-Bonnet - Ed Larousse, 1965
- Le coût de la Révolution Française, René Sédillot - Ed.Perrin, 1986
- La vie quotidienne en France au temps de la Révolution (1789-1795), J.P. Bertaud, Hachette, 1983
- 1789-1848, A-J Tudesq et J.Rudel, Ed Bordas
- la vie quotidienne en France en 1830, Robert Burnand Ed. Hachette
- La terreur Blanche, Duc de Castries de l'Académie française, Ed Historia Hors série N°36
- 1848 Première insurrection socialiste, Jules Bertaut, Historia Hors série n°36
- 1715-1870 la formation du monde moderne, Jean Michaud, classiques Hachette

XIXe Siècle :

- L'évolution de la France contemporaine, 1871-1896, Du relèvement aux incertitudes, Jacques Desmarest, Ed Hachette, 1977
- La guerre de 1870, Georges Roux, Editions Fayard
- Le siège de Paris, Robert Baldick, Presse de la Cité
- Les trois glorieuses, Jacques Vivent, Historia Hors série n°36
- La Révolution de 1848, Jules Gesztesi, Amiot-Dupont
- Napoléon III le Grand, Philippe Seguin, Ed Grasset,
- Le Paris Communard, Maurice Choury, Librairie Académique Perrin
- La vie parisienne pendant le siège et sous la Commune, Henri D'Alméras
- Le XIXe siècle, René Rémond., Seuil, Points, Histoire, 1974

XX e Siècle :

- Histoire politique de l'Europe contemporaine, Ch. Seignobos, Librairie Armand Colin (1924-1926)
- La France de M. Fallières, Jacques Chastenet, Librairie Arthème Fayard
- Histoire du vingtième siècle, Serge Berstein et Pierre Milza, Ed Hatier
- La crise de 1929, Jacques Néré, Ed Armand Colin, Prisme, 1973
- Le Front populaire, Georges Lefranc, Ed PUF Que sais-je ?
- La chute de la Troisième République, William L. Shirer, Ed Stock, 1970
- Bilan de la France 1981-1993, Sous la direction de Laurent Ménière, Ed Pluriel Intervention, Hachette, 1993
- La vie des Français sous l'occupation, Henri Amouroux, Librairie Arthème Fayard, 1961
- Les conséquences économiques de la guerre, 1939-1946, Jean Chardonnet, Librairie Hachette, 1947
- Une jeunesse française, François Mitterrand 1934-1947, Pierre Pean, Fayard, 1994
- La part d'ombre, Edwy Plenel, Ed Gallimard, 1992

Sur les mécanismes économiques, monétaires et bancaires :

- Onze monnaies plus deux, René Sédillot, Ed Hachette Litterature, 1973
- Du franc Bonaparte au franc de Gaulle, René Sédillot - Ed Calmann-Levy, 1959
- Histoire des faits économiques et sociaux, André et Loïc Philip, Editions Aubier - Montaigne
- Le réforme monétaire de l'An XI, Le création du franc Germinal, Guy Thuillier - Histoire économique et financière de la France
- De Versailles au Plan Young, Réparations, Dettes interalliées, Reconstruction Européenne, Jacques Seydoux, Librairie Plon, 1932
- Principaux aspects de l'évolution financière de la France, 1936-1944 Michel Mitzakis Ed Les Publications Techniques
- Histoire économique de la France, Jean-Charles Asselain, Seuil, Points, Histoire, 1984
- Keynes, Michael Stewart, Seuil, Points, Economie, 1969
- Les grands économistes, Robert L. Heilbroner, Seuil, Points, Economie, 1971
- La Banque et les banquiers en France, Hubert Bonin, Références Larousse Histoire, 1992
- Histoire du franc, Georges Valance, Champs, Flammarion, 1998

Références historiques générales :
- Histoire de la France, Ed Culture, Art Loisirs.
- Histoire de la France, Pierre Miquel, Ed Fayard
- Histoire de la France, André Maurois, Ed Wapler
- Histoire de France, Jacques Boudet, Ed Bordas
- L'Europe et le monde de 1848 à 1914, Paul Vial, Ed de Gigord
- La France de 1848 à 1914, Antoine Olivesi et André Nouschi, Ed Fernand Nathan
- Histoire de Paris, René Héron de Villefosse, Ed Bernard Grasset
- Les grands événements de Lille, Carlos Bocquet, Editions Horvath
- Histoire du Capitalisme, Michel Beaud, Editions du Seuil
- La révolution industrielle 1780-1880, Jean-Pierre Rioux, Ed. du Seuil
- La France ouvrière, Claude Willar, Editions Sociales
- La France, 1870-1981, Christian Ambrosi/Arlette Ambrosi, Ed Masson – Col. Un Siècle d'Histoire
- Nouvelle histoire de la France contemporaine, Ed du Seuil - Point Histoire
- L'Histoire, Albert Mallet et Jules Isaac, Réédition de 1958, Ed Hachette, 1961
- Histoire Politique de la Troisième République, Edouard Bonnefous, Ed. P.U.F. 1968
- Le scandale de la gazette du Franc, Maurice Privat, Ed Pierre Souval, 1929

EXTRAITS CITES & AUTRES REFERENCES
- Les Origines de la France contemporaine, La Révolution. Tome I, H. Taine
- Histoire du Travail et des Travailleurs, G. Lefranc, Ed Flammarion
- Victor Hugo : Napoléon le petit, Les Misérables, les châtiments, choses vues
- Alphonse de Lamartine : Mémoires politiques
- Maxime Du Camp : Souvenirs
- Edmond de Goncourt : Journal

TABLE DES MATIERES

Histoire à l'Harmattan

LES BATAILLONS SCOLAIRES 1880-1891
L'éducation militaire à l'école de la République
BOURZAC Albert
Créés en application de la loi sur l'enseignement de la gymnastique, présents dans les grandes manifestations républicaines, enjeu politique entre conservateurs et républicains après la défaite de 1871 et au début de la République, contemporains de l'émergence de la droite nationaliste, les bataillons scolaires n'ont laissé que peu de traces dans l'histoire de la France. La vie politique au début de la IIIe République entre dans une période de réorganisation. Il faut consolider la République ; l'école veut assurer la formation de citoyens libres et prêts à se sacrifier pour la défense de la patrie.
(Coll. Espaces et temps du sport, 30 €, 349 p) *ISBN 2-7475-6975-6*

LA BIJOUTERIE PARISIENNE 1860-1914
Du Second Empire à la Première Guerre mondiale
VIRUEGA Jacqueline
Dans la deuxième moitié du XIXe siècle, la bijouterie affirme sa double nature d'art décoratif et de secteur économique dépendant des modes et des marchés. Cet ouvrage en évalue les produits, les clientèles et les producteurs, entre 1860 et 1914, à Paris puisque la presque totalité de la bijouterie française est fabriquée dans la capitale. Pendant ces années, la demande de luxe se maintient tandis que la demande de bon marché croît. Celle-ci correspond à la montée des classes moyennes. La gamme de la bijouterie s'élargit, avec une augmentation considérable de la bijouterie d'imitation.
(Coll. Histoire de Paris, 32 €, 398 p) *ISBN 2-7475-6979-9*

UN CAMP D'INTERNEMENT VICHYSTE
Le sanatorium surveillé de La Guiche
BOURSIER Jean-Yves
Le régime de Vichy transforma le sanatorium de La Guiche en camp d'internement de 1941 à 1944. En ce lieu, destiné aux soins des tuberculeux, il interna des étrangers, des juifs, des communistes, des patriotes… tous tuberculeux. Les partisans des maquis FTP de la côte chalonnaise attaquèrent le camp et libérèrent les internés, réalisant ainsi une opération militaire d'envergure en plein cœur du dispositif de terreur vichyste. L'auteur a conduit une enquête à partir d'une investigation ethnographique de la mémoire des maquisards, d'anciens internés, de leurs parents.
(Coll. Logiques Historiques, 17.50 €, 210 p) *ISBN 2-7475-7215-3*

LA CULTURE DU VOYAGE
Pratiques et discours de la Renaissance à l'aube du XXe siècle
Sous la direction de Gilles BERTRAND
Quel rôle joue l'expérience physique du déplacement sur la production des textes et la circulation des modèles culturels ? Pour évaluer l'impact des voyages dans la genèse et l'évolution des regards portés sur les pays et les peuples étrangers, cet ouvrage examine le cas de l'Italie et de la France entre le XVIe et le XIXe siècle, sans négliger

des ouvertures sur d'autres espaces, de la Hollande à l'Amérique. On y interroge l'attitude des voyageurs face aux stéréotypes et la façon dont les matériaux issus du voyage ont pu en retour influencer le fonctionnement intellectuel du milieu du départ.
(Coll. Logiques Historiques, 25.50 €, 296 p) *ISBN 2-7475-6997-7*

FERNAND BRAUDEL ET LES SCIENCES HUMAINES
AGUIRRE ROJAS Carlos Antonio
Traduit de l'espagnol par Steven JOHANSONN et François MINAUDIER
Existe-t-il une conception globale de l'histoire, qui soit une conception spécifiquement braudelienne ? En répondant d'une manière affirmative à cette question, ce livre se veut, en même temps, une "introduction générale" à la pensée et à l'œuvre de Fernand Braudel et une invitation à la lecture directe de ses principaux livres et articles. Ce livre met en évidence les contributions fondamentales au niveau théorique, méthodologique, problématique et historiographique développées par le plus grand historien du XXème siècle.
(29,50 €, 354 p) *ISBN 2-7475-6890-3*

FRANÇAIS ET IMMIGRÉS EN TEMPS DE CRISE (1930-1980)
SCHOR Ralph
Pour l'opinion commune, les "bons immigrés", Italiens, Espagnols ou Belges, se sont bien intégrés, au contraire des Maghrébins et des Noirs. L'histoire comparée bouscule ces fausses certitudes. Le rapprochement entre les années 1930 et 1980 s'impose : même contexte de forte présence immigrée, de crise économique et de chômage. Cet ouvrage s'attache à analyser et à comparer, au long d'un demi-siècle d'histoire, les réactions des Français, à mettre en lumière les facteurs qui influencent l'opinion. Des années 30 aux années 80, les constantes l'emportent largement.
(Coll. Populations, 21.20 €, 242 p) *ISBN 2-7475-6798-2*

HENRI ROCHEFORT : DÉPORTATION ET ÉVASION D'UN POLÉMISTE
DAUPHINE Joël
Opposant résolu à Napoléon III, Henri de Rochefort, polémiste talentueux devient l'écrivain le plus populaire de France avec le journal satirique "La Lanterne". Hostile aux Versaillais, sans épouser complètement la cause de la Commune, il sera arrêté et déporté en Nouvelle-Calédonie, notamment avec Louise Michel. Il parviendra à s'en évader de façon spectaculaire après trois mois seulement de séjour. un ouvrage qui constitue un apport remarquable à l'histoire du Second Empire, de la Commune et de la IIIème République naissante.
(29 €, 342 p) *ISBN 2-7475-6967-5*

HISTOIRE DES ASSOCIATIONS FRANÇAISES
DEFRASNE Jean
Les associations qui sont un moyen de défense, un foyer d'innovation, un lieu privilégié d'échange et de convivialité, se heurtent au fil du temps à l'hostilité des pouvoirs qui voient en elles une dangereuse aspiration à la liberté. Les autorités religieuses, politiques, culturelles, s'évertuent à les réprimer ou à les récupérer. Il fallut attendre 1901 pour que, grâce à une loi très libérale, les associations soient enfin reconnues. Aujourd'hui elles tiennent une telle place dans la société qu'on a pu parler d'un "boom associatif".
(Coll. Acteurs de la science, 13.20 €, 147 p) *ISBN 2-7475-6886-5*

LES HOMMES D'ARGENT. Trois siècles de fortune française 1600-1900
BOUYER Christian
De Henri IV à la Troisième République triomphante, l'auteur passe au crible les grandes fortunes, qu'elles soient établies ou provisoires. Des diamants de Mazarin aux Hôtels particuliers des maréchaux d'Empire, sans oublier les milliers de tableaux accumulés, c'est tout le gotha de la fortune française qui défile. Plus qu'un véritable recensement, ce livre démontre les mécanismes de la réussite. On y côtoie les parvenus italiens arrivés dans les fourgons des reines Médicis, les financiers enrichis par les guerres et les grands serviteurs de l'Etat. Une histoire originale des vrais maîtres de la France.
(25 €, 296 p) *ISBN 2-7475-7005-3*

IMAGES DE LA FRANCE EN RÉPUBLIQUE DÉMOCRATIQUE ALLEMANDE. Une histoire oubliée
Sous la direction de Dorothee ROSEBERG
"L'autre Allemagne" - c'est ainsi qu'on appelait la RDA dans la France de l'après-guerre - n'existe plus. La RDA est devenue un objet d'étude pour les historiens. Elle est aussi l'objet d'une mémoire vivante, comme en témoigne le succès du film "Good bye Lenin". Ce livre rassemble des analyses et des témoignages sur un aspect de cette histoire et de cette mémoire qui est particulièrement intéressant pour le public français : les représentations de la France dans ce pays qui se trouvait derrière le Rideau de fer.
(20.50 €, 230 p) *ISBN 2-7475-6808-3*

LOUISE MICHEL
VAN DER MOTTE Franz
Enfant d'une servante et du fils d'un châtelain, elle naît au château de Vroncourt en Haute-Marne le 29 mai 1830. Institutrice à Montmartre, elle fut l'âme de la Commune de Paris. Déportée en Nouvelle-Calédonie dans des conditions atroces, elle organise à peine débarquée, des écoles pour les enfants canaques. Amnistiée, elle revient à Paris, gravement blessée dans un attentat, connaît de nouvelles fois la prison et finit sa vie dans la détresse matérielle. A son enterrement une foule immense suivit son corbillard de pauvre jusqu'au cimetière de Levallois où elle repose.
(12 €, 120 p) *ISBN 2-7475-7044-4*

MYTHE ET IMAGES DE LA LÉGION ÉTRANGÈRE
LARROUMET Marie
Préface de Thamar KINSKI, née AMILAKVARI
La Légion étrangère est créée par le roi Louis-Philippe en 1831. Tour à tour héros mythique infiniment romantique et mercenaire sans foi ni loi, les deux images du Légionnaire dans l'imaginaire du public évoluent parallèlement. A travers l'étude de la presse, de la littérature, de la chanson et du cinéma, l'auteur étudie l'évolution de la manière dont le public imagine la Légion étrangère, le légionnaire et l'interaction qu'il existe entre ces représentations et l'image que l'institution souhaite donner d'elle-même.
(Coll. Histoire de la Défense, 27,50 €, 310 p) *ISBN 2-7475-7224-2*

PIERRE MENDÈS FRANCE AU QUOTIDIEN
GROS Simone
Préface de Michel MENDÈS FRANCE
Il y a 50 ans, un président du Conseil de la IVe République a dirigé la France pendant 7 mois et 7 jours et a réveillé l'intérêt des Français pour la vie politique. Ce qui fait l'originalité de ce livre c'est qu'il ne s'intéresse qu'au côté humain du personnage. Par petites touches, au hasard de moments de vie, se dessine un portrait de cet homme mythique. Cela grâce au témoignage d'une personne qui a eu le privilège de le côtoyer pendant une vingtaine d'années. Alors apparaît un être attachant, parce que chaleureux, sensible et bien éloigné de l'image d'économiste austère généralement connu du grand public.
(14.50 €, 160 p) *ISBN 2-7475-6999-3*

LES PRÉNOMS EFFACÉS
Chronique d'une famille italienne immigrée à Marseille à la fin du XIXe siècle
MAS Marie-Romaine
Marseille, 1891. Dans le quartier de la Belle-de-Mai - la "petite Italie" - une communauté se serre les coudes. L'époque est difficile pour les petites gens, doublement pour les immigrés et encore plus pour leurs femmes. Parmi elles, Faustina, débarquée de sa Toscane natale avec ses cinq enfants sous le bras, venue rejoindre son jeune mari. C'est le destin de cette famille et de sa descendance que l'auteur nous conte ici. Une histoire qui s'étend sur plusieurs décennies avec, comme fil d'Ariane, le choix d'une femme de caractère bien décidée à s'émanciper des mœurs de son temps.
(15.50 €, 174 p) *ISBN 2-7475-6821-0*

SPORT, RELIGION ET NATION
La Fédération des patronages de France d'une guerre mondiale à l'autre
GROENINGER Fabien. Préface de Gérard CHOLVY
La Fédération gymnastique et sportive des patronages de France est fondée à la fin du XIXe siècle pour aider à la reconquête des provinces perdues en 1871. Elle est aussi perçue par l'église catholique comme un moyen de catéchisation de la jeunesse ouvrière. L'ambition de cet ouvrage est d'analyser l'évolution identitaire de la FGSPF, de 1914 au lendemain de la Seconde Guerre mondiale. Rupture ou continuité ? Les conflits mondiaux ont influencé la perception de l'utilité même de la Fédération sportive catholique dans la nation et dans l'Eglise.
(Coll. Espaces et Temps du Sport, 29.50 €, 340 p) *ISBN 2-7475-6950-0*

www.ingramcontent.com/pod-product-compliance
Lightning Source LLC
LaVergne TN
LVHW050626051026
849532LV00002B/290
* 9 7 8 2 7 4 7 5 8 3 5 0 3 *